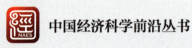
中国经济科学前沿丛书

中国服务经济理论前沿（1）

Frontier of the Theoretical Development of China: Service Economy

夏杰长　王朝阳　刘奕/主编

社会科学文献出版社
SOCIAL SCIENCES ACADEMIC PRESS (CHINA)

总　序

从 1999 年我们推出第一辑"中国经济科学前沿丛书"至今,已经跨越 15 个年度。按照当时每隔 2～3 年时间编撰一辑并形成一个连续性系列的计划,今年该是推出第七辑前沿丛书的时候了。

第七辑前沿丛书的编撰正值中国站在新的历史起点、全面深化改革的关键时期。改革不仅是实践层面的制度变迁,也迫切需要理论的指导。在这具有承前启后意义的全面深化改革时刻,作为理论工作者,特别是作为国家级学术型智库的理论工作者,在时代变革大潮中,对近年经济理论前沿回顾、总结和进一步研究,既挖掘学术研究前沿的重大理论问题,又以经济学术前沿知识支撑伟大改革事业的理论基础,是一项极为重要的工作。我们以此为当仁不让的神圣责任和使命。这种责任与使命既来源于一个理论工作者的基本要求,更来源于中国社会科学院财经战略研究院的基本定位——马克思主义财经科学的坚强阵地、中国财经科学的最高殿堂、党和国家财经领域的思想库和智囊团。

在编撰第一辑前沿丛书之时,我们便为它定下了基本特点。那就是,学术性——重点反映主要经济学科领域在一定时期的理论研究概况和重要的学术观点;历史性——动态地反映一定时期内的理论发展脉络或发展轨迹;前瞻性——对今后进一步深化研究做出判断并提出建议;理论与实践相结合,将学术研究与对策研究融为一体,研以致用,在实践中提炼理论,为实践寻找理论依据或支撑。这几个特点,我们不敢说都做到了,但总是尽力将其贯穿于每一本书的编撰之中,竭力拿出精品著作回报读者的厚爱。

编撰上一辑"中国经济科学前沿丛书"时,我们的身份还是"中国社会科学院财政与贸易经济研究所"，这次我们的身份变为"中国社会科学院财经战略研究院"。这种身份的变化不仅仅体现在单位名称的变更上，更是内涵和职能的变化与升华。2011年12月29日，我们在"财政与贸易经济研究所"的基础上组建了"财经战略研究院"。从此，我们不仅仅是传统意义上的"做学问"、"写文章"，更要在学术研究的基础上从事"智库"工作。我们的研究更加讲究"综合性、战略性、前瞻性"，更加讲究"研以致用"，为政府的决策"出谋划策"。但是，我们又不是一般意义上的"出谋划策"，而是更植根于坚实的学术研究基础上的"出谋划策"。因此，我们一如既往地重视学术前沿问题的研究，重视这套丛书的编撰工作。

我们这次编撰出版的"中国经济科学前沿丛书"由五本理论文集所构成：《中国财政经济理论前沿》、《中国流通理论前沿》、《中国国际商务理论前沿》、《中国价格理论前沿》和《中国服务经济理论前沿》。细心的读者会发现，这次的"前沿丛书"多了一本"中国服务经济理论前沿"。服务经济学科是我们财经战略研究院重要的组成部分。当时的财政与贸易经济研究所于2003年组建服务经济理论与政策研究室，从此系统地开始服务经济理论与政策研究。11年来，他们不辱使命，承担了大量国家和部委课题，发表了许多有影响的学术论文，参与了许多与服务业相关的政府文件起草和政策咨询工作，研究工作颇有影响。经过多年学术积累后，今年推出了第一部"中国服务经济理论前沿"。

最后想说的是，前沿丛书的连续出版，与广大读者的关注、鼓励和支持是分不开的。在表达我们最真诚的感谢的同时，也期待广大读者能够继续关注前沿丛书的发展与进步，并对其中的问题和不足批评指正。总之，让我们共同努力，把"中国经济科学前沿丛书"的有关工作做下去、做得更好。

中国社会科学院财经战略研究院

高培勇

2014年11月9日

目 录
CONTENTS

服务经济理论与政策

服务管理与服务创新

休闲与旅游

CONTENTS
C O N T E N T S

Service Economy: Theory and Policy

服务经济理论与政策

生产服务业的理论研究进展与政策评价

李江帆　毕斗斗　马风华　魏作磊[*]

内容摘要　生产服务又称生产者服务（Producer Services）。狭义生产服务指向工农业提供的服务形式的生产要素。随着第三产业比重日趋增大，生产者概念由工农业生产者扩展到服务生产者，生产者服务越来越多地被作广义的理解。广义生产服务指在三次产业生产实物产品和服务产品过程中作为生产要素投入的服务，亦可称为"服务形式的生产资料"。生活服务也称消费者服务（Consumer Services），指作为消费资料投入生活消费过程的服务，马克思称之为"以服务形式存在的消费品"。生产服务业指为三次产业生产实物产品和服务产品提供服务形式生产要素的行业。本文界定了生产服务业范围，分析了生产服务业的发展动因、发展趋势与规律，以及中国生产服务业的发展滞后原因、对策与国际经验等，提出了发展生产服务业的方向与政策取向。

关键词　生产服务业　理论研究概述　政策评价

* 李江帆，中山大学管理学院教授、博士生导师，中山大学中国第三产业研究中心主任，研究领域为服务经济理论与政策；毕斗斗，华南理工大学经济与贸易学院副教授，研究领域为服务经济与服务管理；马风华，广东工业大学经济与贸易学院讲师，研究领域为生产性服务业；魏作磊，广东外语外贸大学国际经济贸易学院教授、硕士生导师，研究领域为服务经济与产业政策。

一 生产服务业及其发展

（一）生产服务业的界定

国内外学术界对生产服务业主要有如下界定方法。

Machlup（1962）较早使用生产者服务概念，认为生产者服务必须是知识产出的产业，但其外延显然过窄，无法涵盖所有提供服务形式生产要素的生产服务业。Greenfield（1966）在研究商务服务时指出：生产者服务是"由营利公司、政府和非营利机构提供的并通常出售给生产者而非消费者的服务"。这抓住了生产服务是提供给生产者而不是消费者的服务这一关键特性。Momigliano 和 Siniscalso（1982）将服务业中用于中间需求的部分界定为生产服务业，并利用详细的投入产出表，分析生产服务业对制造业产出的重要作用。这种方法更切合生产服务业的定义，统计上更加精确，对资料数据的要求也较高。Marshall（1987）认为生产服务业包括：与信息处理相关的服务业（如流程处理、研发、广告、市场研究、摄影、传媒等），与实物商品相关的服务业（如商品的销售和储存、废物处理、设备的安装维护和修理等），与个人支持相关的服务业（如福利服务、清洁等）。Martinelli（1991）认为生产服务业包括：资源分配和流通相关的活动（如银行业、金融业、工程、猎头、培训等），产品和流程的设计及与创新相关的活动（如研发、设计、工程等），与生产组织和管理本身相关的活动（如信息咨询、信息处理、财务、法律服务等），与生产本身相关的活动（如质量控制、维持运转、后勤等），与产品的推广和配销相关的活动（如运输、市场营销、广告等）。这些界定对生产服务业的外延讲得很具体，但抽象程度不高，实际上并没有概括生产服务业的内涵。

生产服务业包括金融业、保险业、房地产业和商务服务业（Financing, Insurance, Real Estate and Business Services，国外文献中简称为 FIRE）（Singlemann, 1978；Howells & Green, 1985；Niles,

1990；Elfring，1992）。这是根据发达国家中生产服务业的主要行业构成作的概括，但不同国家生产服务业行业构成并不相同，且 FIRE 相当部分提供的是生活服务而不是生产服务，把它们笼统划分为生产服务业是不够严谨的。

李江帆（1981，1984，1987，1990）把社会产品划分为实物产品和服务产品，把满足生产需要的服务产品划为服务型生产资料（生产服务），把满足生活需要的服务产品划为服务消费品（生活服务）；把第三产业划分为服务型生产资料副类（即生产服务业）和服务消费品副类（即生活服务业）。1981 年提到用于"生产消费"的服务消费品，如维修公司、代耕公司等的服务；1984 年提到"用于生产消费的服务，如产品设计服务"，指的都是生产服务；1986 年提出服务产品可以分为服务形式的生产资料和服务形式的消费资料，服务形式的生产资料是指"具有必须进入或至少能够进入生产消费的形式"的服务产品；1987 年把第三产业分为服务形式的生产资料副类（即生产服务业）和服务形式的消费资料副类（即生活服务业）。

（二）生产服务业的发展动因

学术界主要从五个方面解释生产服务业的增长原因。

1. 需求拉动

来自制造业中间需求的增长是推动生产服务业增长的主要因素（Greenfield，1966；Katouzian，1970；Francois，1990）。随着美国等发达国家进入服务经济社会，来自服务业的中间需求也成为生产服务业增长的一个重要动力来源（Christopherson，1989；Coffey & Bailly，1991；魏作磊、胡霞；2005；程大中，2008）。

2. 外部化推动

首先引起关注的是所谓的分割（Unbundling）与专业化（Specialization）视角，所谓分割是指在激烈的竞争环境中企业逐渐将非核心的服务职能分割给独立的专业化生产服务企业以享受专业化带来的好处，而不是由企业内部资源来提供（Tschetter，1987；Goe，1991；O'Farrell et al.，1992）。有人认为分割论把生产服务业的增长看得过于静态化，生产服务不是简单地从企业内部提供移向市场提供的此消彼长过程，而是一个不可逆的动态发展过程，企业外购的生产服务往往是自身无力提供的，企业外部化的原因多种多样（Marshall & Green，1990；Illeris，1996；等等），主要有降低成本、降低风险、零星需求、对核心技能的关注、缺少专家、合作诱发、需要第三方信息和管理的复杂性（Coe，2000）。

3. 放松管制

从供给角度来讲，管制放松、投资与贸易的自由化是促进现代生产服务业迅速增长的一个重要原因（Francois & Schuknecht，1999；Banga & Goldar，2004）。

4. 技术进步

电子、信息、通信技术等现代科学技术的进步大大提高了生产服务特别是知识密集型生产服务的传递效率，使生产服务的生产者和购买者可以在没有"面对面接触"的情况下，实现生产服务的跨地区甚至是跨国家交易，促进了生产服务的可贸易性，增加了企业生产过程中生产服务的投入，从而促进了生产服务业的发展（Banga & Rashmi，2005）。

5. 国际贸易

在全球经济一体化不断加深的背景下，国际贸易也成为促进生产服务业发展的重要因素，生产服务贸易本身日益成为贸易对象（U. S. Congress，1986）。Freenstra 和 Hanson（1993，1999）的研究表明，发达国家通过对生产链条在不同国家之间的分解，将技术含量低的生产加工组装环节转移到发展中国家，本国则专注于产业链上附加值和技术含量高的服务环节并向子公司所在国出口，这些环节主要涉及产品设计、原料采购、仓储运输、订单处理、批发经营和终端零售等技术和知识密集型的生产服务业，这一过程促进了发达国家生产服务业的发展。

（三）生产服务业发展趋势与规律

国外学者从 20 世纪 90 年代初开始关注生产服务业的产业关联

效应（Park，1989，1994；Guerrieri & Meliciani，2005；Pilat & Wölfl，2005）。近年国内学者也使用投入产出法对各国生产服务业发展现状及影响进行研究（李冠霖，2002；程大中，2006，2008；陈凯，2006；高传胜、李善同，2007；李江帆、朱胜勇，2008）。有学者通过实证研究从生产服务业增加值演变趋势、就业演变趋势、相对劳动生产率演变趋势、内部行业结构演变趋势等方面探讨生产服务业结构升级规律（郭克莎，2000；P. W. Daniels，1998；Juleff-Tranter, L. E.，1996；程大中，2005；顾乃华，2006）。刘志彪（2006）总结了当代发达国家现代生产者服务业发展的一些趋势。从中国省、市层面对生产服务业展开的研究成果也逐渐增多（胡晓鹏、李庆科，2009；曹毅、申玉铭、邱灵，2009；邹德玲，2010）。服务业研究文献中关于生产服务业的内容虽然并不少见，但缺乏对其成长轨迹和机制系统性的研究（毕斗斗，2005；杨玉英，2010），仅仅从定性的角度描述生产服务业发展的表象或对单个国家或地区做定量分析无助于把握生产服务业发展的总体趋势。

二 三种类型生产服务业

李江帆（2008）提出第一产业生产服务业（农业生产服务）、第二产业生产服务业（工业生产服务）、第三产业生产服务业（服务业生产服务）的概念。下面据此划分进行文献述评。

（一）第一产业生产服务

农业生产领域服务的具体种类很多，如农村道路、水土保持、电力、通信、灌溉、仓储、信贷、农业技术推广、保险、农业生产信息、标准化等。美国、日本、西欧等发达国家的农业服务体系相当发达和完善，为各国农业现代化和后现代化发展创造了极为有利的条件。

研究集中于：农业服务的主体效率问题，探讨如何在农业服务领域实现市场机制与政府管理的有效结合（Lawrence，1997；Haitham & Hourani，2005）；农业推广服务与服务体系目标和发展模式

（Besley，Timothy & Maitreesh Ghatak，2003；王洋，2010）；农业金融服务（Urutyan、Aleksandryan、Hovhannisyan、Vardges，2006）；发达国家农业服务体系现状、成功经验（郭翔宇、范亚东，1999；金兆怀，2002；胡家浩、张俊飚，2008）和发展中国家农业服务体系（张启文、钟一民、刘德宏，1999）；农业服务体系现状、问题及发展趋势（姜长云，2010；李炳坤，1999；庞晓鹏，2006）。

（二）第二产业生产服务

1. 第二产业生产服务业与第二产业的关系

关于制造业与生产服务业间的关系。Quinn 等（1988）给出了制造与服务之间的主要作用途径，认为制造与服务并不冲突，而是相互依赖、相互作用。Hutton（2000）分析了生产服务在生产系统中的角色演变历程。

关于制造业的投入服务化与产出服务化趋势，有五个观点。①制造业与服务业之间存在着不对称的相互依赖关系（Cohen & Zysman，1987；Park & Chan，1989）。②制造业中间投入的服务化趋势，考察对象主要是发达国家 20 世纪 70 年代以来的投入产出表（Karaomerlioglu & Carlsson，1999；Pilat & Wölfl，2005）。③制造业产出的服务化趋势，制造企业内部出现将有形产品和相关服务捆绑在一起的趋势（Howell，2000；刘继国、赵一婷，2006）。④制造业部门结构对金融、通信和商务服务（FCB）中间需求程度的影响（Guerrieri & Meliciani，2005）。⑤从制造业企业内部出现的投入与产出服务化趋势及服务企业内部出现的制造化趋势概括出生产服务业与制造业的融合趋势（Berger & Lester，1997；植草益，2001；周振华，2003）。由于企业数据获取是一大难点，近年来学者们开始通过问卷调查和深度访谈等方式探讨企业外购服务的情况（Juleff，1996；Stille，2002）。

2. 第二产业生产服务发展机制研究

（1）分工专业化与第二产业生产服务业。

Petit（1986），陈宪、黄建锋（2004），高传胜、刘志彪（2005）

从劳动分工角度分析制造业与服务业的关系，认为现代服务业的发展只是制造业或工业生产在劳动分工方面的延伸。Grubel 和 Walker（1989）认为利用奥地利学派的生产迂回学说可以清楚地阐述生产服务业同制造业之间的关系。奥地利学派认为，除了资本密集度的提高能提升生产力外，生产过程的重组和迂回也是提高生产力的重要因素。更加迂回的生产过程不仅需要使用更为专业的劳动力和更多的资本，生产步骤的增多也增加了中间投入的数目。Abraham 和 Taylor（1996）、Groot（2001）认为企业服务外包的增加源于与信息技术大量使用有关的交易成本的下降。生产服务业是随着社会分工的不断深化，制造业交易费用的随之降低，逐渐脱离制造业发展起来的。此外，很多学者借助数理模型对分工的功能进行了形式化分析。顾乃华（2006）对这方面文献做了比较全面的综述。

（2）企业竞争优势与第二产业生产服务业。

Shank 和 Govindarajan（1992）认为有效率的企业会将其资源配置到价值链上具有相对优势的生产活动上，自身不具有相对优势的生产活动会被外包给外部供应商。Porter（1985）认为生产服务业越来越多地占据产品价值链中的各个环节。企业选择将部分生产服务外包给具有相对优势的企业，以减少企业成本，增强企业竞争力。

3. 第二产业生产服务的影响

Francois 和 Reinert（1996）发现国家的收入水平与企业对中间服务或生产服务的需求密切相关。Dathe 和 Schmid（2000）通过实证研究表明制造企业的服务外包会带来总就业的增加。Falk 和 Koebel（2002）认为购买服务和进口中间产品对不同技能劳动力需求的影响并不明显，但对购买中间产品和进口原料的增加减少了对各种层次劳动力的需求。

关于制造业服务外包对制造业生产率和服务业生产率的影响。Siegel 和 Griliches（1992）认为20世纪80年代制造业全要素生产率的提高与外购服务的使用呈弱相关关系。Raa 和 Wolff（1996）认为服务中间投入的增加与制造业部门的生产率提高正相关。Girma 和 Gorg（2004）认为国际外包能促进企业生产率的提升；外资企业的国际外包水平要高于内资企业，而且国际外包对外资企业生产率的提升要高于内资企业。Amiti 和 Wei（2006）的分析结果显示美国制造业服务外包对制造业生产率增长的贡献约为 11%，物品外包的贡献仅为 5%。Fixler 和 Siegel（1999）认为制造业服务外包短期内会降低服务部门的生产率，但当制造业的生产服务需求因服务外包减少而增加时，服务业的生产率就会提高。顾乃华等（2006）、江静等（2007）分析得出中国生产服务业发展与制造业竞争力和效率间存在正相关关系。徐毅、张二震（2008）检验了中国 35 个工业行业外包会提高企业的劳动生产率，且对就业没有产生负面影响。王中华、代中强（2009）指出物品外包、服务外包的发展均有效提升了中国工业行业生产率水平，但后者对工业行业生产率的促进效应远远大于前者。李伟庆、汪斌（2009）发现中国工业企业的国际服务外包对人均劳动生产率与产出有显著的正效应，对就业有正效应但不显著。

（三）第三产业生产服务

1. 对第三产业生产服务现象的描述

很多学者认为比重相当大的生产服务是由其他服务企业所购买的（Singleman & Browning，1978；Martinelli，1991；Sassen，1991；Coffey & Bailly，1991；Juleff - Tranter，1996；李江帆、潘发令，2001）。上述结论得到了验证（李冠霖，2002；魏作磊，2005；毕斗斗，2005）。有些学者还指出第三产业生产服务的增长趋势。但系统、专门研究第三产业生产服务业的文献较少。

2. 采用调查法揭示微观层面的现象和机制

基于调查法的研究以先进经济体某些区域和城市生产性服务企业为调查对象，通过调查发现：很多生产服务企业的服务对象多是服务企业（Ley & Hutton，1987；Perry，1989；Goe，1990；Morshidi，2000）；生产服务企业所提供的生产服务确实有相当大的比重被投入第三产业，服务企业是生产服务企业的重要客户来源。调查法可能有局限性。

3. 基于投入产出法的研究

①对某国同一年份生产服务的截面分析（Greenfield，1966；Daniels，1985）计算各类产品和服务的中间需求率。②对同一国家不同年份生产服务发展的纵向分析（Marshall，1989；Uno，1989）。纵向分析显示，随着经济的发展，生产服务投入第三产业的比重在上升；在第三产业的生产过程中，生产服务的投入比重逐渐超过实物投入。③对不同国家、不同年份生产服务发展的比较分析（Ochel & Wegner，1987；Park，1994；Guerrieri & Meliciani，2005）。

基于投入产出法对第三产业生产服务的研究发现：①生产服务业确实有相当大的比重进入第三产业的生产过程，生产服务业与其他服务行业之间存在密切的互动关系，这与调查法得到的结果相互印证。②第三产业生产服务的发展存在国别和发展阶段的差异。经济发展水平越高的国家生产服务业投入第三产业的比重越高，第三产业对生产服务的需求越大。③生产服务业内部行业的互动性较强，生产服务行业对各种类别的生产服务消耗较多。④社会服务业是第三产业生产服务的重要服务对象，生产服务业的一部分产出用于满足社会服务业的需求。投入产出法可以从较为宏观的产业层面揭示第三产业生产服务的发展状况，但也具有一定的局限性。

三　中国发展生产服务业的政策与评价

（一）中国发展生产服务业的政策

1. 国家层面生产服务业政策

1985 年国务院转发的国家统计局《关于建立第三产业统计的报告》把中国第三产业划分为四个层次：流通部门，为生产和生活服务的部门，为提高科学文化水平和居民素质服务的部门，为社会公共需要服务的部门。其中，"为生产和生活服务的部门"的提法，是中国官方文件首次出现的生产服务部门的概念。1992 年，中共中央、国务院《关于加快发展第三产业的决定》，第一次明确提出加快发展第三产业的战略决策。2000 年《中共中央关于制定国民经济和社会发展第十个五年计划的建议》提出"大力发展金融、保险、物流、信息和法律服务等现代服务业，改组改造传统服务业"。2001 年《"十五"期间加快发展服务业若干政策措施的意见》，提出了 12 大项 37 小项加快服务业发展的政策措施，中国服务业发展开始进入内部结构调整、规范经营行为、制度创新的新阶段。2002 年，中共十六大把"加快发展现代服务业，提高第三产业在国民经济中的比重"，作为国民经济发展的战略任务之一。2006 年《国民经济和社会发展第十一个五年规划纲要》明确提出"拓展生产性服务业"，"大力发展主要面向生产者的服务业"，"优先发展交通运输业、大力发展现代物流业、积极发展信息服务业、规范发展商务服务业"等措施。2007 年国务院《关于加快发展服务业的若干意见》明确提出发展生产服务推动新型工业化和发展农业生产服务的问题，如"大力发展面向生产的服务业，促进现代制造业与服务业有机融合、互动发展"，"围绕农业生产的产前、产中、产后服务，加快构建和完善以生产销售服务、科技服务、信息服务和金融服务为主体的农村社会化服务体系。加大对农业产业化的扶持力度，积极开展种子统供、重大病虫害统防统治等生产性服务"。

综上所述，国家层面的有关文件对生产服务业先后使用了"生产服务部门""生产性服务业""面向生产者的服务业""面向生产的服务业"等概念，就其内容来看，主要考虑的是为制造业提供的生产服务，其次是农业服务，为第三产业提供的生产服务尚未涉及。

2. 大区域层面生产服务业政策

在泛珠三角（即 9 + 2）地区、长三角、珠三角区域发展中，对服务业制定了相关政策，主要体现在以下文件中。①CEPA（Closer Economic Partnership Arrangement），即《关于建立更紧密经贸关系的安排》，包括《内地与香港关于建立更紧密经贸关系的安排》和《内地与澳门关于建立更紧密经贸关系的安排》。CEPA 协议及补充协议涉及扩大服务贸易市场准入、实行贸易投资便利化等问题，提到了诸如管理咨询服务、会展服务、广告服务、会计服务、分销服务、物流等服务业等典型生产服务行业的合作发展问题。自 2003 年 CEPA 协议首次签订后，中央政府先后与香港政府签署了 6 份补充协议，与澳门政府签署了 5 份补充协议。②《进一步推进长江三角洲地区改革开放和经济社会发展的指导意见》（国发〔2008〕30 号）提出"优先发展面向生产的服务业"，"加快以上海国际航运中心和国际金融中心为主的现代服务业发展。扶持和培育技术创新型第三方服务企业，大力发展科技服务业。运用信息技术和现代经营方式改造提升传统商贸业，加快现代商贸业发展步伐。整合建立区域内综合性的软件服务公共技术平台和公共信息应用平台，培育创新型特色化的软件服务和信息服务企业，积极发展增值电信业务、软件服务、计算机信息系统集成和互联网产业"。③《珠三角地区改革发展规划纲要（2008～2020 年）》中提到"大力发展金融后台服务产业、发展一批具有国际影响力的专业会展、完善与现代物流业相匹配的基础设施、建设以珠江三角洲地区为中心的南方物流信息交换中枢、着力发展外包服务业，支持发展研究设计、营销策划、工程咨询、中介服务等第三方专业服务机构，促进科技服务业和商务服务业发展"，珠三角改革纲要明确了需要大力发展的生产服务行业。

3. 省市层面生产服务业政策

2005 年以来，许多省市的"十一五"规划中，把加快发展生产服务业为主体的现代服务业放在突出位置。各地纷纷出台促进现代服务业发展的政策。江苏、浙江、广东、河北、北京、上海、天津、深圳、杭州等经济较发达的省市制定了有关实施方案或细则，明确了鼓励发展的重点产业、空间布局原则。上海最早旗帜鲜明地提出了一系列发展生产性服务业的政策。2003 年《上海工业产业导向及投资指南》提出重点发展与制造业直接相关联的配套服务业，发展"3 + 5"生产性服务业，即 3 个重点专业性服务业和 5 个公共性服务业。2005 年《上海生产性服务业重点发展指南》确定了上海生产性服务业的 6 大重点行业，包括金融保险服务、商务服务、物流服务、科技研发服务、设计创意服务和职业教育服务，共涉及 68 个中类行业、104 个小类行业。中国中部一些地区，也开始重视生产服务业的发展。2007 年湖南出台《关于促进生产性服务业加快发展的指导意见》，推出了 10 个方面的政策措施，加速发展生产性服务业。

4. 生产服务业配套政策

通过财税、金融等经济杠杆以及土地、人才措施扶持生产服务业。有些服务业政策以独立的形式出现，如金融业、物流业、会展业等专项政策。经济发达地区生产服务业的配套政策的特点如下。①市场准入条件进一步放宽。江苏、广东、浙江等省市根据当地资本规模、行业发展等特点，制定了较为详细的市场准入政策。对符合国家法律、法规和产业政策的服务业项目，各有关部门应予积极支持和引导，放宽企业登记注册条件。鼓励境外投资者、国内民营经济投资服务企业，参与国有垄断服务业的改革。②税收优惠进一步明确。为增强服务业投资竞争力，扶持服务业成长，江苏、浙江等省市在服务业营业税计税基数、所得税税率、城镇土地使用税、规费种类和标准等方面制定了优惠政策。江苏对开发区的配套生产服务业集聚区内的生产服务业企业，承接国际服务业外包的生产性外商投资企业，从事港口、码头建设的中外合资经营企业实行税费优惠。山东省政府高度重视知识密集型、技术密集型服务业的发展，给予高新技术企业同等待遇的税收优惠政策。③规费减免逐步细化。浙江、河北、山东省对已有的服务业规费进行相应的修订，全面清理现行涉及服务业的各类行政事业性收费项目，降低收费标准，严格执行规定的收费范围和标准。④财政支持力度逐渐加大。河北、天津、北京、上海等省市通过财政的配套投入，完善服务业生产的基础设施；在财政预算安排内设立服务业发展引导资金，扶持中小服务企业、新兴服务行业的成长壮大；对当地经济发展至关重要的影响大、带动作用强、具有示范效应的服务业重点项目，财政上给予适当的经营性补贴；对当地经济发展做出重大贡献的、具有一定品牌效应的服务企业，政府给予一定的财政上的奖励。⑤价格扶持继续深化。福建、江苏、山东等地制定服务业发展政策推动服务业用水、用电价格与工业用水、用电价格并轨，服务业用地政策与工业用地政策并轨。⑥人才引进与培育力度更为加强。北京、上海、广东、江苏等地围绕服务业发展规划方向，拓宽各种渠道，加大科技服务机构职务、职称、聘任制度改革，创造良好的工作、生活环境，帮助解决服务业高级人才家属的就业、就医、入学等问题，吸引和培育服务业优秀专业人才、操作人才，为服务业优化升级打下人才基础。

（二）中国发展生产服务业的政策评价

改革开放前，中国第三产业长期发展缓慢，比重偏低。1952～1980年，第三产业增加值比重下降7.7个百分点，就业比重仅增加3.9个百分点。第三产业就业比重在1980年仅为13.0%，在126个国家和地区中排第106位；产值比重在1982年为22%，在93个国家和地区中排倒数第2位。中国第三产业发展缓慢主要受三个因素的影响。一是经济理论偏差。把服务部门看成不创造社会财富的非生产部门，把其比重增大看作帝国主义腐朽性和寄生性的突出表现。没有正确认识服务业比重的增大是一个历史的进步，是世界发展的必然趋势，导致在实践中对"非生产部门"的歧视，使第三产业资源投入受阻，发展被遏制。二是发展战略偏差。在工农业已有较大发展的时候，没有及时把第三产业的发展列入国家经济发展战略。"四个现代化"只把工农业现代化列入议事日程，忽略了第三产业现代化。三是政策失误。长期实行服务低价制，损害了服务业的利益；把不少服务活动当作资本主义因素来批，挫伤了服务业发展的积极性。

1981年中国政府开始反思对第三产业的错误认识，引进第三产业概念分析国民经济发展问题。1984年中央领导提出大力发展第三产业的方针，1985年建立第三产业统计体系，把第三产业列入国民经济发展计划。1992年中共中央国务院出台"加快发展第三产业"的重大战略决策，从根本上扭转了对第三产业的错误看法。其后，发展第三产业的着眼点从生活服务领域拓展到生产服务领域，并出台了一系列扶持、推进生产服务业发展的政策。

中国现已进入产业结构和经济发展方式转型的关键时点，亟须发展生产服务业，更需要推进生产服务业发展的政策。研究生产服务业，破解其发展滞后的成因，探索加快发展的模式、路径和对策，对促进中国产业升级具有重要意义。生产服务业通过人员专业化、工具专门化，高效组织和充分发挥生产要素的作用，能有效提高经济运行效率，增强产业竞争力。加快生产服务业的发展，可推动附加值高、节约能源、环境友好的现代产业体系建设，促进投入结构由硬要素投入逐步转向软要素投入，生产结构由注重实物产品生产向注重服务供给转型，进而推进产业结构优化升级和经济发展方式的根本转变。总之，中国政府关于生产服务业的相关政策，有助于有针对性地破解发展生产服务业的困难和问题，推进生产服务业的发展。

中国推行的发展生产服务业的政策的不足主要表现在四个方面。第一，政策的主导性不明确，未能明确围绕国民经济和社会发展的主要任务，按照因类制宜、分类指导的原则，科学定位和阐释生产服务业的发展。第二，生产服务业政策制定滞后于实践发展，许多政策设计保留了计划经济的痕迹，阻碍生产服务业社会化需求的形成；后续政策的"断层"、有效配套性政策的"短缺"等问题，导致政策目标与现实需求耦合度较低。第三，地区间合作性政策缺乏、政策的外向性不强，不利于推动产业合作和国际产业分工的良性发展。第四，实施政策没有跟进，上下级政府政策传导机制不健全，传导途径不畅通，地方政府反应冷热不一，导致政策落实程度不够。

参考文献

［1］李江帆：《略论服务消费品》，《华南师范学院学报》1981 年第 3 期，第 32 页。

［2］李江帆：《服务消费品的使用价值与价值》，《中国社会科学》1984 年第 3 期，第 53 页。

［3］李江帆：《把第三产业纳入再生产公式》，《贵州社会科学》1987 年第 3 期，

第 5 ~ 9 页。

[4] 李江帆:《第三产业经济学》,广东人民出版社,1990。

[5] 李冠霖:《第三产业投入产出分析》,中国物价出版社,2002。

[6] 魏作磊、胡霞:《发达国家服务业需求结构的变动对中国的启示》,《统计研究》2005 年第 5 期,第 32 ~ 36 页。

[7] 程大中:《中国生产性服务业的水平、结构及影响——基于投入 - 产出法的国际比较研究》,《经济研究》2008 年第 1 期,第 76 ~ 88 页。

[8] 程大中:《中国生产者服务业的增长、结构变化及影响——基于投入 - 产出法的分析》,《财贸经济》2006 年第 10 期,第 45 ~ 97 页。

[9] 陈凯:《英国生产服务业发展现状分析》,《世界经济研究》2006 年第 1 期,第 79 ~ 84 页。

[10] 高传胜、李善同:《中国生产者服务:内容、发展与结构——基于中国 1987 ~ 2002 年投入产出表的分析》,《现代经济探讨》2007 年第 8 期,第 68 ~ 72 页。

[11] 李江帆、朱胜勇:《"金砖四国"生产性服务业的水平、结构及影响——基于投入产出法的国际比较研究》,《上海经济研究》2008 年第 9 期,第 3 ~ 10 页。

[12] 郭克莎:《中国工业化的进程、问题与出路》,《中国社会科学》2000 年第 3 期,第 60 ~ 204 页。

[13] 程大中、陈福炯:《中国服务业相对密集度及其对劳动生产率的影响》,《管理世界》2005 年第 2 期,第 77 ~ 84 页。

[14] 顾乃华、毕斗斗、任旺兵:《中国转型期生产服务业发展与制造业竞争力关系研究——基于面板数据的实证分析》,《中国工业经济》2006 年第 9 期,第 14 ~ 21 页。

[15] 刘志彪:《发展现代生产者服务业与调整优化制造业结构》,《南京大学学报》(哲学·人文·社会科学),2006 年第 5 期,第 36 ~ 44 页。

[16] 胡晓鹏、李庆科:《生产性服务业与制造业共生关系研究——对苏、浙、沪投入产出表的动态比较》,《数量经济技术经济研究》2009 年第 2 期,第 33 ~ 46 页。

[17] 曹毅、申玉铭、邱灵:《天津生产性服务业与制造业的产业关联分析》,《经济地理》2009 年第 5 期,第 771 ~ 776 页。

[18] 邹德玲:《基于投入产出理论的浙江生产性服务业发展实证研究》,《工业技术经济》2010 年第 4 期,第 96 ~ 100 页。

[19] 毕斗斗:《生产服务业的演变趋势研究》,中山大学博士学位论文,2005。

[20] 杨玉英：《我国生产性服务业影响因素与效应研究：理论分析与经验证据》，吉林大学博士学位论文，2010。

[21] 吕政、刘勇、王钦：《中国生产性服务业发展的战略选择——基于产业互动的研究视角》，《中国工业经济》2006 年第 8 期，第 5～12 页。

[22] 王一鸣：《推进生产性服务业发展的几点思考》，中国生产性服务业发展高层论坛议程讲话稿，2008。

[23] 唐强荣、徐学军：《生产性服务业与制造业共生与绩效关系的实证研究》，《管理评论》2009 年第 9 期，第 72～76 页。

[24] 夏杰长：《生产性服务业是产业结构升级重要利器》，《光明日报》2013 年 9 月 7 日。

[25] 王洋：《新型农业社会化服务体系构建研究》，东北农业大学博士学位论文，2010。

[26] 郭翔宇、范亚东：《发达国家农业社会化服务体系发展的共同特征及其启示》，《农业经济问题》1999 年第 7 期，第 60～63 页。

[27] 金兆怀：《我国农业社会化服务体系建设的国外借鉴和基本思路》，《当代经济研究》2002 年第 8 期，第 38～41 页。

[28] 胡家浩：《美、德农业社会化服务提供的启示》，《开放导报》2008 年第 5 期，第 88～91 页。

[29] 张启文、钟一民、刘德宏：《发展中国家农业社会化服务体系发展的共同特征》，《农业经济问题》1999 年第 12 期，第 56～58 页。

[30] 姜长云：《着力发展面向农业的生产性服务业》，《宏观经济管理》2010 年第 9 期，第 38～39 页。

[31] 李炳坤：《农业社会化服务体系的建设与发展》，《管理世界》1999 年第 1 期，第 195～202 页。

[32] 庞晓鹏：《农业社会化服务供求结构差异的比较与分析》，《农业技术经济》2006 年第 4 期，第 35～40 页。

[33] 刘继国、赵一婷：《制造业中间投入服务化趋势分析》，《经济与管理》2006，第 9 页。

[34] 植草益：《信息通讯业的产业融合》，《中国工业经济》2001，第 2 页。

[35] 周振华：《信息化与产业融合》，上海人民出版社，2003。

[36] 陈宪、黄建锋：《分工、互动与融合：服务业与制造业关系演进的实证研究》，《中国软科学》2004 年 10 月。

[37] 高传胜、刘志彪：《生产者服务业与长三角制造业集聚和发展——理论、实证与潜力分析》，《上海经济研究》2005，第 8 页。

［38］顾乃华、毕斗斗、任旺兵：《生产服务业与制造业互动发展：文献综述》，《经济学家》2006，第 9 页。

［39］江静、刘志彪、于明超：《生产者服务业发展与制造业效率提升：基于地区和行业面板数据的经验分析》，《世界经济》2007 年第 8 期。

［40］徐毅、张二震：《外包与生产率：基于工业行业数据的经验研究》，《经济研究》2008 年第 1 期。

［41］王中华、代中强：《外包与生产率：基于中国工业行业物品外包与服务外包的比较分析》，《当代经济科学》2009 年第 7 期。

［42］李伟庆、汪斌：《服务外包、生产率与就业——基于中国工业行业数据的实证研究》，《浙江树人大学学报》2009 年第 3 期。

［43］李江帆、潘发令：《第三产业消耗系数和依赖度的国内国际比较》，《宏观经济研究》2001 年第 5 期。

［44］Machlup, F. , *The Production and Distribution of Knowledge in the United States*, Princeton Paperbacks, 1962: 37 - 39.

［45］Greenfield, H. I. *Manpower and the Growth of Producer Services*, Columbia University Press, New York and London, 1966，pp. 1 - 16.

［46］Momigliano F. , Siniscaldo D. , 1982, Note in tema di terziarizzazione e deindustrializzazione in Moneta e Credito, June.

［47］Marshall, J. N. Corporate Reorganization and the Geography of Services: Evidence from the Motor Vehicle Aftermarket in the West Midlands Region of the UK. *Regional Studies*, 1989 (23).

［48］Martinelli, F. *Producer Service's Location and Regional Development*, in P. W. Daniels and F. Moulaert (eds), *The Changing Geography of Advanced Producer Services*, London, Belhaven Press, 1991.

［49］Singelmann, J. and Browing, H. L. , The Transformation of the U. S. Labor Force: the Interaction of Industry and Occupation, *Politics and Society*, 1978, 8: 481 - 509.

［50］Howells, J. The Nature of Innovation in Services. Paper Presented for OECD/Australia Workshop Innovation and Productivity in Services, 2000. 31.

［51］Niles Hansen. Do Producer Services Induce Regional Economic Development？ *Journal of Regional Science*, 1990, 4: 465 - 476.

［52］Elfring, T. An International Comparison of Service Sector Employment Growth, Personal and Collective Services: An International Perspective. United Nations Economic Commission for Europe. *Discussion Paper*, 1992, (1)：1 - 13.

［53］Gurbel, Walker, Service Industry Growth: Cause and Effects, Fraser Institute, 1989.

［54］ Goodman, Steadman, Services: Business Demand Rivals Consumer Demand in Driving Growth, *Monthly Labor Review*, 2002, 4.

［55］ Katouzian, M A. The Development of the Service Sector: A New Approach. *Oxford Economic Papers*, 1970, 22.

［56］ Francois, Joseph F. Producer Services, Scale, and the Division of Labor. *Oxford – Economic Papers*, 1990. 42.

［57］ Christopherson, S. Flexibility in the US Service Economy and the Emerging Spatial Division of Labor. *Transactions of the Institute of British Geographers*, 1989. 14.

［58］ Coffey, W. J. and Bailly, A. S. Producer Services and Flexible Production: An Exploratory Analysis. *Growth and Change*, 1991. 22.

［59］ Tschetter, J. Producer service industries: Why are they growing so rapidly? *Monthly Labor Review*, 1978, 110.

［60］ Goe, W. R. The Growth of Producer Services Industries: Sorting Through the Externalization Debate. *Growth and Change*, 1991, 22.

［61］ O'Farrell, P. N. , Moffat, L. A. R. and Hitchens, D. M. Manufacturing Demand for Business Services in a Core and Peripheral Region: Does Flexible Production Imply Vertical Disintegration of Business Services? . *Regional Studies*, 1992, 27.

［62］ Marshall, J. N. and Green, A. E. Business Reorganization and the Uneven Development of Corporate Services in the British Urban and Regional System. *Transactions of the Institute of British Geographers*, 1990, 15.

［63］ Illeris, S. *The Service Economy: A Geographical Approach*. Chichester, England: J. Wiley, 1996.

［64］ Coe, N. M. The Externalisation of Producer Services Debate: The UK Computer Services Sector. *Service Industries Journal*, 2000. 20.

［65］ Francois, Joseph, Schuknecht, Ludger. Trade in Financial Services: Procompetitive Effects and Growth Performance. CEPR. *Discussion Papers*, 1999.

［66］ Banga, Rashmi and B. N Goldar. Contribution of Services to Output Growth Productivity in Indian Manufacturing: Pre and Post Reform. *ICRIER Working Paper* 139, 2004. August.

［67］ Banga, Rashmi. Role of Services in the Growth Process: A Survey. *Working Paper* No. 159, Indian Council for Research on International Economic Relations, New Delhi, 2005.

［68］ U. S. Congress, Office of Technology Assessment. Trade in Services: Exports and Foreign Revenues, *Special Report*, OTA - ITE - 318, Washington, 1986.

［69］ Freenstra, R. C and G. H. Hanson. Globalization, Outsourcing, and Wage Inequality. *American Economic Review*, 1996, 86.

［70］ Freenstra, R. C and G. H. Hanson. The Impact of Outsourcing and High - Technology Capital on Wages: Estimates for the United States, 1979 - 1990. *Quarterly Journal of Economics*, 1999, 114.

［71］ Park, S. H. and Chan, K. S. A Cross - Country Input - Output Analysis of Intersectoral Relationships between Manufacturing and Services and their Employment Implications. *World Development*, 1989, 2.

［72］ Park, H., Intersectoral Relationships between Manufacturing and Services, *ASEAN Economic Bullentin*, 1994, 10: 245 - 263.

［73］ Guerrieri P., Meliciani V. Technology and International Competitiveness: the Interdependence between Manufacturing and Producer Services. *Structural Change and Economic Dynamics*, 2005, 16.

［74］ Pilat, D., Wölfl. Measuring the Interaction between Manufacturing and Services. STI *Working Paper*, 2005, 5.

［75］ P. W. Daniels. Economic Development and Producer Services Growth: the APEC Experience. Asia Pacific Viewpoint, 1998, 2: 145 - 159.

［76］ Juleff - Tranter, L. E. Advanced Producer Services: Just a Service to Manufacturing. *the Service Industries Journal*, 1996. 16.

［77］ Lawrence D Smith. Decentralisation and Rural Development: The Role of the Public and Private Sectors in the Provision of Agricultural Support Services. Paper prepared for the FAO/IFAD/World Bank Technical Consultation on Decentralisation, Rome, December 1997: 16 - 182.

［78］ Haitham, El - Hourani. The Role of Public and Private Sectors in Agriculture. Representation Office of the Food and Agriculture Organization of the United Nations in Jordan Organization of the United Nations in Jordan. 2005 (9).

［79］ Besley, Timothy and Maitreesh Ghatak. Incentives, Choice, and Accountability in the Provision of Public Services. *Oxford Review of Economic Policy*. 2003. 19 (2): 35 - 41.

［80］ Urutyan, Vardan Aleksandryan, Mariana Hovhannisyan, Vardges. 2006. The Role of Specialized Agricultural Credit Institutions in the Development of the Rural Finance Sector of Armenia: Case of Credit Clubs. International Association of Agricultural Economists in its series 2006 Annual Meeting, August 12 - 18, 2006。

［81］ Quinn, J. B., Baruch, J. J. and Paquette, P. C. Exploiting the Manufacturing - Services Interface. *Sloan Management Review*, 1988, Summer: 49.

21

［82］ Hutton, T. A. Service Industries, Globalization, and Urban Restructuring within the Asia - Pacific: New Development Trajectories and Planning Responses. Progress in Planning, 2004, 61.

［83］ Cohen, S. Zysman. J. Manufacturing Matters: The Myth of the Post - Industrial Economy. Basic Books, New York, 1987.

［84］ Karaomerlioglu, D. B. , Carlsson. Manufacturing in Decline? A Matter of Definition. Economy, Innovation, New Technology, 1999. 8.

［85］ Berger, S. , Lester, R. *Made by Hong Kong*. Oxford University Press, 1997.

［86］ Stille, F. Linkages between Manufacturing and Services in Germany. Research Note, DIW Berlin, 2002. November.

［87］ Petit, Pascal *Slow Growth and the Service Economy*. Frances Printer (Publishers) Limited, London, 1986.

［88］ Abraham, K. G. and S. K. Taylor. Firms' Use of Outside Contractors: Theory and Evidence. *Journal of Labor Economics*, 1996, 14.

［89］ Groot, H. L. F. d. , Macroeconomic Consequences of Outsourcing: An Analysis of Growth, Welfare and Product Variety. *De Economist*, 2001, 149: 53 - 79.

［90］ Shank, J. K. and V. Govindarajan. 1992. Strategic Cost Management: The Value Chain Perspective. *Journal of Management Accounting Research* (4): 179 - 197.

［91］ Porter M E. , *Competition Advantage*, New York: Free Press, 1985.

［92］ Francois, J. F. , Reinert, K. A. The Role of Services in the Structure of Production and Trade: Stylized Facts from Across - country Analysis. *Asia – Pacific Economic Review*, 1996. 2.

［93］ Dathe, D. , Schmid, G. Determinants of Business and Personal Services: Evidence from West - German Regions. WZB - Discussion Papers, 2000. Berlin.

［94］ Falk, M. , Koebel, B. M. Outsourcing, Imports and Labor Demand. *Scandinavian Journal of Economics*, 2002. 104.

［95］ Siegel, D. Z. , Griliches. Purchases Services, Outsourcing, Computers and Productivity in Manufacturing, in Griliches, Z. (ed.), Output Measurement in the Service Sector. *University of Chicago Press*, 1992.

［96］ Raa, Thijs, Edward, N. Wolff. Outsourcing of Services and the Productivity Recovery in U. S. Manufacturing in the 1980s and 1990s. *Journal of Productivity Analysis*, 2001. 16.

［97］ Girma, S. and Gorg, H. Outsourcing, Foreign Ownership, and Productivity: Evidence from UK Establishment - level Data, *Review of International Economics*. 2004, 12 (NUMBER 5), 817 - 832.

［98］ Amiti M. , Shang - Jin Wei. Service Offshoring and Productivity: Evidence from the United States. *NBER Working Paper*, 2006. No. 11926.

[99] Fixler, D. J. , D. Siegel, Outsourcing and Productivity Growth in Services, *Structural Change and Economic Dynamics*, 1999, 10.

[100] Sassen S. *The Global City*: *New York*, *London*, *Tokyo*. Princeton: Princeton University Press, 1991.

[101] Juleff - Tranter, L. E. , Advanced Producer Services: Just a Service to Manufacturing, *Service Industries Journal*, 1996, 16: 389 - 400.

[102] Morshidi, Sirat. Globalising Kuala Lumpur and the Strategic Role of the Producer Services Sector. *Urban Studies*, 2000, 12.

[103] Daniels, P. *Service Industries*: *a Geographical Appraisal*, 1985, New York: Methuen.

[104] Kimio Uno. *Measurement of Services in an Input – Output Framework*, North - Holland, 1989.

[105] Ochel, Wegner. *Service Economies in Europe*: *Opportunities for Growth*, London, England and Boulder, 1987.

服务业效率：相关文献与研究评述

胡东兰　李勇坚*

内容摘要　服务业的快速发展可以归结于三个因素：需求变化因素、生产分工因素，以及在研究中被忽略的统计因素。普遍的观点是，当经济转向服务化阶段时，其效率可能会趋于下降。因此，从未来发展看，服务业生产率的提升是经济持续增长的关键，一项对英国与美国长期生产率增长的比较研究表明，自1870年以来，美国生产率超过英国，是服务业发展趋势而非工业发展趋势的结果。本文通过对服务业效率研究的文献进行梳理与综述，从服务业生产率与"成本病模型"、服务业投资效率、政府行为与服务效率三个方面对相关研究前沿进行了梳理和述评。

关键词　服务业效率　"成本病"模型　服务业投资效率政府行为

一　服务业生产率与"成本病"模型

（一）服务业生产率与"成本病"模型研究的进展

早在20世纪60年代，Fuchs就提出了服务业生产率增长较慢的

---

* 胡东兰，合肥工业大学经济学院讲师，研究领域为服务经济与财税政策；李勇坚，中国社会科学院财经战略研究院电子商务研究室副主任，研究领域为电子商务与现代服务业。

问题。Fuchs（1968）利用美国服务业的统计资料，对服务部门和生产部门进行比较，深刻分析了服务业就业增长的情况，并将其概括为服务业就业结构变化理论：①服务业在经济中的比重尤其是就业比重和地位随经济发展水平的提高而上升，当经济发展到一定阶段后，它可能进入一个快速发展期；②服务业的发展水平必须与人均收入水平相适应，如果服务业发展过于滞后（就业比重与产值比重偏低），就会制约经济发展和经济结构的调整；③服务业具有大量吸纳劳动力的潜力，在经济发展的各个阶段，服务业就业基本均维持上升趋势。在工业化过程中，劳动力同时向工业和服务业转移，而最终发展到以向服务业转移为主。Fuchs 分析了人均产出增长对服务业就业的影响，证明服务业就业增长的主因来自供给方面。他还发现随着经济发展水平的提高，商品生产率与服务生产率之间的差距会扩大，服务业的生产率与商品的生产率之比和收入水平负相关，但他未对服务业生产率较低的生成机理及影响进行深入解析。

Baumol（1967）在"成本病模型"① 中指出，经济中存在着进步部门和停滞部门，从长期来看，总生产率最终将被经济停滞部门所影响，经济增长趋于消失。Baumol 的模型有四个基本假定：①经济能够划分为两个部门，即停滞部门与进步部门（Stagnant Sector and Technologically Progressive Sector）；②经济只有一种投入，即劳动力；③两个部门的工资同步变化（即劳动力市场完全竞争）；④货币工资与进步部门的单位劳动产出同步变化。

实际上，从模型分析看，这个模型还有两个隐含的假定：第一，市场结构是完全竞争的；第二，长期市场需求曲线具有良好的性质（Brian Chapman，2010）。只有在需求曲线具有良好性质的情况下，假定④才能够得以成立。

根据这四个假定，可以得到以下结论，如果停滞部门的产品

---

① 从理论发展看，由 Baumol（1967）提出的"成本病模型"是第一个现代意义上的解释服务业增长与生产率的经济模型。迄今为止，这个模型也是对服务业增长进行宏观解释的一个非常重要的模型。

（也就是我们今天看到的"服务产品"）在政府补贴或其他因素作用下，缺乏价格弹性，或者富有收入弹性，则两部门的实际产出比重可能保持不变。而在不平衡生产率增长模型中，如果两部门产出比例保持不变，则越来越多的劳动力转向停滞部门，其他部门的劳动力份额将趋向于零。这就是著名的"成本病模型"。

"成本病模型"的核心假定是工资同步。在进步部门，工资与生产率同步；在停滞部门，价格与工资同步。因此，这个模型忽略了生产率对利润的影响。假定工资在两个部门间完全扩散，这意味着整个经济有着一个单一的工资率。在进步部门，工资完全由生产率决定，而在停滞部门，完全不是这样的。鲍莫尔认为，在不同的劳动力市场间有着某种流动性。而且，他假设劳动力是同一的。这个假定是完全成问题的，因为经济被分成性质完全不同的两个部门。生产技术的不同，对劳动力的要求显然也不相同，因此，工资不可能完全相同，劳动力也不可能完全流动（Thijs ten Raa 和 Ronald Schettkat，2012）。

从生产率视角看，第一，尽管鲍莫尔的模型具有非常清晰的古典精神，但模型中通向静止状态的路径与李嘉图模型有着很大的差异。鲍莫尔的模型是基于平均生产率而非边际生产率（在李嘉图模型中，增长受到贫瘠的土地边际生产率的影响）；对鲍莫尔而言，不是生产率增长的限制产生了一个通向停滞状态的路径，而是取决于两部门的平衡增长。第二，对李嘉图来说，技术进步延缓了到达静止状态的步伐，而在鲍莫尔模型中，技术进步加速了这一进程。第三，在李嘉图模型中，人口增长要求开发更贫瘠的土地，导致增长率下降；在鲍莫尔模型中，劳动力被假定为常数。如果有持续增长的劳动力满足停滞部门的需求，则平衡增长约束不能引导经济通向静止状态。

从实证研究的视角看，Kuznets（1971）通过对 59 个国家国民经济结构数据的分析，提出了一个部门结构模型，指出随着人均 GDP 的增长，产业增加值结构与就业结构会发生变动。他对现代经济增长过程中服务业吸纳劳动力越来越多的现象进行了解释，认为服务业劳动比重稳步上升的主要原因有三个方面：①与资本主义的生产方式相联系，对服务的中间需求扩大；②随着工业化、城市化和经济的发展，国家生产系统的越来越复杂导致中央政府监督和调节作用的增强，而政府对劳动的消费需求如卫生和教育等大幅增加；③随着收入水平的提高，对服务的最终需求也会逐步增加。Kuznets 强调供给因素对服务业结构变化所起的重要作用，供给因素主要包括人口增长、技术变革和资源比例的变动。

尽管 Fisher、Clark 和 Fourastie 在研究方法上主要以统计学而非经济学的相关原理来阐述三产业划分理论，在服务增长成因研究上仅是以最终服务需求（消费需求）增长来解释，没有关注到中间服务需求（生产需求）增长的趋势，但是他们已开始运用相应工具来分析服务产量、服务就业的演变及一般的增长过程，有些观点已构成现代服务增长理论研究的雏形。Fuchs、Baumol 和 Kuznets 等从供给角度围绕服务生产率相对低下的原因对服务业增长的原因进行了研究，拓展了之前学者局限于需求角度对服务业进行研究的视野。

之后，Kravis、Heston 和 Summers（1983）使用多个国家数据从另一个角度对服务业劳动生产率滞后问题予以解释。研究结果发现，以现行的国民经济统计方法为基础，服务业劳动生产率比商品生产率低是一个确定的事实。不仅单个国家如此，跨国截面数据分析结果还显示，随着一国经济发展水平的提高，商品生产率与服务生产率之间的差距会逐渐扩大——服务业生产率和商品生产率之比与收入水平具有负相关关系，这意味着收入水平越高，商品生产率越高，而服务业相对劳动生产率则越低。因此，如果服务业劳动生产率上升幅度不大的话，商品生产率将随着收入水平的提高而上升。摩根士丹利首席经济学家 Steven Roach（1987）同样指出，计算机使用的巨大增加并没有对经济绩效产生影响。统计表明，1961～1973 年，18 个 OECD 成员国全员生产率平均从每年的 3.25% 下降到 1.09%（1974～1992 年），而劳动生产率则从 1961～1973 年的平均 4.41% 下降到 1974～1992 年的 1.81%，美国也有类似现象。Robert J. Gordon（1996）指出，1950～1972 年，美国的制造部门每小时产出增长率为 2.9%，1972～1987 年，增长率下降为 2.2%。与此相对应，1950～1972 年、1972～1987 年、1987～1994 年私人非农业非制造业部门的每小时产出增长率分别为 2.1%、0.4%、0.8%。

Saxonhouse（1985）和 Leveson（1985）分别根据日本和美国服务业发展的实际情况对鲍默尔－富克斯假说进行了实证检验，检验结果基本上支持该假说。Hiroaki Sasaki（2007）认为，如果考虑到服务既可以作为最终消费，又可以作为中间需求[①]，在给定服务部门生产率低于制造部门的情况下，制造业的就业份额与经济增长率在长期内均趋于下降，不论劳动与服务产出之间的替代弹性是多大。Anne－Kathrin Last 和 Heike Wetzel（2010）对德国剧场表演的生产率进行了实证研究，他们使用随机前沿方法，将 TFP 分解为两个部分：①鲍莫尔的"成本病模型"在此部门是否有效；②效率进步能否补偿由此带来的生产率负面影响。结果证明，随着工资的增加，单位劳动力成本上升，这证实了"成本病假说"。而且，剧院有着明显的规模效应，但并不足以抵消"成本病"带来的非效率。

但是，也有经济学家认为，服务业生产率表现并不如大家公认的那么糟糕。Rubina Verma（2012）根据印度 1980～2005 年部门增长核算，服务部门的 TFP 是最快的，而且 TFP 的增长明显地源于服务部门增加值增长，1991 年之后服务业 TFP 的增长是因为以市场为基础的自由化改革。Jack E. Triplett 和 Barry P. Bosworth（2003）也指出，在 1995 年之后，服务部门的劳动生产率增长要远远快于商品生产部门。还有一部分经济学家认为，密集使用 ICT 是提高服务业生产率的有效途径。Jorgenson 和 Stiroh（2000），Jorgenson（2001）从宏观角度通过跟踪研究和实证分析，发现在信息技术的推动下，美国经济实现了高速增长。Waverman（2001）利用 21 个 OECD 国家 20 年的面板数据检验了电信服务业对经济增长的作用，发现电信服务业的发展与经济增长之间存在着正向的因果关系。Triplett 和 Bos-

---

① Thijs ten Raa 和 Ronald Schettkat（2012）提出，如果假定服务也可以用于中间需求，则可以部分（而不是全部）解释服务业生产率下降问题。

worth （2003） 研究了美国 54 个行业 （含服务部门的 29 个行业） 发现，服务业的生产率在 1977 ~ 1995 年年均增长 0.3%，而在 1995 ~ 2001 年为 1.5%，服务业信息化解释了美国劳动生产率增长的 80%。Sridhar 和 Sridhar （2007） 考察了发展中国家电信服务业对经济增长的影响，结果表明移动电话和固定电话业务促进了国民产出的增加。Rubalcaba 和 Kox （2007） 从就业、生产率和创新三个方面阐述了商务服务业对欧洲经济增长的巨大贡献。

从本质上看，服务业生产率或者 "成本病" 问题远比现有的研究要复杂，这是因为以下几个原因。第一，服务业在国民收入与社会就业中快速增长的原因非常复杂 （江小涓，2011），涉及价格因素、需求因素、供给因素等诸多因素；第二，经济学的统计与计量分析中，通常都使用 "排除法" 来定义服务业，即一般而言，经济学家将非第一产业与第二产业的经济量定义为服务业 （尤其是在对服务业进行统计时更是如此），这样，服务业没有统一的、明确的定义，其内部各个产业之间并没有经济学意义上的共同点；第三，服务业在产出测度方面存在着诸多不足之处；第四，对服务业的理论研究远远滞后于其在经济增长过程中的表现。由于这些原因，对服务业生产率的研究非常复杂。

（二） 关于服务业生产率测算的问题

由于服务业本身的庞杂性①，对服务业生产率进行研究的过程中，研究者往往缺乏标准方法来衡量技术的改进、质量的提升以及价格的下降，因此，导致了对生产率分析的错误 （Griliches，1994；Diewert，2000；J. Steven Landefeld，Barbara M. Fraumeni，2000；Thijs ten Raa & Ronald Schettkat，2012）。而服务业的统计核算问题本身也会导致对服务业生产率测算的错误。许多研究者指出，生产率的概念应用于服务部门远较其应用于制造业更为复杂。Djellal Faridah et

---

① 正如 Pertit 所说的："引人注目的是目前使用这个概念 ［指服务 （services）］ 的简单性，同在经济分析范围内给服务确定定义所遇到的困难之间的鲜明对照。"

Gallouj Faïz（2010）详细探讨了现有的生产率分析框架应用到服务业的问题，他认为，现有的生产率分析框架没有考虑服务业所特有的消费者参与问题、服务质量的主观体验问题等。有学者指出，服务业生产率涉及服务质量、消费者主观体验等诸多方面，因此，需要建立一个单独的框架（刘丹鹭，2012）。

Jonas Rutkauskas 和 Eimenė Paulavičienė（2005）提出，生产率同时要求效率与效能（Efficiency and Effectiveness），因为某种活动如果只有效率而没有效能，或者只有效能没有效率，都不是具有生产性的。生产率概念用于服务业时，其分析的范围包括了组织之外的要素，即顾客。一些服务组织削减了投入要素，但是将顾客的活动包括进来，使生产率得到了提升。而在计算服务业的生产率时，质量非常重要。例如，据美国官方统计，美国健康保健业的生产率在1990~2000 年下降了 20% 以上，全要素生产率比 1960 年下降了近40%。而事实上，许多新的药品、设备和诊疗手段不断地被发明出来，使现在的医疗诊断更精确、病人留在医院的时间更短、治疗的痛苦更小，这些都意味着节约了巨大的成本和为病人带来了便利，但建立在医生、床位等指标上的传统统计指标无法计算服务质量的变化。J. Steven Landefeld 和 Barbara M. Fraumeni（2000）认为价格指数也不能捕捉到新产品或新生服务的出现。对于产品而言，新经济的效率可以被估计出来，但对服务而言，缺乏适当的价格数据，这使得新技术提高产出和生产率方面的测度变得困难，甚至不可能（Thijs ten Raa & Ronald Schettkat，2012）。

Moriches（1994）认为，由于对质量提高等因素测量的困难，经济学家对美国经济成就进行了低估。如果考虑质量因素，至少在1947~1973 年，服务部门的劳动生产率增长并不慢于制造部门。APO（Asian Productivity Organization）2004 年年报则认为，由于智力资本等无形资产在服务生产中变得越来越重要，而传统的测量系统对此缺乏有效的方法，因此，测量问题也成为进行服务业生产率国际或时际比较的重要障碍。Diewert 指出："我们认为经济测度错误可以解释在 OECD 国家自 1973 年生产率下降的原因，特别发现在高通胀时期，商业支出的误测导致生产率下降，当通胀下降时，由于不能准确地测度相关的变量，而掩盖了生产率增长恢复的情况。" Wolff（1991）同样认为生产率悖论的主要问题在于如何测度那些产出测度困难而输入测度相对容易的企业的生产率。他说："一些经济学家主张近年来服务业表现不理想是由于测度这一时期的产出的问题，而不是由于生产率的实际变化。"Gordon（1996）认为，测量的误差并不足以解释劳动率下降之谜。因为大多数行业都是中间行业，价格下降的影响将会直接导致总量产出的减少（考虑到经济总量也是使用货币来进行计量的），但从统计数据上没有看到这一点。劳动生产率下降的最主要的原因在于劳动力市场的弹性，弱的工会力量与宽松的移民政策为美国提供了大量的廉价劳动力，使美国工人的实际工资处于不断下降之中。我国学者岳希明、张曙光（2002）从服务业增加值的核算角度指出中国服务业增加值被低估的原因有两个：核算范围的不全和部分服务业计价过低。由于服务业增加值被严重低估，服务业增长率也可能存在偏差。

考虑到生产率核算误差的问题，经济学家不断对生产率的测算进行改进。乔瓦尼·罗索和罗纳德·谢科特（2012）提出了"最终产品生产率（FPP）"方法[①]，这个方法重点考虑服务作为一种中间投入对生产率的贡献。作者认为，如果使用FPP方法，则服务业的生产率比现有方法（索洛余值法）测算的要高得多。Jonas Rutkauskas和Eimenė Paulavičienė（2005）提出使用服务业成本效率、服务效能、成本效能（Cost - efficiency, Service - effectiveness, and Cost - effectiveness）等概念，完善了服务业生产率的分析，而Armando Calabrese（2012）对服务质量与效率之间的关系进行深度分析，他认为，服务质量与效率之间并不存在单一的替代关系。

在生产率测算方法方面，国内学者对全要素生产率的测算方法

---

① 作者指出，满足某种产品的需求所必需的就业称为最终产品就业（FPE）。整个综合生产过程的劳动生产率称为最终产品生产率（FPP），在数学上，垂直综合部门 *h* 的最终产品生产率是所有部门对产品 *h* 生产的生产率的加权平均，权重是各个部门就业在垂直综合生产部门全部就业中的份额。

主要集中在索洛余值法、随机前沿模型和标准 DEA 方法。索洛余值法需要强假定与资本存量数据。随机前沿方法使用了先定函数形式以及假设随机误差项服从一定的概率分布，存在先验的主观因素。标准 DEA 可能会产生技术进步为负的结果，而 Timmer 和 Los（2005）指出，技术退步在现实生活中难以理解。

二　服务业投资效率

对中国服务业效率研究而言，还有一个重要的问题，就是服务业投资效率问题。数据表明，自 1993 年开始，我国服务业投资就已占到全社会固定资产投资的 50% 以上，但是，无论是服务业增加值，还是服务业生产率方面，都与其巨大的投资有着明显的反差，也与"服务业发展需要的投资更少"这一直观印象相违背。因此，这里引发的一个问题就是，中国服务业投资是否更具有效率。

国内外专门研究投资效率与服务业发展关系的文献不多，主要原因在于国内外学者在研究服务业发展的影响因素时多从需求因素（收入水平、经济水平、城市化水平、人口密度、分工水平等）、供给因素（基础设施状况、人力资源投入、开放程度、信息化水平等）、创新层面（制度创新、科技创新等）去探究和分析。实际上，服务本身需要投资，服务的提供和服务功能的实现都要依托某些特定的基础设施或物质产品，从这个意义上说，资本积累是服务业增长的重要源泉之一，研究投资效率与服务业增长之间的关系就成为必要。

刘培林、宋湛（2007）基于我国第一次经济普查数据对服务业和制造业企业法人绩效进行分析表明，我国有组织的服务业是一个相对昂贵的产业，装备一个劳动力所需的资产量比制造业多，财务效应和经济效益比制造业差，进入这些服务业的投资门槛水平不比制造业低。

曹跃群、张祖妞、郭春丽（2009）探讨了服务业资本利润率变动趋势及成因，研究发现服务业经济增长、技术进步、市场化水平、服务贸易发展与服务业资本利润率之间存在稳定的正相关关系。

吴建新（2010）用非参数生产前沿方法将中国 1978～2007 年服务业劳均产出增长分解为效率变化、技术进步和资本积累的贡献三个部分，研究发现：技术进步是促进各地区服务业增长的重要因素，作用随着资本积累的提高呈上升趋势；效率虽然对服务业经济增长的平均贡献较小，却是各地区服务业增长率差异的主要原因；资本积累在不同时期对地区服务业增长的贡献差别很大，作用随着时间发展呈上升趋势。

夏杰长、李勇坚（2010）利用中国现有投入产出表提供的数据，使用 AMSZ 准则，对中国服务业的动态效率进行了实证检验，结果表明，中国服务业投资是动态无效率的。要改变服务业投资动态无效率的问题，必须从改善资本配置、推进城市化进程、打破服务业领域的垄断和体制障碍等方面着手。他们创新性地将宏观经济学里的"动态效率"分析方法引入了服务业投资效率研究，但是，这种方法也存在着短期与长期匹配等问题。之后，他们（李勇坚、夏杰长，2011）又使用 ICOR（增量资本 – 产出比）指标对服务业投资效率进行了进一步研究，研究发现服务业在吞噬大量资本的同时，没有带来与投资相适应的产出，服务业投资的低效率来源于交通运输、仓储、邮政业与房地产业的巨额投资消耗与畸高的增量资本产出比，而两者投资低效率的根源在于现有的投资体制与宏观经济管理体制。李文秀等（2012）使用 ICOR 指标对区域间服务业发展的趋同或集聚趋势进行判别[①]，研究表明，整体上服务业体现了集聚趋势，但是分行业看这个趋势并不明显。也就是说，整体上我国服务业投资可能产生高效率，但各行业之间存在差异。这项研究的理论意义在于，将投资效率与趋同、集聚等经济地理理论进行联系。

从整体上看，关于服务业投资效率的研究文献还相当有限，从

---

① 根据新古典增长模型的边际收益递减假定，ICOR 应该与其增加值之间存在着正向关系。根据集聚理论，因为集聚会产生规模收益递增，则 ICOR 应该与其增加值之间存在着负向关系。

投资视角来研究服务业效率，还缺乏具有创新性的成果。

三　政府行为与服务业效率

由于服务的特殊性（Hoekman B.，2006），其对政府行为的敏感性与制造业不同，政府行为对服务业的效率起着更为重要的作用（汪德华等，2007）。从理论研究看，由于服务业生产率的复杂性（Christian Grönroos & Katri Ojasalo，2004；Djellal Faridah et Gallouj Faïz，2010），以及政府行为的广泛性与难以量化，国内外对政府行为与服务业生产率之间关系的研究并不多。

第一，从现有的文献看，有些文献讨论了政府行为影响服务业生产率的作用机制。政府行为影响服务业生产率的可能作用机制包括：形成良好的服务交易与消费环境，具体包括法治、合同的可预期性、标准、诚信等软性环境，以及良好的基础设施、信息条件与便捷的服务可获得性等硬性环境（李勇坚、夏杰长，2009；胡东兰，2013；Rubina Verma，2012）；降低交易成本，促进交易发生；完善的要素市场以及包括资金等在内的各种要素的可获得性（陈艳莹、王二龙，2013；Marco Da Rin etc.，2011）；改革服务业的规制政策，降低市场准入门槛，促进服务业的竞争；形成良好的服务创新政策环境，激励服务组织创新（Stephen Broadberry & Sayantan Ghosal，2005）；提供财税方面的优惠支持（OECD，2005）；提升投资效率（庞明川，2008；李勇坚、夏杰长，2011）等。

第二，从广义的政府行为视角分析其对服务业生产率的影响。例如，汪德华等（2007）以一国法治水平来衡量契约维护制度的质量，与其服务业比重显著正相关；政府规模与其服务业比重显著负相关；法治水平对服务业比重的影响在中低收入国家更重要。李勇坚、夏杰长等（2009）探讨了收入分配、户籍制度、规制政策等相关方面的政府行为对服务业发展的影响。陈志武（2004）认为，服务业与制造业所需要的制度环境不同，制造业对信息真实性与逆向选择的要求与服务业不一样，因此，制造业能够在一个很弱的制度环境下快速发展。但是，服务业对制度要求很高。实证研究表明，新闻自由度及法治水平（以及相应的合同结果可预期性）与服务业发展水平及效率之间存在正相关关系。

第三，从政府规制与竞争的视角，对服务业生产率进行研究。Martin Neil Baily, Robert J. Gordon 和 Timothy F. Bresnahan（1993）通过对欧洲与日本四个服务部门产业政策的对比，认为竞争对服务业效率具有促进作用，但产业政策的效果取决于产业结构、产业规模、产业效率等因素。Nicoletti, G.（2001）对 OECD 国家服务业规制改革的绩效进行了研究，研究结果表明，对服务业规制政策进行改革，将促进服务业效率的提升。王劲松、史晋川（2005）研究了民营化进程对产业结构演进的影响，他们的研究结果表明，民营化是中国产业结构演进的一个重要因素。Nicoletti 和 Scarpetta（2003）认为在服务业中，进入自由化对服务业所有行业的生产率都有促进作用。Philippe Aghion 等（2012）使用中国 1998～2007 年的企业数据发现，如果在竞争部门增加补贴，并维持竞争，则补贴、税收优惠、关税等对 TFP 或者增长具有正向的显著作用。Rubina Verma（2012）认为，印度 1991 年之后服务业 TFP 的增长是因为以市场为基础的自由化改革。刘丹鹭（2013）也指出，当放松管制体现为国有以及集体企业垄断力量的下降时，它与全要素生产率增长有显著的正面关系；当放松管制体现为私营以及外资企业实际进入和市场自由化时，它与生产率增长存在负面或不相关的关系。但 Chiara Criscuolo, Ralf Martin, Henry Overman 和 John Van Reenen（2012）认为，大部分产业政策对企业进入、投资与就业有正向的效应，而对 TFP 的效应并不明显；对小企业的效应高于大企业。

第四，从政府出台的各项支持政策视角，研究其生产率效应。财政政策通过税收影响服务企业的收益，进而影响其投资行为，财政支出政策直接影响服务业发展所需要的基础设施环境和人力资本的数量与质量，进而影响服务业生产率（李勇坚、夏杰长，2009）。陈金保、何枫和赵晓（2011）分析了税收激励对服务业生产率的作用机制，税收激励能显著促进中国服务业 TFP 和技术效率的提高；

但由于缺乏对服务创新的激励政策，现阶段税收激励对我国服务业技术进步的促进作用不显著。加大对服务业技术投入和创新投入的支持力度应该是今后的税收政策重点。郭东海（2010）通过理论分析和问卷调查统计分析发现，产业政策是生产性服务业企业发展的重要影响因素，但不是主要的影响因素。OECD 部长会议（2005）也曾提出，开放国内市场以创造新的就业机会，并培育创新与生产率，建立有利于服务增长的财税环境。

第五，政府行为通过其他途径对服务业生产率的影响。李勇坚、夏杰长（2009）综合研究了民营化、收入分配、户籍制度、规制政策等相关方面的政府行为对服务业生产率的影响。对服务业而言，需求波动对其生产率具有明显的影响（Masayuki Morikawa，2012），因此，通过政府行为影响居民的服务消费行为，也会对服务业生产率产生影响。胡东兰（2013）研究了财政支出对居民服务消费的影响，研究结果表明，社会性支出对居民服务消费具有挤入效应。当期和滞后期社会性支出对居民服务消费有挤入效应，而且影响具有持续性但正冲击作用变化不明显。陈艳莹、王二龙（2013）则指出政府行为导致要素市场扭曲，进而影响了服务业的生产率。胡宗彪（2013）指出，服务部门与商品部门相同，更低的贸易成本与更高的生产率及更快的生产率增长相联系，并且这一效应主要体现在生产性服务部门，在实证上，未发现服务贸易成本下降提升服务业生产率及其增长的经验证据。从总体上看，如果通过政府行为降低服务交易成本，则有可能会使服务业效率获得提升。组织结构的变化也会导致服务业效率的变化。Stephen Broadberry 和 Sayantan Ghosal（2005）指出，自 1870 年以来，美国生产率超过英国，是服务业发展趋势而非工业发展趋势的结果。从日常化、低价值、以网络为基础的高边际成本商业组织向标准化、高价值、科层管理式的低边际成本商业组织的转化是美国超越的原因，而这个过程伴随着政府行为模式的变化。还有较多的研究关注了服务业集聚与政府行为之间的关系（例如，陈建军、陈国亮、黄洁，2009；刘奕，2013），这些研究结果普遍表明，政府行为对服务业集聚存在着一定的正向作用，而通过集聚，又能提升服务业的效率。

已有的研究成果对于政府行为与服务业生产率之间的关系有一定的认识。但是，这些研究都侧重于政府行为的某一个角度，缺乏对政府行为的综合性分析，使关于政府行为与服务业生产率之间的研究显得支离破碎。此外，现有的研究对服务业生产率与制造业生产率之间缺乏严格的区分，在政策建议方面，也无法针对服务业的特征，提出更具有实际意义的政策建议。

四 简要评论

从整体上看，关于服务业效率的研究一直是困扰经济学家的一个大课题。

第一，服务业效率的测度，绕不开服务业价格的问题①。例如，富克斯研究发现，1929～1965年，服务产出在非农产业中的比重上升了2个百分点。但是，如果以不变价计，服务业的产出比重反而下降了2.4个百分点，其原因是在此期间服务的价格上升了大约14个百分点。又如，鲍莫尔发现，20世纪60年代以来，发达国家的教育、医疗等服务行业的价格以远远超过一般通货膨胀水平的速度增长。因为对服务价格影响的处理方法不同，也导致了对服务业效率或生产率研究结论的差异。

第二，对服务业效率或生产率的研究，不能简单套用关于物质产品生产效率的研究方法。服务业效率或生产率不但涉及服务业本身的技术进步、服务提供者的技能水平，而且也涉及服务的需求、服务接受者的配合等诸多因素，因此，在现有的框架下进行分析，可能会导致结果的偏差。

第三，对服务业投资效率的研究，目前仍处于起步阶段。核心的问题是缺乏一种良好的计量方法对服务业投资效率进行测度。还

---

① 在现有的研究方法里，对效率或者生产率的研究都是以货币为计量单位的，因为价格的影响是无法避免的。

有一个相关的问题是，服务业投资非常庞杂，既有公共投资，也有私人投资，而且，各个行业之间投资水平差异非常大，这些问题都导致了对服务业投资效率的研究仍处于起步阶段。

第四，服务业效率比制造业更容易受到政府行为的影响。但是，对于政府行为影响服务业效率的机制、作用路径、数量水平等，在研究方面仍不够深入，有待于引进新的观察方法以及分析模式。

总之，虽然服务业在 GDP 与就业中的地位越来越重要，但是，对其效率的研究仍处于起步阶段，在未来的研究中，仍需要在研究方法、研究模式等各个方面深化，使其在理论与实证方面更加深入。

参考文献

［1］李勇坚、夏杰长：《制度变革与服务业成长》，中国经济出版社，2009。

［2］庞明川：《中国的投资效率与经济可持续增长》，中国社会科学出版社，2008。

［3］〔荷〕腾·拉加、〔德〕罗纳德·谢科特：《服务业的增长——成本激增与持续需求之间的悖论》，李勇坚译，格致出版社，2012。

［4］夏杰长、李勇坚等：《迎接服务经济时代来临》，经济管理出版社，2010。

［5］曹跃群、张祖妞、郭春丽：《服务业资本利润率变动趋势及成因》，《产业经济研究》2009 年第 5 期。

［6］陈建军、陈国亮、黄洁：《新经济地理学视角下的生产性服务业集聚及其影响因素研究——来自中国 222 个城市的经验证据》，《管理世界》2009 年第 4 期。

［7］陈金保、何枫、赵晓：《税收激励对中国服务业生产率的作用机制及其实证效果研究》，《北京科技大学学报》（社会科学版）2011 年第 3 期。

［8］陈艳莹、王二龙：《要素市场扭曲、双重抑制与中国生产性服务业全要素生产率：基于中介效应模型的实证研究》，《南开经济研究》2013 年第 5 期。

［9］陈志武：《为什么中国出卖的是"硬苦力"》，《新财富》2004 年第 9 期。

［10］郭东海：《我国生产性服务业产业政策的微观研究》，《东岳论丛》2010 年第 12 期。

［11］胡东兰：《中国财政支出对居民服务消费影响的理论及实证分析》，中国社

会科学院研究生院博士学位论文，2013。

［12］胡宗彪：《企业异质性、贸易成本与服务业生产率》，武汉理工大学博士学位论文，2013。

［13］江小涓：《服务业增长：真实含义、多重影响和发展趋势》，《经济研究》2011 年第 4 期。

［14］李文秀、李勇坚、罗春秀：《中国区域间服务业发展趋同还是集聚—基于省级分行业投资效率面板数据的研究》，《宏观经济研究》2012 年第 8 期。

［15］李勇坚、夏杰长：《服务业是节约投资的产业吗？——基于总量与 ICOR 的研究》，《中国社会科学院研究生院学报》2011 年第 9 期。

［16］刘丹鹭：《进入管制与中国服务业生产率——基于行业面板的实证研究》，《经济学家》2013 年第 2 期。

［17］刘丹鹭：《我国服务业生产率及其影响因素研究》，南京大学博士学位论文，2012。

［18］刘培林、宋湛：《服务业和制造业企业法人绩效比较》，《经济研究》2007 年第 1 期。

［19］汪德华、张再金、白重恩：《政府规模、法治水平与服务业发展》，《经济研究》2007 年第 6 期。

［20］王劲松、史晋川、李应春：《中国民营经济的产业结构演进——兼论民营经济与国有经济、外资经济的竞争关系》，《管理世界》2005 年第 10 期。

［21］吴建新：《技术进步、效率变化、资本积累与我国地区服务业发展》，《南方经济》2010 年第 8 期。

［22］夏杰长、李勇坚：《中国服务业投资的动态效率分析》，《中国社会科学院研究生院学报》2010 年第 11 期。

［23］岳希明、张曙光：《我国服务业增加值的核算问题》，《经济研究》2002 年第 12 期。

［24］Pertit：《新帕尔格雷夫经济学大辞典》（第四册）。

［25］Armando Calabrese, Service productivity and service quality: A necessary trade - off?, *International Journal of Production Economics* 2012, (135): 800 - 812.

［26］Anne - Kathrin Last and Heike Wetzel, Baumol's Cost - Disease, Efficiency, and Productivity in the Performing Arts: An Analysis of German Public Theaters, *Journal of Culture Economics*, 2011, 35 (3): 185 - 201.

［27］Brian Chapman, "Baumol's Disease": The Pandemic That Never Was, Monash University, Australia, 2010.

［28］Baumol, W., Macroeconomic of Unbalanced Growth, American Economic Review,

1967, 57: 415 - 426.

[29] Chiara Criscuolo, Ralf Martin, Henry Overman, John Van Reenen, The Causal Effects of an Industrial Policy, NBER, *Working Paper 17842*, http: //www. nber. org/papers/w17842, 2012.

[30] Christian Grönroos, Katri Ojasalo, Service Productivity: Towards a Conceptualization of the Transformation of Inputs into Economic Results in Services, *Journal of Business Research*, 2004, 57（4）: 414 - 423.

[31] Clark, C. , *The Conditions of Economic Progress.* London: Macmillan, 1940.

[32] Fuchs, V. , *The Service Economy.* New York: National Bureau of Economic Research, 1968.

[33] G. Nicoletti and S. Scarpetta, Regulation, Productivity and Growth: OECD Evidence, *Economic Policy*, 2003, 18（36）: 9 - 72.

[34] Griliches, Zvi. , Productivity, R&D, and the Data Constraint, *American Economic Review*, 1994, 84（1): 1 - 23.

[35] J. Steven Landefeld, Barbara M. Fraumeni, Measuring the New Economy, http: // www. bea. gov/about/pdf/newec. pdf, 2000.

[36] Jellaba Faridah et Gallouj Faïz, Beyond Productivity Strategies in Services, *Journal of Innovation Economics*, 2010, 5: 89 - 104.

[37] Jack E. Triplett and Barry P. Bosworth: Productivity in the Services Industries: Trend and Measurement Issues, Brookings Institution, *working paper*, 2003.

[38] Kuznets, S. , *Economic Growth of Nations: Total Output and Population Structure*, The MIT Press, 1971.

[39] Leveson, I. , Services in the U. S. Economy, In Inman（eds. ）, *Managing the Service Economy: Prospects and Problems*, Cambridge University Press, 1985.

[40] Martin Neil Baily, Robert J. Gordon and Timothy F. Bresnahan, Competition, Regulation, and Efficiency in Service Industries, *Brookings Papers on Economic Activity.* Microeconomics, 1993, 2: 71 - 159.

[41] Masayuki Morikawa, Demand Fluctuations and Productivity of Service Industries, *Economics Letters*, 2012, 117: 256 - 258.

[42] Marco Da Rin, Thomas F. Hellmann, Manju Puri, A Survey Of Venture Capital Research, *Working Paper 17523*, http: //www. nber. org/papers/w17523, 2011

[43] Nicoletti, G. , Regulation in Services: *OECD Patterns and Economic Implications*, *OECD Economics Department Working Papers*, *No. 287*, OECD Publishing, 2001.

[44] OECD, Growth in Services Fostering Employment, Productivity and Innovation,

Meeting of the OECD Council at Ministerial Level, 2005

[45] Robert J. Gordon, Problems in Measurement and Performance of Services Sector Productivity in the United States, *NBER WP No. 5519*, 1996.

[46] Rubalcaba, L. and H. Kox, *Business Services in European Economic Growth*, Hampshire: Palgrave Macmillan Ltd, 1 edition, 2007.

[47] Rubia Verma, Can Total Factor Productivity Explain Value Added Growth in Services?, *Journal of Development Economics* 99 (2012): 163 - 177.

[48] Saxonhouse, G., Services in the Japanese Economy, In Inman (eds.), *Managing the Service Economy: Prospects and Problems*, Cambridge University Press, 1985.

[49] Sridhar, K. S. and V. Sridhar, Telecommunications Infrastructure and Economic Growth: Evidence from Developing Countries. *Applied Econometrics and International Development*, 2007, 7 (2): 37 - 56.

[50] Stephen Broadberry, Sayantan Ghosal: Technology, Organisation and Productivity Performance in Services: Lessons from Britain and the United States since 1870, *Structural Change and Economic Dynamics*, 2005, 16: 437 - 466.

[51] Triplett, J. E. and B. P. Bosworth, *Productivity in the U. S. Services Sector: New Sources of Economic Growth*, Washington D. C. : Brookings Institution, 2003.

[52] Waverman, L., Telecommunications Infrastructure and Economic Development: A Simultaneous Approach, *American Economic Review*, 2001, 91 (4): 909 - 923.

[53] Wolff, *Productivity and American Leadership: The Long View*, The MIT Press, 1991.

服务业发展的驱动力：基于规模报酬递增和垄断竞争模型的解释[*]

曾世宏[**]

内容摘要 本文通过构建一个具有规模报酬递增和垄断竞争特征的经济模型，来说明生产者服务部门规模扩张及其与不同经济部门的异质性产业关联模式怎样促进服务业发展和内部结构变迁，得出的基本结论是服务业因果累积良性循环机制的实现驱动了服务业内部结构的变迁，生产者服务的规模扩张对服务业发展具有重要的因果累积良性循环作用，而劳动力的自由流动是生产者服务规模扩张的重要条件。

关键词 生产者服务 结构变迁 劳动力流动

一 引言

后工业化时代或者新服务经济时代，内涵密集知识和技术的生产者服务将成为各个经济部门的重要中间投入，特别是嵌入式生产

* 本文是 2013 年国家社会科学基金青年项目"生产性服务业集聚提升城市经济可持续发展能力的机制研究"（13CJY030）、2012 年湖南省优秀社科研究基地专项资助项目"基于后发优势演变的湖南省生产性服务业就业吸纳效率改进措施研究"（12JDZ11）和 2011 年湖南省社科基金一般项目"提升湖南生产性服务业竞争力路径研究"（B21228）的阶段性成果。
** 曾世宏，中国社会科学院财经战略研究院在站博士后，湖南科技大学商学院副教授，研究领域为服务经济理论与公共政策。

者服务与传统制造业、农业和战略性新兴产业的高度融合，能够大大提升这些产业或者产品的自动化、个性化和智能化水平。正是由于生产者服务与各个经济部门的产业关联程度显著提高，社会对生产者服务的需求水平才会大量增加。随着生产者服务的劳动报酬高于社会平均的劳动报酬，劳动生产要素会在社会各个经济部门重新配置，相对于传统服务业而言，生产者服务的就业水平会显著增加，高端的人力资源和社会资本会逐渐进入生产者服务行业，在产业集聚和技术创新的作用下，生产者服务的产出水平会大大提高。

生产者服务产出能力的提升会增加对其他服务的需求，因为生产者服务生产的投入更多地来自服务业自身（Pilat & Wölfl，2005）。在生产者服务的引致需求下，各服务部门为了提高自身的供给效率，反过来又会增加对生产者服务的中间投入水平，于是服务业的发展会经历一个自我良性循环的过程。在这个过程中，服务业的产业结构将不断进行调整，占主导地位的生产者服务会推动消费者服务和公共性服务非平衡地合理发展。

不同经济部门对生产者服务使用数量和方式的不同，会引起生产者服务提供总量以及提供方式的不同，生产者服务的引致性需求将促使包括劳动力在内的各种生产要素向生产者服务行业流动。本文主要从产业关联与劳动力流动的角度提供一个服务业发展驱动力的理论分析模型，来说明生产者服务业规模扩张以及与其他经济部门不同的产业关联模式如何导致劳动力要素在不同经济部门之间的流动，服务部门内部的产出将怎样发生变化。

服务业发展主要由生产者服务来驱动体现在以下三个方面。第一，生产者服务作为产品和服务生产过程的中间投入，能够协调复杂的生产过程，实现产品和服务生产及消费过程的自动化、智能化、定制化与便捷化，因此，随着生产者服务的内外部产业关联程度提高，从事生产者服务的劳动力比重会相应增加，更多的高级劳动力要素会流向生产者服务行业。第二，富含密集知识和技术的生产者服务作为中间性投入，特别是作为服务业自身的中间性投入，通过知识和技术的外溢效应，能够提高产品和服务的生产率水平。第三，在生产者服务的外部产业关联冲击下，服务业发展更多地依赖服务业自身作为中间性投入，特别是依赖生产者服务作为中间性投入。

本文在借鉴 Francois（1990）模型的基础上，构建了一个具有规模报酬递增和垄断竞争特征的经济模型，来说明生产者服务部门规模扩张及其与不同经济部门的异质性产业关联模式怎样促进服务业发展和内部结构变迁。全文共分七个部分，余下的结构安排是：第二部分提供一个比较详细的服务业发展和内部结构变迁成因的文献述评；第三部分分析生产者服务的产业关联效应与形成条件；第四部分说明生产者服务规模扩张与服务业发展的因果累积良性循环机制；第五部分阐释生产者服务规模扩张与劳动生产率提高的内在机理；第六部分阐释劳动力自由流动与服务业发展良性驱动的关系；第七部分是本文主要的结论、政策性含义与具体的政策建议。

二　服务业发展与内部结构变迁：文献述评

国外经济学家通过大量西方国家产业结构变迁的实证研究发现，服务业的兴起一方面主要表现为整个国民经济的产出结构和就业结构日益向现代服务业转移；另一方面表现为服务业不仅仅作为传统的最终消费品，更重要的是内涵密集知识和技术的现代服务业逐渐成为制造业和其他行业的中间投入品，而且这种中间投入品贸易日益成为国际贸易的主要形式。所以，现代经济越来越表现为现代服务业占主导地位的服务经济。

Barngrover（1963）认为出于许多重要的原因需要重新认识服务产业，其中首要原因就是服务产业中吸纳了 55% 以上的劳动力就业，带来了 50% 以上的国民总产出，将近 40% 的消费都集中在服务产业。Katouzian（1970）认为经历了工业化的初始阶段以后，不管是工业化国家还是欠工业化国家，服务部门都发展迅速，总产值和就业份额明显扩张或者部分地明显扩张。这就与所谓的费雪－克拉克的经济发展阶段理论不相符。后者认为，随着工业化的发生，第一产业（农业）部门的总产值和就业份额会渐渐减少，而第二产业（工业）部门的总产值和就业份额会渐渐增加。

Bell（1973）引入后工业社会这个概念，他运用这个术语描述了经济发展阶段的最终形态演变，从前工业社会开始，经历工业社会，再到后工业社会，说明农业、制造业和服务业部门的连续增长。虽然现在人们偏好于用服务经济来替代后工业社会这个术语，但里面所体现的本质含义是一致的，即经济活动主要从第一、第二产业向服务业转移，服务业的就业总量和价值增值在总就业和 GDP 中的比重日益上升。

Echevarria（1997）认为部门构成能够解释国家之间人均收入增长的22%的变化；穷国的增长率最低，中等收入国家的增长率最高；农业增加值占 GDP 的份额在穷国更高，服务业增加值占 GDP 的份额在富国更高；服务业的相对价格在富国更高，在穷国更低；在所有国家和所有时间，农业劳动力的比重随 GDP 增加而下降；服务业的劳动力比重在富裕国家一直在增加。

Fuentes（1999）考察了西班牙经济 1958～1989 年服务部门的就业结构和增长，并与另外一些欧洲国家进行了对比。与传统的阶段理论认为服务部门增长由最终需求模式决定的观点相反，该研究认为自从 20 世纪 70 年代中期以来，市场服务的就业增长主要是由于对服务的中间需求增加。因此，一个国家发展竞争性服务经济的能力主要取决于其制造部门的结构，因为一些制造产业是生产者服务的密集使用者。此外，生产者服务作为中间投入品，服务业本身的生产也在密集地使用它们，而信息技术的使用对生产者服务的贸易绩效具有重要影响。

早期的很多学者都认为服务业内部产业结构变化的原因主要是人均国民收入的变化，因为服务业的需求收入弹性较大，随着人均国民收入水平的提高，人们对高端服务产品的需求会增加。Weintraub 和 Magdoff（1940）较早就认为国内个人服务对劳动的需求直接取决于最终消费者可获得的收入水平、收入分配的方式、社会消费模式的改变以及服务商业化程度的改变等因素。但是也有学者对这些命题提出了质疑。Falvey 和 Gemmel（1996）认为虽然服务具有需求收入弹性的假设在早期的实证研究中能够找到证据支持，但随着方法的改进和数据的优化，这种假设在近期实证研究中没有得到印证，就整体而言，服务业并没有表现出需求的收入弹性，且不同服务产业部门的需求收入弹性变化很大。

产生这些分歧的关键点在于统计的对象和数据采用上的差别。如果把服务业当作最终消费品作为研究对象，那么服务业的需求显著地与人均国民收入水平和需求收入弹性相关，但是如果把包括其作为中间产品和服务贸易产品的服务业最终需求作为研究对象，那么服务业的需求并不一定与人均国民收入和需求收入弹性显著正相关，因为服务业作为中间产品的需求和作为贸易产品的需求还与其产业关联度和服务贸易自由度相关。

Se－hark（1994）实证检验了制造业和服务业之间共生性联系的本质和演化过程，他认为虽然服务业催生了大量的就业，但是服务部门这种催生就业的能力还实质性地受制于与服务部门相联系的制造业各部门，在作为制造业中间投入的服务中，生产者服务的平行发展内在要求制造业部门的生产率和竞争力提高。

Genco（1997）考察了服务业对制造业联系的间接和直接作用。他认为，在满足制造业对高质量服务需求的过程中，服务业发展环境的改变起了重要作用，制造业服务活动的外部化使大制造企业和中小制造企业对服务业的需求不同，大企业需要高级化服务，而中小企业需要标准化的服务。

Greenhalgh 和 Gregory（2001）认为服务部门作为经济增长的新引擎，它主要不是通过对它的最终需求，而是通过产业内部联系发挥广泛的作用。这种产业关联不仅仅来自服务业和制造业之间的外部联系，而且来自一般服务和商务服务内部非常广泛的联系，来源于电子部门的信息通信技术广泛运用于现代服务部门，增加了整个经济特别是服务业各个部门的专业化水平，导致了整个服务产业内部结构的变迁，并成为整个经济结构演化的主要形式。

Franke 和 Kalmbach（2005）运用投入－产出分析方法考察了德

国制造业的发展对与其关联的服务业发展的影响，他们认为德国制造业的发展带动了服务业内部两个重要的部门，即生产者服务和商务服务的产出与就业比重的增加，带动了服务业内部产业结构的变化。

Pilat 和 Wölfl（2005）认为服务业通过总产出和最终需求对生产做出了直接贡献，还通过它们与其他产业的关联对生产做出了间接贡献，然而与作为制造业中间投入相比，服务业更加依赖与其自身内部产业的联系，这主要是因为提供服务的投入更多地来自服务部门自身。现在越来越多的人从制造业中分离出来从事与生产者服务相关的工作，这个比例在有些国家高达50%左右，这就要求更多的生活性服务和公共性服务与之配套。

D'Agostino 等（2006）认为造成欧盟与美国之间服务就业结构差距的主要原因是欧盟阻止充分吸收劳动就业能力的市场进入管制壁垒。Gohmann 等（2008）则从企业家市场进入壁垒的角度研究了经济自由与服务产业结构变化的关系，他发现在一些商务与个人服务产业中，经济自由度的增加会导致服务企业数和服务就业人数的增加，而在一些如医疗卫生、社会与法律服务中则会导致相反的结果。服务产业的市场进入壁垒因服务行业性质不同而有所不同。一般而言，生活消费类的服务业市场进入壁垒较低，而生产者服务业的市场进入壁垒较高，公共服务业的市场进入壁垒最高。服务业的市场进入壁垒相对于资本壁垒、技术壁垒和民俗文化壁垒而言，更多地体现为市场结构的政府管制壁垒。

通过对文献进行回顾，我们可以得到以下支持本文理论模型的基本理论假说。第一，服务业结构变化主要是由服务业产业关联所致，而不是服务业生产率变化的结果。鲍默尔提出了服务产业发展的"成本病假说"，这种假说是建立在服务业比制造业生产率低的基础之上的，整个推导过程都是把服务业当作最终需求品来对待。后来的学者依据鲍默尔"成本病"理论去解释为什么服务业的就业份额比制造业高，主要原因是服务业的生产率比制造业的低，高的生产率水平只需要较少的就业就能够获得较高的产出份额，而低的生产率水平需要较高的就业才能获得高的产出份额。

虽然这种推理有一定的合理之处，但是这种推理赖以存在的基础并不一定成立，也就是说，服务产业的生产率水平并不一定比制造业低。现代服务产业是由科技和知识密集的技能性劳动提供，服务业的劳动生产率水平有很大程度的提高，所以，单用劳动生产率水平的高低并不能很好地说明服务产业就业和产出份额的增加或减少，即服务业劳动生产率水平并不是造成服务产业结构变化的唯一原因，更多的是服务业发展的一种结果。在知识经济为主的时代，服务产业中就业和产出结构的变化更多是由服务产业的关联性引起的，由服务产业的关联性引致服务产业的需求，进而通过要素流动影响服务供给，实现服务业内部产业结构的变化。

第二，服务业产业关联度提高引致了服务业的最终需求增加、专业化生产能力提高和内部结构优化。高技能型服务需求为何增加、这种增加如何影响服务部门内部结构的变化，其中的内在机制是随着收入水平的提高、技术的进步和技能的专业化，人们对高技能的服务需求不能通过家庭生产来提供，而只能通过市场购买来满足，这就为具有技能和成本优势的专业化、高技能服务生产商提供专业化的服务准备了市场需求的外部空间条件，从而导致服务产业内部结构不断调整和优化，即传统服务业的生产要素报酬不断降低从而退出既有的产业部门，现代服务业的生产要素报酬不断提高，从而进入此类服务产业部门的生产要素增加，而介于两者之间的服务业则更多地采用先进的技术水平被改造成现代服务业。

把服务产业就业份额的增加主要归结为人口的增加（Fusfeld，1968）更加没有看到问题的实质，服务产业就业份额的增加首先是由产业关联产生的对服务需求的增加。不管是人均国民收入增加，还是人口增加，或者是服务的需求收入弹性，都只能成为服务产业就业份额增加的必要条件，而不是充分条件或者充要条件。也就是说，由服务产业关联导致的服务需求增加是服务产业就业增加的前提和充分条件。一个产业就业份额的增加并不意味着该产业具有优化的产业结构，还要考虑其就业、投资等要素对产业生产率增长的边际贡献（弹性），如果边际贡献为零甚至为负，则可以认为该产业进入不足或者已经进入过度。

第三，服务业产业结构优化的实质是产业关联引致下的要素自由流动和合理配置。服务业内部产业结构调整和优化也就是要实现一种服务业的非平衡增长，其实现机制是要素自由流动和要素再配置。跨部门劳动流动是要素流动的一种重要形式，要素在部门内流动是由部门之间的相互关联引起的，而要素流动是产业结构调整的重要途径。那些产业关联度高、关联需求大的服务产业部门要优先成长，即确定为主导服务产业部门，通过对它们进行补贴和扶持，促进优质的劳动和资本要素向这些部门流动，实现要素的合理组合和配置，从而实现服务产业结构的调整和优化。

三 生产者服务的产业关联效应与形成条件

假设不同产业部门的企业（家庭）通过雇佣劳动 L 生产不同种类的差异化产品或服务 X。具体来说，任何产品或服务（$x_{t,j}$）的生产由于专业化而规模报酬递增，并且有可利用的相应大量生产技术，不同的技术对应生产过程中的不同专业化水平。正式地，把这些技术指数化为 v，并代表专业化程度，其中 $v = 1，\cdots，n$，可以把 v 看作产业价值链中的不同生产过程或者环节。不同的生产技术假定采取以下形式：

$$x_{t,j} = \beta_v \prod_{i=1}^{v} D_{i,j}^{\alpha_{i,v}} \tag{1}$$

式（1）中，$x_{t,j}$ 指 t 产业中的第 j 种产品，$\beta_v = v^{\delta}$，$\delta > 1$，表示规模报酬递增，$\alpha_{i,v} = 1/v$，$D_{i,j}$ 表示第 j 种产品直接生产活动过程中所雇佣的劳动力，任何可利用的生产技术在直接劳动成本中表现出不变的规模报酬，但是与更高专业化程度相联系的直接劳动存在规模报酬递增，在给定的专业化水平下，直接劳动将会在所有的经济活动中均衡地配置。这就意味着第 j 种产品或服务生产中的直接劳动需求为：

$$D_j = \sum_{i=1}^{v} D_{i,j} = v^{1-\delta} x_{t,j} \tag{2}$$

除了直接劳动需求以外，体现间接劳动需求的生产者服务对生产过程也是非常重要的，不管这种生产者服务是企业内部提供还是从企业外部购买。假设生产者服务的提供成本是由 v 度量的生产过程专业化程度的递增函数。生产者服务成本函数用劳动力单位表示为：

$$S_j = \gamma_0 v + \gamma_1 x_{t,j} \tag{3}$$

式（3）中，S_j 表示第 j 种产品或服务生产过程中所雇用的体现生产者服务这种间接生产活动的总劳动数量。参数 γ_0 代表政府与企业家对技术选择吸收创新的成本效应，γ_1 代表生产者服务与 t 产业中的第 j 种产品的产业关联效应。并假定当 t = s 时，即 t 产业中的第 j 种产品是服务业中提供的服务时，

如果，$\gamma_1 = \partial S_j / \partial x_{t,j} > 0$，表示服务业发展存在正的自我产业关联效应；

如果，$\gamma_1 = \partial S_j / \partial x_{t,j} = 0$，表示服务业发展不存在自我产业关联效应；

如果，$\gamma_1 = \partial S_j / \partial x_{t,j} < 0$，表示服务业发展存在负的自我产业关联效应。

当 $t \neq s$ 时，即 t 产业中的第 j 种产品不是由服务业提供的生产性服务时，

如果，$\gamma_1 = \partial S_j / \partial x_{t,j} > 0$，表示其他产业对服务业发展存在正的外部产业关联效应；

如果，$\gamma_1 = \partial S_j / \partial x_{t,j} = 0$，表示其他产业对服务业发展不存在外部产业关联效应；

如果，$\gamma_1 = \partial S_j / \partial x_{t,j} < 0$，表示其他产业对服务业发展存在负的外部产业关联效应。

根据式（2）和式（3）可知，任何特定的生产技术都会表现出

固定边际成本。总成本函数可以用变量 $x_{t,j}$，v 和工资率 w 表示，而直接劳动需求和间接劳动需求都依赖于专业化的程度和规模，因此，产品或者服务 $x_{t,j}$ 生产所需的直接劳动和间接劳动的比例也依赖专业化程度，这些要求决定 $x_{t,j}$ 的生产函数形式为：

$$x_{t,j} = \min\left[((S_j - \gamma_0 v)/\gamma_1), (\beta_v \prod_{i=1}^{v} D_{t,j}^{\alpha_{i,v}}) \right] \tag{4}$$

与式（4）相联系的总成本函数就是直接劳动（式2）成本和间接劳动（式3）成本之和，表示为：

$$C_{t,j}(x_{j,t}) = [v^{1-\delta} x_{t,j} + \gamma_0 v + \gamma_1 x_{t,j}]w \tag{5}$$

由生产函数（4）和与之相联系的成本函数（5）可知，产品或者服务 $x_{t,j}$ 的生产者可以根据专业化改变的程度，替代性地使用直接劳动和间接劳动。在一个给定的产出水平下，生产者可以通过选择变量 v 进行成本最小化的生产。正式地，对式（5）求 v 的偏微分，并令其等于零，可以得出：

$$v = \left[((\delta-1)/\gamma_0) x_{t,j} \right]^{1/\delta} \tag{6}$$

由式（6）可知，专业化程度是产品或服务 $x_{t,j}$ 产出水平的递增函数，即专业化程度越高，产品或服务 $x_{t,j}$ 产出水平也就越高；但专业化程度是政府或者企业家对技术选择吸收创新的成本效应参数 γ_0 的递减函数，即政府或者企业家对技术选择吸收创新的成本越高，专业化程度会越低。

把式（6）代入式（5）可以求得最小成本函数：

$$\begin{aligned} C^*(x_{t,j}) &= \left[(\delta-1)^{1/\delta} \gamma_0^{(\delta-1)/\delta} (\delta/(\delta-1)) x_{t,j}^{1/\delta} + \gamma_1 x_{t,j} \right]w \\ &= f(x_{t,j})w \end{aligned} \tag{7}$$

函数 $f(x_{t,j})$ 度量了产品或服务 $x_{t,j}$ 生产所雇用的劳动力数量，并遵从式（7）所表示的成本结构，通过对 $f(x_{t,j})$ 求一阶导数和二阶导数可知，$f' > 0$，$f'' < 0$，即产品或服务 $x_{t,j}$ 生产所费劳动力成本呈先升后降的倒 U 形成本曲线。

把式（6）代入式（2）可以求出产品或服务 $x_{t,j}$ 生产所雇用的直接劳动需求数量，即：

$$D_j = ((\delta - 1) / \gamma_0)^{(1-\delta)/\delta} (x_{t,j})^{1/\delta} \qquad (8)$$

由式（8）可以看出，直接生产劳动需求随生产规模的扩大而增加，但增加的速率不断递减。同样地，把式（6）代入式（3）可以求出产品或服务$x_{t,j}$生产所雇用的间接劳动需求数量，即所需求的生产者服务数量为：

$$S_j = [\gamma_0 ((\delta - 1) / \gamma_0)^{1/\delta} + \gamma_1 x_{t,j}^{(\delta-1)/\delta}] (x_{t,j})^{1/\delta} \qquad (9)$$

根据式（8）和式（9）可以求得产品或服务$x_{t,j}$生产所雇用的间接劳动与直接劳动的相对比例$(S/D)_j$：

$$(S/D)_j = (\delta - 1) + \gamma_1 x_{t,j}^{(\delta-1)/\delta} ((\delta - 1) / \gamma_0)^{(\delta-1)/\delta} \qquad (10)$$

由式（10）可以看出，产品或服务$x_{t,j}$生产所雇用的间接劳动与直接劳动的相对比例是产业关联效应γ_1的递增函数，即x_j产品或者服务生产所处的t产业与生产者服务业的产业关联程度越高，x_j的产出也就越高。

由式（10）还可以看出，产品或服务$x_{t,j}$生产所雇用的间接劳动与直接劳动的相对比例是政府或者企业家对生产者服务技术选择吸收创新的成本效应γ_0的递减函数，即政府或者企业家对生产者服务业的技术选择吸收创新的成本越高，x_j的产出也就越少。这里的直观经济学含义就是为了扩大生产者服务部门的规模，必须减少政府和企业家对生产者服务选择吸收和创新的成本。

四　生产者服务规模扩张与服务业发展的因果累积良性循环机制

式（10）给出了$(S/D)_j$与$x_{t,j}$的函数关系，式（7）给出了就业与产出之间的函数关系。在式（7）中，函数$f(x_{t,j})$度量了产品或服务$x_{t,j}$生产所雇用的劳动力数量，令其为$L_{t,j}$，从该式可以逆向求出$x_{t,j} = f^{-1}(L_{t,j})$。式（6）给出了专业化程度$v$与$x_{t,j}$的函数关系。

　　通过这三组方程，可以描画这三个变量之间的内在动态联系。它们的内在联系通过图 1 加以说明，图中的三组曲线决定了产品或服务 $x_{t,j}$ 生产过程中相应的专业化程度以及生产者服务的相对就业比重。

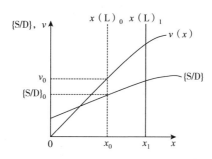

图 1　生产者服务比重、专业化与产业生产规模之间的关系

　　在图 1 中，x（L）曲线与 {S/D} 曲线的交点决定了生产者服务的相对就业比重，而 x（L）曲线与 v（x）曲线的交点决定了生产的专业化程度。随着生产规模的扩大，x（L）曲线从 x（L）$_0$ 向右移至 x（L）$_1$，此时，生产的专业化程度和生产者服务的相对就业比重也随着生产规模的扩大而提高。因此：

　　生产者服务在整个产业体系中的重要性依赖于其他产业和自身生产规模的扩大及专业化水平的提高。随着生产规模扩大和专业化水平的提高，生产者服务的相对就业比重提高，经济体中越来越多的劳动力要素流向生产者服务部门，生产者服务部门规模扩大，而这又会增加整个产业体系的生产规模，从而引致下一轮的专业化程度和生产者服务的相对就业比重提高，形成生产者服务部门扩大的因果累积良性循环，这就是服务业发展驱动力机制实现的重要表现。

　　这里的直观经济学含义就是如果服务业发展的因果累积良性循环机制实现程度较高，必然会表现出生产者服务部门的劳动力就业比重与整个产业体系生产规模的正相关关系，而服务业发展因果累积良性循环机制实现的一个重要传导机制就是劳动力要素向生产者服务部门的自由流动。

五　生产者服务规模扩张与劳动生产率提高

由上面分析可知，任何产品或服务 $x_{t,j}$ 的生产都受制于式（7）表示的成本结构，但市场自由进入意味着任何产品或服务 $x_{t,j}$ 的价格将等于平均成本。假设消费者的偏好在产品空间中均匀分布，由于消费者偏好和生产成本的强对称性，任何产品或服务 $x_{t,j}$ 的需求弹性都是相同的，并且是可获得产品或服务种类 n 的函数，即：

$$\sigma_{t,j} = \sigma(n), \sigma' > 0 \tag{11}$$

根据该模型的对称性，均衡结果是每种产品（服务）的价格和数量都相同[①]。由于该模型假定规模报酬递增和自由进入，每个企业（家庭）只生产（提供）一种产品（服务），因此，每个企业（家庭）都是这种产品（服务）的垄断生产者，根据边际成本等于边际收益的定价条件：

$$p(1 - (1/\sigma(n))) = f'(x) \tag{12}$$

而平均成本定价意味着（劳动力价格指数化为1）：

$$p = f(x)/x \tag{13}$$

劳动力 L 充分就业的假定意味着：

$$L = \sum_{j=1}^{n} L_j = nf(x) \tag{14}$$

方程（6）、（10）、（12）、（13）和（14）揭示的变量之间的内在关系可以由图2描绘出来。

在图2中，式（12）边际定价条件和式（13）零利润条件揭示的 n 和 x 之间的函数关系由 ZZ 曲线表示[②]，式（14）的充分就

---

① 详细推导参见 Francois, J. F, "Producer services, scale, and the division of labour," *Oxford Economic Papers* (1990): 715 – 729.

② ZZ 曲线和 FF 曲线分别代表了著名的垄断竞争产业的均衡条件，这两条曲线最初出现在 Krugman (1979、1980), Helpman (1981) 和 Dixit – Norman (1980) 的模型之中。

业条件揭示的 n 和 x 之间的函数关系由 FF 曲线表示，式（6）和式（10）揭示的 v 与 x 的函数关系，以及 $\{S/D\}$ 与 x 的函数关系仍然由 v（x）曲线和 $\{S/D\}$ 曲线表示。上述 5 个函数关系共同决定了专业化程度、生产规模、生产者服务的相对就业比重以及产品种类。

假如充分就业的劳动力供给增加，而 ZZ 曲线、v（x）曲线和 $\{S/D\}$ 曲线没有受劳动力供给增加而发生改变，表现为图 2 中的 FF 曲线向右下移动至 $F'F'$ 曲线。可以看到，这种改变引致了产品或者服务提供的种类由 n_0 变到 n_1，相应的生产规模（x 的产出量）、专业化水平和生产者服务的相对就业比重都提高了。

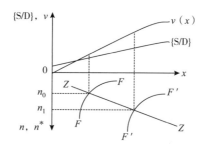

图 2　就业扩张、专业化与生产者服务相对就业比重变化

由于专业化水平的提高，直接生产过程的劳动生产率也相应提高，这就要求更多的生产者服务与之相配套。由式（13）和式（12）可知，随着生产规模的扩张，用劳动力价格表示的产品或者服务的平均生产成本和边际生产成本都将下降，所以产品或者服务的劳动生产率水平将会提高。因此，随着劳动力市场扩张，生产者服务的相对就业比重增加与不同产业中产品或者服务的劳动生产率水平的提高呈正相关关系。

这里的直观经济学含义是评价上述服务业发展因果累积良性循环机制实现带来的服务业结构变迁是否具有合理性，一个重要的经济计量检验方法就是检验生产者服务的就业比重与各产业的劳动生产率（全要素生产率）增加的相关关系（曾世宏，2011）。如果生产者服务的就业比重与各产业的生产率水平提高呈正相关关系，那么由生产者服务驱动的服务业结构变迁就具有合理性，如果服务业生产率的提高更多地依赖生产者服务就业比重的增加，则服务业发展或者结构变迁就具有因果累积良性循环的特征。

六 劳动力自由流动与服务业发展的良性驱动

开放经济条件下，本模型的结论基本不变，而且更具有解释力。假定有两种经济，即封闭经济和开放经济，两者具有相似的技术、禀赋和偏好，保持上面模型的各种供给和需求条件不变，式（12）由式（15）替代。

$$p(1 - (1/\sigma(n^*))) = f'(x) \tag{15}$$

式（15）中，$n^* = (n + N)$，充分就业条件为[①]：

$$l + L = n^* f(x) \tag{16}$$

在图2中，每个生产单位都受制于自己的FF曲线，市场一体化进程会把FF曲线推至$F'F'$曲线，这样模型的上述各种结论基本不变。因此，可以认为市场一体化进程或者管制放松将会促进劳动力的充分自由流动，从而提高产品或者服务生产的规模、专业化水平以及生产者服务的相对就业比重。

这里的直观经济学含义就是为了更好地促进服务业结构变迁因果累积良性循环机制的实现，充分发挥生产者服务在这种服务业发展机制实现过程中的累积良性循环作用，必须加快市场一体化进程或者政府管制放松，促进更多的劳动力要素向生产者服务行业流动以及通过创新提高直接生产过程的专业化水平。

七 主要结论、政策性含义与政策建议

（一）主要结论

本文通过构建一个具有规模报酬递增和垄断竞争特征的经济模

---

① 式中小写体字母为封闭经济的变量，大写体字母为开放经济的变量。

型，来说明生产者服务部门规模扩张及其与不同经济部门的异质性产业关联模式怎样促进服务业发展和内部结构变迁，得出的基本结论是服务业因果累积良性循环机制的实现驱动了服务业内部结构的变迁，生产者服务的规模扩张对服务业发展具有重要的因果累积良性循环作用。

模型的结论对服务业结构变迁实现的经济学含义是：不仅先进制造业、现代农业和战略性新兴产业与生产者服务业之间存在交互循环作用的外部产业关联，而且这种交互循环作用更加体现在生产者服务和消费性服务等私人生产部门的内部产业关联之中。基于生产者服务作为中间投入的产业关联是服务业结构变迁因果累积良性循环机制实现的重要前提条件，因此，推动服务业结构变迁因果累积良性循环机制的实现必须加大对生产者服务的大量引致性需求，特别是私人生产部门对生产者服务业的引致性需求。

(二) 政策性含义

我们模型基本结论的政策性含义是不言而喻的。从产业关联机制分析的角度而言，构成现代服务业发展战略的重要方面就是要创造生产者服务业引致性需求条件，扩大生产者服务部门规模。一方面要依靠现代农业、先进制造业、战略性新兴产业和现代消费者服务业对生产者服务业的中间投入需求，但要适度约束政府公共部门对生产者服务的铺张浪费式的使用；另一方面则要依靠政府部门对发展生产者服务业的相关政策措施支持，特别是通过放松管制等措施促进生产者服务业发展的自由竞争市场环境的形成。已有研究表明生产者服务业企业过高的税收负担和不合理的税赋体制（李江凡、曾国军，2003）以及政府过低的财政转移支付（江静、刘志彪，2009）与企业过低的人力资本回报（曾世宏、郑江淮，2009）等都是制约生产者服务业发展的重要因素，改革服务型企业的税制，减轻服务业企业的税收负担，加大政府对服务业创新的转移支付力度，合理提高服务就业人员的人力资本报酬，这些都是促进服务业发展因果累积良性循环机制实现的政策支持。

（三）具体政策建议

1. 加强制度建设，营造有利于生产者服务发展的自由竞争制度

生产者服务业的发展不仅需要好的物质环境，例如信息基础设施、交通设施、商务楼宇，更需要高质量的自由竞争的制度环境，例如法律环境、人才环境和政策环境。好的自由竞争制度环境，是生产者服务业得以发展的重要基础。因此，营造适宜的自由竞争制度环境对发展生产者服务业至关重要，首要的是消除体制性障碍，引入和规范市场竞争机制。既要逐渐解除如公路运输、铁路运输和邮政电信等产业上的价格管制，也要进一步放松各类生产者服务业的审批资格管制，还要建立健全促进中国生产者服务发展的法规体系、行业规范和行业标准，创造高效有序的生产者服务市场自由竞争制度环境。

在工业化中后期，随着分工深化和服务外包化趋势，从制造领域独立出来的设计策划、技术研发、物流等生产者服务业，对制造业升级的支撑作用逐渐显现。因此，在工业化后期，先进制造业与生产者服务业的关系会越来越紧密，先进制造业的发展会带动生产者服务业的发展与服务业的结构升级。

2. 采取税收优惠政策鼓励有条件的制造业把生产者服务环节剥离，外包给专业化的生产者服务企业，或者成立生产者服务企业分公司

制造业是生产者服务业发展的基础和源泉，生产者服务业必须围绕制造业的发展而发展。在发展生产者服务业时，要逐渐实现服务业结构的转型与升级，不能脱离制造业单纯发展生产者服务业。应推进制造企业内涵服务环节市场化和专业化，促进制造业产业链的良性衍生，从而促成生产者服务功能群的形成，实现制造业和生产者服务"群对群"的最佳互动模式。

同时推进企业自主创新，广泛应用先进技术，加快电子化、自动化和信息化水平，为制造业和生产者服务业实现良性互动发展提供技术基础。政府应依托现有产业基础，瞄准未来产业发展方向，提高优势产业在制造业中的比重。同时鼓励有条件的制造业企业向服务业延伸，发展生产者服务业。应加大对制造业前期的研发、设计，中期的管理、融资和后期的物流、销售等服务的投入，促进汽车制造、船舶制造、重装机械、电子通信设备等产业与信息、金融、保险、物流等现代生产者服务业的融合。

3. 建立产业融合示范园，鼓励高科技生产者服务企业，特别是信息技术服务企业与制造企业进行合作，提升制造业的信息化水平和制造产品的个性化和智能化水平

要根据生产者服务嵌入制造业价值链的不同方式制定不同的服务业产业发展政策。企业基本活动外包通过发挥规模经济提高运营效率，支持性活动的外包通过提高专业化水平，获得更高的资源配置效率，它们分别以关系性和结构性两种方式嵌入到制造业价值链中，形成了不同的网络关系，需要根据其经济特征和嵌入关系类型制定不同的政策，形成生产者服务业和制造业的协同演进，实现产业升级（刘明宇、芮明杰和姚凯，2010）。

加强产业发展之间的关联程度，构建生产者服务业同制造业与其他新兴产业的良性互动机制，通过"主辅业务分离"，加速企业内置服务市场化、社会化、专业化、信息化，降低运营成本；引导和推动创新型生产者服务企业通过管理创新和业务流程再造，逐步将发展重点集中于技术研发、市场拓展和品牌运作，将一些非核心的生产性环节整合成为社会化的专业生产，以核心竞争优势为生产企业提供配套的生产者服务（尹德先，2009）。

4. 促进高级服务生产要素的自由流动和合理供给

在知识密集型生产者服务创新过程中，往往蕴涵着特殊领域的技术知识，IT咨询、工程咨询、管理咨询等都聚集了大量的技术知识，而这种知识属于"默会知识"，难以显性化，只有通过"干中学"才能获得，因此，必须打破中国目前存在的"二元就业"体制，促进知识技术型生产者服务人才自由合理流动，推动全社会知识技术密集型服务业的创新。

知识密集型服务企业的固定资产一般较少，没有固定资产抵押，

这些企业很难获得银行贷款，因此必须建立和完善知识技术密集型服务企业创业风险投资机制，鼓励融资担保机构为发展前景广阔的知识技术密集型服务业提供信贷担保，支持优势企业通过股票上市、发行债券、增资扩股等多种途径募集社会资金；政府还应该加强对知识技术密集型服务业创新所需要的通信网络、共享数据库、应用软件等基础设施和公共技术平台的建设与开发，这样不仅有利于构建一个促进知识流动和扩散的环境，而且区域经济圈信息化共享程度的提高将大大降低知识密集型服务业创新的成本（杨文红、闫敏，2010）。

改进劳动力市场传统的管理模式，增加就业的灵活性，消除户籍和编制对生产者服务业高端人才的就业限制。Bosker 等（2010）运用一个新经济地理模型考察了户籍制度对中国经济活动的空间分布影响，发现户籍限制放松将会增加中国劳动力流动与市场进入，这不仅有利于东南沿海城市继续保持经济中心地位，也会更加有利于增强中国内陆城市经济活动的集聚性。因此，要促进高端生产者服务人才的跨区域流动，必须彻底地打破户籍制度以及户籍制度所附加的各种社会福利的歧视。

参考文献

［1］李江帆、曾国军：《中国第三产业内部结构升级趋势分析》，《中国工业经济》2003 年第 3 期。

［2］刘明宇、芮明杰、姚凯：《生产性服务价值链嵌入与制造业升级的协同演进关系研究》，《中国工业经济》2010 年第 8 期。

［3］江静、刘志彪：《政府公共职能缺失视角下的现代服务业发展探析》，《经济学家》2009 年第 9 期。

［4］杨文红、闫敏：《知识密集型服务业创新的影响因素及其政策选择》，《商业时代》2010 年第 13 期。

［5］尹德先：《我国生产性服务业发展的问题对策研究》，《生产力研究》2009 年第 21 期。

[6] 曾世宏、向国成：《中国服务业结构变迁是否合理——基于产业关联视角的实证分析》，《贵州财经学院学报》2011 年第 4 期。

[7] 曾世宏、郑江淮：《低人力资本回报能否驱动产业结构演化升级——兼论国际金融危机对中国制造业自主创新的影响》，《财经科学》2009 年第 6 期。

[8] Barngrover C. , The Service Industries in Economic Development: A Note, *American Journal of Economics and Sociology*, 1963, 22 (2): 331 - 334.

[9] Bell D. , *The Coming of Post - industrial Society：A Venture in Social Forecasting*, New York: Basic Books Inc, 1973.

[10] Bosker M. , S. Brakman H. Garretsen M. Schramm. , Relaxing Hukou - Increased Labor Mobility and China's Economic Geography, *CESifo Working Paper No. 3271*, 2010.

[11] D'Agostino A, Serafini R, Warmedinger M W. , Sectoral Explanation of Employment in Europe: the Role of Service, *UCB working paper series*, No. 625, 2006, Kaiserstrasse: European Central Bank.

[12] Echevarria C. , Changes in Sectoral Composition Associated with Economic Growth, *International Economic Review*, 1997 (38): 431 - 452.

[13] Falvey R. E. , Gemmel, N. , Are Services Income - elastic? Some New Evidence. *Review of Income and Wealth*, 1996, 42 (3): 257 - 269.

[14] Fernandes A. M. , Structure and Performance of the Service Sector in Transition Economies, *Economics of Transition*, 2009, 17 (3): 1134 - 1156.

[15] Francois J. F. , Producer Services, Scale, and the Division of Labour, *Oxford Economic Papers*, 1990, 42 (4): 715 - 729.

[16] Franke R. , Kalmbach P. , Structural Change in the Manufacturing Sector and Its Impact on Business - related Services: An Input - output Study for Germany, *Structural Change and Economic Dynamics*, 2005 (16): 467 - 488.

[17] Fusfeld D R. , Population Growth and Employment in Service Industries, *Southern Economic Journal*, 1968, 35 (2): 173 - 77.

[18] Genco P. , Services in a Changing Economic Environment, *The Service Industries Journal*, 1997, 17 (4): 529 - 543.

[19] Greenhalgh C. , Gregory M. , Structural Change and the Emergence of the New Service Economy, *Oxford Bulletin of Economics and Statistics*, 2001, 63 (2): 629 - 646.

[20] Gohmann S F, Hobbs B K, McCrickard M. , Economic Freedom and Service Industry Growth in the United States, *Entrepreneurship Theory and Practice*, 2008 (9): 99 - 114.

[21] Katouzian M. A. , The Development of the Service Sector: A New Approach, *Oxford*

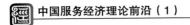

Economic Papers, 1970, 22 (3): 362 - 382.

[22] Pilat D, Wölfl A. , Measuring the Interaction between Manufacturing and Services, *STI Working Paper 2005/5*, Paris: Statistical Analysis of Science, Technology and Industry.

[23] Se - hark, Park, Intersectoral Relationships between Manufacturing and Services, *ASEAN Economic Bulletin*, 1994, 10 (3): 456 - 467.

[24] Weintraub D, Magdoff H. , The Service Industries in Relation to Employment Trends, *Econometrica*, 1940, 8 (4): 289 - 311.

城镇化与服务业的互动机理：
理论评述与研究进展

刘 奕[*]

内容摘要 本文回顾了国内外对于服务业与城镇化关系的相关研究，在对其研究路径和主要结论进行对比梳理的基础上，分别从发展经济学、新经济增长理论和新经济地理学视角出发，系统分析了城镇化与服务业协同发展的内在机理。研究表明，由于西方国家的城镇化早于经济服务化的实现，国外文献较少将城镇化与服务业发展直接联系起来，国内相关研究虽然用多种实证方法证明了二者间的相互联系，但仍缺乏严谨的理论分析，新兴理论解释对服务业的适用性有待进一步考察。未来的研究应在建立一个规范化理论分析框架的基础上，着眼于二者间的时序对应关系，并从结构变动、产业互动和企业效率三个层面对二者协调发展的特殊规律进行深入探讨。

关键词 城镇化 服务业发展 互动机理

一 引言：城镇化的服务业支撑

在经济学中，城镇化的基本含义是指与产业结构变动（主要是

---

* 刘奕，经济学博士，中国社会科学院财经战略研究院副研究员，研究领域为服务经济与空间经济学。

工业化）相适应的劳动力由农村向城市、由农业向非农产业转移的过程。从城镇化发展的内在根源来说，劳动力从分散经营、生产率较低的农业转移到布局集中、生产率较高的工业是城镇化起步的关键，并会带动相应的生活服务和生产服务的发展。但与此同时，在理论研究中也长期存在着另一种趋势，由于劳动力的空间转移是城镇化的直接表现，且城市人口比重通常被用来表示城镇化水平，因此人口迁移意义上的城镇化成为城镇化研究中最受关注的内容。正如洪银兴（2003）指出的那样，早期的城镇化理论将内涵界定在农村人口向城市的转移上，这一理论研究倾向导致我国在城镇化实践中过于关注劳动力的城乡身份转变，并在 20 世纪 80 年代出现了建制城镇化、单纯追求数字的现象；这种激进的城镇化方式由于脱离了产业支撑这一实质内容，并未收到预期的效果。

自 20 世纪 90 年代中期以后，中国经济相继面临产业结构升级缓慢、消费市场长期低迷等问题，城镇化对产业结构升级的推动作用日益受到经济学家的重视。对世界主要国家城镇化发展历程的分析表明，在城镇化中前期，工业具有较大和直接的带动作用，而当工业化演进到较高阶段、人均收入达到较高水平后，服务业对城镇化进程起主导作用（"工业化与城镇化协调发展研究"课题组，2002）；服务业所提供的大量就业岗位是保证城乡人口顺利转移和城镇化持续发展的重要基础。城镇化的发展，依托于工业和服务业的不断集聚；与此同时，城市的功能提升也为工业特别是服务业发展提供了规模契机，从而形成二者之间的良性互动。此外，城镇化使得农村居民实现身份转换，并对教育、医疗、住房和社会保障等相应的公共服务产生引致需求。

国际城镇化发展的规律显示，城镇化率由 30% 增长到 70% 是城镇化快速发展的时期，我国的城镇化正处于这一阶段。自配第－克拉克定理产生以来，对产业结构升级及服务业发展的研究大都是与人均收入水平的提高联系在一起的，多数研究者，尤其是西方研究者很少将城镇化水平变动与服务业发展直接联系起来，这源于西方的城镇化早于经济服务化实现，对于已达到高度城镇化的发达国家来说，研究这一问题的现实意义不大。然而，对于正处于城镇化进程中、致力于推动产业结构调整的我国来说，厘清服务业发展和城镇化之间的联系，继而推动二者在互动中快速、协同发展，是个非常值得研究的问题。

二 城镇化与服务业的关系：现有研究路径及主要结论

目前，国内外研究城镇化与服务业发展互动关系的文献可以归为两个类别，分别为单向关系（城镇化对服务业的促进或服务业对城镇化的促进）和双向关系（二者相互影响）。在单向关系研究方面，多数研究者把城镇化作为影响服务业发展的解释变量，通过模型估计得出城镇化对服务业发展或服务业占比的影响系数，如江小涓（2004）、李辉（2004）、倪鹏飞（2004）等；在双向关系研究方面，许多研究选取我国及省际服务业和城镇化进程的时间序列或面板数据，采用协整检验、向量自回归分析或联立方程的方法进行实证分析，如郭文杰（2007）、曾贵珍等（2012）、曾国平等（2008）。此外，还有一些学者对我国服务业发展和城镇化双重滞后的原因进行了探讨。

（一）基于单向关系的研究

在城镇化率变动或城市经济特点对服务业的影响方面，对于美国大、中、小城市服务业增长规律的研究显示，城镇化促进了服务业的快速发展，本地市场是服务业发展的基础（Daniels，1993）。Araki（1997）的研究也证明了，城镇化与服务业就业占城市人口的比重呈正相关，城镇化将有效促进服务业就业增长。然而，Riddle（1986）在分析 1977 年和 1985 年共 81 个经济体（包括 18 个工业经济体、18 个中上收入经济体、28 个中低收入经济体和 17 个低收入经济体）截面数据的基础上，却得到了城镇化与服务业之间联系不显著的结论。从国内来看，江小涓（2004）对 2001 年世界各收入水平国家服务业发展情况进行了深入分析，发现从长期看，收入水平是解释服务业比重的重要因素，但是在各个收入组别内部，这种相关性明显减弱，特别是在中低收入组内这种对应关系更不明显；而城镇化对服务业的发展具有重要的正向作用，且这种正向作用非常稳定，对服务业就业的影响则尤为显著。"中国经济增长与宏观稳定"课题组（2009）的实证研究表明，城镇化与服务业竞争力的相关系数为0.0389，城镇化对服务业竞争力具有正向提升作用。李勇坚和夏杰长（2008）认为，城镇化率提高1个百分点，将使得服务业占GDP的比例提高0.96个百分点。马鹏等（2010）构造了城镇化与服务业发展的计量模型，考察了城镇化对服务业及其内部各行业就业的影响。结果表明，城镇化虽然对服务业的发展影响显著，但对内部各行业的影响则需要具体分析，总体上看，城镇化的发展阶段及各服务业的类型特点是主要影响因素。曾淑婉等（2012）通过建立静态与动态面板数据模型，利用1978~2010年省际数据，从东、中、西部的区域层面和城镇化的不同阶段分别对模型进行FGLS和GMM估计。结果显示，从全国范围来看，我国城镇化进程对服务业发展具有一定的促进作用，但存在区域差异，相对于东部和中部地区，城镇化对西部地区服务业的发展影响更为明显，且边际作用递减。王向（2013）利用上海1949~2010年长时期城镇化率与服务业占比数据，基于误差修正模型和向量自回归模型检验了城镇化与服务业之间的动态互动关系，得出城镇化进程在长期和短期两个层面影响服务业比重、短期影响更为显著的结论，并指出城镇化进程对服务业作用从长期看可能存在先升后降的拐点。雷钦礼（2006）指出，服务业的产出比重与经济发展阶段以及城镇化进程之间的关系呈非线性；据此，他用逆三次函数来近似，构建起城镇化影响服务业发展的非线性模型。对世界40个国土面积较大国家和中国的计量分析表明，服务业产出比重的上升具有非线性的S形阶段性的特征，增加值比重与人均收入水平和城镇化水平之间呈现出非线性的逆三次函数关系。

在服务业对城镇化的影响方面，一些文献分析了已完成城镇化国家的城市规模与其城市主导产业类型之间的关系，指出城市规模侧面反映出制造业及服务业对城镇化的影响（如 Black & Henderson，1997）。Davis 和 Henderson（2003）的研究则表明，服务业对城镇化的影响在经济发展的较高阶段表现较为明显，城市规模会对服务业发展水平产生影响。中国社会科学院"工业化与城镇化协调发展研究"课题组（2002）也指出，工业化中期阶段，产业结构变动与消费结构升级对城镇化所起的作用更大，这时城镇化就不仅由工业发展来推动，更重要的是与服务业双轮驱动；服务业会通过提高城市的吸纳能力加速城镇化进程（俞国琴，2004）。张自然（2008）发现，人均服务业增加值与城镇化之间呈长期均衡关系，城镇化对人均服务业增加值的影响显著强于人均服务业增加值对城镇化的影响；与城镇化和工业化之间的阶段性特征不同，各国（地区）的城镇化与服务业发展之间均显示出了正相关关系，也就是说，城镇化水平将随着服务业的发展越来越高。

（二）基于双向关系的研究

Tiffen（2003）通过建立农业、制造业和服务业的三部门模型对撒哈拉地区进行了实证分析，研究表明，服务业将随着农业劳动力向城市的转移而得到较快发展，同时服务业的发展对农业劳动力的转移也具有反向促进作用。郭文杰（2007）利用 1978～2004 年全国数据构建的变量自回归模型表明，城镇化对服务业的影响为正向递增，反之则是正向收敛的。王向（2013）利用误差修正模型和向量自回归模型，揭示出城镇化对服务业的影响强于服务业对城镇化的影响，且彼此的影响都具有持久性。曾贵珍（2012）基于我国1978～2010 年省际面板数据，利用面板数据单位根检验、协整检验及基于面板数据的误差修正模型，对城镇化与服务业之间关系进行实证研究，结果显示，我国东、中、西部地区城镇化与服务业之间均存在协整关系；长期看，东、西部地区之间存在双向因果关系，而中部仅存在城镇化对服务业的单向因果关系；短期看，东、中部地区之间具有双向因果关系，而西部地区则只存在城镇化对服务业的单向因果联系。陈立泰等（2012）则运用 1997～2009 年中国省际面板数据，通过构建联立方程模型并采用三阶段最小二乘法（3SLS）的方法进行实证检验。结果显示，服务业集聚对城镇化的促进作用，较之反方向影响更大，本地市场效应和开放型经济都会对服务业集聚产生正向影响，而城镇化滞后于经济发展水平，显示工业化在城镇化进程中依然具有重要作用。

（三）关于城镇化与服务业发展双重滞后的研究

张松林等（2010）依据新兴古典经济学关于城镇化模型的研究指出，中国城镇化和服务业发展双重滞后的根源，在于交易效率长期处于低水平演进状态。在这种结构中，"亦工亦农"的农民工难以向完全分工、"全职非农"的市民转变，制造企业自我服务倾向限制了服务业的专业化发展；与此相对应的是，农民工的流入促进了城市中工业的分工及制造企业间的分工，从而使得工业化顺利进行。也就是说，固有的分工结构意味着长期只存在工业化，而无农民工市民化和服务业专业化发展，这成为城镇化和服务业发展"双重滞后"的根源。

三 城镇化与服务业的协同发展机理：三种理论解释

从经济学视角解释城镇化，主要可以借鉴发展经济学、新经济增长理论和新经济地理学的相关理论。相应的，本部分将引用上述理论，分内生和外生两种因素，对三个领域中有关城镇化与服务业互动机理的研究做一系统回顾。

（一）内生因素分析

1. 发展经济学的解释：生产结构及消费结构变动视角

（1）生产结构变动视角。

最早注意到产业结构变动与城镇化发展之间联系的研究来自钱纳里和库兹涅茨。钱纳里等（1988）对不同收入水平的各国劳动力配置和城镇化率进行研究后得到，二者的变动趋势较为类似：随着城市人口的增加，配置于工业和服务业中的劳动力比例也在不断加大。把钱纳里经济结构标准变动模式中有关服务业和城镇化的发展数值抽出来单独进行比较，可以得出城镇化发展进程早于服务业的结论（高敏，2006）。经济发展早期，当人均 GDP 为 250 美元时，城镇化已完成一半，而服务业就业在人均 GDP 为 450 美元时才完成一半。也就是说，城镇化的起步早于服务业，当城镇化达到中等水平以后，服务业才会实现较快发展。库兹涅茨（1989）在考察经济增长中由经济结构变动引致的结果时，指出产业的不同属性会导致产业结构变动对城镇化产生不同影响。生产方式、所需技术及产业关联度等因素决定了技术密集型产业和服务业为了实现规模经济，只能存在于城市中；因而，当主导产业由农业逐步转向制造业和服务业时，劳动力、资本投资和居住地点也随之向城市转移，表现为城镇化进程加快。地理学家国松久弥（1971）的研究也指出，工业在城镇化进程中的作用将逐步减弱，而服务业的提升作用则将逐步增强；城镇化过程，说到底就是工业、服务业聚集的过程。

Singelmann（1978）观察了 1920～1970 年工业化国家劳动力转移和产业结构的变化，发现城镇化推动了农业型经济向服务业型经济转变，从而最早在文献中提出城镇化促进服务业发展的假说。该假说成为其后国内许多学者研究的基点，如郑吉昌（2005）的统计研究表明，城镇化与服务业的相关性要强于城镇化与制造业的相关性；资本有机构成的提高将导致工业对劳动力的吸收能力逐渐降低，大量的农村剩余劳动力将直接转移到城市服务业中，从而在客观上加速城镇化进程，特别是人的城镇化进程（曾芬钰，2002）。彭荣胜等（2007）通过建立农村劳动力转移模型，实证考察了影响河南农村劳动力转移的要素，结果显示，影响农村剩余劳动力和人口转移的最主要的因素是服务业发展；河南服务业就业容量显著偏小、比重严重偏低的根本原因，是服务业内部构成的不合理，这直接导致服务业增长未能反映在对农村劳动力就业的拉动上，从而在整体上制约了城镇化进程。

此外，还有一些文献研究了技术进步在城镇化与产业结构互动发展中的重要作用，如 Murata（2002）、Davis 和 Henderson（2003）。这些文献指出，技术进步使得作为中间投入品的机械、化学肥料等在农业中大量使用，从而导致农业部门劳动生产率大幅提升，并释放出大量的剩余劳动力。转移到城市工业和服务业的这部分劳动力，推动了城镇化的快速发展。

一些研究显示，较之发达国家来说，发展中国家服务业与城镇化的联系更强；而早期的发展经济学家认为，服务业在生产率提高方面是病态行业，脱离了工业化的城镇化被称为"拉美模式"，即"过度城镇化"和"没有工业化的城镇化"。这些发展经济学家指出，服务部门生产率的变化率在三大产业中是最低的（Fuchs，1965），服务劳动密集的内在本质使得服务业生产率的提高比制造业更难实现（Baumol，1967），由此，随着城市工业的扩张，农村剩余劳动力必然大量流向城市，在工业吸纳能力有限的情况下，进入生产率低下的传统服务部门。在刘易斯的人口流动模型中，农业剩余劳动力不仅流向了城市工业，还流向了城市的非正式部门，主要就是传统服务行业。其背后隐含的意思是，城镇化与工业化是协调统一的发展过程，而由于服务业部门效率低下，由服务业带动的城镇化则是不长久的、低效率的，无法持续推动经济增长。此后，托达罗（1999）也明确指出，当城市不能实现充分就业时，大量剩余劳动力将在小规模的、效率低下的、无益于经济增长的传统服务行业就业，从而导致贫困的城镇化。正是基于以上考虑，绝大多数研究对拉美国家的城镇化模式均秉持了否定的态度。然而，建立在对一系列现实观察基础之上的一些新近研究则表明，先行国和后进国之间存在着结构成长偏差，由于发展中国家产业结构成长的外部环境较之发达国家已经发生了较大变化，这将导致发展中国家服务业的起步时点提前。所以，发展中国家服务业发展与城镇化的联系更强，完全是正常现象。

（2）消费结构变动视角。

基于消费结构变动解释城镇化与服务业关系的逻辑是，城镇化将导致消费者和生产者对多样化服务的需求增加。经济收入的提高、闲暇时间的增加，使得消费者倾向于追求多样化的物质与精神享受，其对于购物、住房、文化教育、医疗保健、体育娱乐、旅游度假、法律诉讼和社会福利等方面的需求促进了城市服务业的蓬勃发展，继而带来了就业机会与人口的增加，从而促进了城镇化。

消费结构的转变，也将对产业结构和城镇化的关系产生影响（库兹涅茨，1989）。城镇化过程产生了越来越多农村不存在的商品和服务，改变了经济总体的需求结构，从而促进了服务业发展；而发达的服务业在城市中的集聚，则吸引了越来越多的人口迁移至城市，从而推动了城镇化进程。Chang 等（2006）对中国城镇化和经济增长的研究也表明，农村部门自给自足决定了其对服务业的需求有限，城市生活则倾向于引致居民对于运输、零售等服务业的需求，城镇化能够刺激服务业的产出和就业的增加。Au 和 Henderson（2006）指出，城镇化对服务业产生规模效应的来源，是人口集聚过程中服务投入的多样性。人口向城市的大量集聚，不但产生了大量对服务业的引致需求，而且消费者的多样化需求特征，也为服务业集聚产生规模经济创造了充分的市场基础。与此同时，服务业与其他产业强关联度、强融合力的特性，使得服务业在本地的集聚会通过乘数效应改变整个地区的投资及就业结构，从而实现产业结构的升级转换和城镇化水平的提高（葛宝琴，2010）。

2. 新经济增长理论的解释：劳动分工与人力资本视角

（1）人力资本视角。

许多研究还应用新经济增长理论所关注的知识溢出和人力资本，来解释生产性服务业的增长。作为最早提出人力资本对经济增长作用的经济学家，Lucas（1988）认为不同产业在城市的集聚，将带来不同类型的专业化人力资本，从而使得区域的知识外溢效应得以发挥，并内化成经济增长的核心推动力。对于以知识密集为特征的生产性服务业来说，投入要素的高人力资本和知识资本含量，将在城市中产生极大的外部性，并促进城市经济的持续增长。生产性服务业与制造业的融合特性，导致生产性服务要素成为制造业导入人力资本和知识资本的主要途径，人力资本积累、日益专业化和迂回生产成为一个不断发展的经济过程（格鲁伯等，1993）；生产性服务业，特别是以金融、商业、教育等为代表的知识密集型服务业（KIBS）对人力资本专业化要求较高，更倾向于集聚在城市，而人力资本状况作为一个重要因素，直接连接着服务业与城镇化。实证研究表明，人力资本总水平越高的城市，其厂商的生产率越高（莫雷蒂，2012）——通过影响城市集聚经济效应的发挥，人力资本将对服务业与城镇化的互促发展产生影响（Black & Henderson，1999）。

（2）劳动分工视角。

新增长理论近年来一个重要的发展方向是，把总体收益递增归因于劳动分工和专业化，认为劳动分工的演进会扩大市场规模，加速人力资本积累，提高贸易依存度和内生比较优势，从而维持经济的长期增长。消费者服务业与分工的联系并不十分紧密，其增长主要受居民需求偏好变化、闲暇时间增多等因素的影响，故与劳动分工相联系的新增长理论文献，同样致力于解释生产性服务业与城镇化之间的联系。

Daniels 和 Bryson（2002）认为，生产性服务业的快速增长，主要源于全球化引致的更加复杂和激烈的市场竞争。从产业链角度看，贸易壁垒消除异己低成本国家的竞争，迫使发达国家不断推出新产品，产品竞争由此逐渐延伸至产前和产后的服务环节；不断增长的外包服务、不断加快的技术更新以及外部合作者的持续加入，使得每个企业可以仅从事自身最具竞争力的环节，这使得生产日益复杂化和专业化；而服务环节的逐渐外包也使产业链上的各企业增加了对知识密集型服务，如科技研发、营销、企业管理等外部服务的需求（Aslesen et al.，2004）。正如黄少军（2000）所指出的，后工业社会，服务业发展的主要推动力并不是最终需求，而是劳动分工深化、技术不断进步和管理方式持续变革导致的对服务作为中间投入品的需求增加；随着工业生产方式由大规模、标准化的福特制转向小规模、个性化的弹性生产，管理和市场运作环节将逐渐转移出来，成为独立的市场主体；各经营主体在城市的地理集聚，可以在客观上降低由分工产生的协调费用，故而城镇化内生于分工的深化——而从这个层面上说，服务业同城镇化一样，都是劳动分工深化、演进的结果，同时又具有推动分工细化的作用。因此，分工发展到一定阶段后，服务业和城镇化的共同演进格局必然形成，劳动分工是服务业与城镇化内在联系形成的一个重要方面（高敏，2006）。

3. 新经济地理学的解释：规模收益视角

城市经济最突出的特点在于聚集。集聚经济简而言之就是一种空间规模经济，Marshall（1890）提出后逾百年的时间里，空间维度一直被排除在主流经济学之外，直至以 Krugman、Fujita 和 Venables 等为代表的新经济地理学家，从 20 世纪 90 年代开始，在规模报酬递增和不完全竞争的理论假设上，开创性地将"冰山"成本结构代入 Dixit - Stigliz 模型，在数理上构建了生产和消费的一般均衡，并以此揭示产业活动均衡的空间分布模式。当地理上的紧密接近能为企业与工厂产生外在利益时，就出现了集聚经济。

Rosenthal 和 Strange（2004）将集聚经济分为三种层次上的外部性：产生于相似产业空间集中的外部性称为产业层次上的集聚经济，技术相似度越高则外部性就越强；地理范围上的集聚经济产生于地理上的空间接近，因而随距离增加而衰减；时间层次上的集聚经济则因时间滞后而减弱。目前的实证检验主要集中在第一个层次上，表现为城市化经济与专业化经济。服务业同制造业一样具有规模报酬递增的特征，正如 Davis 和 Henderson（2003）所指出的，从农业转向工业再转向服务业，劳动力在部门之间的转移使得企业和工人集聚到城市可以获取规模效益，这带动了城镇化的发展。服务业一方面受益于制造业的垂直分离，另一方面受益于城市化经济所产生的范围经济，因此相对于制造业受益于地方专业化，城市化经济对服务业的影响通常更为显著，当然这也因行业而异。Graham（2008）对英国企业微观数据的分析，就证实了服务业更受益于城市化经济所产生的多样化活动；而一些服务行业如金融业的地方化经济还是普遍存在的（Brulhart & Mathys，2008）。但是，对于服务业与地方化经济之间的关系还没有确定的结论，典型的研究如郑吉昌等（2005）从供给视角探讨了城市独有的推动服务业发展的机制，并将其概括为规模上的聚集效益、地理上的优势效益和环境上的外部效益；Goldhar 和 Berg（2010）更是在研究服务业和制造业融合发展时发现，在服务业力图通过规模经济和范围经济来获得数量增长与更多利润空间的同时，其自身也越来越呈现出传统制造业的特征。

长期以来，集聚经济一直以"黑箱"的面目出现，集聚经济的来源与作用机制的问题未能得到较好的解释，直到产生新经济地理学。该理论指出，集聚经济是规模收益递增和不完全竞争与特殊的运输成本结构及其所产生的本地市场效应、生活成本效应和市场拥挤效应共同作用的结果，具体表现为集聚力和分散力之间的此消彼长，而这些效应在马歇尔的产业外部性理论中体现为劳动力蓄水池作用（Labor Pooling）、中间投入共享（Input Sharing）和知识溢出（Knowledge Spillover）。Daniels（1985）指出，尽管信息技术的发展将使得服务企业减少对面对面交流的需求，但历史、传统、权威等其他因素，加之劳动力蓄水池、信息外溢等经济因素都将成为服务业向城市中心集聚的推动力量；Illeris（1989）则基于马歇尔外部性理论，直接将生产性服务业在城市集聚的原因归结为享受人力资源的"蓄水池"、获得更多上下游企业的联系机会。

（1）劳动力蓄水池效应。

所谓劳动力蓄水池作用，就是产业使用相同类型工人所导致的工人在企业和产业之间便利的流动。集聚经济将降低企业异质性对用工需求的冲击（Krugman，1990）；劳动力会为了增加与企业接触的机会而选择在企业集聚的地方工作，即使这需要承受更低的工资（Ellison & Glaeser，1997）。从 Krugman 的中心－外围模型出发，Helsley 和 Strange（1990）建立了一个城市劳动力供给匹配模型。该模型假设厂商对劳动力的技术需求与其自身的技术水平是不匹配的，且存在着信息不对称的问题，劳动力将在企业提供的工资与自身支付的培训成本之间进行权衡。博弈结果是，工资水平的纳什均衡和均衡厂商数量都是工人总数量的递增函数，也就是说，城市规模越大则劳动力蓄水池就越大，同时均衡的厂商数量与工资水平也越高

（朱铃，2012）。

目前，以 Overman 和 Puga（2010）、Rosenthal 和 Strange（2001）以及 Ellison 等（2011）等为代表的一系列研究，都已经证明了劳动力蓄水池是集聚经济的主要来源。多数实证研究都以技能、职业和受教育程度等指标来描述劳动力蓄水池效应，仅有少部分文献以服务业为对象，但同样证实了劳动力蓄水池效应的存在。Daniels 等（1991）和 Chang 等（2006）的研究直接指出，城镇化为服务业发展提供了必需的要素条件；较多受教育和有经验的技术人才在城市集聚，构成了服务业在城市创业和经营的劳动力供给基础（Daniels & Bryson，2002）。蒋三庚（2006）从供给和需求两个角度分析了服务业在城市集聚所带来的交易成本节约效应。从供给方面看，当某一服务企业在城市集聚后，便会形成一个具有同样技术背景的人才或劳动力市场，这种人才市场的形成有助于企业应付服务递送时的一些不确定性，并以较低成本利用当地的基础设施；从需求方面看，提供差异化服务的企业会降低消费者的搜寻成本。企业集聚形成后，其成本优势将吸引新企业不断进入，使得该产业在城市中的规模不断增大。

（2）中间投入品共享效应。

新经济地理学用产业的前向、后向联系及其所产生的运输成本节省来解释集聚经济；而当集聚过度时，拥挤效应将会提高投入价格同时降低产品价格，成为使集聚分散的反作用力。这种所谓中间投入品，当然不仅包括中间投入的有形产品，更包括各种中间服务和公共基础设施的投入。根据可贸易度的大小，服务业也会随着规模经济与运输成本产生的中间投入品效应在城市中形成集聚。

通过模型构建，Abdel 和 Fujita（1990）发现多个部门对差异化中间服务投入的需求，构成了多样化城市形成的原因。Puga 和 Venables（1996）则模仿 D－S 模型，构建了一个供给方中间投入品的多样化模型，并指出中间投入品的多样化将显著影响最终产品生产率，而最终产品生产率的提升又会反向吸引更多中间投入品厂商的集中，从而在理论层面揭示了中间投入品共享效应对服务业和城镇化互动的影响。

在实证研究中，由于找出投入产出相关性的同时还要兼顾关联产业的地理接近性，因而对于中间投入品效应的测度一直是模型设计的难点。Rosenthal 和 Strange（2001）最早采用了中间投入需求率这个相对指标来分析产业间联系对集聚经济的影响，而 Jofre - Monseny（2011）和 Ellison 等（2007）则构建了更加精准合理的绝对指标，对中间投入品效应予以刻画（朱铃，2012）。从已有实证文献看，不少研究都证明了基于共同投入共享效应的集聚经济的存在，而中间投入品效应则是与规模经济和运输成本紧密相关的。从服务业层面分析，Combes（2000）指出对于中间投入品广泛而巨大的需求以及不同部门之间的信息溢出，导致大多数服务业部门的就业增长受益于产业多样性及就业密度；Naresh 和 Gary（2001）在分析金融服务业时指出，服务业在城市集中有利于获得专业化的劳动力和金融服务企业之间的支持性服务，从而在分工的同时有效控制交易费用，实现成本节约，此外，还可以减轻由于经济环境的快速变化以及由此产生的不确定性和风险（Senn，1993）。从最终用户的角度看，服务业生产和消费的即时性以及不可储存的特点，使得人口规模成为服务业发展的必要条件。城市拥有大量的人口和经济组织，使之成为服务业发展的天然场所（张家俊，2010）。虽然随着信息技术和服务外包的飞速发展，服务业的即时性假设已被极大削弱，但中间投入品共享仍然为我们理解服务业与城镇化之间的互动关系提供了较好的视角。正如 Learner 和 Storper（2001）所指出的那样，作为生产性服务业潜在顾客的主要集中地，大城市拥有的大公司总部、国家经济管理机构和大型国有企业是生产性服务的重要需求方，定位于大城市，将有利于生产性服务企业与客户经常性的面对面的接触。而随着越来越多的生产性服务企业聚集于大城市，更多的企业将随之加入，从而形成大城市与服务业聚集且繁荣的因果循环关系。

然而，Moularet 和 Gallouj（1993）指出，这种传统解释在高附加值和知识密集型等现代服务业集群的增长和发展方面已显示出局限性；由此，一种更适用于解释知识密集型服务业（KIBS）的知识溢出理论应运而生。

（3）知识溢出效应。

从交流外部性、新知识生产和传播的扩散及累积的角度看，知识溢出效应指的是知识、信息在一定地理范围内的溢出和扩散及其产生的规模报酬递增现象，具有随距离增加而衰减的特点（朱铃，2012），故而成为除劳动力蓄水池和中间投入品共享外的另一种集聚经济的微观来源。

Duranton 和 Puga（2001）将产品生命周期理论引入集聚经济分析框架，把产品的生产划分为实验和大规模生产阶段，强调多样化的城市化经济对新知识创造和生产的影响。在产品的初次研发阶段，必须要对生产流程进行多次实验，而对创新源的接近将极大地节省实验成本。Jovanovic 等（1989）建立了一个异质性的劳动力模型，假设居住在城市的低技术工人将通过向高技术工人学习而获得更高收益，当高技术工人的相对生产率足够高，且学习密度函数是关于高技术工人数足够高的函数时，高技能和低技能工人都会向城市地区集中。而在实证研究方面，知识溢出效应的度量一直是个难题，目前比较常用的指标如基于投入产出关系或技术相似度产业间的研发投入、专利引用或者新技术的采用情况（如 Audretsch & Feldman，1996）。

交流外部性模型以企业与其他企业之间的交流为投入，而此种交流必须付出相应的运输成本，运输成本则与地理距离显著相关。所以，企业之间的地理集聚将减少交易成本并获得交流外部性，而这对于重视面对面交流的服务业意义更为重要。由于土地租金函数是呈钟形分布的，为了获得交流的外部性，企业倾向于在土地租金较高的经济中心集聚，而服务企业的竞租能力相对制造业更高，故地租与交流成本的均衡点位于城市中心。服务企业对知识和信息的依赖程度比制造企业更高，知识的外溢和信息的共享就成了推动服务业集群形成的又一大因素（刘奕，2009）。Keeble

和 Nacham（2002）从集聚利益特性差异的角度出发，认为制造业主要是从产品需求和供应的角度来寻求集聚收益，而作为资本和知识密集型行业的服务业，则主要是从学习和创新等方面获得集聚利益。城镇化能够提高当地劳动力市场知识流动的频繁程度，从而增强服务业的知识外溢，这有助于从原有企业中分离出新企业，外在表现为服务业发展。一些学者在研究技术创新型中小企业时指出，服务业在城市的集聚有助于使企业进入一个"集体学习"（Collective Learning）的过程，而这种效果是通过本地劳动力在企业间的流动、消费者－供应商之间的技术和组织交换、模仿过程等实现的（Camagni，1991）。知识的外溢效应和集体学习的互动过程，使得每个服务业企业获得知识更加容易，尤其是获得隐性知识，经革新后使其显性化，创造出高于原来的新知识形态，从而使得"集体学习过程"逐渐演变为一种地区的"创新环境"（Keeble et al.，2000）。服务业集群这种区域企业结构方式为隐性知识的传播提供了良好的平台。

更为普遍的是，城市形成的网络效应使得各服务企业员工之间能进行非正式交流，让企业捕捉到新技术和新机会。这些非正式交流既可发生在工作环境中（所谓餐厅效应，Cafeteria Effect），也可发生在城市中的非工作环境中，如社交及休闲活动中；而这些非正式交流的机会可以是当地政府或机构组织的，也可以在酒吧、俱乐部、咖啡厅等地方偶然发生。值得注意的是，劳动力市场的流动性对于创新网络的形成也非常重要，许多隐性知识可以通过劳动力的流动而获得，新员工在新工作环境中与同事的交流会形成知识重叠效应，进而创造新的知识。Keeble 和 Wikinson（2000）强调服务业的"集体学习过程"对城镇化中创新环境的演化很重要，而城镇化能使服务业集群中的企业更有效地提高创造性和学习、分享及创新的能力。Keeble（2001）对欧洲高技术服务业的实证研究就证明，具有活跃的集体学习过程的企业在创造新产品方面会表现出超凡的优势。研究表明，这种基于个人联系的网络，是在隐性知识难以准确定价且难以在科层组织中传播的背景下，获得信息的最有效的组织方式。

（二）外生因素分析

1. 政府因素

以上的分析中，各个要素均是作为一种内生的力量影响服务业与城镇化的互动关系。然而，作为外生因素的政府作用和经济政策，同样会对服务业与城镇化的关系施加影响。如 Davis 和 Henderson（2003）指出，政府实施的如贸易保护政策、基础设施投资政策、价格控制政策等一系列政策是通过先对各产业部门在经济中所占的份额产生影响，进而间接影响到城镇化发展的。Alexander（1970）在调查了位于悉尼、伦敦、多伦多等城市的事务所后发现，生产性服务企业在城市集聚的主要原因，除了便于与外部组织的接触、接近顾客和消费群体、接近关联企业等，还包括有利于和政府机关接触、决策者集中等。高敏（2006）指出，人口制度、土地制度、城市规划制度、公共政策（如收入分配制度、教育制度、社会保障制度）与社会服务体系都深刻影响着城镇化与服务业之间的协同发展。顾乃华（2011）通过理论分析和对由 23 个省份样本、252 个城市样本构成的二层数据模型进行检验，指出经济转型期城镇化进程是影响城市服务业增长速度和占比的重要因素；城市归属的省的制度和政策，通过改变城镇化对服务业发展的影响，间接作用于服务业速度和占比，从而印证了制度引致的服务业区域不平衡现象的存在。

在促进服务业的区域均衡增长方面，政府的力量同样不容小觑。汤爽爽等（2013）对法国快速城镇化进程中区域规划对服务业发展引导作用的研究表明，法国通过有意识的就业布局引导了全国人口流动走向，推动服务业（尤其是教育、科研方面）资源在规划的大、中城市中的发展，乡村地区则定位于发展农产品加工业和旅游业。面对巴黎地区过度集中的质疑，法国在 20 世纪 60 年代实行的"平衡型大都市"及其衍生政策，使得科研、教育、创新等部门在巴黎大规模集聚的同时，形成了巴黎地区以外的一系列重要功能极点——图卢兹的空间研究、里昂的医学研究、格勒诺波尔的能源研究节点，而大学教育的分散化更是创造出里昂、图卢兹、格勒诺波尔、波尔多、里尔和蒙彼利埃这些重要教育节点。

2. 社会文化因素

影响服务业在城市集中的原因还有社会文化等因素。理论和实证研究表明，服务业集中的一个主要原因是接近全球网络（Moulaert and Gallouj，1993），这也是服务业主要集中在国际化都市中心的重要原因（Sassen，1994）。与许多制造企业不完全相同的是，某些行业的服务企业（如法律、会计等咨询行业）全球化过程更加艰难，因为它们更多地依赖于本地化的人际网络、口碑、公信度（刘奕，2009）。服务企业选址于著名的城市有利于提高企业的声誉，加强企业与客户之间的信任（Naresh & Gary，2001）。实证研究表明，居于CBD 的中小服务企业明显在客户收益、海外业务、协作安排和专业员工招聘方面比不在 CBD 的同等企业更为国际化，且开放性更强、与全球经济的互动更为频繁、拥有更多的市场机会（Nachum & Keeble，1999）。

关于生产性服务业特别是 FIRE（金融、保险、房地产）集聚在高等级城市 CBD 的原因，除了享受集聚经济带来的外部性之外，一些研究还指出了 CBD 象征作用对于服务业发展的重要性。如 Pandit、Cook 和 Swann（2001）认为金融企业总部位于大城市 CBD 的原因是增加信誉的同时，降低企业与客户之间的信息不对称所导致的逆向选择和道德风险；选址于城市 CBD 可以增强信誉，它更像是一种对于质量的预期和假设，或是高质量服务的俱乐部门票，放弃 CBD 本身就意味着自贬身价，而这对于高层次服务业来说是致命的（Shearmur & Alvergne，2002）。

四　相关评述

城镇化不仅是简单的城乡人口结构的转化，更重要的，它是一种产业结构及其空间分布的转化，是传统生产方式、生活方式和行为方式向现代化生产方式、生活方式和行为方式的转化。作为服务业生长的理想空间，城市不仅承载着人口和要素集聚及其带来的巨大需求和规模效应，城市工业也将通过劳动分工驱动服务业发展。出于城镇化早于经济服务化实现的事实，西方研究者较少将城镇化水平变动与服务业发展直接联系起来；国内学者大体上是进入21世纪以来才开始研究的。

当前对于城镇化与服务业相关性的国内研究，使得"二者互为彼此发展过程中的重要因素"这一结论，基本在理论和实证上得到了证明，其结论富有启发意义和指导作用。但总体上看，在理论研究方面，对于城镇化与服务业协同的理论基础及相互作用机制的研究还非常有限，一方面未能建立严格的理论模型，理论阐述也多是经验和常识性的总结；另一方面，国内研究大都在新古典经济学的分析框架下进行，新兴理论解释对服务业的适用性有待进一步考证，远远不能满足实践发展的需要。在经验研究方面，国内研究主要着眼于各类影响因素的简单罗列，且普遍存在着样本容量小、内生性等问题，估计结果多数是有偏的。不得不说缺乏系统化、全面深入的理论研究和实证分析是一种缺憾。

综合来看，关于城镇化与服务业发展互动机理的理论研究表明，城镇化对服务创新的积极作用以及大城市在服务供给和需求方面的优势，决定了服务业向大城市聚集，并成为大城市创新体系的必要组成部分；与此同时，它也不可避免地削弱了偏远地区的发展机遇，造成区域发展不平衡的后果（格鲁伯等，1993）。偏远地区的企业和大城市的类似企业相比只能获得较少的知识和信息，获得的工作机会较少，从而对偏远地区形成空间剥夺（Miles，2003）。

在较为系统地梳理前人相关研究的基础上，未来的研究首先需要构建一个规范化的理论模型，对服务业与城镇化的影响路径和互动机理进行具体描画；其次，运用该分析框架，将经济服务化与城镇化进程中各阶段联系起来，深入地研究两者间的时序对应关系；再次，将影响二者关系的各种因素归入统一的理论框架下，结合我国实际，从结构变动、产业互动和企业效率三个层面，揭示二者协调发展的特殊规律；最后，通过描绘城镇化和服务业的协同发展路径，提出优化发展的机制和政策，包括土地制度、城市规划制度、产业政策、区域政策、基础设施政策、公共政策等。

参考文献

［1］洪银兴：《城市功能意义的城镇化及其产业支持》，《经济学家》2003 年第 2 期。

［2］"工业化与城镇化协调发展研究"课题组（郭克莎执笔）：《工业化与城镇化关系的经济学分析》，《中国社会科学》2002 年第 2 期。

［3］江小涓：《中国服务业将加快发展和提升比重》，《财贸经济》2004 年第 7 期。

［4］李辉：《我国地区服务业发展影响因素研究》，《财贸经济》2004 年第 7 期。

［5］倪鹏飞：《中国城市服务业发展：假设与验证》，《财贸经济》2004 年第 7 期。

［6］郭文杰：《中国城镇化与服务业发展的动态计量分析：1978～2004》，《河北经贸大学学报》2007 年第 3 期。

［7］曾桂珍、曾润忠：《城镇化与服务业的协整及因果关系研究》，《华东交通大学学报》2012 年第 10 期。

［8］曾国平、袁孝科：《中国城市化水平、服务业发展与经济增长关系实证研究》，《财经问题研究》2010 年第 8 期。

［9］"中国经济增长与宏观稳定"课题组：《城镇化、产业效率与经济增长》，《经济研究》2009 年第 10 期。

［10］李勇坚、夏杰长：《户籍制度、城镇化与服务业增长关系的实证分析》，《经济与管理》2008 年第 9 期。

［11］马鹏等：《城镇化、集聚效应与第三产业发展》，《财经科学》2010 年第 8 期。

［12］曾淑婉等：《城镇化对服务业发展的影响机理及其实证研究》，《中央财经大学学报》2012 年第 6 期。

［13］王向：《城镇化进程与服务业发展的动态互动关系研究》，《上海经济研究》2013 年第 3 期。

［14］雷钦礼：《服务业发展的非线性阶段性特征分析》，《统计研究》2006 年第 4 期。

［15］俞国琴：《城市现代服务业的发展》，《上海经济研究》2004 年第 12 期。

［16］张自然：《中国服务业增长与城镇化的实证分析》，《经济研究导刊》2008 年

第 1 期。

[17] 陈立泰等：《服务业集聚与城镇化的互动关系：1997~2009》，《西北人口》2012 年第 3 期。

[18] 张松林、李清彬、武鹏：《对中国城镇化与服务业发展双重滞后的一个解释：基于新兴古典经济学的视角》，《经济评论》2010 年第 5 期。

[19] 钱纳里、赛尔昆：《发展的型式 1950~1970》，经济科学出版社，1988。

[20] 高敏：《服务业与城市化协调发展研究》，厦门大学博士学位论文，2006。

[21] 库兹涅茨：《现代经济增长》，北京经济学院出版社，1989。

[22] 国松久弥：《城市空间结构理论》，古今书院，1971。

[23] 郑吉昌：《服务业与城市化互动发展模式的探究》，《浙江树人大学学报》2005 年第 5 期。

[24] 曾芬钰：《城市化与产业结构优化》，《当代经济研究》2002 年第 9 期。

[25] 彭荣胜等：《发展中地区农村劳动力转移、第三产业发展与城镇化关系分析》，《人文地理》2007 年第 3 期。

[26] 迈克尔.P.托达罗：《经济发展》，中国经济出版社，1999。

[27] 库兹涅茨：《现代经济增长》，北京经济学院出版社，1989。

[28] 葛宝琴：《城市化、集聚增长与中国区域经济协调发展》，浙江大学博士学位论文，2010。

[29] 格鲁伯和沃克：《服务业的增长：原因与影响》，上海三联书店，1993。

[30] 恩里克·莫雷蒂：《城市人力资本外部性》，《区域和城市经济学手册》第 4 卷，经济科学出版社，2012。

[31] 黄少军：《服务业与经济增长》，经济科学出版社，2000。

[32] 朱铃：《产业特性、城市特性与生产者服务业集聚微观来源研究》，复旦大学硕士学位论文，2012。

[33] 蒋三庚：《CBD 与现代服务业企业集群研究》，《首都经济贸易大学学报》2006 年第 5 期。

[34] 张家俊：《城市化与服务业发展的互动机理研究》，《现代商业》2010 年第 12 期。

[35] 刘奕：《服务业集群形成机理的理论述评》，《广东商学院学报》2009 年第 10 期。

[36] 顾乃华：《城市化与服务业发展：基于省市制度互动视角的研究》，《世界经济》2011 年第 1 期。

[37] 汤爽爽等：《法国快速城市化进程中的区域规划、实践与启示》，《现代城市研究》2013 年第 3 期。

［38］ Daniels, P. W. , Service Industrial in the World Economy. *Blackwell*, 1993.

［39］ Yoshima Araki, Katsuhiro Haraguchi, Yumiko Arap and Takusei Umenap, Socioeco-nomic Factors and Dental Caries in Developing Countries. *A Cross National Study*, 1997, 44: 269 - 272.

［40］ Riddle D. , Service - led Growth: The Role of Service Sector in the World Develop-ment, *Praeger Publisher*, 1989.

［41］ Duncan Black, J. Vernon Henderson, Urban Growth. *Working Paper No. 6008*, Cambridge, Mass. NBER, April 1997.

［42］ James C. Davis and J. Vernon Henderson, Evidence on the Political Economy of the Urbanization Process, *Journal of Urban Economics*, 2003, 53: 98 - 125.

［43］ Tiffen M. Transition in Sub - Saharan Africa: Agriculture Urbanization and Income Growth, *World Development*, 2003, 31 (8): 1343 - 1366.

［44］ Singelmann J. The Sectoral Transformation of the Laborforce in Seven Industrialized Countries, 1920—1970, *American Journal of Sociology*, 1978, 83 (5): 1224 - 1234.

［45］ Yasusada Murata, Rural - urban Interdependence and Industrialization, *Journal of De-velopment Economics*, 2002, 68: 1 - 34.

［46］ James C. Davis and J. Vernon Henderson, Evidence on the Political Economy of the Urbanization Process. *Journal of Urban Economics*, 2003, 53: 98 - 125.

［47］ V. R. Fuchs, The Growing Importance of the Service Industries. *NBER Working Pa-per*, 1965.

［48］ William J. Baumol, Macroeconomics of Unbalanced Growth: the Anatomy of Urban Crisis, *The American Economic Review*, 1967, 57 (3): 415 - 426.

［49］ Chang G H. and Brada J. C. , The Paradox of China's Growing Under - urbanization, *Economic Systems*, 2006, 30: 24 - 40.

［50］ Au Chun - Chung and J. Vernon Henderson, Are Chinese Cities Too Small? *Review of Economic Studies*, 2006, 73 (3): 549 - 576.

［51］ Robert E. Lucas, On the Mechanics of Economic Development. *Journal of Monetary Economics*, 1988, 22: 3 - 42.

［52］ Duncan Black and J. Vernon Henderson, A Theory of Urban Growth, *Journal of Po-litical Economy*, 1999, 107: 252 - 284.

［53］ P. W. Daniels and J. R. Bryson, Manufacturing Services and Servicing Manufacturing: Changing Forms of Production in Advanced Capitalist Economies, *Urban Studies*, 2002, 39 (5 - 6): 977 - 991.

［54］ Heidi Wiig Aslesen and Arne Isaksen, Do KIBS Cause Increased Geographic Concentration of Industries? http: //www. reser. net/download/23_ S2_ AS. PDF, 2004.

[55] S. S. Rosenthal and W. C. Strange, Evidence on the Nature and Sources of Agglomeration Economies, In V. Henderson and J. F. Thisse (ed.), *Handbook of Urban and Regional Economics*, Volume 4, 2004, 2119 - 2171.

[56] DanielJ Graham, Identifying Urbanization and Localization Externalities Inmanufacturing and Service Industries, *Papers in Regional Science*, 2008.

[57] Marius Brulhart, Nicole A. Mathys, Sectoral Agglomeration Economies in a Panel of European Regions, *Regional Science and Urban Economics*, 2008, 3 (8): 348 - 362.

[58] Joel Goldhar and Daniel Berg, Blurring the Boundary: Convergence of Factory and Service Processes, *Journal of Manufacturing Technology Management*, 2010, 21 (3): 341 - 354.

[59] P. W. Daniels, *Service Industries: a Geographical Appraisal.* Methuen, London, 1985.

[60] S. Illeris, Producer Services: the Key Factor to Economic Development, *Entrepreneurship and Regional Development*, 1989 (1).

[61] G. Ellisonand E. L. Glaeser, Geographic Concentration in U. S. Manufacturing Industries: A Dartboard Approach, *Journal of Political Economy*, 1997, 105 (2): 889 - 927.

[62] R. W Helsleyand W. C. Strange, Agglomeration Economies and Matching in Asystems of Cities, *Regional Science and Urban Economics*, 1990, 20: 189 - 212.

[63] Overmanand Puga, Labor Pooling as a Source of Agglomeration: An Empirical Investigation, *NBER working paper*, 2010, 133 - 150.

[64] S. S. Rosenthal and W. C. Strange, The Determinants of Agglomeration, *Journal of Urban Economics*, 2001, 50: 191 - 229.

[65] Ellison Glaeser and Kerr, What Causes Industry Agglomeration? Evidence from Co - agglomeration Patterns, *American Economic Review*, 2011, 100: 195 - 1213.

[66] Daniels P W, O'Connor K, Huton T A. , The Planning Response to Urban Service Sector Growth: An International Comparison, *Growth and Change*, 1991, 22 (4): 3 - 26.

[67] Chang G H, Brada J C. , The Paradox of China's growing underurbanization. *Economic System*, 2006, 30 (1): 24 - 40.

[68] Hesham Abdel - Rahman and Masahisa Fujita, Product Variety, Marshallian Externalities and City Sizes, *Journal of Regional Science*, 1990, 30 (2): 165 - 183.

[69] Diego Puga and Anthony J Venables, The Spread of Industry: Spatial Agglomeration in Economic Development, *CEPR Discussion Papers 1354*, 1996.

[70] J. Jofre - Monseny, R. Marin - Lopezand E. Viladecans - Marsal, The Mechanisms of

Agglomeration: Evidence from the Effect of Inter - industry Relations on the Location of New Firms, *Journal of Urban Economics*, 2011, 70: 61 - 74.

[71] Glenn Ellison, Edward L. Glaeser and William Kerr, What Causes Industry Agglomeration? Evidence from Co - agglomeration Patterns, *NBER Working Papers 13068*, 2007.

[72] Combes Pierre - Philippe, Economic Structure and Local Growth: France, 1984 - 1993, *Journal of Urban Economics*, 2001, 47: 329 - 35.

[73] Naresh Pandit, Gary Cook and G. M. P. Swann, A Comparison of Clustering Dynamics in the British Broadcasting and Financial Services Industries, *International Journal of the Economics of Business*, 2002, 9 (2): 195 - 224.

[74] Senn Lanfraneo, Service Activities, Urban Hierarchy and Cumulative Growth, *The Service Industries Journal*, 1993 (4).

[75] Edward E. Learner and Michael Storper, The Economic Geography of the Internet Age, *Working Paper*, National Bureau of Economic Research, No. 8450, Aug 2001.

[76] F. Moulaert and C. Gallouj, The Locational Geography of Advanced Producer Firms: The Limits of Economies of Agglomeration in Daniels, P. , Illeris, S. , Bonamy, J. and Philippe, J. *The Geography of Services Frank Cass*, London, 1993: 91 - 106.

[77] Gilles Duranton and Diego Puga, Nursery Cities: Urban Diversity, Process Innovation, and the Life Cycle of Products, *American Economic Review*, 2001, 91 (5): 1454 - 1477.

[78] JovanovicBoyan and Rafael Rob, The growth and diffusion of knowledge, *Review of Economics Studies*, 1989, 56 (4): 569 - 582.

[79] D. B. Audretsch and M. P. Feldman, R&D Spillovers and the Geography of Innovation and Production, *American Economic Review*, 1996, 86 (3): 630 - 640.

[80] D Keeble and L. Nacham, Why Do Business Service Firms Cluster? Small Consultancies, Clustering and Decentralization in Londonand Southern England, *Transactions of the Institute of British Geographers*, 2002, 27 (1): 67 - 90.

[81] R. Camagni, Local 'Milieu', Uncertainty and Innovation Networks: Towards a New Dynamic Theory of Economic Space, collected in Camagni R. ed. *Innovation networks: Spatial Perspectives*, Belhaven Press, London, 1991: 121 - 142.

[82] D. Keeble and F. Wilkinson, *High - technology Clusters*, Networking and Collective Learning in Europe. Ashgate, Aldershot, 2000.

[83] D. Keeble, Why Do Business Service Firms Cluster? Small Consultancies, Clustering and Decentralization in London and Southern England, *Working Paper No. 194 of ESRC Centre for Business Research*, University of Cambridge. 2001.

[84] James C. Davis and J. Vernon Henderson, Evidence on the Political Economy of the Urbanization Process, *Journal of Urban Economics*, 2003, 53 (1): 98 - 125.

[85] L. Alexander, *Office Location and Public Policy*, Methuen, 1970.

[86] S. Sassen, *Cities in a World Economy*, Pine Forge Press, Thousand Oaks, 1994.

[87] Nachum L. Keeble. Neo - Marshallian Nodes, Global Networks and Firm Competitiveness. University of Cambridge Working, 1999, 154.

[88] N. R. Pandit, G. A. S. Cook and G. M. P. Swann, The Dynamics of Industrial Clustering in British Financial Services, *The Service Industries Journal*, 2001, 21 (4): 33 - 61.

[89] R. Shearmur and C. Alvergne, Intra - metropolitan Patterns of High - order Business Service Location: A Comparative Study of Seventeen Sectors in Ile - de - France, *Urban Studies*, 39 (7): 1143 - 1163.

中国城镇居民消费性服务支出的
影响因素分析[*]

江　静^{**}

内容摘要　在中国服务业发展滞后和扩大内需战略实施背景下，消费性服务支出的研究变得尤为重要。本文研究发现，中国城镇居民消费性服务支出近年来有了较大幅度的提升，消费结构也有了一定升级，但是总体来说比例还不平衡。基于全国 30 个地区1997~2011 年的实证研究表明，中国城镇居民消费性服务具有消费刚性，前期的消费性服务支出对当期消费性服务支出有较强的正相关关系。个人可支配收入能在较大程度上显著影响中国城镇居民消费性服务支出。服务价格指数提高带来消费性服务支出的增加，同时服务的绝对消费量也有所提高。收入差距的增加，会降低消费性服务支出的整体水平，城市化水平和服务产业发展则对增加居民的消费性服务支出水平有着显著的正相关关系。

关键词　消费性服务　服务消费刚性　可支配收入　服务价格指数

一　引言

尽管世界经济服务化趋势在不断发展，中国服务业增加值占

* 本文为国家自然科学基金青年项目（项目号：71003046）阶段成果。
** 江静，南京大学经济学院副教授，研究领域为服务经济与区域经济发展战略。

GDP 的比重却一直处于较低水平。根据《2012 年国民经济和社会发展统计公报》，2012 年中国服务业占 GDP 的比重约为 44.6%，比上年提高了 1.2 个百分点，但与发达国家相比依然有一定差距。统计显示，2012 年服务业占 GDP 的比重的全球平均水平是 63.6%。其中，法国最高，为 79.8%，位居全球第一；美国和英国则位列第二和第三，分别是 79.7% 和 78.2%。与欠发达国家相比，中国的服务业占比相对较低。早在 2006 年，根据世界银行分类的中低收入国家第三产业平均占比已经高达 55%，而同为发展中国家的印度，其经济总量和人均收入远远低于中国，2006 年印度的服务业占比也已经高达 55%。虽然中国各级政府提出了服务业发展的目标并不断出台各项鼓励政策，但服务业发展滞后的状况没有得到根本性改善。

国内现有研究主要关注整体服务业和生产性服务业发展。江小涓、李辉认为，中国 20 世纪 90 年代初期以来，服务业比重在低水平上保持稳定发展的现象与我国经济增长模式、经济体制、认识和政策以及统计口径等多方面的原因有关；夏杰长、霍景东则认为，政府的制约作用是服务业发展较慢的关键；汪德华等人认为服务业发展滞后与政府规模和发展水平相关。江静和刘志彪构建了政府公共职能与服务业分类发展关系的分析框架，将服务业分为公共性服务、消费性服务和生产性服务，并且将消费性服务界定为提高城乡居民生活质量、适应居民消费结构升级的服务业，研究表明，中国政府公共职能的缺失是公共性服务、消费性服务和生产性服务发展滞后的重要原因。江静和刘志彪进一步指出，中国代工生产的外向型经济发展模式割裂了制造业和生产性服务业之间的产业关联，直接导致中国生产性服务发展缓慢。

"十二五"规划指出了"生活性服务"的概念，要"大力发展生活性服务业，面向城乡居民生活，丰富服务产品类型，扩大服务业供给，提高服务质量，满足多样化的需求"，要重点发展的有商贸服务业、旅游业、家庭服务业、体育事业和体育产业等。冯建林认为，长期以来，消费领域中存在的重大认识缺陷就是"重物质性消费、轻服务性消费"。范剑平的研究表明，在 2001～2010 年中国居民消费结构中，居住、医疗和娱乐教育服务三项消费将成为促进经济结构变动的新因素。夏杰长、毛中根也指出，服务消费在居民总消费中的占比将会逐年提高，其优化消费结构和拉动内需的作用也日益显现。

公共性服务业的发展主要依赖政府的投入，生产性服务的发展主要依赖产业互动中制造业对其市场的支撑，而消费性服务因为直接面向广大消费者而更依赖于居民的国内消费需求。

市场需求对产业发展的影响主要是用来分析制造业竞争力和产业升级问题的。Griliches 以美国杂交玉米为例，分析不同的市场需求条件对企业创新活动的影响。Schmookler（1966）在此基础上提出了著名的 Griliches - Schmookler 假说，即在市场化国家，某种商品所隐含的创新技术与该国的市场需求密切相关。Pavitt 指出，在新产品的市场推广阶段，消费者的需求、政府的公共采购以及其他企业和专家的需求是至关重要的。Porter 在行业分析时，提出了著名的五力模型（Five Forces Model），其中一个重要的力量就是"购买者的力量"。Porter 指出，所有的公司都要密切关注顾客的需求，因为需求市场的差异性会导致购买者力量、他们压低价格的能力以及影响产品质量水平方面存在较大的差别。Porter 研究的每个产业中都能看到本国市场的影响力，他认为内需市场凭借其规模经济的影响力而提高了效率。可见，需求对一个产业的发展有着非常重要的影响，内行的挑剔消费者实际上就是产品开发者。顾客不挑剔，产业升级的动力不足，企业往往缺乏创新动力。某些制造业产业，如纺织业、印刷业、电子及通信制造业、仪器仪表业等，都非常注重消费者的需求，尤其是消费者的潜在需求，这些行业中内行而挑剔的消费者（Lead Users）是产业创新的直接推动力，也是产业主动创新的方向。

目前市场需求与产业发展关系的研究，大多聚焦于制造产业，对服务业的研究相对较少，尤其是缺乏对消费性服务的研究。程大中和汪蕊表明，提高消费者的消费性服务支出会带来未来收益的稳定预期，能够促进服务业健康发展和整体经济的长期增长。本文试图通过中国城镇居民消费性服务支出的现状特征，找出影响消费性服务支出的因素，并在此基础上提出相关政策建议，进而促进中国消费性服务的发展。

二 中国城镇居民消费性服务支出特征事实

根据统计年鉴的"指标解释"，消费性服务支出指的是用于支付社会提供的各种文化和生活方面的非商品性服务费用。现有的研究在分析服务性消费时，通常计算了医疗保健、交通和通信、教育文化娱乐和其他服务这四大类别。我们的研究发现，在其他物质产品消费的细分类别中，也有非物质的消费性服务支出，例如食品消费中的食品加工服务费，衣着消费中的衣着加工服务费，以及家庭设备用品及服务中的家庭服务等。因此我们对此进行了整理，并考虑到统计数据的可获得性，将消费性服务支出定义为如下八大类：食品加工服务费、衣着加工服务费、居住服务、家庭服务、医疗保健、交通通信、文化娱乐与教育服务、其他服务费。

根据历年《中国统计年鉴》的相关数据，我们计算了 1997 ～ 2011 年全国城镇居民家庭全年人均服务性消费的支出情况，如表 1 和表 2 所示，发现目前中国居民消费性服务支出具有如下特点。

第一，城镇居民消费性服务支出有了大幅度攀升。表 1 显示，1997 年城镇人均消费性服务支出总额为 1488.84 元，到 2011 年，总额增长到 7843.13 元，增加了 4.27 倍，平均每年增长 13.6%。从服务性消费占消费总额的比例来看，1997 年占比为 35.57%，此后稳步上升，到 2003 年达到最高值 58.65%，此后几年稍有回落，基本稳定在 50% 以上，到 2011 年消费性服务支出占总消费支出的比重约为 51.73%。

第二，城镇居民服务性消费结构有了一定优化，但总体比例还不平衡。从消费性服务支出结构来看，各类别的比重差异非常大，见表 2。

表1　1997～2011年全国城镇居民家庭全年人均消费性服务支出

单位：元，%

年　份	1997	1999	2001	2003	2005	2007	2009	2011
食品加工服务费	204.23	572.53	315.02	439.46	608.52	762.85	977.71	1184.97
衣着加工服务费	15.69	10.95	7.86	6.80	6.67	7.39	7.77	9.56
居住服务	358.64	453.99	547.96	699.39	808.66	982.28	1228.91	1405.01
家庭服务	28.43	37.80	49.22	27.79	35.72	39.90	54.98	72.81
医疗保健	179.68	245.59	343.28	475.98	600.85	699.09	856.41	968.98
交通通信	232.90	310.55	457.02	721.13	996.72	1357.41	1682.57	2149.69
文化娱乐与教育服务	448.38	567.05	690.00	934.38	1097.46	1329.16	1472.76	1851.74
其他服务费	20.79	23.75	28.62	514.00	104.62	130.27	165.62	200.37
服务性消费总计	1488.74	2222.21	2438.98	3818.93	4259.22	5308.35	6446.76	7843.13
总消费支出	4185.64	4615.91	5309.01	6510.94	7942.88	9997.47	12264.60	15160.90
服务性消费比重	35.57	48.14	45.94	58.65	53.62	53.10	52.56	51.73

资料来源：根据历年《中国统计年鉴》相关数据整理。

表2　1997～2011年全国城镇居民家庭全年人均消费性服务支出结构

单位：%

年　份	1997	1999	2001	2003	2005	2007	2009	2011
食品加工服务费	13.72	25.76	12.92	11.51	14.29	14.37	15.17	15.11
衣着加工服务费	1.05	0.49	0.32	0.18	0.16	0.14	0.12	0.12
居住服务	24.09	20.43	22.47	18.31	18.99	18.50	19.06	17.91
家庭服务	1.91	1.70	2.02	0.73	0.84	0.75	0.85	0.93
医疗保健	12.07	11.05	14.07	12.46	14.11	13.17	13.28	12.35
交通通信	15.64	13.97	18.74	18.88	23.40	25.57	26.10	27.41
文化娱乐与教育服务	30.12	25.52	28.29	24.47	25.77	25.04	22.85	23.61
其他服务费	1.40	1.07	1.17	13.46	2.46	2.45	2.57	2.55

资料来源：根据历年《中国统计年鉴》相关数据整理。

以2011年为例，交通通信占比最高，为27.41%；其次是文化娱乐与教育服务，占比为23.61%；此外，居住服务和医疗保健分别为17.91%和12.35%，都属于支出比例较高的部分。从发展变化趋势来看，交通通信支出占比提高较快，从1997年的15.64%提高到

2011 年 27.41%，这说明随着收入水平的提高，居民最低层次的需求得到一定满足后，开始关注情感交流、旅游等高级需求，这也在一定程度上体现出服务性消费结构的升级。医疗保健服务支出、食品加工服务费、衣着加工服务费、家庭服务等，近 13 年来占比基本保持稳定；而居住服务和文化娱乐与教育服务支出，占比则出现了显著的下降，其中文化娱乐与教育服务支出占比从 1997 年的 30.12% 降至 2011 年的 23.61%，这也在一定程度上反映出消费结构有待进一步优化。

三 影响中国城镇居民消费性服务支出的因素分析

根据经典的微观理论，影响消费需求的主要因素是收入（包括收入水平和收入差距）和价格，而服务消费则在某种程度上取决于其供给的可能性，城镇化发展水平对城镇居民服务消费以及服务业发展有着较为重要的作用。因此，本文选择对上述因素进行具体分析。

（一）居民可支配收入水平

居民的可支配收入水平是居民进行各种消费的物质基础，因而是影响居民消费的最主要的因素。凯恩斯的绝对收入假说理论对消费函数进行了高度抽象，利用边际消费倾向来分析收入与消费之间的关系，认为当前消费主要依赖于当前收入。虽然凯恩斯的绝对收入假说后来受到生命周期假说（Life Cycle Hypothesis）和持久收入假说（Permanent Income Hypothesis）的挑战，但后两者的观点也支持收入影响消费的主要论断。方福前的研究也表明，中国居民消费需求持续低迷的原因之一就是国民收入分配中居民占有份额不断下降。消费性服务支出不仅受当期居民可支配收入水平的影响，还会受未来收入预期的影响。失业率的增加以及社会保障体系的不完善也直接加大了居民收入的不确定性。《2013 年中国社会形势分析与预测》指出，2012 年城镇登记失业率虽然稳定在 4.1% 左右，但是在所谓的新成长失业青年中，应届高校毕业生失业率占 51.4%。而《2009 年中国社会形势分析与预测》表明，全国调查城镇失业率高达 9.6%，但官方统计仅为 4%。孙光德、董克用（2000）的研究表明，1991 ~ 1994 年占中国人口 80% 的农民只享有 10% 左右的社会保障费用。而且据统计，中国目前大约有 4 亿人没有任何社会保障。恩格尔定律指出，随着收入水平的提高，食品支出占比会不断下降，这与马斯洛的需求理论以及 Clark 的需求层级假设是一致的。Fuchs 也指出，服务消费的收入弹性大于 1，这就意味着随着收入水平的提高，消费性消费支出会提高得更快。

如果将整个中国社会分成三类群体——政府、城镇居民和农民，我们会发现，改革开放过程中政府所得到的好处是最多的。以名义收入来看，1990 年全国财政收入是 2937.1 亿元，同期城镇居民可支配收入和农村居民纯收入分别是 1510.16 元和 686.31 元；2012 年，这三个指标分别是 117209.8 亿元、24564.7 元和 7916.6 元，22 年来分别增加了 38.9 倍、15.3 倍和 10.5 倍。国民收入的不均等分配使得政府最大限度地享受了经济增长的好处。在这种情况下，政府掌握的财力较多，居民占有财富较少，收入份额的相对下降使其对消费性服务的需求不足。

（二）服务价格指数

居民的服务性消费还受到服务价格的影响。自 1985 年以来，中国服务项目价格指数大大高于居民消费物价指数、商品零售价格指数、工业品出厂价格指数、原材料燃料动力购进价格指数以及固定资产投资价格指数等各类指数。由于服务部分劳动生产率增长相对滞后、服务需求缺乏价格弹性，服务价格又在不断上涨，服务支出比重增加，因此中国在服务消费方面已经显露出“成本病”迹象。程大中的进一步研究表明，服务价格上涨对整个经济结构的影响主要取决于实际的服务需求。如果以实际值表示的服务需求保持不变，则服务价格上涨仅仅使服务的名义支出份额上升。

服务价格上升一定程度上表现为居民消费性服务支出上升，从而造成服务业已经充分发展的假象，因为消费者服务支出的扩大可能并不是基于实际供给能力的增加，而是基于服务价格的上升。此外，根据需求法则，一种商品的价格提高会导致消费者对该商品的需求量下降。服务价格的提高在一定程度上减少了服务性消费需求，有可能限制消费服务业发展。然后，一个可能的结果是，考虑到服务消费的需求价格弹性的特殊性，居民的消费性服务支出可能随着服务价格指数的提高而降低，这需要通过实证检验来分析。

（三）收入差距

根据凯恩斯的绝对收入假说理论，平均消费倾向随着可支配收入的增加而不断下降。在收入分配极端不均的情况下，如果收入集中于少数高收入阶层，整个社会的平均消费倾向就会较低。并且由于高收入水平群体有着较低的边际消费倾向，也会导致收入分配差距拉大后全社会的边际消费倾向降低，而服务性消费由于其需求收入弹性相对较大，将受到更大的冲击和影响。

中国收入分配不均体现在城乡、地区和行业等多个层面。城乡差距主要表现为城镇居民可支配收入与农村居民纯收入的差异，行业差距则表现为最高行业平均工资与最低行业平均工资的差异，地区差异可以用最高地区人均可支配收入和最低地区人均可支配收入的倍数来衡量。以城乡差距为例，2012 年城镇居民可支配收入和农村居民纯收入分别是 24564.7 元和 7916.6 元，两者差异绝对数为 16648.1 元，城市是农村的 3.103 倍。我们用基尼系数来反映综合收入差距。1997 ~ 2012 年，中国基尼系数始终维持在 0.4 以上，这表明中国收入差距非常明显，一直高于所谓的国际警戒线。国家统计局最新公布的结果表明，2008 年中国基尼系数达到 0.491。

（四）城市化发展水平

城市化是农村自然经济向城市集约经济的转变，农村人口转变为城市人口。在这一转变过程中必然伴随着农村生活方式向城市生活方式的转变，其中包括消费观念、消费习惯和消费行为以及消费能力等。李林杰等的研究表明，城市化进程的加快能够提高居民的收入水平，改变原来农村人口的消费习惯，加快城乡沟通和居民消费环境的改善，同时也能拓展不同消费领域并产生"累积效应"。因此，城市化水平的提高对国内消费需求的改善有着重要影响，尤其是消费性服务支出比例会大幅度提高。

（五）服务产业发展水平

服务业发展水平是一国居民进行服务性消费的基础，服务业发展为服务性产品提供了服务基础，服务产业结构的完善、市场的成熟度以及服务产品质量的提升也能进一步刺激居民的服务消费需求。部分服务行业，如通信和交通、金融与保险等，其行业垄断和管制不但降低了服务业的质量，从而降低了居民进行服务性消费的意愿，而且导致服务性消费的价格水平虚高，增加居民生活负担，使居民服务性消费水平降低得更多。我们认为，服务产业发展水平越高，居民消费性服务支出也越多。

接下来对上述因素进行实证检验。

四　实证分析

（一）指标和模型

根据上述分析结果，建立如下计量模型：

$$cser_{it} = \alpha + \beta_1 cser_{it-1} + \beta_2 inco_{it} + \beta_3 pser_t + \beta_4 gini_t + \beta_5 urban_{it} + \beta_6 ser_{it} + \varepsilon_{it}$$

其中，$cser$ 和 $cser_{-1}$ 是当期和滞后一期的中国城镇居民消费性服务支出，$cser$ 是被解释变量，考虑到消费性服务支出刚性，我们将滞后一期的消费性服务支出纳入解释变量。我们选择的解释变量是城镇居民可支配收入和服务价格指数，分别用 $inco$ 和 $pser$ 表示。此外，还选择如下控制变量，$gini$ 是基尼系数，反映收入差距水平；$urban$ 是城市化发展水平；ser 是服务业发展水平。变量的具体含义及数据来源如表3所示。我们利用 1997～2011 年全国省级数据进行实证分析。

表3 相关变量说明和数据来源

变量名	变量含义	指标选择	数据来源	预期符号
cser	消费性服务支出	城镇居民家庭全年人均消费性服务支出的对数形式	《中国统计年鉴》	
inco	收入水平	城镇居民人均可支配收入的对数形式	《中国统计年鉴》	+
pser	服务价格指数	衣着加工服务、家庭服务及加工维修服务、医疗保健服务、个人服务、车辆使用及维修费、市区公共交通费、城市间交通费、通信服务、教育服务、文娱费、旅游、租房租金12个方面综合	2001 年以前的服务价格指数可以从统计年鉴上直接获取，此后数据为作者根据《中国统计年鉴》计算而得	+
gini	收入差距水平	基尼系数	2003 年前由作者收集，此后来自统计局公布的公开数据资料	−
urban	城市化发展水平	城镇人口占总人口比重	《中国统计年鉴》	+
ser	服务业发展水平	第三产业占地区 GDP 的比重	《中国统计年鉴》	+

（二） 实证研究结果

我们首先对主要的两个解释变量即人均可支配收入和服务价格指数进行分别回归，回归结果如表4中的模型1所示。由于模型中含有因变量的滞后项，我们采用 GMM 方法进行估计。各类回归结果如模型2、模型3和模型4所示。

根据表4我们可以得到如下研究结论。

第一，居民的消费性服务支出具有一定的刚性，当期消费性服务支出受前期的影响较大。这符合我们对消费行为一般规律的认识。

第二，个人可支配收入与消费性服务支出呈明显的正相关关系，其回归系数为正，并且通过了在1%水平的显著性检验。模型4的回归结果显示，当个人可支配收入提高1个百分点时，居民消费性服务支出提高0.301个百分点。这使得消费性服务支出的"收入需求假说"得到一定的验证。然而，与Fuchs（1968）提出的"服务消费的收入弹性大于1"的论断不相符的是，我们的实证结果表明，中国城镇居民服务消费的需求收入弹性小于1。这可能与中国的特殊国情相关。中国公共性服务提供不足，包括养老、失业、医疗等在内的社会保障体系不健全，导致中国居民存在收入和支出的不确定性，由此在一定程度上限制了消费性服务支出，进而直接导致其需求收入弹性小于1。

表4　实证结果

解释变量	模型1	模型2	模型3	模型4
$cser_{-1}$		0.346 ***		0.231 ***
		(0.024)		(0.091)
$inco$	0.433 ***	0.398 ***	0.343 ***	0.301 ***
	(0.027)	(0.098)	(0.034)	(0.032)
$pser$	1.675 ***	1.506 ***	1.467 ***	1.449 ***
	(0.076)	(0.274)	(0.056)	(0.212)
$gini$			−0.356 ***	−0.345 ***
			(0.045)	(0.024)
$urban$			0.672 **	0.612 *
			(0.331)	(0.343)
ser			0.912 ***	1.236 ***
			(0.291)	(0.032)
常数项	2.030 ***		1.046 ***	2.342 *
	(0.592)		(0.254)	(1.24)
R^2	0.68		0.75	
观察值	450	420	450	420

注：回归结果由stata11.0计算而得。*、** 和 *** 分别代表10%、5%和1%的显著性水平。括号里的值是标准误。

　　第三，服务价格指数与消费性服务支出呈正相关关系。实证结果显示，服务价格指数提高1%，消费性服务支出提高1.449%，并且通过了1%的显著性检验。这意味着居民的消费性服务支出不仅仅是服务价格的提高引起的，居民的实际服务消费量也有不同程度的提高。

第四，基尼系数的提高会导致消费性服务支出下降，回归系数为 -0.345，并且在1%的显著性水平下显著。这意味着在收入差距加大时，由于服务需求的收入弹性相对较高，当社会分化为较低边际消费倾向的高收入群体（少数人）和较高边际消费倾向的低收入群体（多数人）两类时，整个社会对于服务的边际消费倾向降低，进而直接减少了城镇居民的整体消费性服务支出。

第五，城市化水平提高和服务产业的发展都会显著增加居民的消费性服务支出水平。人口老龄化使得人们对医疗保健、养老服务等支出快速增加，从而使得消费性服务支出增加，其回归系数为0.021，通过1%的显著性检验；城镇居民的消费性服务支出要显著大于农村人口，因此，城市化水平提高有助于增加消费性服务支出，其回归系数为0.612，并且通过了10%的显著性水平检验。一国服务业发展水平越高，居民消费性服务支出也越高。实证研究表明，服务业占GDP的比重每提高1%，居民的消费性服务支出水平就提高1.236%。

五　研究结论

长期以来，中国的服务业水平一直处于低水平的稳态趋势，对中国服务业发展水平需要进行分类研究。长期以来，大多数研究都关心中国整体服务业和生产性服务的发展，而对消费性服务研究甚少。消费性服务因为直接面向广大消费者而更依赖于居民的国内消费需求。国内消费性服务支出对消费性服务发展起着重要的作用。本文分析了中国城镇居民消费性服务支出的特点，并对影响消费性服务支出的因素进行了探讨。

研究发现，中国城镇居民消费性服务支出近年来有了较大幅度的提升，消费结构也有了一定升级，但是总体来说比例还不平衡。

基于全国 30 个地区 1997～2011 年的实证研究表明，中国城镇居民消费性服务具有消费刚性，前期的消费性服务支出对当期消费性服务支出有较强的正相关关系。个人可支配收入能在较大程度上显著影响中国城镇居民消费性服务支出，需求收入弹性为 0.3。消费性服务支出的提高并不纯粹是由服务价格指数提高引起的，服务价格指数的回归系数为 1.449，这也意味着服务价格指数的提高带来消费性服务支出的增加，同时服务的绝对消费量也有所提高。收入差距的增加，会降低消费性服务支出的整体水平，城市化水平和服务产业发展则对增加居民的消费性服务支出水平有着显著的正相关关系。

　　服务价格的上升是经济社会发展的必然规律，这会带来消费性服务支出的提高。此外，根据上述研究结论，要提高中国消费性服务的支出水平，一方面需要提高居民的可支配收入，并减少中国的收入分配差距，这就要求国民收入分配中要不断提高劳动者报酬的比例，主要通过完善财税体制改革和健全社会保障体系来完成；另一方面需要提高城市化水平，近期召开的中央城镇化会议对中国推进城镇化进行了全面部署，这对扩大内需、提高消费性服务发展水平有着重要的影响。

参考文献

［1］江小涓、李辉：《服务业与中国经济：相关性和加快增长的潜力》，《经济研究》2004 年第 1 期。

［2］夏杰长、霍景东：《以发展生产性服务业为突破口》，《浙江经济》2006 年第 7期。

［3］汪德华、张再金、白重恩：《政府规模、法制水平与服务业发展》，《经济研究》2007 年第 6 期。

［4］江静、刘志彪：《政府公共职能缺失视角下的现代服务业发展探析》，《经济学家》2009 年第 9 期。

［5］江静、刘志彪：《世界工厂的定位能促进中国生产性服务业发展吗?》，《经济理论与经济管理》2010 年第 3 期。

［6］冯建林：《注重扩大居民服务性消费》，《宏观经济管理》2004 年第 12 期。

［7］范剑平：《鼓励消费政策可行性研究》，《经济科学》2001 年第 2 期。

［8］夏杰长、毛中根：《中国居民服务消费的实证分析与应对策略》，《黑龙江社会科学》2012 年第 1 期。

［9］程大中、汪蕊：《服务消费偏好、人力资本积累与"服务业之谜"破解》，《世界经济》2006 年第 10 期。

［10］程大中：《收入效应、价格效应与中国的服务性消费》，《世界经济》2009 年第 3 期。

［11］方福前：《中国居民消费需求不足原因研究》，《中国社会科学》2009 年第 2 期。

［12］孙光德、董克用：《社会保障概论》，中国人民大学出版社，2000。

［13］程大中：《中国经济正在趋向服务化吗？——基于服务业产出、就业、消费和贸易的统计分析》，《统计研究》2008 年第 9 期。

［14］李林杰、申波、李杨：《借助人口城市化促进国内消费需求的思路与对策》，《中国软科学》2007 年第 7 期。

［15］Griliches, Z. Hybrid Corn, An Exploration in the Economics of Technological Change, *Econometrica*, 1957, 25: 501 - 522.

［16］Schmookler, J., *Invention and Economic Growth*, Cambridge: Harvard University Press, 1966.

［17］Pavitt, K., Sectoral Patterns of Technical Change: Towards a Taxonomy and a Theory, *Research Policy*, 1984, 13: 343 - 373.

［18］Porter M. E., *Competitive Advantage：Creating and Sustaining Superior Performance*, NY: the Free Press, 1985.

［19］Porter, M. E., *The Competitive Advantage of Nations*, NY: the Free Press, 1990.

［20］Clark, C., *The Conditions of Economic Progress*, London: McMillan, 1940.

［21］Fuchs, V., *The Service Economy*, New York, Columbia University Press, 1968.

［22］Arellano M., Bond, S. R. Some Tests of Specification to Employment Equations, *Review of Economic Studies*, 1991, 59: 277 - 297.

中国服务贸易竞争力的理论与实证研究[*]

夏杰长　姚战琪　齐　飞[**]

内容摘要　进入 21 世纪，中国货物贸易顺差大幅增加，但是服务贸易逆差呈逐年扩大趋势。同时，我国服务贸易总体的贸易竞争力指数为负，且服务业显示性比较优势指数大大小于制造业，这表明中国服务贸易国际竞争力较弱，因此，增强我国服务业竞争力是推动服务贸易良性发展的根本举措。中国服务贸易出口、服务业外商直接投资均与服务业增加值正相关，但服务贸易进口与服务业增加值负相关。误差修正模型估计结果显示，随着时间的延长，服务贸易进口对服务贸易出口具有正向作用，并且显著性不断增强。基于 VAR 模型的格兰杰因果关系检验结果表明，服务贸易出口与服务业外商直接投资存在双向的因果关系，同时服务业外商直接投资与我国服务业增加值也存在双向的因果关系。

关键词　服务贸易进口　服务贸易出口　服务业增加值

一　问题提出及文献综述

近百年来的经济全球化进程历经了商品全球化时期、制造全球

---

[*]　本文是中国社会科学院创新工程项目《中国中长期服务经济发展战略研究》的阶段性成果。

[**]　夏杰长，中国社会科学院财经战略研究院副院长、研究员、博士生导师，研究领域为服务经济与旅游管理；姚战琪，中国社会科学院财经战略研究院服务经济研究室副主任、研究员、博士生导师，研究领域为现代服务业；齐飞，中国社会科学院研究生院博士生，研究领域为旅游与现代服务业。

化时期、服务全球化时期（江小涓，2008；林航，2009），在服务全球化时代，跨国公司成为推动全球贸易的主导力量。服务业国际投资和服务贸易作为推动服务全球化的主要力量，有力地推动了中国深入参与全球产业分工体系。20 世纪 80 年代后，中国对外贸易规模快速增长，服务贸易与货物贸易发展迅猛。2014 年 1 月 9 日，商务部姚坚在北京透露，未来 10～20 年是中国货物贸易和服务贸易齐头并进、相互促进的重要战略机遇期，因此，推动中国货物贸易和服务贸易有机结合及互动发展具有重要意义。

当前，中国已经成为世界货物贸易第一出口大国，但是中国服务贸易逆差很大，居世界第一，旅游、运输、特许权转让和专利等技术交易三项为主要逆差行业。对中国服务贸易行业结构进行分析可以发现，中国服务贸易失衡现象较明显。旅游、运输和其他商业服务业是中国服务贸易出口的主体（石占星，2009），通信服务、建筑服务、计算机和信息服务以及咨询服务在中国服务贸易出口中的份额次之，而金融、保险、广告及宣传、专有权利使用费和特许费等知识密集型服务业出口所占份额极小，在中国历年服务贸易出口总额中所占份额最少和出口额最小的产业是电影和音像业。服务贸易行业进口结构与出口结构基本相似，运输、旅游业仍是中国服务贸易进口的主导产业，电影及音像业在中国服务贸易进口总额中所占比重最小。

通过对中国制造业和服务业贸易竞争力指数［即 TC 指数 =（出口 - 进口）/（出口 + 进口）］进行分析可以发现，从 1992 年开始，我国服务贸易总体的贸易竞争力指数为负，同时我国生产性服务业的大多数行业贸易竞争力指数也为负，表明我国服务贸易国际竞争力始终较弱。1978 年以后，中国货物贸易快速增长，从 1990 年开始中国制造业贸易竞争力指数为正，制造业贸易竞争力指数远大于服务业，同时我国制造业的大多数行业贸易竞争力指数也为正，这表明我国制造业贸易竞争力较强（见表 1）。根据笔者的一项研究，制造业贸易竞争力指数均值为 0.02 左右，服务贸易竞争力指数平均值（0.009）远远小于制造业，这与我国制造业已深入地参与全球分工以及制造业已具有较强的国际竞争优势的发展事实完全相符（姚战琪，2009）。由此可见，虽然中国服务贸易增长较快，但服务贸易全球化指数较低。中国服务业发生逆差的主要原因是我国服务贸易竞争力较弱，即服务业和服务贸易管理体制不尽科学、服务贸易结构不合理、政府对服务业和服务贸易扶持力度不够、缺乏促进服务企业自主创新的激励措施等原因影响了我国服务贸易竞争力的提高。从纵向上看，第一，中国服务贸易竞争力指数常年为负，说明中国服务贸易竞争力总体上处于比较劣势；第二，从中国服务贸易竞争力指数的变化情况来看，21世纪以来，总体上变化不大，2001年中国服务贸易竞争力指数为 - 0.08，2011年中国服务贸易竞争力指数为 - 0.13，因此，中国服务贸易竞争力仍未得到很大的改善，在2008年后中国服务贸易竞争力指数迅速下降。

表1　中国服务贸易竞争力指数

年　　份	1978	1979	1980	1981	1982	1983	1984	1985	1986	1987	1988	1989
中国服务贸易竞争力指数	—	—	—	—	0.14	0.16	0.04	0.12	0.29	0.29	0.18	0.11
中国制造业贸易竞争力指数	- 0.06	- 0.07	- 0.05	0	0.07	0.02	- 0.02	- 0.21	- 0.16	- 0.05	- 0.08	- 0.06

年　　份	1990	1991	1992	1993	1994	1995	1996	1997	1998	1999	2000	2001
中国服务贸易竞争力指数	0.16	0.28	- 0.01	- 0.03	0.02	- 0.14	- 0.04	- 0.06	- 0.05	- 0.08	- 0.09	- 0.08
中国制造业贸易竞争力指数	0.08	0.06	0.03	- 0.06	0.02	0.06	0.04	0.12	0.13	0.08	0.05	0.04

年　　份	2002	2003	2004	2005	2006	2007	2008	2009	2010	2011	2012	均值
中国服务贸易竞争力指数	- 0.08	- 0.08	- 0.07	- 0.06	- 0.05	- 0.03	- 0.04	- 0.1	- 0.06	- 0.13	- 0.19	0.009
中国制造业贸易竞争力指数	0.05	0.03	0.03	0.07	0.1	0.12	0.12	0.09	0.06	0.04	0.06	0.02

　　通过对中国服务业和制造业显示性比较优势指数（RCA指数）的分析和比较可以看出，1982～2012年，中国服务业整体的RCA指

数为 0.52，制造业 RCA 指数为 1.11，这表明我国服务业国际竞争力较弱，制造业国际竞争力较强。通过国际对比可以发现，中国服务贸易的 RCA 指数在金砖四国中最低，而印度最高，其次为巴西与俄罗斯，因此中国服务贸易在金砖四国中处于比较劣势，中国服务业国际竞争力最弱。同时可看出，中国制造业显示性比较优势指数逐年增长，这表明我国工业制成品贸易竞争力指数逐渐回升，因此中国工业制成品竞争力较强，而服务贸易竞争力总体上处于比较劣势，中国服务贸易国际竞争力较弱。通过对中国、韩国、中国香港、印度等国家和地区服务贸易显示性比较优势指数进行对比（见表 2），可以发现：第一，韩国、中国香港、印度等国家和地区服务贸易显示性比较优势指数大于中国，中国服务贸易 RCA 指数始终处于 0.8 之下，表明中国服务竞争力弱。而在多数年份其他国家和地区的服

表 2　中国与其他国家和地区的服务业 RCA 指数比较

年份	中国	韩国	中国香港	印度	墨西哥	年份	中国	韩国	中国香港	印度	墨西哥
1980	—	0.79	1.45	1.64	1.29	1996	0.62	0.79	0.93	0.94	0.52
1981	—	0.76	1.42	1.54	1.07	1997	0.59	0.83	0.9	1.07	0.48
1982	0.62	0.83	1.44	1.43	0.84	1998	0.6	0.37	0.83	1.27	0.46
1983	0.59	0.77	1.29	1.52	0.75	1999	0.58	0.38	0.86	1.44	0.4
1984	0.61	0.71	1.27	1.52	0.85	2000	0.58	0.4	0.89	1.47	0.4
1985	0.6	0.64	1.25	1.61	0.87	2001	0.57	0.42	0.92	1.45	0.38
1986	0.56	0.72	1.16	1.44	0.92	2002	0.55	0.38	0.92	1.42	0.37
1987	0.52	0.68	1	1.29	0.87	2003	0.49	0.72	0.87	1.47	0.36
1988	0.45	0.67	1.05	1.26	0.87	2004	0.49	0.71	0.89	1.71	0.37
1989	0.46	0.68	1.03	1.17	0.88	2005	0.46	0.7	0.94	1.87	0.33
1990	0.46	0.67	0.98	1.11	0.82	2006	0.46	0.69	0.99	2.05	0.32
1991	0.49	0.63	0.91	1.14	0.82	2007	0.48	0.74	1	2	—
1992	0.54	0.61	0.86	1.01	0.81	2008	0.5	0.79	1.01	1.95	—
1993	0.62	0.66	0.85	0.95	0.69	2009	0.52	0.84	1.02	1.9	—
1994	0.6	0.75	0.88	1.01	0.74	2010	0.54	0.89	1.03	1.85	—
1995	0.45	0.81	0.89	0.98	0.58	2011	0.52	0.94	1.04	1.8	—

资料来源：笔者根据世界贸易组织网站相关数据计算得出。

务贸易 RCA 指数始终处于 0.8 之上，说明该国和地区的服务业具有较强的国际竞争力。例如，韩国的 RCA 总体指数为 0.4~0.8，中国 RCA 指数为 0.4~0.6，这表明从服务贸易显示性比较优势指数对比角度分析，韩国、中国香港、印度等国家和地区服务贸易国际竞争力高于中国。第二，中国、韩国、墨西哥三国多数年份服务贸易 RCA 指数仍小于 1，表明这些国家仍以劳动和自然资源密集型的传统服务贸易为主，但是中国、韩国等国的服务贸易都有向知识技术密集型方向发展的趋势。

对中国吸收外商直接投资进行分析可以发现，从 2011 年开始，中国服务业实际使用外资金额及增幅均超过制造业，但是，服务业外商在华投资过多地集中于房地产，租赁和商务服务业，信息传输、计算机服务和软件业，交通运输、仓储和邮政业等利润较高的服务业。最新研究显示，中国的产业体系仍处于全球产业价值链的低端，当前外商直接投资对我国服务业增长和结构调整具有一定的负面效应，从此角度看，随着服务业外商直接投资的大规模进入，中国很难排除陷入被动发展逻辑的可能。Haddad 和 Harrison（1993）对摩洛哥 1985~1989 年制造业的企业和行业面板数据进行实证分析发现，制造业外商直接投资并不存在明显的正向溢出效应。Konings（2001）认为，保加利亚、罗马尼亚、波兰吸收外商直接投资也不存在溢出效应，但是，来自美国的实证研究表明在发达国家的外商直接投资具有明显的正向溢出效应，对技术水平具有显著的促进作用（周洁、刘畅，2011；夏杰长、姚战琪，2013）。当前，学术界关于服务业外商投资溢出效应的研究成果极少。Manuel 和 Machado（2005）考察了 1970~1996 年亚洲、拉丁美洲及非洲的数据，认为服务业外商直接投资的溢出效应是不确定的，服务业外商直接投资的溢出效应受国内总投资率和各国利用外资政策等因素影响，实证分析结果发现服务业外商直接投资在拉丁美洲各国具有明显的负向挤出效应（即替代效应），在非洲各国没有显著的关联性。对于中国而言，我们认为，服务业外商直接投资的大规模进入可能不会促进服务业技术水平的改善，甚至不利于我国服务业的高端化。笔者对 1983~2011 年服务业外商直接投资、国内生产总值与中国服务业增加值之间进行协整分析的统计结果表明，服务业外商投资与中国服务业增加值的相关系数小于国内生产总值与中国服务业增加值的相关系数，即服务业外商直接投资对服务业增加值的促进和推动作用远远小于国内生产总值对服务业增加值的影响。当前，我国服务业开放面临的困境主要表现为：第一，当前我国内资生产性服务业竞争力较低和发展水平较为落后导致内资生产性服务业被压制在产业链的低端，不利于本土企业技术升级；第二，由于服务业外商直接投资过多地集中于房地产等利润较高的非传统服务业，以及中国服务业与外商直接投资存在较大的技术差异，因此外商直接投资并未给中国服务业带来明显的技术优势；第三，外商直接投资进入可能对我国服务贸易总额及服务业国内市场需求产生不利影响，不利于中国服务业国际竞争力的提高。因此，在促进中国服务业外商直接投资规模增长的同时，需不断推进利用外资由量向质的根本转变。目前，学术界仍缺乏对服务贸易与我国经济增长的长期关系进行系统分析和实证检验的研究成果，本文从服务贸易促进经济增长以及服务业总产出和经济增长推动服务贸易两个角度，研究 20 世纪 80 年代以来，中国服务贸易进口、服务贸易出口、服务业外商直接投资与服务业增加值之间的互动关系和内在影响机制。根据 1983 ~ 2012 年的经济数据，在各变量之间建立向量自回归模型并进行相应的协整检验、格兰杰因果检验及建立向量误差修正模型，研究服务贸易与我国经济增长是否存在长期的稳定关系，得出较可靠的研究结果，并提出相应的政策建议。

二　模型构建

（一）分析模型和研究方法

现有的理论研究表明，服务贸易进口、服务贸易出口、服务业外商直接投资对我国经济增长的影响，除了服务贸易进口、服务贸易出口和服务业外商直接投资分别对经济增长的直接影响之外，还通过服务贸易进口、服务贸易出口及服务业外商直接投资之间的交互影响对我国经济增长产生间接影响，因此三变量之间存在极为密切的联系。向量自回归模型（VAR）依托经济理论分析框架，以系统中每一个内生变量作为系统中所有内生变量的滞后值的函数来构造模型，更多的是依据数据自身的内在特征探讨经济变量之间的关系，克服了传统经济计量方法不足等问题。基于此，本文采用向量自回归模型的分析方法。本文设定基本模型为：

$$
\begin{pmatrix} EXPO \\ IMP \\ SGDP \\ FDI \end{pmatrix} = \alpha_1 \begin{pmatrix} EXPO_{t-1} \\ IMP_{t-1} \\ SGDP_{t-1} \\ FDI_{t-1} \end{pmatrix} + \alpha_2 \begin{pmatrix} EXPO_{t-2} \\ IMP_{t-2} \\ SGDP_{t-2} \\ FDI_{t-2} \end{pmatrix} + \alpha_3 \begin{pmatrix} EXPO_{t-3} \\ IMP_{t-3} \\ SGDP_{t-3} \\ FDI_{t-3} \end{pmatrix} +
$$

$$
\alpha_4 \begin{pmatrix} EXPO_{t-4} \\ IMP_{t-4} \\ SGDP_{t-4} \\ FDI_{t-4} \end{pmatrix} \cdots + \begin{pmatrix} e_{1t} \\ e_{2t} \\ e_{3t} \\ e_{3t} \end{pmatrix}, t = 1, 2, \cdots, T
$$

其中，$EXPO$、IMP、$SGDP$、FDI 分别表示服务贸易出口、服务贸易进口、服务业增加值、服务业外商直接投资，e 为扰动向量。本文采用向量自回归模型的分析方法，具体包括时间序列平稳性检验、协整检验、格兰杰因果检验、向量误差修正模型等多种方法。

（二）数据来源及其处理

服务贸易出口、服务贸易进口、服务业增加值等数据来自《中国统计年鉴》《中国对外经济贸易年鉴》《中国商务年鉴》等相关各期，时间跨度为 1983～2012 年。所有数据按当年平均汇率换算为人民币，由于各变量都是名义变量，使用以 1983 年为基期的国内生产总值缩减指数进行序列调整，得到各变量的实际值。为了消除时间变量数据存在的异方差性，并考虑到对各时间序列数据取对数形式之后不会改变它们之间的计量关系，因此，对所有变量采取对数形式。各变量具体表示如下：$LEXPO$ 表示服务贸易出口，$LIMP$ 表示服务贸易进口，LS-

GDP 表示服务业增加值，LFDI 表示服务业外商直接投资。DLEXPO、DLIMP、DLSGDP、DLFDI 分别表示服务贸易出口、服务贸易进口、服务业增加值、服务业外商直接投资的一阶差分变量。

三　中国服务贸易国际竞争力影响因素的实证分析

（一）多变量描述性分析

从图 1 可以看出，1983～2012 年，服务业外商直接投资、服务贸易出口、服务贸易进口、服务业增加值四个时间序列都处于上升趋势，服务贸易进口与出口两个变量基本保持同步变动的趋势，从图 1 可以看出两个变量相关性很强。服务业外商直接投资变动幅度非常大，经历了 1985 年、1993 年和 2007 年三次外商直接投资的高峰与 1989 年、1997 年和 2009 年三个低谷期，服务业三次外商直接投资增长的高峰期与全国外商直接投资的高涨期基本一致，1989 年的政治风波、1997 年的东亚金融危机和 2008 年国际金融危机不但降

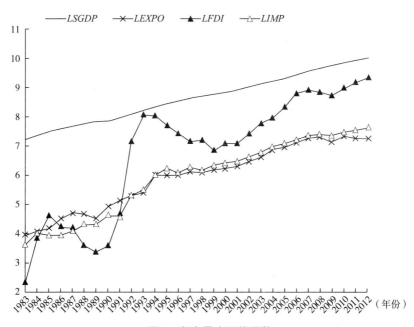

图 1　各变量水平值趋势

低了中国工业行业的外商直接投资，也使中国服务业外商直接投资处于低迷期，但从 1999 年之后，随着中国宏观经济环境的改善，服务业外商直接投资开始稳步增长。外商直接投资规模在 1993 年出现最高值，1993 年前指标值增长较快，之后增长率缓慢下降。

（二）平稳性检验

采用时间序列数据进行分析，使用带有随机趋势的非平稳数据进行估计时会引起伪回归问题，因此，在协整检验之前，必须通过单位根检验以确定服务业外商直接投资、服务贸易出口、服务贸易进口、服务业增加值各变量的单整阶数。为确保结果的正确性，对每个变量序列都使用 ADF 和 PP 两种检验方法确定其稳定性和单整阶数，在滞后期数的选择上，参照赤池信息准则 AIC（Akaike Information Criterion）和施瓦茨准则 SC（Schwarz Criterion）。

从检验结果可知（见表 3），服务业外商直接投资、服务业增加值、服务贸易出口及服务贸易进口这四个数据序列的水平值在 1% 的显著性水平上都不是平稳的，但其一阶差分序列平稳，说明它们都是 I（1）序列。由图 2 可看出，所有数据序列经过一阶差分变化以后变为平稳序列，已不存在时间趋势和序列自相关。

表 3 服务业外商直接投资与 GDP 的单位根检验结果

变 量	ADF 统计量	检验方程形式	临界值			AIC 值	SC 值
			1%	5%	10%		
LEXPO	− 1.6056	（C，T，1）	− 4.3098	− 3.5742	− 3.2217	− 0.81038	− 0.66894
DLEXPO	− 5.6943	（C，0，1）	− 3.6892	− 2.9719	− 2.6251	− 0.69138	− 0.59622
LSGDP	− 4.2330	（C，T，1）	− 4.3240	− 3.5806	− 3.2253	− 5.28205	− 5.09174
DLSGDP	− 4.2061	（C，0，1）	− 3.6999	− 2.9763	− 2.6274	− 5.02572	− 4.88174
LFDI	− 3.4449	（C，T，1）	− 4.3240	− 3.5806	− 3.2253	1.310494	1.500809
DLFDI	− 3.7845	（C，0，1）	− 3.6999	− 2.9763	− 2.6274	1.500425	1.644407
LIMP	− 1.5368	（C，T，1）	− 4.3743	− 3.6032	− 3.2381	− 0.52571	− 0.18442
DLIMP	− 6.5364	（C，0，2）	− 3.6892	− 2.9719	− 2.6251	− 0.45319	− 0.35803

注：检验方程形式（C，T，D）中，C 表明检验方程带有常数项，T 表明带有趋势项；D 为滞后期数，选择标准是 AIC 和 SC 准则。

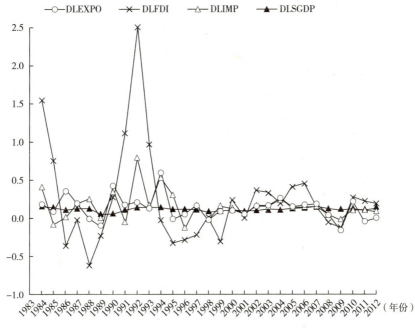

图2　各变量的一阶差分趋势

（三）协整检验

本文使用基于 VAR 模型的 *Johansen* 的协整方法对各数据序列进行实证分析（*Johansen* 和 *Juselius*，1990）。确定 VAR 协整检验的滞后阶数是进行协整检验的前提，我们进行了滞后长度判别检验，同时考虑到有效估计的残差应具有的正态分布特征，选择 VAR 模型的滞后期为2。协整检验分为两个具体程序，第一，对每两个变量的对数值进行协整关系检验，发现服务贸易出口、服务贸易进口、服务业外商直接投资与服务业增加值之间均存在协整关系。第二，在服务业外商直接投资、服务业增加值、服务贸易出口及服务贸易进口四个变量的对数值之间进行协整关系检验，结合迹检验和最大特征值等统计值，得到的协整检验结果见表4。结果表明，服务贸易出口、服务贸易进口、服务业外商直接投资与服务业增加值之间在5%的显著水平上存在一个协整方程，最终正规化后的协整方程见表5（括号中数字为标准误）。

表4　服务贸易出口、服务贸易进口、服务业外商直接投资与
服务业增加值四变量协整检验结果

原假设 协整方程的数目	迹统计量	迹统计临界值		最大特征值	最大特征值统计	
		0.05	P值		0.05	P值
None*	62.76466	47.85613	0.0011	43.52941	27.58434	0.0002
At most 1	19.23525	29.79707	0.4761	10.6341	21.13162	0.6837
At most 2	8.601144	15.49471	0.4035	7.343277	14.2646	0.4494
t most 2	1.257867	3.841466	0.2621	1.257867	3.841466	0.2621

从服务贸易出口、服务贸易进口、服务业外商直接投资与服务业增加值四个变量的协整检验估计系数的结果可以看出（见表5），服务业外商直接投资、服务贸易出口均与服务业增加值正相关，但服务贸易进口与服务业增加值负相关。服务贸易出口增加1%，服务业增加值增长近2.3%；服务业外商直接投资增长1%，服务业增加值增长近0.08%。服务贸易出口与服务业增加值的相关系数远远大于服务业外商直接投资与服务业增加值的相关系数，即服务贸易出口对服务业增加值的促进和推动作用远远大于服务业外商直接投资对服务业增加值的影响。同时，服务贸易出口与服务业增加值之间的系数估计值的 t 值较显著，表明两变量之间具有明显的统计上的显著性。服务业外商直接投资虽与服务业增加值保持正相关性，但相关系数较小，且系数估计值的 t 值不显著，表明二者之间的显著性水平较低。服务贸易进口与服务业增加值负相关，服务贸易进口每增加1%，服务业 GDP 约减少1.34%，服务贸易出口对服务业经济增长的影响远远大于服务贸易进口对服务业经济增长的影响。服务贸易进口在一定程度上抑制服务业增加值的增长，但服务贸易进口能缓解服务供给能力不足的状况，满足我国居民的多样化需求，同时服务贸易进口，尤其是生产性服务进口对中国制造业生产率的促进效应更为明显，因此，加大生产性服务进口对充分发挥进口的竞争效应和技术外溢效应进而提升整个生产性服务业的国际竞争力具有重要意义。同时可以看出，服务业外商直接投资与我国服务贸易出口总额负相关，外商直接投资不利于中国服务业国际竞争力提高。

表 5　服务贸易出口、服务贸易进口、服务业外商直接投资与
服务业增加值四个变量的回归估计

变　量		LEXPO	LIMP	LFDI	LSGDP
协整关系	LSGDP	2.2870 （-0.3204）	-1.3442 （-0.3184）	0.0769 （-0.0818）	—
	LEXPO	—	0.8412 （-0.0921）	-0.1820 （-0.0372）	0.3317 （-0.0910）

注：括号中的数字为标准误。

（四）向量误差修正模型

在我国服务贸易出口、服务贸易进口、服务业外商直接投资与服务业增加值四个变量之间存在协整关系的基础上，确定差分形式的向量误差修正模型方程如下：

$$dLEXPO_t = \beta_1 + \sum_{i=1}^{k} \alpha_{1i} dLFDI_{t-i} + \sum_{i=1}^{k} \alpha_{2i} dLIMP_{t-i} + \sum_{i=1}^{k} \alpha_{2i} dLSGDP_{t-i} + \delta VECM_{t-1} + \varepsilon_t$$

$$dLSGDP_t = \beta_2 + \sum_{i=1}^{k} \eta_{1i} dLEXPO_{t-i} + \sum_{i=1}^{k} \eta_{2i} dLIMP_{t-i} + \sum_{i=1}^{k} \alpha_{1i} dLFDI_{t-i} + \gamma VECM_{t-1} + \lambda_t$$

$$dLFDI_t = \beta_3 + \sum_{i=1}^{k} \chi_{1i} dLSGDP_{t-i} + \sum_{i=1}^{k} \chi_{2i} dLEXPO_{t-i} + \sum_{i=1}^{k} \eta_{2i} dLIMP_{t-i} + \varphi VECM_{t-1} + \zeta_t$$

$$dLIMP_t = \beta_1 + \sum_{i=1}^{k} \chi_{2i} dLEXPO_{t-i} + \sum_{i=1}^{k} \alpha_{1i} dLFDI_{t-i} + \sum_{i=1}^{k} \alpha_{2i} dLSGDP_{t-i} + \theta VECM_{t-1} + \delta_t$$

参考调整后的可决系数、AIC、SC 等标准，确定本文向量误差修正模型的最优滞后阶数并指定存在一个协整关系，所得结果详见表6。

表 6　服务贸易出口、服务贸易进口、服务业外商直接投资与
服务业增加值误差修正模型估计结果

误差修正	D（LEXPO）	D（LFDI）	D（LIMP）	D（LSGDP）
	0.045130 [0.19749]	0.071611 [0.09488]	-0.026405 [-0.08394]	0.012724 [0.48350]
	-0.137839 [-0.72029]	0.662559 [1.04825]	0.056459 [0.21433]	0.029545 [1.34061]

续表

误差修正	D（LEXPO）	D（LFDI）	D（LIMP）	D（LSGDP）
	0.084466	0.406021	0.051007	0.010617
	[1.24513]	[1.81211]	[0.54623]	[1.35899]
	0.144201	0.218144	0.102620	0.009376
	[1.99202]	[0.91238]	[1.02986]	[1.12469]
	−0.233745	−0.270234	−0.240500	−0.013266
	[−1.34242]	[−0.46989]	[−1.00342]	[−0.66155]
	0.321558	−0.034642	0.253592	−0.008533
	[1.83588]	[−0.05988]	[1.05182]	[−0.42304]
	−2.550758	−11.991860	−2.847914	−0.105830
	[−1.33839]	[−1.90505]	[−1.08557]	[−0.48218]
	−0.147132	−13.521990	−3.183366	−0.275803
	[−0.09229]	[−2.56793]	[−1.45058]	[−1.50218]
	0.317785	2.457294	0.676858	0.124072
	[1.61185]	[3.77360]	[2.49407]	[5.46451]
S. D. dependent	0.166410	0.596468	0.185392	0.023579

注：括号中的数字为 t 检验值。

从服务贸易出口、服务贸易进口、服务业外商直接投资与服务业增加值四个变量之间的误差修正模型可以看出，在短期内，服务业外商直接投资能促进我国 GDP 增长，这表明在短期内服务业外商直接投资对我国服务业增加值具有促进作用，但是在短期内该变量系数的 t 值不显著，这与前面所述服务业外商直接投资对我国服务业增加值的促进作用较弱的事实相一致。

本文发现，我国服务贸易进口及出口与服务业增加值之间的协整关系不同，服务贸易出口促进我国服务业经济增长，并且随着时间的延长，服务贸易出口对服务业增加值的促进作用更为明显。同时可以看出，服务贸易进口对服务业增加值有负向作用，变量系数的 t 值均不显著。这表明服务贸易出口对服务业增加值具有短期增加作用，服务贸易进口对 GDP 有短期降低作用，不过效果不明显。

从四变量间的误差修正模型可以看出，在向量误差修正模型

（VECM）方程中，协整关系对服务业外商直接投资产生了反向修正作用。服务业外商直接投资同时促进了我国服务贸易出口和服务贸易进口，即对二者的影响方向相同，但服务业外商直接投资对服务出口的影响作用稍大一些，同时显著程度更高。同时本文发现，随着滞后期的延长，服务业外商直接投资对我国服务贸易的影响作用逐渐增强。另外，从系数估计结果可以看出，前期出口的变化对随后的服务业外商直接投资变化产生正向影响，因此，至少短期内服务贸易出口对服务业外商直接投资是存在促进作用的。

通过表6还可以看出，短期内服务贸易进口对服务贸易出口具有负向作用，但不具有统计上的显著性，随着时间的延长，服务贸易进口对服务贸易出口具有正向作用，并且显著性不断增强。这表明，服务贸易进口在入世后对我国服务行业的发展起到了正向的、较为稳定的促进作用。同时，服务贸易出口对服务贸易进口具有短期的正向促进作用，但显著性不强，这反映了决定当前影响服务贸易自由化因素的复杂性和服务贸易协定谈判中各国利益博弈的不均衡性。

此外，本文发现，服务业外商直接投资流量与滞后各期的服务贸易进口之间存在负相关性，表明服务贸易进口变化会对外商直接投资流量产生一定的替代效应，即短期内服务贸易进口会替代服务业外商直接投资的流入。随着我国经济的快速增长，对服务的需求可以部分地通过服务业外商直接投资和服务进口两种渠道获得。由于我国人力资本匮乏，服务业发展需要的高级生产要素难以满足产业发展的需要，短期内满足服务需求的主要方式仍为服务贸易进口，这与我国第三产业外商直接投资所占比重较小的事实相符。

虽然国内生产总值与服务贸易出口负相关，但系数 t 值并不显著，表明二者呈现较弱的负相关，同时，二者呈现正相关的发展趋势。20 世纪 80 年代后，中国对外贸易规模快速增长，服务贸易与货物贸易发展迅猛。但是自 1992 年后中国服务贸易处于逆差状态，并且服务贸易逆差绝对额不断扩大，在 2012 年出现改革开放以来的逆差最大值，该年服务贸易逆差额为 896 亿美元，为世界第一大服务贸易逆差国，因此当前我国经济增长对服务贸易出口的推进作用是有限的。

（五）格兰杰因果检验

确定了服务贸易出口、服务贸易进口、服务业外商直接投资与服务业增加值之间的长期和短期关系并不能说明各变量之间的因果方向，本文采用格兰杰因果检验法进行分析。格兰杰因果检验一般有两种形式：对于非协整序列间的因果检验适合用 VAR 模型进行检验；对于协整序列间的因果检验适合用 VEC 模型进行检验。本文的服务贸易出口、服务贸易进口、服务业外商直接投资与服务业增加值之间存在着协整关系，因此选用第二种检验方法，其计量结果见表7。

表7　中国服务贸易与 GDP 的格兰杰因果关系检验结果

被解释变量	原假设	Chi - sq 统计量	自由度	P 值
中国服务业增加值	LEXPO 不能引起 LSGDP	14.21563	2	0.0008
	LIMP 不能引起 LSGDP	6.084026	2	0.0477
	LFDI 不能引起 LSGDP	20.25780	2	0.0000
	ALL 不能引起 LSGDP	30.48546	6	0.0000
服务贸易出口	LSGDP 不能引起 LEXPO	3.285867	2	0.1934
	LIMP 不能引起 LEXPO	5.275993	2	0.0715
	LFDI 不能引起 LEXPO	8.965007	2	0.0113
	ALL 不能引起 LEXPO	15.56141	6	0.0163
服务贸易进口	LSGDP 不能引起 LIMP	4.679147	2	0.0964
	LEXPO 不能引起 LIMP	6.001695	2	0.0497
	LFDI 不能引起 LIMP	13.20698	2	0.0014
	ALL 不能引起 LNIMP	17.94567	6	0.0064
服务业外商直接投资	LSGDP 不能引起 LFDI	6.665205	2	0.0357
	LEXPO 不能引起 LFDI	7.592672	2	0.0225
	LIMP 不能引起 LFDI	1.911252	2	0.3846
	ALL 不能引起 LFDI	26.39915	6	0.0002

可以看出，中国服务贸易进口与服务贸易出口都是中国服务业增加值的格兰杰原因，表明中国服务业进出口贸易对经济增长具有显著的促进作用。同时，我国服务业经济增长不是服务贸易出口和服务贸易进口的格兰杰原因，这表明中国服务贸易并没有随着经济的高速增长而较快发展。

另外，中国服务贸易出口是引起进口的 Granger 原因，服务贸易进口也是引起服务贸易出口的 Granger 原因，同时服务贸易出口对服务贸易进口的带动作用强于服务贸易进口对出口的带动作用，这表明服务贸易出口比进口贸易对我国经济增长具有更大的导向作用。服务贸易出口、服务业增加值是服务贸易进口的 Granger 原因，这表明从长期来看经济的增长是促进服务贸易进口的根本性因素。

与前文所述在协整关系上服务贸易出口与 GDP 具有长期正相关关系的结论相符，中国服务贸易出口对服务业经济增长的推动作用大于服务贸易进口对经济增长的推动作用，改革后我国服务贸易规模增长迅速，服务贸易出口逐年增长，在短期内服务贸易出口有利于增加国内生产总值。服务贸易进口对经济增长具有抑制作用，但并不显著。

在四变量的因果检验中，服务业外商直接投资与我国服务业增加值存在双向的因果关系，同时服务贸易出口与服务业外商直接投资也存在双向的因果关系。此外可以看出，与笔者前期研究结果相似（姚战琪，2009），服务业外商直接投资与服务贸易进口存在一个单向的因果关系，即服务业外商直接投资是进口的 Granger 因，但服务贸易进口不是服务业外商直接投资的 Granger 因。服务贸易进口不能 Granger 引起外商直接投资变动的 P 值为 0.38，因此可以视为外生变量。这是因为服务进口对外商直接投资存在一定程度的替代作用，虽然服务业外商直接投资会促进服务贸易进口，但进口不是促进外商直接投资变化的 Granger 因。

四　结论及政策建议

在中国服务业对外开放过程中，应坚持维护国家安全、有序推进的基本原则，中国服务业对外开放的总体目标为：以提升中国服务业国际竞争力为核心，以不断提升本土生产性服务业竞争力和大胆推动有实力的各类所有制服务业企业"走出去"为两大"车轮"，要高度认识和防范外商直接投资抑制我国服务业高端化发展的倾向，服务贸易逆差及外商直接投资的进入对我国服务业国内市场需求及服务业国际竞争力产生不利影响，对外开放可能带来国家产业安全问题三大风险，推动中国服务业持续健康发展。因此，特提出以下政策建议。

第一，加强国内服务供应商与外资企业的联系，加快外资企业对本土企业进行技术转移的步伐，要通过一系列政策措施，培育或扶持本土企业的成长，不断增强本土企业竞争力。一方面，要鼓励外资企业与国内购买方和服务供应商之间建立广泛的联系，要间接地扩大制造业整体对国内生产性服务业的需求范围，要不断提高本土生产性服务业为外商制造业企业提供生产性服务的能力，从而使跨国公司在华投资能显著地促进我国服务业技术进步。另一方面，提高服务业内资企业的技术水平，缩小内资企业与外资企业的技术差距，尤其是对那些在竞争能力上与外商直接投资企业差距较大的行业，要尽快出台激励与支持措施，帮助企业缩小差距。

第二，促进我国优势服务企业的国际化发展。从我国企业"走出去"和发展外商直接投资的微观动机角度来看，企业在"走出去"之前要着重以整合全球资源、获得先进技术和优化自身结构为根本动机，从而推动我国服务业和其他产业稳定快速增长；要推动金融、保险、民航、电信、物流等生产性服务业"走出去"，建立全球服务网络，鼓励国内企业到境外设立研发中心和营销中心，推动从中国制造走向中国创造；要引导企业有序开展对外投资合作，鼓励建筑、旅游、分销、教育、中医药、中餐等服务领域的企业开展对外直接投资。

第三，打开行业壁垒，降低进入门槛，提升中国服务业国际竞争力。一方面，要努力扶持新兴服务行业与科技服务业快速成长，积极拓宽中国服务贸易领域，更好地促进金融、保险、咨询等科技含量较高的服务行业的快速发展和对外开放，推动中国服务业由传统的劳动密集型向资本密集型、技术密集型转变，实现中国服务产业结构优化升级。另一方面，要优先发展旅游、建筑等我国具有较强比较优势的服务行业，以及计算机和信息服务业、专利与特许服务、通信等比较劣势逐渐减弱的服务行业，努力提高传统服务业的科技含量，积极发掘其他服务产业的发展潜力，促进我国服务业整体实力的提升，不断提升服务业国际竞争力。

第四，大力发展本土生产性服务业，推动金融业、计算机及软件服务业、科学技术服务业等生产性服务业的较快增长，加强生产性服务业与农业及制造业的融合和互动发展，不断提升生产性服务业对我国制造业和农产品国际竞争力的促进作用。首先，在全国要大力推广东部地区生产性服务业对制造业竞争力提升的促进效应，要推动中西部地区生产性服务业的快速发展，从而不断提升中西部地区制造业的国际竞争力。其次，要提高交通运输及仓储业等传统生产性服务业的运行效率，促进现代物流业的发展，促进传统生产性服务业与信息传输、计算机服务和软件业、租赁业和商务服务业等生产性服务部门内部的产业关联和互动发展，将更多的信息、技术和知识运用于交通运输及仓储业，同时加强网络化、信息化建设以及物流配套体系的建设。最后，大力发展生产性服务业，提升我国农产品的国际竞争力。要注重产业集群在发展农业生产性服务业中的作用，建设农业科技园区，建立若干重点农业生产性服务业集群的模式，降低农业生产性服务业发展的成本。同时，各地应积极推进农业生产性服务业的集聚发展，不断调动农民积极性，增加农业生产性服务的投入。

第五，注重人才培养，发挥人力资本在提升服务业对外开放进程中的积极作用。要加强对人力资本的投入，大力发展知识技术密集型的服务贸易，推动运输业等服务业尽快向知识技术密集型产业转变；各地区要尽快建立专门的科研机构和培训机构，逐渐提高我国服务贸易的技术含量；要制定人才引进政策，畅通服务业人才引进的绿色通道；要提高人力资本投入，加大对高等教育的投资力度，培养适应现代服务业发展要求且精通国际商法、国际运输的复合型专业人才；要拓宽人才培养途径，形成科学的人力资源开发利用体系和多层次的人才培训体系；要逐渐完善人才的激励机制，建立和推行适合生产性服务业行业运营特点的新型收入分配方式等。

第六，加强服务贸易相关产业的协调与支持，完善基础设施和发展基础产业，推动相关产业的协调配合。我国政府要制定相应的融资、税收等优惠政策和产业倾斜政策，鼓励知识技术密集型服务业的发展，并引导人们对旅游、信息、房地产、金融、保险等行业的需求，刺激服务业总体竞争力的提高。同时，政府要制定政策，出台有效措施鼓励和推进生产性服务部门从制造业企业中逐渐分离并转入市场，要通过政策引导、产业整合与集聚发展等多种措施，促进已分离的生产性服务业和制造业形成产业间的互动融合，提升我国生产性服务业的国际竞争力。

参考文献

[1] 江小涓：《服务全球化的发展趋势和理论分析》，《经济研究》2008 年第 2 期。

[2] 林航：《服务全球化时代：一个贸易理论分析框架及其应用》，《国际服务贸易评论》2009 年第 3 期。

[3] 石占星：《中国服务贸易国际竞争力研究》，天津商业大学硕士学位论文，2009。

[4] 姚战琪：《全球化背景下中国外商直接投资与服务贸易的关系研究》，《财贸经济》2009 年第 7 期。

[5] 周洁、刘畅：《服务业外商直接投资的溢出效应研究综述》，《商业时代》2011 年第 2 期。

[6] 夏杰长、姚战琪：《服务业外商投资与经济结构调整：基于中国的实证研究》，《南京大学学报》（哲学人文社科）2013 年第 3 期。

[7] Haddad M, Harrison A, Are There Positive Spillovers from Direct Foreign Investment? Evidence from Panel Data for Morocco, *Journal of Development Economics*, vol. 42, No. 1 October 1993, pp. 51 - 74.

［8］ Konings J, The Effects of Foreign Direct Investment on Domestic Firms: Evidence from Firm - Level Panel Data in Emerging Countries, *Economics of Transition*, vol. 9, No. 3 November 2001, pp. 619 - 633.

［9］ Agosin M, Machado R, Foreign Investment in Developing Countries: Does it Crowd in Domestic Investment? *Oxford Development Studies*, vol. 33, No. 2 2005, pp. 149 - 162.

［10］ Haddad M, Harrison A, Are There Positive Spillovers from Direct Foreign Investment? Evidence from Panel Data for Morocco, *Journal of Development Economics*, vol. 42, No. 1 October 1993, pp. 51 - 74.

税收视角下的服务业发展及其关联影响分析

刘丹鹭[*]

内容摘要 本文不仅考察了服务业税负对服务业自身发展的影响，还从产业关联的角度分析了服务业自身税负对下游关联行业的影响。在分析我国服务业税负的现状和趋势的基础上利用 D－S 模型说明对服务业征税如何影响下游关联产业。通过计量检验，发现服务业税负的直接与间接作用比较显著。服务业税负水平的增加显著导致了服务业产出的下降；生产性服务业行业税负变化与第二产业、制造业细分行业产出增长和劳动生产率增长之间存在明显的负向关系。

关键词 税收 服务业发展 关联影响

一 引言

税收是否对经济增长产生阻碍？主流经济理论大都赞同税收对产出的负面影响，一般认为，对生产要素如资本和劳动征税，会减少产出；企业所得税抑制了企业投资的动机，个人所得税降低了劳动者工作的积极性，投资和劳动供给受到影响，因此经济增长率趋

---

[*] 刘丹鹭，中国社会科学院财经战略研究院博士后、副研究员，研究领域为服务经济理论与政策。

于下降（Barro，1990）。尽管也有人认为，政府收入的提高意味着政府提供公共服务能力的加强，社会福利可能因之而改善，在某个程度时有利于经济增长，但是从各国的实证研究来看（Folster 和 Henrekson，2000；何茵、沈明高，2009；IMF，2010），绝大部分都支持税收阻碍经济增长的观点。

现有的研究多关注一国宏观层面，多在内生增长模型的框架下，讨论不同税种（如所得税、消费税等）和税收结构对经济增长的影响，较少关注行业发展层面。很少有关注行业税收的研究，只看到了行业税收的直接作用，例如服务业行业税负与服务业的发展（陈金保等，2011），忽视行业税收的间接作用。

本文认为，在研究服务业税负时，同样应当强调税收的间接作用。服务业不同于第一、第二产业的行业特征是，作为最终需求部分的消费性服务业所占比重较低，而作为其他产业的中间消耗的生产性服务业①所占比重较大。大部分服务业的资源都流入了第二产业，作为中间投入再次投入其他行业的生产过程中。表 1 计算了我国服务业各行业在三次产业中的需求结构（即服务业在三次产业生产过程中的使用比例）。可以发现，三次产业对服务业需求呈现明显差异。具体来看，除了水利、环境和公共设施管理业以外，其他各服务业用于第一产业生产的比例基本小于 10%，不少还小于 5%，而不少服务业用于第二产业生产的比例大于 50%，远远大于它们用于服务业自身的比例。可见，大部分服务业的发展主要是为了满足第二产业的需求。对这部分作为中间投入的服务征税，其效应是涟漪扩散式的：生产性服务的税负水平不仅会影响自身的发展，还会间接拖累制造业、第二产业乃至宏观经济的发展。因此，研究服务业税负，不仅仅是出于发展服务业的考虑，更是出于发展制造业和

①　根据 OECD 网站（https：//stats. oecd. org/glossary/detail. asp？ID = 2440）的统计术语定义，生产性服务指的是为生产用作中间投入的服务。因此其产出的主要投入方向应当是第二产业，用于服务业自身生产的比例居次。按照统计的标准看，房地产业、租赁和商务服务业、教育业这几个经常被认为是生产性服务的行业，投入第二产业的比例远小于投入第三产业的比例，在我国基本没有起到生产性服务业的作用。故在本文和之后的分析计算中，将这几个行业（主要是房地产业）排除出生产性服务业的范畴。

宏观经济的考虑。利用服务业税收政策作为调节变量，可以起到"四两拨千斤"的作用。

表1　2007年中国三次产业对服务业各行业的需求结构

单位：%

	第一产业	第二产业		第三产业
			制造业	
交通运输仓储及邮政业	3.17	65.46	40.05	31.37
信息传输、计算机服务和软件业	3.14	53.59	32.04	43.26
批发和零售业	4.91	76.35	62.29	18.74
住宿和餐饮业	1.52	36.74	25.25	61.74
金融业	2.79	52.43	37.25	44.77
房地产业	0.28	29.47	27.35	70.25
租赁和商务服务业	0.78	43.86	39.26	55.36
研究与试验发展业	5.42	79.89	72.44	14.69
综合技术服务业	9.51	74.18	40.30	16.31
水利、环境和公共设施管理业	14.66	46.60	24.61	38.73
居民服务和其他服务业	4.28	30.87	17.33	64.86
教育	3.70	18.15	11.67	78.15
卫生、社会保障和社会福利业	4.28	72.75	59.02	22.98
文化、体育和娱乐业	0.66	36.54	24.24	62.80
公共管理和社会组织	11.20	48.81	34.61	40.00

资料来源：根据2007年投入产出表计算。

　　本文对服务业税负的影响做了较为全面的分析。本文除了考察服务业税负对服务业发展的影响外，还从产业关联的角度，分析了服务业自身税负对下游关联行业的影响。本文的第二部分分析了我国服务业税负的现状和趋势；第三部分利用一个简单的 D-S 模型说明对服务业征税如何影响下游关联产业；第四、五部分使用我国2003~2011年的省级数据，首先检验了行业税负对服务业发展的影响，通过2005年、2007年的投入产出表得到服务业与第二产业和其他细分行业的关联系数，最后计算生产性服务业税负对下游细分关联产业发展的影响。检验发现，服务业税负的直接与间接作用是存在的。服务业税负水平的增加显著导致服务业产出的下降；生产性服务业行业税负变化与第二产业、制造业细分行业产出增长和劳动生产率增长之间存在明显的负向关系。

本文的创新点主要在以下三个方面。一是将税收与经济增长的研究拓展至产业发展层面。二是考虑到服务业的特殊性以及行业税收的间接作用，强调了作为中间品的生产性服务税收对下游关联行业的发展影响。研究结论对于服务业发展和制造业发展都具有重要意义。三是对于我国服务业税收方面的定量研究做了补充工作，因为目前从税收视角研究服务业发展的文献（夏杰长、李小热，2007；欧阳坤、许文，2009），多在定性描述层面。

二 我国服务业税负的现状和趋势分析

（一） 服务业税负变化分析

2007 年是服务业税收发展的转折点。宏观税负在 2002～2007 年持续上涨，在 2007 年突破了 20%，到 2011 年增加至 22.37%。税收弹性系数和边际宏观税负在 2007 年分别达到顶峰，出现小幅回落后，于 2010 年继续上扬。税收增幅和增加值增幅的峰值也出现在 2007 年。总的来说，服务业税收在 2002～2011 年呈逐步上升的趋势。具体来说有以下三个特点。

1. 在增加值占比相对滞后的情况下，税收占比持续上升

2002～2011 年，服务业增加值占比由 41.47% 增加到 43.35%，增加了 1.88 个百分点；而同期宏观税负由 13.56% 增加到 22.37%，增加了 8.81 个百分点（见表 2）。同期制造业增加值占比由 19.07% 增至 31.85%，而宏观税负却从 31.77% 下降到 23.68%（见表 3）。对比制造业的统计情况，显然服务业增加值的上升幅度有限，税收却增长过快。

2. 税负水平加重

税收弹性系数是税收增幅与产出增幅之比，一般情况下，税负增幅应当小于产出增幅，即税收弹性系数小于1，但实际情况并非如

此。从表 2 看，服务业税收弹性系数低于 1 的年份只有 2009 年，其他年份均大于 1。制造业有 4 个年份的税收弹性系数小于 1，说明制造业税负虽然也不轻，但相对于服务业来说，尚有"五十步笑百步"的空间。这足以揭示我国服务业税收在 2002～2011 年大体上是一种超常增长的状态。边际宏观税负是税收增量占产出增量的比重。2002～2011 年，服务业新增产出转化为税收的比重从 0.23 提升到 0.29；制造业的边际宏观税负折线大多数时候都在服务业之下，仅有 2005 年、2009 年、2011 年超过服务业（见图 1）。因此这个指标也能够折射出服务业整体税收过重的问题。

3. 税收增长先于增加值增长

除了 2009 年服务业税收增长率低于增加值增幅 3.33 个百分点以外，其余年份税收的增幅均大大高于同期的增加值增幅，在 2007 年，税收增幅达到 43.97%，是增加值增幅的 1.7 倍。制造业税收增幅和制造业增加值增幅相比之下就均衡得多，不少年份的增加值增长率超过税收增长率或者大致相仿，只有从 2009 年起税收增长才快于增加值增长，不过其缺口还是比服务业小（见图 2）。

表 2　服务业税收相关统计（2002～2011 年）

年　份	增加值占 GDP 比重（%）	宏观税负（%）	税收弹性系数	边际宏观税负	税收增幅（%）	增加值增幅（%）
2002	41.47	13.56	—	—	—	—
2003	41.23	14.54	1.66	0.23	20.31	12.24
2004	40.38	15.77	1.64	0.24	25.04	15.28
2005	40.51	16.47	1.32	0.21	21.17	16.04
2006	40.94	17.66	1.47	0.24	26.80	18.20
2007	41.89	20.22	1.71	0.30	43.97	25.74
2008	41.82	20.63	1.13	0.23	20.30	17.95
2009	43.43	20.02	0.74	0.15	9.38	12.71
2010	43.24	21.14	1.38	0.28	23.86	17.26
2011	43.35	22.37	1.38	0.29	24.93	18.08

资料来源：历年《中国统计年鉴》《中国税务年鉴》。

表 3　制造业税收相关统计（2002～2011 年）

年　份	增加值占 GDP 比重（%）	宏观税负（%）	税收弹性系数	边际宏观税负	税收增幅（%）	增加值增幅（%）
2002	19.07	31.77	—	—	—	—
2003	23.23	27.90	0.55	0.18	20.75	37.55
2004	32.37	21.13	0.38	0.11	24.24	63.98
2005	32.51	21.27	1.05	0.22	16.92	16.17
2006	32.92	20.79	0.86	0.18	15.80	18.46
2007	32.91	21.01	1.05	0.22	24.07	22.82
2008	32.65	20.98	0.99	0.21	17.08	17.23
2009	32.30	22.25	1.88	0.39	13.89	7.39
2010	32.46	22.64	1.12	0.25	20.46	18.35
2011	31.85	23.68	1.34	0.30	20.84	15.56

资料来源：历年《中国统计年鉴》《中国税务年鉴》。

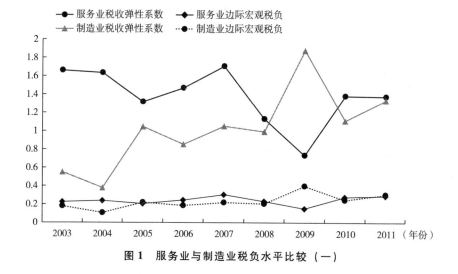

图 1　服务业与制造业税负水平比较（一）

（二）服务业的税负结构比较

从税收结构看，我国服务业税收的主要来源是增值税、营业税和企业所得税。增值税和营业税两种流转税占据了服务业税收的半壁江山。2003～2011 年，增值税税收大幅下降，营业税和个人所得

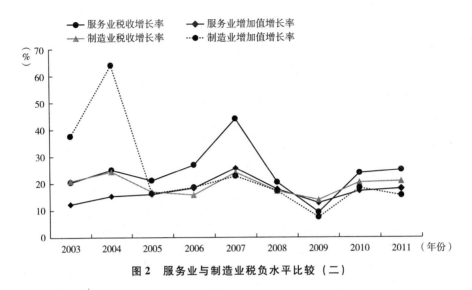

图2　服务业与制造业税负水平比较（二）

税稳步下降，而企业所得税比重逐渐上升（见图3）。

　　表4反映了一个突出的问题，即我国服务业税收存在内外有别的现象。2003～2011年，除2005年，外资企业所得税比重一直在5%上下波动，从2003年的4.46%到2011年的5.07%，8年相差0.61个百分点。而一般的内资企业所得税2003年为14.56%，到2011年已经增长到20.01%，8年相差5.45个百分点。这是因为，2008年前，我国现行税制分为内外资两套，优惠并不一致；2008年1月1日后，内外资企业的所得税得以统一。但对2008年前成立的

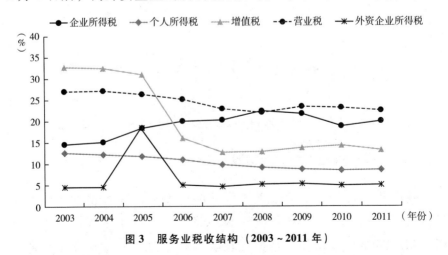

图3　服务业税收结构（2003～2011年）

外资企业，给予 5 年的过渡期，所以在一段时间内外有别的情况还将存在。差别较大的税收政策不利于服务企业的公平竞争，最终将会影响到企业效率和行业发展。

表4　服务业税收结构（2003～2011 年）

单位：%

年　份	企业所得税	个人所得税	增值税	营业税	外资企业所得税
2003	14.56	12.54	32.71	27.01	4.46
2004	15.07	12.13	32.43	27.18	4.45
2005	18.40	11.79	31.01	26.29	18.40
2006	20.04	10.96	16.02	25.21	5.01
2007	20.31	9.82	12.73	22.96	4.57
2008	22.37	9.20	12.84	22.01	5.18
2009	21.66	8.75	13.84	23.44	5.29
2010	18.75	8.45	14.25	23.12	4.93
2011	20.01	8.55	13.29	22.56	5.07

（三）服务业细分行业的宏观税负比较

从 2003～2011 年服务业细分行业税负变化情况来看，7 个行业的宏观税负可以分为三种。第一种是税负低、增长慢的行业，这样的行业有住宿餐饮业、信息传输计算机服务和软件业及交通运输、仓储和邮政业；第二种是税负高、税负有所减轻的行业，如租赁和商务服务业；第三种是税负高、增长也快的重税行业，如批发和零售业、金融业和房地产业。批发和零售业是对税收贡献最大的行业，2011 年，其税收收入约贡献了 1/3 的服务业税收收入。房地产业和金融业在 2011 年是仅次于批发和零售业的两大服务业税收来源。租赁和商务服务业在 2007 年以前是第二大税收来源行业，但在 2007 年以后，其地位被金融业和房地产业所取代（见表 5 和图 4）。

这种税收格局反映了国家的产业政策导向。税负偏低的行业应当是鼓励发展的行业。在高税负的行业中，应当考虑降低未来重点发展行业的税负。例如金融业，作为重要的现代服务业和生产性服

129

务行业，我国金融业的税收负担一直较重，而且还要承担外资金融企业不用承担的城市维护建设税①等。

表5 服务业细分行业的宏观税负比较（2003～2011 年）

单位：%

年 份	交运仓邮	批发和零售	金融	信息软件	住宿餐饮	租赁和 商务服务	房地产
2003	6.18	24.17	14.93	—	—	—	15.23
2004	6.77	27.67	15.33	11.93	—	34.96	19.09
2005	7.31	28.96	21.38	12.65	7.67	36.84	21.11
2006	7.57	30.28	24.99	13.44	7.73	33.57	22.99
2007	7.66	29.82	31.61	13.50	7.86	30.89	25.55
2008	9.26	29.55	38.80	14.54	7.84	25.11	26.63
2009	8.62	30.84	34.52	15.41	7.72	25.43	25.87
2010	9.22	32.39	29.65	12.74	8.12	25.67	30.09
2011	9.64	32.78	31.80	14.19	8.73	30.47	32.35

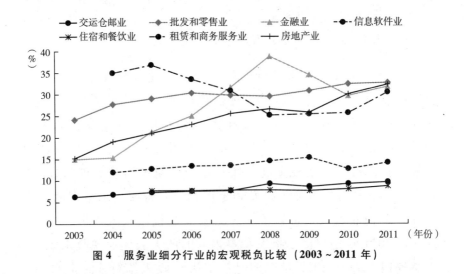

图4 服务业细分行业的宏观税负比较（2003～2011 年）

税负水平加重的现象有两个方面的作用。从正的方面讲，税收

---

① 金融机构一般坐落在城镇，适用城镇建设维护税（7% 或 5%），加上 3% 的教育费用附加，实际税负比其他行业重。

增加提高了政府财政收入，提高了政府宏观调控和掌控资源的能力。政府通过加大公共支出，增加公共品供给，对经济发展有正向影响。从负的方面讲，如果实际税负高于最优税负，对经济增长的负面效应就可能大于正面效应。例如，企业所得税的增加会减少企业盈利，抑制投资；个人所得税降低劳动者的积极性，减少劳动供给；消费税降低了居民的购买意愿，使消费需求下降。

本节的分析已经指出服务业税负水平明显过重，在我国消费需求长期不足的背景下，这种现状将对服务业发展有着负面抑制作用。如果进一步考虑到服务业与其他产业的关联，尤其是生产性服务业对制造业的促进作用，那么服务业过重的税负对经济增长就是一个"牵一发而动全身"的问题。

三　生产性服务税收影响其他行业的机制分析

内生增长理论已有很多模型论述税收与经济增长的关系，如 AK 模型、人力资本模型等。因此本节以 Dixit – Stigliz（1977）的垄断竞争模型为基础，将重点放在阐述生产性服务业的税收对其他行业增长的影响上，其主要思想是：生产性服务是某最终产品生产行业（如制造业）除劳动和资本外的主要投入品，对生产性服务征税缩小了生产性服务业规模，增加了制造业的生产成本，从而影响了制造业的产出和生产率。

为简便起见，假设资本是给定的，不考虑资本变动的影响。假设一个经济体由两种技术构成，一个是生产性服务 X，一个是劳动投入 L。生产性服务 X 是中间投入，是 n 种复合服务种类的组合：

$$X = \left(\sum_{i=1}^{n} x_i^\alpha \right)^{1/\alpha}, \alpha \in (0,1) \qquad (3.1)$$

生产中间投入只需投入劳动 L_i，但受到中间投入行业 i 的税负 t 影响。假定各行业税负均为 t。

$$x_i = L_i - t \qquad (3.2)$$

生产最终品满足 Cobb – Douglas 生产函数：

$$Y = AX^\beta L^{1-\beta} \tag{3.3}$$

劳动投入 L 一是用来生产最终品，二是用来生产作为最终品中间投入的生产性服务。根据（3.3）式，分配给最终产品生产的劳动比例为 $1-\beta$，分配给生产性服务生产的劳动比例为 β。假设总的劳动供给为 N，则分配给最终产品生产的劳动为 $(1-\beta)N = L$，分配给生产性服务的劳动为 $\beta N = \sum_{i=1}^{n} L_i$。

（3.2）式对 i 加总：$\sum_{i=1}^{n} x_i = \sum_{i=1}^{n} L_i - nt$。假设生产性服务具有对称性，得：

$$x_i = \beta N/n - t \tag{3.4}$$

将（3.4）式代入（3.1）式，得：

$$X = n^{(1-\alpha)/\alpha}\beta N - n^{1/\alpha}t \tag{3.5}$$

由（3.5）式可以看出，X 的产出和生产率随着 n 的增加而增加，即生产性服务的规模和种类越多，专业化程度越高，生产性服务业的产出和生产率就越大；t 增加，X 的产出和生产率随之下降。

假设单位劳动报酬为 w。在均衡时，各服务企业根据边际成本定价。求解利润最大化问题根据一阶条件，可得每种中间投入服务的价格 $p_i = w/\alpha$。

具体的，生产中间品 x_i 的企业利润最大化问题为：

$$Max_x \pi = p_i x_i - wL_i = p_i x_i - w(x_i + t) \tag{3.6}$$

假设生产性服务可以自由进入，则均衡利润 π 为 0。

因为 $p_i = w/\alpha$，代入（3.6）式得：

$$x_i = \alpha t/(1-\alpha), L_i = t/(1-\alpha) \tag{3.7}$$

将（3.4）式代入（3.7）式可以解出均衡条件下的生产性服务种类：

$$n^* = (1 - \alpha)\beta N/t \qquad\qquad (3.8)$$

由此可见，均衡状态下的生产性服务业规模也受到税负 t 的影响，t 越大，生产性服务业规模越小。

将（3.8）式代入（3.5）式得：

$$X = \left[(1 - \alpha)^{(1-\alpha)/\alpha} - (1 - \alpha)^{1/\alpha} \right] (\beta N)^{1/\alpha} t^{(\alpha-1)/\alpha}$$

产出 X 对 t 的弹性为：$\dfrac{\partial X/X}{\partial t/t} = \dfrac{\alpha - 1}{\alpha} < 0 \ (0 < \alpha < 1)$

于是可以求得最终产出 Y 对 X 的弹性：

$$\frac{\partial Y/Y}{\partial t/t} = \beta \frac{\alpha - 1}{\alpha} < 0$$

即税负 t 每增加 1 个百分点，最终产出 Y 下降 $\beta\dfrac{\alpha - 1}{\alpha}$ 个百分点。

这就是说，较高的税负导致了一个较小的 n^*，并因此影响到均衡状态下的最终产品产出和生产率。这便是本文要证明的核心命题。

命题：对生产性服务征税减小了生产性服务业的规模，从而降低了制造业的产出和生产率。

四 模型设定

（一）服务业税负水平对服务业发展的影响

引入包括人力资本的生产函数：$Y_t = A_t K_t{}^{\alpha} H_t{}^{\beta} L_t{}^{1-\alpha-\beta}$

假定表示技术进步的 A_t 受到各种因素（如税收水平等）的影响。为了控制地区间不可观测因素，本文使用固定效应模型。在生产函数基础上，控制各地区资本存量 K、劳动力 L、人力资本 H、开放程度 $Open$ 和城市化率 $Urban$ 后，考虑地区和时间差异，得出检验服务业税负水平 T 对服务业增长水平 Y 影响的（4.1）式：

$$\ln Y_{it} = a_0 + a_1 \ln T_{it} + a_2 \ln K_{it} + a_3 \ln H_{it} + a_4 \ln L_{it} + a_5 Open_{it} + a_6 Urban_{it} + \lambda_i + t_i + \varepsilon_{it}$$

$$(4.1)$$

如果单用固定效应模型来估计（4.1）式，会忽略其中的内生性而导致参数有偏。这是因为，服务业税收和服务业增长之间必然存在联系，即服务业发展较快的地区，服务税收水平也相对较高。如果使用滞后几期的税收作为工具变量，由于税收和增长都存在惯性，还是不能消除解释变量的内生性。Arellano 和 Bond（1991）提出的一阶差分 GMM 法可以在一定程度上解决这个问题。这种方法的基本思路是先对方程进行一阶差分，以消除增长的长期趋势的影响，然后用一组滞后的解释变量作为差分方程中相应变量的工具变量。因此，如果使用滞后的税收变化作为当期税收变化的工具变量，得到的系数可以较好地反映服务业税收对服务业增长的影响。本文使用滞后一期和二期的税收变化作为税收水平、人力资本水平和城市化水平的工具变量。城市是服务业的载体，城市化率高的地区服务业发展水平也高；人力资本是服务业发展的必要条件。故这两个解释变量被看作内生的。因为本文的开放程度是用货物进出口额衡量的，服务业是本地性很强的行业，货物进出口和服务业发展不存在明显关系，故它被看成外生的。

2004 年，我国进行了第一次全国经济普查，并按惯例对之前年份的统计数据进行了系统的修订，之后服务业的相关统计数据才较为完整和连续，因此这个部分使用全国 31 个地区 2003～2011 年的数据进行计算。

（二）生产性服务业税负水平对第二产业发展的影响

引言指出，对服务业征税不仅影响服务业自身的发展，还会通过产业间的关联作用影响其他行业主要是第二产业的发展。作为中间投入的生产性服务业如果供给不足，第二产业的发展将进一步受到抑制。为了验证这个机制，检验（4.2）式：

$$G_i = b_0 + b_1 w_1 T_{i1} + b_2 w_2 T_{i2} + b_3 share_i + \varepsilon_i \tag{4.2}$$

G_i 代表地区 i 第二产业的发展程度（2005～2007 年和 2007～2009 年产值或劳动生产率的复合增长率）。$share_i$ 控制了地区 i 在发展初期（2005 年、2007 年）的第二产业占比。考虑到生产性服务业的定义和数据的可获得性，选取交通运输仓储和邮电通信业、金融保险业作为两个代表性生产性服务行业。T_{i1}、T_{i2} 分别是它们在地区 i 的税负水平（可用宏观行业税负和边际税负表示）。权重 w 代表这些生产性服务业行业与第二产业的产业关联度。计算行业产业关联度的数据来自年鉴公布的中国 2005 年和 2007 年两张投入产出表，并依本文需要从流量表的数据中重新分行业合并计算。衡量产业关联度使用投入产出表计算完全消耗系数 c_{ij}（德米特耶夫完全消耗系数）[①]，公式如下：

$$X = (x_{ij})_{n \times n}$$
$$A = (a_{ij})_{n \times n}, a_{ij} = x_{ij} / \sum_i x_{ij}, B = (b_{ij})_{n \times n} = (I - A)^{-1}$$
$$C = B - I = (c_{ij})_{n \times n}$$

其中，X 为中间投入矩阵（流量表），A 为投入产出系数矩阵，B 为里昂惕夫逆矩阵，C 为德米特耶夫矩阵。假定各地区的产业关联度相同，且等于全国水平，因此 w 不加下标 i。

（三）生产性服务业税负水平对细分行业发展的影响

在计算完生产性服务业税负对第二产业发展的影响后，本文进一步计算生产性服务行业税负对制造业细分行业发展的影响程度。选取纺织业、金属制品业和通信设备计算机及其他电子设备制造业三个行业作为劳动密集型、资本密集型和技术密集型制造业的代表。建立回归模型（4.3）式：

$$G_{ij} = c_0 + c_1 w_{jk} T_{ik} + c_2 GCAP_{ik} + u_i + \lambda_j + \varepsilon_{ij} \tag{4.3}$$

G_{ij} 代表地区 i 制造业细分行业 j 的发展程度（2005～2007 年和 2007～2009 年产值或劳动生产率的复合增长率）。$GCAP_{ik}$ 控制了地区 i 制造业细分行业 k 的人均固定资产净值的复合增长率。T_{ik} 的定义与

---

① 使用直接消耗系数进行计算，不影响结论。这是因为各种关联系数在数学表达式上是对直接消耗系数做同比例数学变换。故本文只列出了完全消耗系数作为产业关联度计算的结果。

（4.2）式类似，是生产性服务行业 k 在地区 i 的税负水平。而权重 w_{jk} 则是根据投入产出表计算的生产性服务行业 k 与制造业细分行业 j 的产业关联度，假定全国水平相同，即没有下标 i。

五　实证结果

（一）服务业税负水平对服务业发展的影响

表6展示了对（4.1）式的回归结果。表6的前两列没有考虑解释变量的内生性，即便如此，服务业的税负水平，不管用宏观税负还是用边际税负水平衡量都与服务业增长水平负面相关。后两列考虑解释变量的内生性后，服务业宏观税负水平的增加显著地导致了服务业产出的下降，即服务业税收上升1%，服务业产出下降0.046%。这和大部分税收对经济增长的实证研究文献结果接近（如Cashin，1995；Folster 和 Henrekson，2000 等），也和研究我国服务业税负对经济影响的文献一致（陈金保等，2011）。按照这个估计结果推算，2002～2011 年，我国服务业名义税收从 6768 万元增加到45850 万元，增加了577%，服务业产出可能减少了26%。

表6　（4.1）式回归结果

	FE	FE	GMM	GMM
ln$K$	0.253 ***	0.271 ***	0.113	0.047
	(0.029)	(0.031)	(0.132)	(0.138)
ln$L$	0.041 *	0.033	0.027	− 0.002
	(0.021)	(0.022)	(0.037)	(0.032)
ln$H$	0.009	0.007	0.030 *	− 0.004
	(0.012)	(0.013)	(0.017)	(0.018)
ln 宏观税负	− 0.014		− 0.046 **	
	(0.014)		(0.019)	
ln 边际税负		− 0.004		− 0.003
		(0.004)		(0.003)

续表

	FE	FE	GMM	GMM
开放程度	− 0.024	− 0.032	0.045	0.046
	(0.026)	(0.029)	(0.038)	(0.034)
城市化率	0.235 *	0.186	1.210 ***	0.976 ***
	(0.140)	(0.144)	(0.235)	(0.238)
R – squared	0.992	0.991	—	—
Sargan 检验	—	—	0.671	0.351
AR (1)	—	—	0.104	0.00146
AR (2)	—	—	0.0599	0.0161
样本数	248	237	217	201

注：括号内为标准差。$***p < 0.01$，$**p < 0.05$，$* \ p < 0.1$。后面表格均同。

考虑内生性后，其他解释变量有了这样的变化：物质资本和普通劳动力增加对服务业增长的作用被削弱，而高技术的人力资本对服务业增长的作用变得显著；用货物进出口表示的开放程度对服务业的促进有所加强，从负面影响变为正面影响，表明货物贸易和服务业发展之间存在微弱而间接的作用机制。城市化率在消除内生性后，对服务业增长的贡献和显著性进一步提高。

（二）生产性服务业税负水平对第二产业发展的影响

表7、表8给出了（4.2）式的回归结果：交通运输仓储和邮电通信业、金融保险业税负对第二产业增长率的影响。这里列出的是使用宏观行业税负作为税负水平衡量指标、完全消耗系数作为产业关联程度衡量指标的回归结果。由于生产性服务行业税负有一定的共线性，表7、表8中先将两个生产性服务行业分别独立地对第二产业做回归。可以看出生产性服务行业税负与代表第二产业增长的两个指标明显存在此消彼长的关系。在存在共线性影响的情况下，各行业税负对第二产业发展的影响系数显著性降低，交运仓邮业的税负依旧对第二产业的发展有着或显著或不显著的负面影响。

表7　（4.2）式回归结果，Y＝第二产业产值增长率

	2005~2007 年			2007~2009 年		
关联系数 X 交运仓邮税负	-2.326*** (0.444)		-1.605 (1.028)	-3.201*** (0.892)		-3.820** (1.710)
关联系数 X 金融税负		-3.665*** (0.985)	-1.699 (1.913)		-10.946*** (2.477)	3.970 (7.652)
第二产业比重	-0.162*** (0.045)	-0.140*** (0.042)	-0.160*** (0.045)	-0.063 (0.098)	-0.029 (0.096)	-0.055 (0.093)
Constant	0.257*** (0.023)	0.250*** (0.023)	0.260*** (0.024)	0.192*** (0.050)	0.170*** (0.048)	0.186*** (0.047)
Observations	31	31	31	31	31	31
R-squared	0.277	0.250	0.294	0.329	0.160	0.337

表8　（4.2）式回归结果，Y＝第二产业劳动生产率增长率

	2005~2007 年			2007~2009 年		
关联系数 X 交运仓邮税负	-0.251 (1.148)		-0.129 (1.482)	-1.743** (0.722)		-2.599* (1.362)
关联系数 X 金融税负		-0.446 (1.534)	-0.287 (1.787)		-4.664* (2.573)	5.482 (7.740)
第二产业比重	0.071 (0.153)	0.073 (0.143)	0.072 (0.157)	0.029 (0.085)	0.057 (0.086)	0.039 (0.085)
Constant	0.054 (0.081)	0.054 (0.076)	0.055 (0.083)	0.087* (0.045)	0.068 (0.046)	0.079* (0.046)
Observations	31	31	31	31	31	31
R-squared	0.015	0.015	0.015	0.148	0.069	0.166

（三）生产性服务业税负水平对细分行业发展的影响

接下来是生产性服务行业税负对制造业细分行业影响［见（4.3）式］。表9、表10 分别是三个生产性服务行业对代表性细分行业纺织业、金属制品业和通信设备计算机及其他电子设备制造业的产值增长率和劳动生产率增长率回归模型的结果。细分行业的回归结果是对第二产业整体回归结果的又一次肯定：2005~2009 年，

不同的生产性服务业的税负水平，随着时间的变化，对各细分行业的发展影响程度或有不同，但不管是劳动密集型的纺织业、资本密集型的金属制品业，还是技术密集型的通信设备制造业，总的来说都可以看出这种明显的负面关系。虽然数据的匮乏在一定程度上影响结果的精确性，但检验负面趋势存在的目的已经达到了。

资本密集的金属制品业，快速提升资本有机构成可以起到显著提高产值和生产率的作用。劳动密集的纺织业，追加资本的作用不显著，甚至有时为负。技术密集的通信设备计算机及其他电子设备制造业，资本的作用也不显著。

表9 （4.3）式回归结果，Y = 行业产值增长率

	纺织业		金属制品业		通信设备业	
2005 ~ 2007 年						
关联系数 X 交运仓邮税负	− 26.960 ** (10.384)		− 12.208 (11.140)		1.590 (6.736)	
关联系数 X 金融税负		− 30.120 *** (9.348)		− 31.827 (34.463)		− 10.562 (8.078)
人均固定资产增长率	0.450 (0.264)	0.441 (0.288)	0.450 (0.264)	0.441 (0.288)	0.630 (0.455)	0.607 (0.450)
Constant	0.303 *** (0.058)	0.310 *** (0.069)	0.303 *** (0.058)	0.310 *** (0.069)	0.339 *** (0.056)	0.386 *** (0.076)
Observations	30	30	30	30	28	28
R − squared	0.122	0.114	0.122	0.114	0.133	0.149
2007 ~ 2009 年						
关联系数 X 交运仓邮税负	− 26.480 ** (10.736)		− 43.670 ** (20.082)		− 38.165 *** (12.344)	
关联系数 X 金融税负		− 5.877 (3.696)		− 28.991 *** (9.330)		− 5.100 *** (1.740)
人均固定资产增长率	− 0.501 *** (0.163)	− 0.534 *** (0.174)	0.731 *** (0.241)	0.780 *** (0.244)	0.155 (0.097)	0.205 * (0.119)
Constant	0.176 *** (0.044)	0.152 *** (0.053)	0.271 *** (0.065)	0.246 *** (0.065)	0.228 *** (0.045)	0.187 *** (0.045)
Observations	31	31	30	30	28	28
R − squared	0.536	0.499	0.390	0.349	0.313	0.164

表 10　（4.3）式回归结果，Y = 行业劳动生产率增长率

	纺织业		金属制品业		通信设备业	
2005~2007 年						
关联系数 X	-15.153**		1.064		-3.932	
交运仓邮税负	(7.231)		(7.471)		(4.721)	
关联系数 X		-14.821**		2.285		-12.748
金融税负		(5.764)		(22.518)		(11.938)
人均固定资产增长率	0.290	0.335	0.965***	0.965***	0.255	0.215
	(0.226)	(0.228)	(0.300)	(0.298)	(0.221)	(0.200)
Constant	0.240***	0.237***	0.141***	0.141***	0.152***	0.188***
	(0.032)	(0.030)	(0.038)	(0.044)	(0.040)	(0.056)
Observations	30	30	30	30	28	28
R - squared	0.191	0.152	0.443	0.443	0.063	0.119
2007~2009 年						
关联系数 X	-19.639**		-20.220*		-11.441**	
交运仓邮税负	(7.933)		(11.438)		(5.205)	
关联系数 X		-4.437*		-18.353**		-0.905
金融税负		(2.379)		(7.571)		(1.605)
人均固定资产增长率	0.149**	0.124	0.377**	0.377**	-0.000	0.019
	(0.071)	(0.081)	(0.155)	(0.147)	(0.150)	(0.157)
Constant	0.151***	0.133***	0.138***	0.141***	0.078**	0.059*
	(0.030)	(0.034)	(0.049)	(0.049)	(0.032)	(0.032)
Observations	31	31	30	30	28	28
R - squared	0.182	0.109	0.223	0.221	0.037	0.006

（四）稳健性

使用宏观行业税负作为指标衡量服务业税负水平，表 7 至表 10 已经给出了一个基本的答案。为了进一步加强本文结论的稳健性，本小节以边际税负为指标衡量服务业税负。重新检验（4.2）式和（4.3）式如表 11 至表 14。不难看出，即使使用边际税负作为指标，结论依旧是稳健的。

表 11　（4.2）式回归结果，Y = 第二产业产值增长率

	2005 ~ 2007 年			2007 ~ 2009 年		
关联系数 X	- 1.239 ***		- 1.445 **	- 0.035		- 0.105
交运仓邮税负	(0.417)		(0.567)	(0.095)		(0.090)
关联系数 X		- 0.580	0.260		- 0.325 ***	- 0.375 ***
金融税负		(0.533)	(0.447)		(0.103)	(0.095)
第二产业比重	- 0.116 **	- 0.110 *	- 0.117 **	0.044	- 0.033	- 0.075
	(0.047)	(0.057)	(0.049)	(0.128)	(0.111)	(0.103)
Constant	0.233 ***	0.223 ***	0.233 ***	0.113 *	0.156 ***	0.178 ***
	(0.022)	(0.026)	(0.022)	(0.062)	(0.054)	(0.049)
Observations	31	31	31	31	31	31
R - squared	0.252	0.135	0.258	0.014	0.128	0.157

表 12　（4.2）式回归结果，Y = 第二产业劳动生产率增长率

	2005 ~ 2007 年			2007 ~ 2009 年		
关联系数 X	0.310		0.557	- 0.026		- 0.050
交运仓邮税负	(0.681)		(0.958)	(0.076)		(0.085)
关联系数 X		0.013	- 0.311		- 0.107	- 0.130
金融税负		(0.418)	(0.686)		(0.089)	(0.096)
第二产业比重	0.079	0.077	0.080	0.085	0.064	0.044
	(0.139)	(0.137)	(0.142)	(0.084)	(0.095)	(0.097)
Constant	0.046	0.050	0.046	0.045	0.057	0.068
	(0.072)	(0.069)	(0.073)	(0.040)	(0.047)	(0.048)
Observations	31	31	31	31	31	31
R - squared	0.017	0.014	0.020	0.040	0.053	0.060

表 13　（4.3）式回归结果，Y = 行业产值增长率

	纺织业		金属制品业		通信设备业	
2005 ~ 2007 年						
关联系数 X	- 15.707 ***		- 12.208		1.590	
交运仓邮税负	(4.998)		(11.140)		(6.736)	
关联系数 X		- 5.663		- 31.827		- 10.562
金融税负		(4.372)		(34.463)		(8.078)

续表

	纺织业		金属制品业		通信设备业	
人均固定资产增长率	0.456*	0.452*	0.450	0.441	0.630	0.607
	(0.242)	(0.235)	(0.264)	(0.288)	(0.455)	(0.450)
Constant	0.227***	0.199***	0.303***	0.310***	0.339***	0.386***
	(0.028)	(0.035)	(0.058)	(0.069)	(0.056)	(0.076)
Observations	30	30	30	30	28	28
R – squared	0.252	0.144	0.122	0.114	0.133	0.149
2007～2009 年						
关联系数 X 交运仓邮税负	5.498*		-43.670**		-38.165***	
	(2.709)		(20.082)		(12.344)	
关联系数 X 金融税负		-1.253***		-28.991***		-5.100***
		(0.354)		(9.330)		(1.740)
人均固定资产增长率	-0.778***	-0.542***	0.731***	0.780***	0.155	0.205*
	(0.189)	(0.174)	(0.241)	(0.244)	(0.097)	(0.119)
Constant	0.119***	0.130***	0.271***	0.246***	0.228***	0.187***
	(0.032)	(0.036)	(0.065)	(0.065)	(0.045)	(0.045)
Observations	31	31	30	30	28	28
R – squared	0.589	0.499	0.390	0.349	0.313	0.164

表14　（4.3）式回归结果，Y＝行业劳动生产率增长率

	纺织业		金属制品业		通信设备业	
2005～2007 年						
关联系数 X 交运仓邮税负	-7.482**		0.564		-2.501	
	(3.158)	-2.930	(4.183)		(2.949)	
关联系数 X 金融税负		(2.361)		4.093		-1.182
		0.323		(6.049)		(2.463)
人均固定资产增长率	0.324		0.964***	0.982***	0.267	0.258
	(0.237)	0.218***	(0.297)	(0.295)	(0.219)	(0.229)
Constant	0.230***	(0.029)	0.141***	0.131***	0.152***	0.149***
	(0.030)	30	(0.035)	(0.036)	(0.034)	(0.049)
Observations	30	0.121	30	30	28	28
R – squared	0.163		0.443	0.448	0.064	0.060

	纺织业		金属制品业		通信设备业	
2007~2009 年						
关联系数 X	2.701 *		-0.050		-0.510	
交运仓邮税负	(1.351)		(0.960)		(1.372)	
关联系数 X		-1.020 ***		-2.018 **		-0.354 **
金融税负		(0.300)		(0.984)		(0.171)
人均固定资产增长率	0.002	0.118	0.460 ***	0.423 **	0.029	0.019
	(0.090)	(0.079)	(0.160)	(0.156)	(0.158)	(0.152)
Constant	0.109 ***	0.117 ***	0.085 **	0.098 **	0.050 **	0.054 **
	(0.022)	(0.025)	(0.039)	(0.039)	(0.022)	(0.024)
Observations	31	31	30	30	28	28
R – squared	0.172	0.113	0.181	0.193	0.009	0.015

六 结论和政策建议

本文构建了一个生产性服务业税负影响制造业发展的模型，以此为理论框架，对我国服务业税负与产业发展的关系做了考察。本文关于服务业税负的实证分析显示了服务业税负对行业发展的直接与间接作用。服务业税负水平的增加显著导致了服务业自身产出和劳动生产率的下降。2003~2011 年，服务业税收上升 1%，服务业产出下降 0.046%。以金融业和交运仓邮业为代表的生产性服务业税负增加对第二产业产出和劳动生产率有着消极作用。这个结论还适用于劳动密集型的纺织业、资本密集型的金属制品业、技术密集型的通信设备制造业三个制造业细分行业。这个结果证明了本文第三部分的命题：对生产性服务业征税减小了生产性服务业规模，从而降低了制造业的产出和生产率。

本文的研究发现，良好的税收政策可以起到促进产业发展和刺激经济增长的作用。我国以往的税收制度主要适用于促进制造业发展，不利于调动地方发展服务业的积极性。例如，以生产性增值税为主的税收制度，决定了地方的收入主要来自生产环节，就倾向于发展能够产生税收的制造业。在大量占用地方资源的前提下，电信、银行、证券等大型服务业企业的税收却主要由中央收缴（国务院发展研究中心市场经济研究所课题组，2011）。不仅如此，服务业税负相对于服务业 GDP 占比偏高，服务业税负增加速度快于行业发展速度。税负较重、税收支持力度较小正是制约我国服务业发展的主要制度障碍。

减轻服务业税负也是我国发展高端制造业的需要。我国的制造业要想向高端攀升，从产业关联的角度看，就首先得有强大的生产性服务业。生产性服务业作为制造业的中间投入，直接决定了制造业的产业升级和产品竞争力。目前我国生产性服务业的规模和专业化程度，和我国制造业的发展要求不相匹配。为了发挥生产性服务业的引擎功能，首先应对影响生产性服务业的体制进行改革。

因此，减轻服务业税负将是发展服务业和高端制造业、促进我国未来经济增长的突破口。发挥减税政策作用的当务之急，是完善增值税和所得税制。第一，增值税方面。目前关于增值税改革已经形成共识，主要担心是因之带来的税收收入减少。应当看到，消费型增值税能够克服生产型增值税的弊病，有助于服务业和经济发展，长期来讲对财政收入利大于弊。为使增值税扩围改革有助于减轻服务业的流转税负，应根据税负平衡点审慎选择服务业行业税改后适用的增值税税率。第二，所得税制。服务业企业尤其是生产性服务业，主要投入是人力资本，固定资本占比较低。在缴纳企业所得税时，服务企业的固定资本折旧较少，而人力资本成本较高，工资、奖金、分红等个人收入都要征收个人所得税。企业所得税方面，一个促进生产性服务业发展的途径是允许生产者服务部门人力资本折旧，使其成本在税前扣除，从而鼓励生产性服务部门人力资本投入，促进生产性服务部门整体人力资本的升级（江静等，2007）。个人所得税方面，可以通过税收政策加强对高端人才的激励，鼓励企业对人力资本投资，例如个人所得税扣除教育、研发等费用，给予高科技人才较高的免征额，在技术成果和技术服务方面对高端技术人员的收入实行减征等。

参考文献

［1］ 何茵、沈明高：《政府收入、税收结构与中国经济增长》，《金融研究》2009年第 9 期。

［2］ 陈金保、赵晓、何枫：《税收负担、税收结构对我国服务业增长影响的实证分析》，《中国农业大学学报》（社会科学版）2011 年第 3 期。

［3］ 夏杰长、李小热：《我国服务业与税收的互动关系》，《税务研究》2007 年第 8 期。

［4］ 欧阳坤、许文：《促进我国服务业发展的税收政策研究》，《税务研究》2009年第 4 期。

［5］ 国务院发展研究中心市场经济研究所课题组、许伟：《制约我国服务业发展的税收制度障碍及政策建议》，《经济研究参考》2011 年第 40 期。

［6］ 江静、刘志彪、于明超：《生产者服务业发展与制造业效率提升：基于地区和行业面板数据的经验分析》，《世界经济》2007 年第 8 期。

［7］ Barro, R. J., Government Spending in a Simple Model of Endogenous Growth, *Journal of Political Economy*, 1990, 98: 103 - 125.

［8］ Fölster S, Henrekson M., Growth Effects of Government Expenditure and Taxation in Rich Countries, *European Economic Review*, 2001, 45 (8): 1501 - 1520.

［9］ International Monetary Fund, *Will it Hurt? Macroeconomic Effects of Fiscal Consolidation, in World Economic Outlook: Recovery, Risk, and Rebalancing*, 2010.

［10］ Dixit A K, Stiglitz J E., Monopolistic Competition and Optimum Product Diversity, *The American Economic Review*, 1977: 297 - 308.

［11］ Arellano M, Bond S., Some Tests of Specification for Panel Data: Monte Carlo Evidence and an Application to Employment Equations, *The Review of Economic Studies*, 1991, 58 (2): 277 - 297.

［12］ Cashin P., Government Spending, Taxes, and Economic Growth, *Staff Papers International Monetary Fund*, 1995: 237 - 269.

包容性发展视角下区域公共服务
差距与收敛[*]

高传胜　李善同^{**}

内容提要　迅速崛起的中国面临着日趋严峻的国内外形势，迫切需要包容性发展战略来破解。区域差距较大的现实，意味着区域包容性发展是可选方向之一。基本公共服务均等化，无疑是实现区域包容性发展的内在要求和重要途径。数据分析显示，以医疗卫生、教育、文化、社会保障和社会服务等为代表的社会性公共服务，存在着明显的地区差距。因此，可以从健全财政保障机制、完善多元供给机制、落实考核问责机制和建立战略重点适时调整机制等方面着力，努力推进基本公共服务均等化，进而支撑和保障区域包容性发展。

关键词　公共服务　包容性发展　地区差距　区域发展

迅速崛起的中国面临着日趋严峻的国内外形势，迫切需要全面推进包容性发展战略来加以破解。美、日、欧三大经济体近些年接连不断地爆发危机和灾难性事件，导致中国出口出现较大波动和下滑，充分暴露了过度依赖外部市场需求的传统增长模式面临的持续

---

　*　本文是国家自然科学基金项目（70973051）和江苏省高校哲学社会科学研究重大项目（2011ZDAXM008）的阶段性研究成果。

**　高传胜，南京大学政府管理学院副教授，研究领域为公共服务与公共管理；李善同，国务院发展研究中心研究员，研究领域为区域经济发展战略。

性挑战与风险。增强内需驱动，特别是最终消费增长引擎功能，是崛起中大国的必然选择。区域差距较大的客观现实，意味着区域包容性发展是可选方向之一。而基本公共服务均等化则是实现区域包容性发展的内在要求与重要途径。鉴于此，需要分析目前基本公共服务区域差距的现状，并据此有针对性地提出政策努力的方向与着力点选择。

一　公共服务均等化是实现区域包容性发展的内在要求

包容性发展（Inclusive Development）不仅是世界不少国家和地区的普遍追求和广泛实践，也是中国实现持续健康发展的必然选择。就理论内核而言，包容性发展强调发展主体上的人人有责、发展过程中的机会均等、发展内容上的全面协调以及发展成果分配中的利益共享（高传胜，2011）。据此要求，中国目前的贫富悬殊、城乡差距和区域差距状况都需要加以改变。按照包容性发展的理论框架，区域间不平衡、发展差距较大，落后地区之所以落后，可能源于多方面因素。从内部分析，一是可能源于当地发展环境不够宽松，发展条件不太有利，发展机会和平台比较少，因而民众缺乏参与发展并充分发挥自己所长的机会和条件；二是可能源于当地存在着各种垄断、歧视等影响公平参与发展与平等竞争的行为；三是可能源于社会发展和管理落后，医疗卫生、教育培训、就业促进、社会保障等现代社会服务供给不充分，影响民众素质、能力等人力资本发展。从外部分析，可能是落后地区在区域间专业化分工与协作中处于不利地位，因而所得有限，并长期得不到改善。发展经济学中有很多理论对此进行过分析。从国家层面上看，也可能源于国民收入分配等公共政策的缺陷，未能让发展成果为落后地区与民众共享。缩小地区差距，促进区域协调发展，既是包容性发展的内在要求和重要实现途径，也需要按照包容性发展的理论框架去实现和推进。

从根本上说，缩小地区差距，促进区域协调发展，就是要实现区域包容性发展（李善同，2011）。进一步而言，就是要遏制地区间人均生产总值扩大的趋势，使之保持在一定限度内；要以国民经济整体效益为依归，发挥地区比较优势为基础，形成合理的区际产业分工格局；要通过高效和可持续的经济增长，最大限度地为不同地区居民创造就业与发展机会，确保不同地区的人民能够平等地获得创造财富的机会，促进其积极公平地参与经济活动；加强区域之间的合作，以地区之间战略协调为途径，实现区际良性互动；消除地区壁垒，建立全国统一市场；要按照全国经济合理布局的要求，规范开发秩序，控制开发强度，形成高效、协调、可持续的国土空间开发格局，促进经济社会发展与自然环境的改善相互和谐统一。根据上述原因分析，推进基本公共服务均等化，是实现区域包容性发展的重要途径之一。公共服务均等化，不但是发展成果充分共享的重要方面，而且事关民生保障和发展、关乎国民可行能力提升和公平发展机会的营造，因而是推进区域包容性发展的有效途径（高传胜，2011）。此外，现实中也显著存在着公共服务的地区差距。考虑到中国目前民生与社会保障问题比较突出，而社会性公共服务一方面直接关系到民生保障和人力资本发展，另一方面相关统计数据也比较全面，因而这里选择以社会性公共服务为例来分析中国基本公共服务的地区差距，以期为实现地区间基本公共服务均等化提供现实依据。

二　基本公共服务的地区差距：以社会性公共服务为例

（一）医疗卫生的地区差距

中国的医疗卫生不仅存在着较大的城乡差距，而且地区差距还很大。相对于城乡差距而言，地区差距太大更值得关注。一方面是因为农村居民不仅利用农村医疗卫生资源，同时还利用城市医疗卫生资源，而且相当多的人更愿意利用城市优质的医疗卫生资源；另一方面是因为在城乡交通连接日益通畅和便捷的今天，人口、经济向城市合理集中和集聚的趋势不可阻挡，医疗卫生资源的配置无疑也应适应这一趋势，而且这也符合医疗卫生资源配置的规模经济要求。因此，从某种程度上说，过分追求医疗卫生资源配置的城乡均等化，反而违背了经济社会发展的客观趋势和规律。当然，前提是要保证农村基本医疗卫生服务的可及性。

对于医疗卫生的地区差距，这里主要选择两方面指标进行比较，一是每千人口医疗卫生技术人员数量，二是每千人口医疗卫生机构床位数。图1反映的是2011年各地区每千人口医疗卫生技术人员数量。从中可以看出，无论是城乡差距，还是地区差距，都比较明显。从城乡差距看，每千人口医疗卫生技术人员数量的城乡比率，全国平均水平是2.48倍，而西藏和青海都达到4倍以上，城乡差距最大。上海、重庆、天津和北京四个直辖市，山东、江苏、浙江三个东部沿海经济相对发达的省份，以及东北的吉林，城乡倍数都在2倍以下，属于城乡差距相对较小的地区。而城乡差距较大的，不仅包括贵州、云南、河北等经济相对落后的地区，也包括经济相对发达的广东省，城乡倍数都为3~4倍。其他17个省份的城乡差距为2~3倍。图2反映的各地区每千人口执业医师数的情况基本上也是如此。

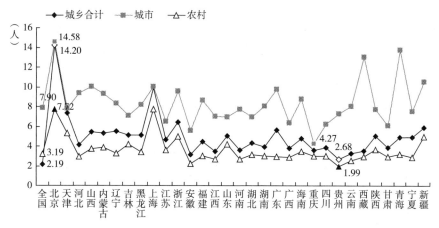

图1　2011年各地区每千人口卫生技术人员

资料来源：《中国统计年鉴2012》。

再看地区差距。图2反映了2011年各地区城乡每千人口执业医师数。以城市为例，全国平均水平为每千人口执业医师数为3人。

而水平最高的是西藏（5.78人）、北京（5.45人）和青海（5.08人）三个地区；较高的为新疆（4.16人）和山西（4.11人）；水平最低的是重庆市，只有1.65人；较低的安徽也仅有2.01人。而其他处于全国平均水平以下的有13个地区，其中既包括经济相对发达的东部部分省份，如江苏（2.38人）、山东（2.72人），也包括经济相对落后的中西部地区，如广西（2.33人）、甘肃和四川（2.45人）、云南（2.49）、江西（2.51人）、湖北（2.59人）、宁夏（2.63人）、陕西（2.67人）、贵州（2.78人）、河南（2.85人）、湖南（2.91人）。此外，其他12个地区都介于3~4人。可以看出，最高和最低水平地区的比率达到3.5倍，较高和较低水平地区的比率也达到2倍以上。其中，最让人意外的是，经济发展水平相对较高的部分省份，其医疗卫生服务并未达到与经济发展水平相适应和匹配的水平。经济发展水平一般甚至相对落后地区，其医疗卫生服务同样可以达到相对较高的水平。比如，河北、内蒙古、云南等经济相对欠发达地区达到了上海、广东和浙江等经济相对发达地区的城市医疗卫生服务水平。

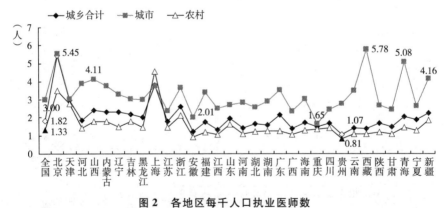

图2　各地区每千人口执业医师数

资料来源：《中国统计年鉴2012》。

表1进一步反映了各地区每千人执业（助理）医师的相关指标。从中可以看出，城市的离差系数相对低一些，而农村的离差系数明显偏高，由此也造成城乡合计的离差系数比较高。这在某种程度上

也意味着，人口由农村向城市集中，有助于促进区域包容性发展。

表1　各地区每千人口执业（助理）医师的相关指标

	城乡合计	城 市	农 村
全国平均值（人）	1.82	3.00	1.33
标准差	0.85	0.96	0.77
离差系数	0.46	0.32	0.58

资料来源：《中国统计年鉴2012》和作者计算。

　　进一步看各地区的每千人口医疗卫生机构床位数。如图3所示，2011年全国城市每千人口医疗卫生机构床位数的平均水平为6.24张，而全国最高的地区是青海，达到11.34张，最低的是重庆，只有3.78张，最高与最低水平的比率为3.00倍，略低于同期城市每千人口执业医师数的相应比率。但与执业医师数情况类似的，城市每千人口医疗卫生机构床位数水平较低的，不仅包括广西（4.41张）、安徽（5.04张）、甘肃（5.13张）、四川（5.26张）、海南（5.33张）、陕西（5.88张）、宁夏（5.92张）等经济发展水平一般甚至较低的地区，也包括经济发展水平相对较高的东部沿海地区，如天津（5.23张）、江苏（5.32张）、山东（5.89张）。床位数水平

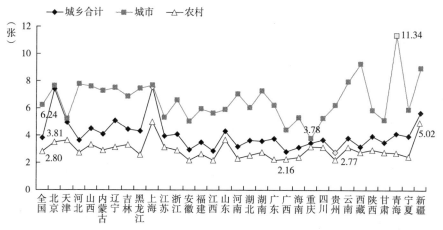

图3　各地区每千人口医疗卫生机构床位

资料来源：《中国统计年鉴2012》。

较高的，除了国家支持力度较大的西藏（9.27 张）、新疆（8.94 张）等少数民族地区外，还包括上海（7.68 张）、北京（7.62 张）两个直辖市和云南（7.97 张）、河北（7.78 张）、山西（7.57 张）、辽宁（7.49 张）、黑龙江（7.46 张）、湖南（7.28 张）、内蒙古（7.25 张）等一般省级地区。相比执业医师的地区差距，床位数的地区差距要稍微小一些，床位数水平较高地区与较低地区的平均水平之比大约为 1.4 倍，尽管差距仍然客观存在。

（二）教育的地区差距

教育的地区差距主要从两个方面进行比较，一是各地区的教育经费状况，二是各级普通学校的师生比情况。为了避免地区价格、成本等差异带来的比较困难，这里都选择相对数进行比较，教育经费即选择与财政总支出、GDP 进行比较所得的百分比。

首先看各地区教育经费状况。图 4 反映了 2010 年各地区教育经费的三个指标。从中可以看出，财政性教育经费占财政支出的百分比在各地区之间波动是比较大的，其中地区合计的平均比率为 17.84%，最高的是福建，占到 23.09%，最低的为西藏，仅占 11.64%，两地相差 10 多个百分点。次低的是青海、上海和黑龙江，分别为 13.26%、13.34% 和 14.13%。浙江省仅次于福建省，约为 22.87%。其他的地区都处于 15%~20%，在 5 个百分点之内波动。而全部教育经费占 GDP 的比重，地方合计的平均水平为 4.34%，而最高的西藏，由于情况特殊，高达 13.05%；较高的分别是贵州、青海、甘肃和云南，都在 7% 以上；再次是海南和新疆，不到 7%；最低的是山东，只有 2.69%；次低的是天津、江苏、上海和广东，分别为 3.17%、3.17%、3.25% 和 3.33%，都属于东部沿海发达地区，另一个东部沿海发达地区——浙江的水平也不高，只有 3.83%。经济发达地区的全部教育经费占 GDP 的比重都比较低，这是一个非常值得关注的重要现象。表 2 中的离差系数进一步反映了全部教育经费占 GDP 的百分比和财政性教育经费占 GDP 的百分比，可以看出各地区间的差异是非常大的。

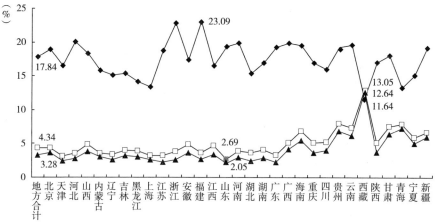

图 4　各地区的教育经费状况

资料来源:《中国统计年鉴 2012》。

表 2　各地区教育经费的相关指标

单位:%

	财政性教育经费占财政支出的百分比	全部教育经费占GDP 的百分比	财政性教育经费占GDP 的百分比
标准差	2.66	2.13	2.17
离差系数	0.15	0.49	0.66
地方合计	17.84	4.34	3.28

资料来源:《中国统计年鉴 2012》和作者计算。

其次看各级普通学校师生比情况。图 5 反映的是 2011 年各地区各级普通学校师生比状况。从中可以看出,本科院校的师生比在各地区间的波动相对小一些,除了极个别地区,如西藏和青海。2011年小学、初中和普通高中的生师比在各地区间的波动都比较大。小学的师生比,全国平均水平是 17.71:1,而最高的河南(22.04:1)和最低的吉林(11.81:1),差不多相差一倍,而且各地区间的波动比较大,这从图 5 中可以看出。初中的师生比,全国平均水平为14.38:1,而最高的贵州省接近 20:1,最低的北京市则不到 10:1,最高和最低相差亦接近 1 倍;同样,初中的师生比在各地间波动也比较大。普通高中的师生比，全国平均水平为 15.77∶1，最高的同样是贵州省，达到 19.02∶1，最低的仍然是北京市，仅为 9.60∶1，差距几乎接近一倍，各地区间的波动同样也比较大。综合来看，小学、初中和普通高中的师生比的地区间差距都比较大。

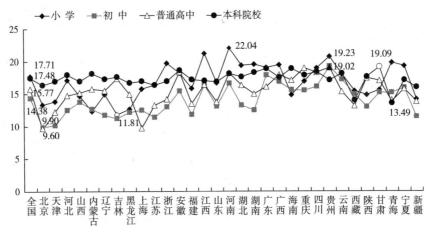

图 5　各地区各级普通学校生师比（教师人数 = 1）

资料来源：《中国统计年鉴 2012》。

（三）文化的地区差距

公共文化产品和服务，无论是对国家发展，还是对个人能力的提升，都具有不可或缺的重要功能。在现代文明社会，精神文化产品与服务已经成为人们生活中不可缺少的内容。鉴于此，这里选择公共图书馆资源和有线广播电视普及情况来分析文化的地区差距。

图 6 反映的是 2011 年各地区公共图书馆的基本情况。从中可以看出，无论是人均拥有的公共图书馆藏量，还是每万人拥有的公共图书馆建筑面积，各地区间的差距都十分明显。从人均拥有公共图书馆藏量来看，全国平均水平仅 0.52 册，而最高的上海是 2.94 册，最低的西藏只有 0.19 册，两地相差 14 倍之多。即便是从比较普遍的较高和较低水平的多数地区看，二者亦相差 2 ~ 3 倍。进一步看每万人拥有的公共图书馆建筑面积，全国平均水平是 73.80 平方米，而最高的宁夏为 177.1 平方米，最低的安徽只有 41.0 平方米，两地相差 3 倍多。即

便是比较普遍的较高和较低水平的多数地区相比，差距也达到 1 倍以上。由此可见，公共图书馆资源与服务的地区差距总体上是比较大的。表 3 中所示的离差系数也进一步说明了这一结论。

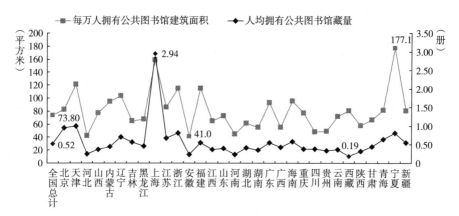

图 6　各地区公共图书馆基本情况

资料来源：《中国统计年鉴 2012》。

再看有线广播电视的家庭普及情况。从图 7 反映的 2011 年各地区有线广播电视用户占家庭总户数的百分比情况可以看出，地区间差距是明显存在的。2011 年全国有线广播电视用户占家庭总户数的平均水平只有 49.43%，尚不到一半。最高的上海已经超过 100%，而最低的安徽只有 23.45%，经济相对发达的江苏、浙江、广东省和直辖市天津都在 80% 左右，而相对落后的很多地区都没有超过40%，相差也在一倍左右。因此，跟公共图书馆资源类似，有线广

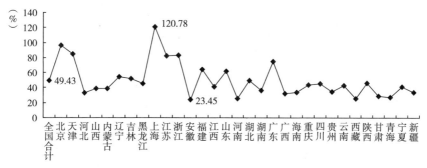

图 7　各地区有线广播电视用户数占家庭总户数的百分比

资料来源：《中国统计年鉴 2012》与作者计算。

播电视的家庭普及情况在地区间的差距也是比较明显的，表3中反映的离差系数数值也进一步说明了这一点。

表3　各地文化资源与服务的相关指标

	人均拥有公共图书馆藏量（册）	每万人拥有公共图书馆建筑面积（平方米）	有线广播电视用户数占家庭总户数的百分比（%）
标准差	0.48	31.65	23.405
离差系数	0.93	0.43	0.474
全国总计	0.52	73.8	49.428

资料来源：《中国统计年鉴2012》和作者计算。

（四）社会保障的地区差距

中国消费增长引擎始终未能像西方发达国家那样发挥主导性作用，进而影响中国经济发展的自主性、协调性和持续性，与中国社会保障体系不够健全、保障水平较低，影响百姓的消费能力和对未来的预期有很大关系。因此，这里从社会保障的地区差距角度，分析中国社会保障建设面临的问题。由于中国社会保障体系包括社会救助、社会保险、社会福利和社会优抚等多项内容，而社会救助和保险是其中最基本、最主要的项目，因此，这里主要以这两个社会保障项目来分析地区差距。

1. 社会救助的地区差距

图8反映了2011年各地区城乡社会救助的基本情况。从中可以看出，农村社会救助率显著地高于城镇，以全国平均水平为例，农村低保率高于城镇接近5个百分点，而差距最大的贵州差不多相差20个百分点，这反映出中国城乡发展水平差距依然十分明显。进一步看城镇低保率，2011年全国平均水平为3.30%，北京、天津、上海三个直辖市和江苏、浙江、广东、福建、山东等东部沿海地区的社会救助率明显较低，大多数不超过1%，东北地区和中西部地区的社会救助率则相对较高，其中最高的新疆，其城镇低保率接近10%，比最低的浙江（0.26%）高出近10个百分点。

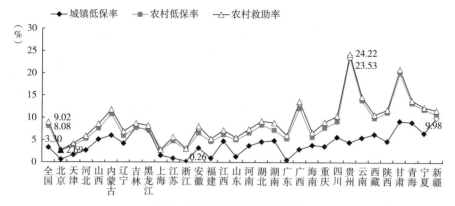

图8　各地区城乡社会救助率

资料来源：根据《中国统计年鉴2012》数据计算。

　　进一步看次低的地区，其中既包括西部经济欠发达地区，如甘肃（9.25%）、青海（8.95%）、宁夏（6.54%）、西藏（6.24%）、内蒙古（6.03%）、云南（5.46%），也包括东北的吉林（7.87%）、黑龙江（7.18%）和资源大省山西（5.14%）、人口大省四川（5.62%），它们的城镇低保率均在5%以上。这些地区城镇低保率与东部沿海地区相差如此之大，一方面与中央财政对不同地区实施差别化的转移支付政策可能引发的道德风险有关，另一方面则源于各地政策所形成的营商环境与民众的创业精神的巨大差异。表4还进一步反映了城乡社会救助率的离差系数，从中也可以看出社会救助的地区差距非常大。如何才能"帮穷不养懒"，是世界各国社会救助政策面临的共同难题。同时，如何创造宽松有利的创业环境和发展条件，发挥民众与生俱来的潜能和创造力（尤努斯，2008），也是各地政府值得深思的重要问题。

表4　各地区社会救助的相关指标

	城镇低保率	农村低保率	农村救助率
全国平均（%）	3.30	8.08	9.02
标准差	2.63	4.68	4.74
离差系数	0.80	0.58	0.53

资料来源：根据《中国统计年鉴2012》和作者计算。

2. 城镇社会保险的地区差距

从类型学上讲，中国社会保障体系实质上是一种以社会保险而不是社会救助为主导的模式。因此，社会保险在社会保障体系中占有举足轻重的地位。遗憾的是，中国社会保障体系处于碎片化状态，不同群体、不同地区的社会保险制度并不相同，鉴于此，这里主要以四种城镇社会保险和两种农村社会保险为例，来分析社会保险的地区差距。

图 9 反映的是 2011 年各地区包括城镇职工和居民在内的城镇基本医疗保险参保率状况。从中可以看出，全国平均参保率尚不到70%，覆盖面还有较大提升空间。而在全国 31 个省市区中，参保率在 80% 以上（包括 80%）的只有天津、吉林、广东、重庆、新疆 5个地区；在 60% 以下（不包括 60%）的有 9 个地区；其他 17 个地区为 60% ~ 80%。其中，参保率最高的是广东省，达到 96.87%，最低的是河北省，还不到 50%，仅为 47.31%，最高与最低之间的地区差距接近 50 个百分点。总体而言，城镇基本医疗保险参保率的地区差距是显著存在的。

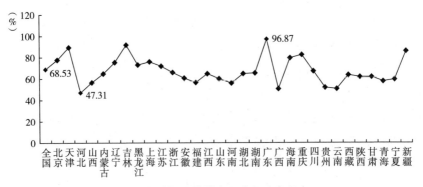

图 9　各地区城镇基本医疗保险参保率

资料来源：《中国统计年鉴 2012》和作者计算。

再看基本养老保险。图 10 反映的是 2011 年各地区城镇职工基本养老保险参保率状况。从中可以看出，全国城镇职工基本养老保险参保率只有 41.10%，还未覆盖到一半的城镇职工。进一步看各地区的情况，图 10 反映出的地区差距依然比较大。其中，参保率最高

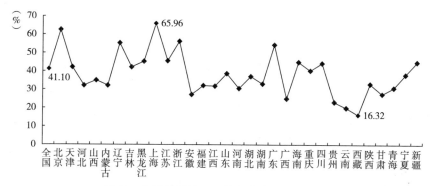

图10 各地区城镇职工基本养老保险参保率

资料来源:《中国统计年鉴 2012》和作者计算。

的上海,接近 66%,最低的西藏,参保率仅有 16.32%,最高与最低之间相差近 50 个百分点。不仅如此,各地区的参保率也参差不齐,其中参保率在 30% 以下的有 6 个地区,参保率为 30%~40% 的有 12 个地区,40%~50% 的有 8 个地区,50% 以上的只有 5 个地区。

失业保险的地区差距情况稍微好一些。如图 11 所示,全国平均参保率不到 21%。除了北京的参保率略超过 50% 外,其他地区都为 10%~30%。其中,有 21 个地区的参保率都小于 20%,只有 9 个地区的参保率为 20%~30%。

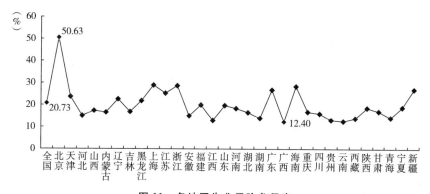

图11 各地区失业保险参保率

资料来源:《中国统计年鉴 2012》和作者计算。

工伤保险的情况同样是地区间波动比较大。2011 年全国平均参保率只有 25.62%，其中最高的仍然为北京，但也不到 50%，最低的是海南，只有 14.04%，二者相差 30 多个百分点（见图 12）。进一步而言，全国 31 个省级地区，参保率在 40% ~ 50% 的只有 4 个地区，即北京、上海、浙江和广东；在 20% ~ 30% 的有 11 个地区；其他的 16 个地区都在 20% 以下。

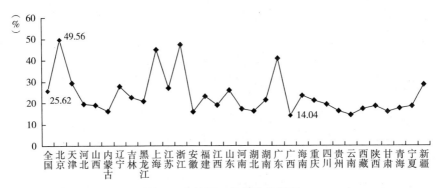

图 12　各地区工伤保险参保率

注：根据《中国统计年鉴 2012》和作者计算。

综合城镇四大社会保险的情况，从表 5 所示的城镇社会保险的相关汇总指标可以看出，相对于前面几项社会性公共服务，城镇社会保险参保率的地区差距要相对小一些，特别是基本医疗保险，但工伤保险和失业保险参保率的地区差距仍然略高一些。

表 5　城镇社会保险的相关指标汇总

	城镇基本医疗保险参保率	城镇职工基本养老保险参保率	工伤保险参保率	失业保险参保率
全国平均（%）	68.53	41.10	25.62	20.73
标准差	12.79	11.95	9.70	7.66
离差系数	0.19	0.29	0.38	0.37

数据来源：根据《中国统计年鉴 2012》和作者计算。

3. 农村社会保险的地区差距

农村目前的主要社会保险只有新型农村合作医疗和新型农村社会养老保险两项。因此，这里以这两项主要社会保险来分析地区差距。

图 13 反映的是 2011 年各地区新型农村合作医疗（简称新农合）的参合情况。从中可以看出，2011 年全国平均参合率为 93.95%，而各地区存在着非常显著的差距，比如人口输入大省——江苏，其参合率最高，达到 123.65%，次高的山东为 117.41%；而最低的广东只有 68.98%，次低的黑龙江不到 72%，高低相差 50 个百分点左右。此外，虽然还有几个省份可能源于重复参合等原因导致参合率超过 100%，如北京、河北、福建、重庆和陕西，但仍然有相当多的省份参合率低于 90%，其中除了广东和黑龙江之外，还包括内蒙古（84.96%）、浙江（87.92%）、湖南（84%）、海南（86.43%）、贵州（86.59%）和新疆（83.47%）。参合率低于 90% 的省份总共有 8 个。总体而言，各地新农合参合率参差不齐。

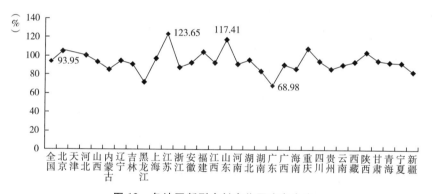

图 13　各地区新型农村合作医疗参合率

资料来源：《中国卫生统计年鉴 2012》和作者计算。

中国新型农村社会养老保险（简称新农保）目前还处于试点阶段，因而参保率明显不如新农合。如图 14 所示，2011 年全国平均参保率尚不到 50%，而且各地区间的波动很大。其中，参保率最高的是重庆，达到 85.69%，最低的是黑龙江，仅为 16.73%，二者相差近 70 个百分点。进一步看，参保率在 60% 以上的总共有 6 个地区，在 40% 以下的有 11 个地区，在 40%~60% 的有 14 个地区。大部分地区都处于或高或低的水平，地区间差距总体比较大。

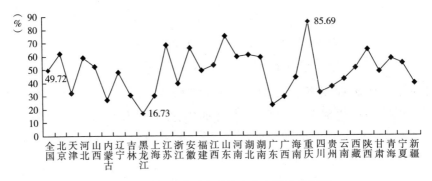

图14 各地区新型农村社会养老保险参保率

资料来源：《中国统计年鉴》（2011年、2012年）和作者计算。

综合两项农村社会保险，从表6中的汇总指标可以看出，新农保的地区差距要明显比"新农合"高出一些。

表6 全国及各地区农村社会保险的相关指标汇总

	新型农村合作医疗参合率	新型农村社会养老保险参保率
全国平均（%）	93.95	49.72
标准差	11.18	16.27
离差系数	0.12	0.33

资料来源：《中国统计年鉴》（2011年、2012年）和作者计算。

（五）社会服务的地区差距

狭义的社会服务（Social Service）主要是针对老年和残疾人、智障和精神疾病者、儿童，以及其他需要特殊救助和照顾的对象。现代意义上的社会服务已经扩大了服务对象、拓展了服务内容、创新了服务形式，因而几乎可以涉及每个公民的生活、生存和发展，具体包括医疗卫生、教育、社会保障以及就业、住房、个人社会服务（Personal Social Services，简称PSS）等。由于许多社会服务内容在上面已经分析过，因此，这里仍然以狭义的社会服务为例，并以社区服务机构覆盖率和每千人口社会服务床位数两个指标来分析地区差距。

图 15 反映了 2011 年各地区社区服务机构覆盖率情况。从中可以看出，全国平均水平仅为 23.6%，且各地区间波动较大。覆盖率最高的北京已经达到 139.1%，而最低的西藏只有 0.5%，如天壤之别。除这两个特殊地区之外，其他大部分地区之间的差距仍然十分明显。较高的地区已经达到 60%~80%，如广东、江苏、上海、浙江，而不少地区却只有不到 10%，如山西、吉林、河南、广西、海南、四川、云南、陕西、青海 9 个地区。除此之外，其他 16 个地区则都在百分之十几到百分之三十几之间。总体而言，地区差距非常明显。

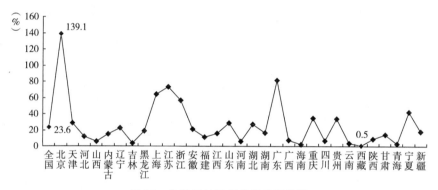

图 15　各地区社区服务机构覆盖率

资料来源：《中国统计年鉴 2012》。

提供住宿的社会服务机构，主要是面向老年和残疾人、智障和精神疾病者、儿童，以及救助对象和其他有特殊需求的人，图 16 即反映了 2011 年各地区这样的社会服务机构每千人口床位数情况。从中可以看出，2011 年全国平均水平不到每千人 3 张床位，而最高的北京市则达到 9.34 张床位，最低的海南省却只有 0.55 张床位，差距非常之大。进一步看图 16 可以发现，各地区间的波动依然比较大。上海仅次于北京，略超过 8 张床位，其他的地区则在 1~5 张床位之间波动。具体的，每千人平均拥有不到 2 张床位的地区总共有 10 个；平均拥有 2~4 张床位的地区数最多，总共有 17 个；而平均拥有 4 张床位以上的地区，除了北京和上海两个直辖市之外，还包括江苏和浙江两个省份。

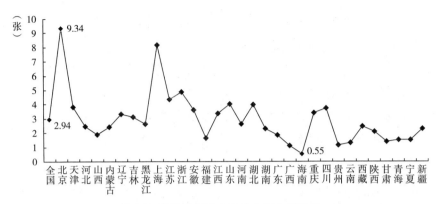

图 16　各地区每千人口社会服务床位数

资料来源：《中国统计年鉴 2012》。

表 7 综合了两项社会服务指标，从中可以看出，无论是社区服务机构覆盖率，还是每千人口社会服务床位数，各地区间的差距都是非常显著的，远超过一般可以接受的 0.3～0.4 的离差系数水平。

表 7　社会服务的相关指标汇总

	社区服务机构覆盖率（%）	每千人口社会服务床位数（张）
全国平均	23.6	2.94
标 准 差	29.66	1.88
离差系数	1.26	0.64

资料来源：《中国统计年鉴 2012》和作者计算。

三　推进区域基本公共服务均等化的保障机制建设

公共服务的地区差距太大，既影响发展成果的充分共享、影民生保障与改善，又关乎整个社会人力资本发展和民众可行能力的提升，还关系到宽松、便捷、安全的公平发展环境和发展机会与条件的有效营造，因此，如果不加以改变，必然会阻碍区域包容性发展，阻碍整个国家发展方式的顺利转变，影响经济社会的持续健康发展。因而，循序渐进地推进区域基本公共服务均等化，是新时期国家发展战略的重要抓手。为此，需要针对中国现状，借鉴国际经验，选准着力点，建立健全保障运行机制，有序推进区域基本公共服务均等化。

（一）厘清均等化的内涵，完善评价指标体系，健全财政保障机制

基本公共服务均等化是一个过程和趋势，无论是从供给还是消费角度看，都不可能实现结果绝对均等。对于地区发展水平悬殊，虽然公共财政可以发挥作用去缩小它，但无法在短期内抹平它。从供给角度看，各地的财政实力、单位成本、制度体制、管理水平等多方面因素的不同，决定了各地区供给能力不可能均衡。从消费角度看，受民众构成、地区自然状况、人口地理分布、人口密度、当地习惯和文化等多方面因素的影响，各地消费能力也会有很大差异。而且，有些公共服务具有共同消费的特征，不可分性很强，消费需求难以确定。特别是，消费行为本身还涉及需求方的满意度、满足感和自主选择等诸多问题，因此，消费能力也不可能均等。供给和需求两方面因素决定了基本公共服务均等化的标准和评价指标体系的建立是相当困难的（刘尚希，2010）。因此，要促进区域基本公共服务均等化，必须根据相关理论发展和实践工作推进，不断改革和完善评价指标体系，并据此建立起相应的收入分配政策和转移支付制度，健全公共财政保障机制。

（二）营造有利社会氛围，调动社会各方力量，完善多元供给机制

尽管提供公共服务是政府的责任，但是大多数国家的经验表明，政府只有在充分发挥社会各方力量作用的基础上，才能更好地保障公共服务的有效供给。在公共服务领域，中国目前最大的问题就是，未能充分调动和有效发挥各种社会组织和力量在提供社会公共服务方面的功能与作用，正因为如此，政府面临较大的需求压力，财政也难以独力支撑。以养老服务为例，目前中国的现实问题是：营利性养老机构量少价高，普通百姓"住不起"；公办公益性养老机构数量有限，普通民众"住不进"；非营利性社会养老机构太少，普通大众"寻不着"。因此，破除各类公共服务领域存在的各种障碍，创造

宽松、便捷、安全的社会环境与氛围，充分调动市场组织、非营利组织、社会企业（Social Business）和其他各种社会组织的积极性，形成政府主导、政策托底和有效监管、社会各方力量广泛参与的多元化服务供给机制，才能逐渐缩小公共服务供给的地区差距，顺利推进基本公共服务均等化。

（三）根据公共服务特性，明确各级政府责任，落实考核问责机制

既然"享有基本公共服务属于公民的权利，提供基本公共服务是政府的责任"，那么，就应该建立相应的考核与问责机制，以保证公共服务的充分有效供给。中国公共服务的地区悬殊状况，在很大程度上就是缺乏相应的考核问责机制造成的。其理由在于，从理论上讲，应该是经济发展水平越高的地区，公共服务供给越充足。但是从前面公共服务的地区差距分析中可以发现，实际情况并非如此。而且，前面分析的是那些关系民生保障和改善、直接影响当地民众可行能力的社会性公共服务，情况尚且如此。因此，最为合理的解释是，由于缺乏严格的考核与问责机制，一些政府未能有效落实公共服务供给的相应责任。所以，根据公共服务特性与受益范围，重新梳理和明确各级政府在公共服务方面的责任，建立并落实严格的考核问责机制，是保证公共服务充分供给，达到可及性和可得性的基本要求，进而缩小公共服务的地区差距，促进区域包容性发展的重要方面。

（四）根据各地实际，因时因地制宜，建立战略重点适时调整机制

基本公共服务包括的内容比较多，各地区面临的突出问题不同，因而，每个时期均等化的重点内容可能会有所不同，比如社会治安状况不好的地区，首先得解决治安问题，因而其均等化的短期重点将选择安全性公共服务；非常穷困的地区，社会救助、教育、医疗卫生等社会性服务，则可能是其短期内均等化的重点内容；东部沿海经济相对发达的地区，由于民众创业精神比较好，发展机会也相对比较多，因而几乎每个人都可以找到一份谋生的职业，因此，社

会救助就不是一个主要问题，社会保险、住房保障等可能是其均等化战略的重点内容。因此，每个地区基本公共服务均等化的重点内容要因地制宜。不仅如此，各地的情况也都在不断地发展变化，一方面的问题解决了，另一方面的问题又凸显出来，因而，均等化的战略重点应该随着形势变化而不断调整。通过这样因时因地制宜的均等化战略重点适时调整机制，可以逐步实现区域基本公共服务均等化长远目标。

参考文献

［1］李善同：《区域包容性发展——中欧圆桌会议第九次会议中方主题报告》，中国经济社会理事会网站，http：//www.china－esc.org.cn/。

［2］〔孟〕M. 尤努斯、〔美〕韦伯：《企业的未来：构建社会企业的创想》，杨励轩译，中信出版社，2011。

［3］刘尚希：《公共风险视角下的公共财政》，经济科学出版社，2010。

［4］高传胜：《论包容性发展的理论内核》，《南京大学学报》（哲学人文社会科学版）2012 年第 1 期。

［5］高传胜：《论公共服务供给与中国实现包容性发展》，《东岳论丛》2011 年第12 期。

服务管理与服务创新

服务主导逻辑：制造企业服务转型的新思维

马　鹏　刘林青*

内容摘要　向服务转型已成为越来越多的制造企业的战略选择，然而在传统商品主导逻辑下，这种转型往往会面临"服务转型悖论"问题，即在认识到服务创新能提升制造企业竞争力的同时，不得不面临服务与商品对立给企业效率带来的损害。新兴的服务主导逻辑在较好地解决该问题的同时，也为制造企业服务转型带来新的语言、透镜和研究视野：将研究聚焦从关注产品和服务品本身，转移到企业作为资源整合者在由顾客、企业和伙伴组成的服务价值网络中如何共创价值、培育独特能力、赢得权力进而占有价值上，而产品和服务品仅仅是企业提供服务以实现上述目标、没有本质区别的工具而已。

关键词　服务主导逻辑　制造企业服务转型　新思维

一　引言

近半个世纪以来，服务经济在全球范围内得到了长足的发展，

---

*　马鹏，中山大学管理学院博士研究生，广东金融学院副研究员，研究领域为企业管理与财务会计；刘林青，武汉大学经济与管理学院教授，研究领域为企业管理与企业发展战略。

已成为当今世界经济发展的主要趋势。特别是进入 21 世纪以来，在全球范围内出现了服务经济加速发展的新态势。不但发达国家服务经济发展水平不断提升，在国民经济中的主体地位日益稳固；而且更为重要的是，近年来中等收入国家和发展中国家也普遍出现了服务经济加速发展的态势。服务经济的快速发展不仅体现在服务业增加值占 GDP 的比重不断增长上，而且还体现在制造部门企业的"服务成分"增加上（Normann，2001）。从 20 世纪 60～70 年代开始，在西方发达国家从工业经济向服务经济转型的过程中，许多优秀制造企业（如通用电气、IBM、西门子、惠普、ABB、OTIS 等）积极发展各类与产品相关的服务业务，积极从产品向服务转型（Transition from Produts to Services），最终成为整合产品和服务品解决方案的提供商（Slywotzky，1996；刘世锦等，2010），即第一轮服务转型。

就在发达国家向服务经济转型的同时，中国充分利用劳动力比较优势、大规模吸收外国直接投资和大国优势等，吸引跨国公司将越来越多的制造活动转移或外包到中国；仅仅 20 年的时间，中国已经由玩具、纺织品、服装、鞋帽等轻工产品的提供者，迅速成长为大规模产出、门类齐全的工业制成品"世界制造基地"。在为"中国制造"取得的成绩欣喜的同时，我们也不得不注意到这种模式的弊端：过于依赖劳动力成本优势，处于全球价值链中附加值的最低端。近年来，随着原材料成本上升、人民币持续升值、国外贸易壁垒日渐增多，"中国制造"也遭遇发展瓶颈，亟待升级。于是向服务转型也成为越来越多的中国制造企业的战略选择，例如，海尔正在加速从制造向服务转型，旨在成为"全球领先、服务引领下的美好家居生活解决方案供应商"；中兴通讯正利用服务战略领跑通信制造业；徐少春正带领金蝶这个曾经单纯卖软件产品的公司向服务转型；奇瑞正酝酿从生产型制造转向服务型制造等，即第二轮服务转型。从发达国家的经验和教训来看，制造企业的服务转型相当困难，不仅是简单地将产品和服务组合在一起，而且要求企业从战略愿景、管理原则、组织结构、能力开发和文化等方面进行深层的变革。这既与传统的经济发展模式相关，又亟须理论支持。但现有的文献回顾显示，国内外的大多数研究还停留在探索层面，严重落后于产业实践，难以对制造企业服务转型战略的制定与实施提供有力的理论指导（Baines et al.，2009）。归纳起来，本文认为可能存在两个主要的知识缺口（Knowledge Gap）。

第一，"服务转型悖论"问题与服务主导逻辑的新视野。目前，制造企业服务转型战略的大部分研究是在商品主导逻辑下进行的，商品与服务的明确区分容易使研究在逻辑上陷入两难境地：虽然强调服务创新是制造企业获得持久竞争优势和高利润的重要战略决策，但将看似"水火不容"的服务与制造这两个对立的要素整合在一个组织内会带来无法避免的内在冲突，降低组织效率，甚至导致失败。而新兴的服务主导逻辑将服务重新定义成为了其他实体的利益而使用某人（企业、机构等）的资源和能力的过程，无论是商品还是服务品都是间接和直接提供服务的一种工具。因此，在较好地解决"服务转型悖论"的同时，为制造企业服务转型战略带来了新的语言、透镜和研究视野。

第二，全球价值链与发展中国家的制造企业服务转型问题。目前，制造企业服务转型战略的大部分研究是针对美国、欧洲等发达国家（或地区）资本商品产业的大型企业的（Gebauer et al.，2010b），几乎没有对发展中国家的相关研究。而发展中国家，特别是中国的制造企业服务转型具有明显的独特性：在全球价值链的国际分工格局下，大量的中国制造企业取得举世瞩目的制造优势，但其背后是自废"服务武功"，仅扮演制造代工的角色。这种代工企业在服务转型升级中将面临两个特有的挑战：一是如何应对已占据高价值服务端的跨国公司的竞争压力；二是如何恢复"服务武功"。

这两个知识缺口正是本文的出发点和理论意义所在，而中国的大量制造企业正在进行的服务转型无疑为本研究提供了很好的时间窗口。与此同时，提供一套科学的理论来帮助中国制造企业成功进行服务化转型，对于提高"中国制造"的国际竞争力，实现经济发展方式由主要依靠第二产业带动向依靠第一、第二、第三产业协同带动转变，其战略意义不言而喻。

二　制造企业服务转型的研究现状及挑战

自 20 世纪 70 年代末开始，一些知名制造企业尝试将服务品增加到它们已有的产品中，试图通过为顾客提供总的解决方案来提高竞争力和绩效。这种制造企业从产品（Products）到服务品（Services）提供的转变早在 20 世纪 60 年代学术界就有所提及（Becker，1962），但直至 80 年代才被重视（Mont，2002），吸引着来自服务管理、战略管理、市场营销、生产与运作管理等领域的学者基于不同的理论和视角对此展开研究，由此也产生了不同的提法和术语，包括制造业服务化（Servitization of Manufacturing）、服务导向或中心战略（Service Oriented or Centred Strategy）、服务战略（Service Strategy）、解决方案提供（Solution Provision）、产品服务化（Product Servicizing）、工业服务（Industrial Services）、产品－服务系统（Product－service System，PSS）和服务业务扩展（Service Business Expansion）等。对此，本文按 Fang 等（2008）将这些统称为服务转型战略（Service Transition Strategies），以表达制造企业的这种战略性再定向：制造企业从产品到服务的转型过程中整合解决方案、组织要素安排和能力的创新和变革。

驱动制造企业实施服务转型战略的因素可以归结为三大类：财务的、战略的和市场营销的（Gebauer & Fleisch，2007）。财务驱动因素通常指更高的边际贡献和更稳定的收入（Johnsto et al.，2009），能良好地抵御影响投资和产品购买的经济周期（Brax，2005）。战略驱动因素主要与赢得竞争优势有关，包括使用服务差异化来提供重要的竞争机会（Mathieu，2001），更具有无形性、劳动依赖和难以模仿的特征（Auguste et al.，2006），有效应对市场商品趋同化（Commoditization of Market），提高竞争持久性等。市场营销机会通常被理解为使用服务来更多地销售产品，如服务要素会影响购买决策

（Gremyr et al.，2010），服务通过创造顾客忠诚带来重复销售（Correa et al.，2007），使顾客更好理解其需要等（Mathe & Shapiro，1993）。尽管有上述好处，但实际上制造企业的服务转型是相当困难的，面临着诸多挑战，甚至出现了"服务悖论"（Service Paradox）的尴尬局面：制造企业在服务拓展方面进行了大量投资，增加了服务提供，相应地导致成本上升，但这些并没有带来期望的高回报（Gebauer et al.，2005）。概括起来，这些挑战可以广义地归纳为三大类：整合解决方案设计、组织要素安排和能力开发（Baines et al.，2009）。基于本研究的需要这里重点讨论这三类挑战，具体如下。

（一）整合解决方案设计问题

制造企业的服务转型并不是简单地放弃制造，而是基于它们的"核心制造能力"向高附加值服务延伸，以提供满足顾客需求的整合解决方案。整合解决方案（Integrated Solution），通常又称为顾客解决方案、商业解决方案和总解决方案，强调解决方案是产品、服务品和软件的集合，能解决顾客专有问题，是一个宽泛、复杂的出售物，不仅聚焦在技术性整合上，而且聚焦在总的使用情景上（Nordin & Kowalkowski，2010）。

目前很少有研究提供整合解决方案的指导、工具和技术，其难点在于设计服务品显著地不同于设计产品，从本质上讲服务品具有模糊性，难以定义（Baines et al.，2009）。整合解决方案的设计不但是方案提供从产品导向服务向使用者过程导向服务转移，而且是顾客交互的属性从交易基础向关系基础转移（Oliva & Kallenberg，2003）。不仅如此，在研究整合解决方案的种类时，Davies 等（2006）强调两种极端模型——纯系统销售者（Pure Systems Seller）和纯系统整合者（Pure Systems Intergrator）。与早期系统销售文献强调在一个组织内形成产品和服务集合不同，系统整合则突出整合组织内、外部活动来提供多厂商出售物（Multi-vendor Offerings）；而整合解决方案则是这两种纯模式复杂组合形成的多种组织形式。因此，作为整合解决方案提供者，制造企业不仅是产品要素的装配者，它还有责任进行一般系统设计、外部要素供应商的选择和协调，将要素整合进一个功能系统中，为新系统升级开发技术知识。整合解决方案设计的复杂性使目前的研究主要集中在方案的种类和演化方面。如维斯（Wise）和鲍姆加特纳（Baumgartner）将制造企业移向下游的服务分为四大类，将服务整合进产品的嵌入服务、围绕产品市场的综合服务、超越传统产品基础旨在估计顾客综合需要的整合解决方案和分销控制。马修（Mathieu）将制造企业提供的服务分为支持产品服务、支持客户服务和支持网络服务。格鲍尔（Gebauer）等按制造企业服务提供的内容区分了五种服务战略，分别是顾客服务、售后服务、顾客支持服务、开发伙伴和外包伙伴等。更多的研究认为解决方案处于一个产品和服务的连续体中，并由此带来了整合解决方案的演化问题。

（二） 组织要素安排问题

整合产品和服务品解决方案的提供要求在组织结构、文化、核心过程等组织要素安排（Organizatioal Arrangement Parameters）方面进行相应的变革（Gremyr et al. , 2010）。制造企业的服务转型实际上也是服务性功能组织增加的过程（Windahl et al. , 2004），布赖森（Bryson）和丹尼尔斯（Daniels）用"服务二元性"（Services Duality）强调了战略理论的构造（Configuration）概念的重要性（Bowen et al. , 1989），说明了服务在制造企业服务转型中扮演的两大角色：一是作为整合解决方案的服务品，即将产品和服务品的产出过程整合起来作为一种中间投入品为最终客户的价值创造做出直接或间接的贡献；二是制造企业内部生产过程中的服务性功能，即服务类型功能（如营销、物流等）在生产和劳动分工中扮演的关键角色。因此，制造企业的服务转型实际上也是服务性功能组织增加的过程。影响制造企业服务转型的组织性安排要素主要包括组织结构、IT技术与功能、人力资源管理、评级与激励、跨组织管理、中心化顾客面对服务单元和组织文化等。其中创造一种服务导向的文化和找到正确的人是服务转型成功的关键，因为在制造企业历史中没有服务相关目标，需要氛围和文化变革来支持这些目标，即将战略选择、组织要素安排和顾客服务活动有效整合起来，以实现一致性和有效性；并提出了两个重要构造：服务导向制造业构造和原型制造特征构造。而且，制造企业服务转型战略中积极探讨组织要素安排的更深刻原因在于：在产品与服务品明确区分的思维逻辑下，制造企业与服务企业在组织上也存在明显的差异（Van Biema & Greenwald，1997），服务管理原则通常不被传统的制造企业认同（Mathieu，2001）。因此，制造企业的服务转型战略也是一种组织战略，即将服务导向的组织性安排要素添加到制造企业里或替代制造企业原有的要素（Baines et al.，2009）。但是这意味着在同一组织内整合混合组织性要素（Mix organzational Elements），会给服务转型的过程带来内在的困扰，甚至冲突（Krishnamurthy et al.，2003）。与整合解决方案研究主要是以案例研究为主的探索性研究相比，组织要素安排的研究主要是实证性研究（Gebauer et al.，2010a；Homburg et al.，2003；Homburg et al.，2002），组织服务导向、服务导向战略等概念的量表已经得到开发（Lytle et al.，1998，2000，2004）。

（三）能力开发问题

服务转型意味着为传统制造企业带来高附加值增值能力，但是缺乏相应的能力恰恰是阻碍制造企业服务转型的重要原因之一。目前，有关制造企业服务转型中能力发展的研究还处于起步阶段，戴维斯（Davies）提出了整合解决方案能力的关键分类，包括系统整合能力、运作服务能力、商业咨询能力、金融服务能力；格鲍尔（Gebauer）等提出企业服务转型开始聚焦一定的资源和能力则意味着企业朝向一定的服务战略；阿加瓦尔（Agarwal）和舍能（Selen）探讨了服务价值网络中动态能力构建，包括创业敏感性、合作灵活性、顾客介入、合作性组织学习等能力；布杰克罗（Bjurklo）等研究发现顾客价值社会化和顾客价值管理是启动制造企业服务转型的两大关键能力；等等。

在国内，关于制造企业服务转型的研究从 1999 年开始，主要是围绕"制造业服务化"、"制造企业服务增强"和"服务型制造"等主题展开的。"服务化"的研究占国内相关文献的一半以上，主要经历了三个阶段。首先是郭跃进（1999）和左鹏（1999）开始关注国外的制造业服务化，就其表现和新兴原因进行了分析。在沉寂了五年后，制造业服务化才再度受到关注（戴志强，2007；宋高歌等，2005；吴敬琏，2008；武静雯等，2008；等等），其中刘继国等在对国外制造业服务化做出系统回顾的基础上，提出制造企业投入服务战略和产出服务化战略的概念，并就影响因素及与绩效的关系开展了实证研究（刘继国等，2006，2007，2008）。进入 2009 年后，研究服务化的学者明显增多，研究内容也呈现多样化，包括生态效益（陈艳莹、周娟，2009）、发展路径和典型模式（来有为，2009）、文化转变（陈广源，2009）、特征和动因（周艳春，2010）、路线图（安筱鹏，2010）、与经营绩效的关系及实证检验（陈洁雄，2010；翁智刚，2010；诸雪峰等，2010）和产品服务化供应链的运作模式（陈菊红等，2010）等。吴贵生和蔺雷等组成的学术团队在国家自然科学基金"制造企业服务增强的机理、模式与战略研究"（70472008）资助下，从服务创新的角度对"制造业服务增强"问题开展研究，强调制造业增加值创造的重点已转向服务要素，企业能够通过基于服务创新的差异化竞争手段而获取优势，并因此形成"服务增强型产品"和"服务增强型制造业"（高晓蔚等，2008；蔺雷等，2007，2009）。孙林岩、李刚和江志斌等组成的学术团队在对制造战略进行深入研究的基础上，于 2006 年底独立提出了服务型制造的概念（何哲等，2010；孙林岩等，2007），并就服务型制造模式的体系结构与实施模式（李刚等，2010）、供应商选择（王凌等，2010）、价值创造机理（李刚等，2009）和服务型制造与企业持续竞争优势之间的关系（冯泰文等，2009）等进行了探讨（林文进等，2009）。此外，一些作者还对产品服务增值（郑吉昌，2003）、产品服务系统（刘新艳，2009）进行了研究。我们发现 2010 年有关制造企业服务化的国家自然科学基金课题较前几年明显增加，主要有戚振江（71072113）、江平宇（71071125）、杨洋（71002060）和尹航（71002048）等。

综合以上文献不难发现，制造企业服务转型的重要性和必要性已得到人们的广泛认同，但在转型面临的诸多挑战方面，国内外大多数研究还停留在探索层面，严重落后于产业实践，难以对制造企业服务转型战略的制定与实施提供有力的理论指导（Baines et al.，2009）。

三　服务转型悖论与商品主导逻辑

总的来说，目前有关制造企业服务转型的相关研究正如贝恩斯（Baines）等对能收到的58篇文献进行系统性回顾后指出的：尽管研究者不断强调制造企业转向服务的重要性，但这类研究多是描述性和概念性的或基于案例研究和深度访谈的探索性研究，且主要发表在《哈佛商业评论》《工业营销管理》等管理和商业实践导向的期刊上，还缺乏实证性研究。与此同时，这些研究主要是针对美国和欧洲的资本商品产业，而对消费商品产业的研究比较少；对大型企业研究比较多而对中小企业研究少；几乎没有对发展中国家的相关研究。更重要的是，目前对制造企业服务转型的研究似乎会陷入"服务转型悖论"（Service Transition Paradox）之中：虽然强调服务创新是制造企业获得持久竞争优势和高利润的重要战略，但将看似"水火不容"的服务与制造这两个对立的要素整合到一个组织内将带来无法避免的内在冲突，降低组织效率，甚至失败。

造成"服务转型悖论"问题的根本原因是大多数研究者坚持认为产品和服务品有明确区别，其背后体现的是建立在工业经济的假设和模型基础上的商品主导逻辑（Vargo & Lusch，2004）。因能源应用上的技术性突破而产生的工业革命，使工厂系统成为经济世界的基本单元，也使得专业化和劳动分工的基本理念深入人类文明的各个角落，区分商品与服务正是这种理念的体现（Normann & Ramirez，1993）。整个工业时代的特点可以用福特主义的隐喻来概括（Normann，2001），汽车装配线也被认为是主导 20 世纪管理概念的拱心石（Ramirez，1999），将产业价值生产用"价值链"术语来概念化也就不足为奇了（Porter，1985）。在价值链的隐喻下，原料在生产过程的不同阶段移动着，价值创造不仅是前后相继的，而且隐含着价值是"增值"的，这也是商品主导逻辑的核心所在（Normann，2001）。在该逻辑下，"分"的特征非常明显。

（一）在商品主导逻辑下商品处于中心位置，而服务被认为是"次优"产出

在亚当·斯密（Adam Smith）等的影响下，新古典经济学对价值的关注从中世纪经院哲学家的使用价值转向交换价值，交换的标的——单位产出（Unit of Output）自然成为关注的焦点。出于对国家财富源泉的考虑，这种单位产出应该是"生产性的"、有形的、生产过程中没有顾客介入、标准化的且可以被储存直至销售，而其他的非生产性产出虽然对个人和国家的幸福是必要和有用的，但不能对国家财富积累产生贡献。随着历史的推移，"生产性产出"和"非生产性产出"的区别转变为今天的"商品与服务"的区别。因此，在新古典经济学的世界里，"生产性"商品自然处于中心位置，而"非生产性"的服务则被定义为不是商品的产出，并具有如下特征：无形性（Intangibility）、不可分离性（Inseparability）、异质性（Heterogeneity）和不可存储性（Perishability），简称服务的 IIHP 特性。这种将服务作为商品残余的定义实际上是将服务作为一种特殊的商品，而且是一种次优或低等的商品。目前大部分国家对经济分类经常使用的三部门模型充分反映了上述特点。

（二）在商品主导逻辑下企业作为价值创造者成为主角，而顾客是价值的毁灭者

在新古典经济世界里只有劳动才能创造价值，而工业革命中诞生的现代企业正是分工化的劳动者的集合，也自然成为整个经济生活的主角。随着工业化的推进，关键性资源的重力中心从自然资源、谈判优先权和地理位置转移到对生产技术和支撑它的资本的掌握上；手工生产转变为以标准化和专业化为特征的大规模生产。牛顿思维范式下，通过生产过程使产品的某些属性增加或扩大，劳动也转为某种顾客需要的"效用"嵌入商品上，实现了价值的增值。因此，在商品主导逻辑下只有企业才是价值的创造者，价值是企业以商品的形式创造的；而最终顾客则是整个价值链系统制造出来的商品的接收者，位于价值创造活动之外，是价值的毁灭者和消费者。换言之，在原材料经过价值链被逐渐生产成商品的过程中，价值在不断增加；但是商品在通过市场交换转移到顾客手中后，顾客却在使用商品满足其某种需要的过程中销毁价值。企业作为价值创造者成为主角，而顾客则是整个价值链系统制造出来的商品的接收者，位于价值创造活动之外，是价值的毁灭者（Lusch et al. , 2010）。

概括起来，在商品主导逻辑下制造企业服务转型的研究不可避免地会陷入"服务转型悖论"的陷阱中。具体来说，在制造企业的提供物（Offerings）选择上，要么是建议企业外包（或舍弃）制造而向服务升级，要么将视野局限于产品服务连续体中服务与产品的所占比重确定上。而在组织要素安排上，产品与服务品的明确区分自然会导致制造企业与服务企业在组织上也存在明显的差异，服务管理原则通常不被传统的制造企业认同。因此，制造企业的服务转型也是一种组织战略，即将服务导向的组织性安排要素添加或替代到制造企业里。但是这意味着会在同一组织内整合混合组织性要素，会给服务转型的过程带来内在的困扰，甚至冲突。

四　服务主导逻辑研究现状及启示

由于传统商品主导逻辑思想难以诠释现代商业环境的变化，因此，Vargo 和 Lusch（2004）两位学者提出了服务主导逻辑，并且建议用全新的服务主导逻辑（SD）来取代传统的产品主导逻辑（GD），以指导企业的战略制定和实施工作。后来 Vargo 和 Lusch

（2008）又对最初提出的 SD 8 大主张进行修订，最近，全面的关于 SD 视角这个概念的解释包括 10 个方面的内容（Vargo，2009）（见表 1）。目前，服务主导逻辑开始被应用于各种领域研究中，如品牌（Ballantyne & Aitken，2007；Merz et al.，2009；Payne et al.，2009）、战略（Madhavaram & Hunt，2008；Barnes et al.，2009）、学习与创新（Michel et al.，2008；Mele，2009；Lusch et al.，2010）、消费行为（Tronvoll，2007；Aitken et al.，2008；Anderson et al.，2008）和物流（Esper et al.，2010）等。

表 1　服务主导逻辑的基本思想

基本假设	说明/理由
FP1：服务是交换的基本条件	对操作性资源（知识和技能）的应用，"服务"是所有交换的基础
FP2：间接的交换是交换的隐蔽条件	实物、资金和机构是服务交换的隐蔽因素
FP3：物品是提供服务的载体	物品（耐用的和不耐用的）通过其实用性展示其价值——对方提供的服务
FP4：操作性资源是竞争优势的基本来源	卓越的能力渴望改变，因此想参与竞争
FP5：所有的经济都是服务经济	细分市场的发展会使得（单独的）服务需求越来越明显
FP6：顾客往往是价值的共创者	暗示价值创造是一种互动
FP7：企业不能传递价值，只能提供价值的理念	企业能提供可用资源，并和顾客共创价值
FP8：以服务为主导的观点本质上是以顾客为主导或和顾客相关的	价值是顾客决定和共创的，因此，价值其实是顾客导向的或和顾客相关的
FP9：所有的经济和社会行为都是在整合资源	暗示价值创造的背景是整合了网状资源的网络
FP10：价值始终是由受益人独特的视角决定的	价值是有特质的、体验性的、情境性的和意义深远的

资料来源：根据 Vargo（2009）修改。

国内对服务主导逻辑的研究才刚刚开始，如王永贵等（2009）基于服务主导范式开展顾客知识转移与创新绩效的关系研究，王永贵教授也于 2010 年获得国家自然科学基金"基于服务主导逻辑范式的价值共创与分享研究：理论探讨与实证分析（71072019）"；刘林青等（2010）以苹果公司为例说明新的基于使用价值的服务主导逻辑正在兴起，并逐渐取代传统的基于交换价值的商品主导逻辑用来指导企业的战略和行动；李雷等（2012）在评判现有相关研究成果的基础上，遵循符合信息时代特征的服务主导逻辑对电子服务概念进行了重新界定；郭朝阳等（2012）在文献梳理的基础上详细阐述了服务主导逻辑的缘起和演进轨迹；钟振东等（2014）对价值共同创造进行深入研究并提出了一个价值共创概念模型。

总之，根据服务主导逻辑（SD），客户都被视为企业的合作伙伴，属于能够掌控其他资源的主动性资源。但商品主导逻辑（GD）认为顾客属于被动性资源（Vargo & Lusch，2004），且将竞争优势定义为一种能实现效用最大化的功能，通过根据假设的被动消费者的需求，将营销的4Ps（即产品、价格、促销、渠道）嵌入产品中产生价值。相比之下，服务主导逻辑（SD）把服务定义为另一实体的"利"（Vargo & Lusch，2004），是对各种专业能力（知识和技能）的应用，而不是生产出来的产品。因此，服务主导逻辑（SD）本质上认为一个服务机构必须通过基本知识和技能来识别和培养自己的竞争力和能力，此外，它也必须识别能够受益于这些能力的客户，并培养与这些客户的关系。在发达国家处于次优地位的服务部门却超越制造部门成为经济主体，这种趋势在中国等发展中国家也越来越明显，这到底是进步还是退步？为此，瓦格罗（Vagro）和鲁希（Lusch）提出的服务主导逻辑为我们提供了一种思考经济交换中的价值与价值创造的新思维逻辑和范式。

五　服务主导逻辑带来的新思维

在商品主导逻辑下，"分"的特征非常明显，这种逻辑与工业革命早期的技术和社会背景相适应，但是在信息革命和全球化的今天，商品和服务品的明确区分不但相当困难，而且成为一种负担（Gummesson，2008）。为此，Vagro 和 Lusch（2004）建议用服务主导逻辑来代替商品主导逻辑，将研究的中心从单位产出和价格转移到服务过程上。服务主导逻辑的中心是对"服务"重新定义：服务（Service）是为了其他实体的利益而使用某人（企业、机构等）的资源和能力的过程，无论是商品（Goods）还是服务品（Services）都是间接和直接提供服务的一种工具（Vargo & Lusch，2008）。基于此，服务主导逻辑提出了 10 个基础性假设前提。与商品主导逻辑的"分"的特征刚好相反，服务主导逻辑充分体现了"合"的特征。价值是企业和顾客在商品设计、生产、交付和消费的过程中一起参与、互动的时候共同创造的，即价值是由客户定义、创造出来的，而不是附带在结果里的（Vargo & Lusch，2004；Ballantyne & Varey，2006；Lusch et al. ，2008；Vargo，2009）。

（一）在服务主导逻辑下服务是一切经济交换的根本性基础，所有经济都是服务经济

与商品主导逻辑下将服务定义为单位产出的一种类别不同，服务主导逻辑的中心是对"服务"重新定义：服务是为了其他实体的利益而使用某人（企业、机构等）的资源和能力的过程，无论是商品还是服务品都是间接和直接提供服务的一种工具。通过服务的重新定义，服务主导逻辑将过去的商品与服务之分统一到服务上来。该逻辑的第一教义就是服务是所有经济交换的根本性基础（FP1），即法国著名经济学家巴斯夏（Bastiat）所说的"为服务而交换服务"。所有经济交换的目的和内容就只有一个——服务，即所有经济就实质而言都是服务经济（FP5）。但这种"服务对服务"的经济交换的本质特征经常被间接交换所掩盖（FP2）。商品在服务主导逻辑里扮演着非常重要的角色，但仅被看作服务提供的分销机制，而不是价值创造和交换的首要要素（FP3）。因此在商品主导逻辑下商品与服务的区别，在服务主导逻辑下变成直接与间接的服务提供的区别。服务是经济活动的基本成分，以服务为中心的过程是经济活动目标，这些活动从根本上被引导为寻找和提供解决方案，即直接和间接服务（商品）的服务复杂组合。

（二）在服务主导逻辑下顾客不再是价值的毁灭者，企业和顾客共同创造价值

服务主导逻辑的第二个重要教义就是对价值创造的重新认识。商品主导逻辑关注的焦点是交换价值，因此价值是商品的属性，是由企业创造并分销给"消费者"的，而消费者会毁灭和消费它。而服务主导逻辑关注的焦点是使用价值，价值不是单位产出在市场交换中被实现，而是在一定情景下的单位产出被使用而实现。以软件工具为例，购买者仅仅获取或拥有软件是不能够获取价值的，只有为了特定目的使用该软件才能获得其价值，这也就不奇怪"软件作为一种服务"（Software as a Service, SaaS）为何成为软件业的一种共识了。企业不能单独创造价值只能提供价值主张（FP7），然后在被顾客接受后与其一起合作创造价值（FP6）。企业直接的或通过商品间接的服务提供，也仅仅是顾客价值创造中的一种投入。在价值可被实现前，这些投入必须与其他资源整合起来，这些资源中有一些是通过市场获得的，另一些是私人（如个人、朋友和家庭）的或公共性（如政府）的（FP9）。不仅如此，只有顾客才能对价值进行评价；换言之，价值总是被受益人独特地决定着（FP10）。

（三）在服务主导逻辑下所有参与者都是资源整合者，共同组成服务生态系统

将顾客作为价值共同创造的思想实际上意味着企业和顾客在价值创造中扮演的角色是一样的；不仅如此，价值创造需要企业、顾客、供应商、雇员和股票持有者与其他网络伙伴的共同参与，而不仅仅是企业或企业－顾客界面。这样，一个价值创造网络就被用来替代价值链；价值不再是在分离的线性价值链中前后相继地被创造，而是在顾客、供应商和雇员等组成的网络中交互地共

同创造。在服务主导逻辑中，这样的价值创造网络被称为服务生态系统（Service Ecosystems）——由服务系统组成的松散耦合系统。一个服务系统是资源（包括人、技术和信息等）的安排集合，目的是整合它自己的资源和其他服务系统的资源来共创价值。因此，这些服务系统又被称为"资源整合者"（FP9）。一个服务系统提供服务仅仅代表资源的一个子集，必须被另一个服务系统整合进来创造价值。

显然，服务主导逻辑能较好地解决"服务转型悖论"。不仅如此，因为关注点不同，服务主导逻辑与商品主导逻辑有着不同的概念体系（见表2）；换言之，服务主导逻辑可为制造企业服务转型带来新的语言、透镜和研究视野。因此，一些学者已开始将服务主导逻辑运用到制造企业服务转型的研究中。例如，布杰克罗（Bjurklo）等提出制造企业应将它们的战略聚焦从传统的交易转移到长期的顾客关系上；塞瓦斯蒂安（Sebastiani）和帕约拉（Paiola）认为可以用服务主导逻辑形成服务创新路径，指导制造企业的服务转型；鲁希（Lusch）等提出制造企业通过服务转型实现价值液化（去物质化），进而通过价值富集在服务价值网络中占据有利位置；科瓦（Cova）

表2　不同主导逻辑下的概念体系

商品主导逻辑下的概念		过渡性的概念		服务主导逻辑下的概念
商品	----→	服务品	----→	服务
产品	----→	出售物	----→	体验
特征/属性	----→	受益	----→	解决方案
价值增值	----→	共同生产	----→	价值共创
价值最大化	----→	金融工程	----→	金融反馈
价格	----→	价值传递	----→	价值主张
均衡系统	----→	动态系统	----→	复杂适应系统
供应链	----→	价值链	----→	价值创造网络
促销	----→	整合营销	----→	对话
产品导向	----→	市场导向	----→	服务主导逻辑

资料来源：Vargo 和 Lusch（2008）。

和沙利（Salle）进一步认为在服务主导逻辑下，制造企业的服务转型不应仅仅局限于设计自身的产品和服务品的组合上，还应规划整合服务生态系统的服务架构和产业架构，从而取得架构控制权；等等。应该说，服务主导逻辑是 20 世纪 70 年代以来服务研究的有效结论的一种整合，主要是为我们提供一种思考经济交换中的价值的思路与价值创造的新思维逻辑和范式（即哲学和精神层面的），进一步的理论化工作才刚刚开始。

六　研究启示

综上所述，制造企业服务转型的重要性和必要性已得到人们的广泛认同，但转型并不容易，面临诸多挑战。目前，制造企业服务转型的大部分研究是在商品主导逻辑下进行的，商品与服务的明确区分容易使研究在逻辑上陷入两难境地：虽然强调服务创新是制造企业获得持久竞争优势和高利润的重要战略，但将看似"水火不容"的服务与制造这两个对立的要素整合在一个组织内将带来无法避免的内在冲突，将降低组织效率。而服务主导逻辑通过重新定义"服务"，在较好地解决"服务转型悖论"的同时，也为制造企业服务转型带来新的研究视野：将研究聚焦从关注产品和服务品本身，转移到企业作为资源整合者在由顾客、企业和伙伴组成服务价值网络中如何共创价值、培育独特能力赢得权力进而占有价值，而产品和服务品仅仅是企业提供服务以实现上述目标、没有本质区别的工具而已。

与此同时，目前有关制造企业服务转型的大部分研究是针对美国、欧洲等发达国家（或地区）资本商品产业的大型企业的，因此存在如下缺陷。首先，研究成果有很深的资本商品产业痕迹（如确定的安装基础、维护服务和金融服务等服务分类），能否概化到消费商品产业亟待解决。其次，研究主要针对大型企业，缺乏针对处于价值链不同环节的制造企业的研究。最后也是最重要的，几乎没有对发展中国家的相关研究，而发展中国家，特别是中国的制造企业服务转型具有明显的独特性，这与全球价值链的国际分工格局密切相关。在这种新国际分工背景下，中国制造业利用劳动力比较优势和大国优势，通过大规模吸收外国直接投资，积极融入全球价值链的制造环节，赢得国际竞争优势，成为"世界制造基地"。大量的中国制造企业取得举世瞩目的制造优势，但其背后是自废"服务武功"，仅扮演制造代工的角色。这种代工企业在服务转型升级中必须面对两个特有的挑战：一是如何应对处于优势地位的品牌领导商的竞争压力；二是如何恢复"服务武功"，以提升自身竞争力。

参考文献

［1］刘世锦、任兴洲、王微：《关于服务经济发展的若干认识》，《科学发展》2010年第8期。

［2］郭跃进：《论制造业的服务化经营趋势》，《中国工业经济》1999年第3期。

［3］宋高歌、黄培清、帅萍：《基于产品服务化的循环经济发展模式研究》，《中国工业经济》2005年第5期。

［4］刘继国、李江帆：《国外制造业服务化问题研究综述》，《经济学家》2007年第3期。

［5］刘继国：《制造业企业投入服务化战略的影响因素及其绩效：理论框架与实证研究》，《管理学报》2008年第2期。

［6］陈艳莹、周娟：《制造业服务化的生态效益：国外研究进展述评》，《工业技术经济》2009年第1期。

［7］来有为：《"制造企业服务化"的发展路径和典型模式》，《中国发展观察》2009年第3期。

［8］周艳春、赵守国：《制造企业服务化的理论依据及动因分析》，《科技管理研究》2010年第3期。

［9］陈洁雄：《制造业服务化与经营绩效的实证检验》，《商业经济与管理》2010年第4期。

［10］翁智刚、王萍：《服务扩展对公司价值影响研究》，《财贸经济》2010年第2期。

［11］诸雪峰、贺远琼、田志龙：《制造型企业服务战略与企业绩效的关系研究》，

[12] 葡雷，吴贵生：《我国制造企业服务增强差异化机制的实证研究》，《管理世界》2007 年第 6 期。

[13] 葡雷，吴贵生：《制造企业服务增强的质量弥补：基于资源配置视角的实证研究》，《管理科学学报》2009 年第 3 期。

[14] 何哲，孙林岩，朱春燕：《服务型制造的概念、问题和前瞻》，《科学学研究》2010 年第 1 期。

[15] 孙林岩，李刚，江志斌，郑力，何哲：《21 世纪的先进制造模式——服务型制造》，《中国机械工程》2007 年第 19 期。

[16] 冯泰文，孙林岩，何哲，张颖：《制造与服务的融合：服务型制造》，《科学学研究》2009 年第 6 期。

[17] 林文进，江志斌，李娜：《服务型制造理论研究综述》，《工业工程与管理》2009 年第 6 期。

[18] 郑吉昌：《产品服务增值与现代制造模型构建》，2009JMS 中国营销科学年会暨博士生论坛：2009，419～428。

[19] 王水贵，卢俊义：《顾客知识转移与创新绩效的关系研究：基于服务主导范式中联合创造价值视角的理论综述和模型构建》，《商业经济与管理》2003 年第 8 期。

[20] 刘林青，雷昊，谭力文：《从商品主导逻辑到服务主导逻辑——以苹果公司为例》，《中国工业经济》2010 年第 9 期。

[21] Richard Normann, *Reframing Business: When the Map Change the Landscape*, Chichester, NS: Wiley, 2001.

[22] Adrian J. Slywotzky, *Value Migration: How to Think Several Moves Ahead of the Competition*, Boston, MA: Harvard Business School Press, 1996.

[23] Gary S. Becker, Irrational Behavior and Economic - Theory, *The Journal of Political Economy*, Vol. 70, 1962, pp. 1 - 13.

[24] Oksana Mont, Drivers & Barriers for Shifting Towards More Service - oriented Business: Analysis of the PSS Field & Contributions from Sweden, *Journal of Sustainable Product Design*, No. 2, 2002, pp. 89 - 103.

[25] Fang, E., Palmatier, R. W. & Steenkamp, J. B. E. M. Effect of Service Transition Strategies on Firm Value, *Journal of Marketing*, 2008, 72 (5): 1 - 14.

[26] Heiko Gebauer and Elgar Fleisch, An Investigation of the Relationship between Behavioural Processes, Motivation, Investments in the Service Business and Service Revenue, *Industrial Marketing Management*, Vol. 36, No. 3, 2007, pp. 337 - 348.

[27] Johnsto, S., Dainty, A. & Wilkinson, A., Integrating Products and Services through Life: an Aerospace Experience, *International Journal of Operations & Production Management*, 2009, 29 (5): 520 - 538.

[28] Saara Brax, A Manufacturer Becoming Service Provider: Challenges and a Paradox, *Manufacturing Service Quality*, Vol 15, No. 2, 2005, pp. 142 - 156.

[29] Paul Matthyssens and Koen Vandenbempt, Moving from Basic Offerings to Value - added Solutions: Strategies, Barriers and Alignment, *Industrial Marketing Management*, Vol 37, No. 3, 2008, pp. 316 - 328.

[30] Roberta Sebastiani and Marco Paiola, Rethinking Service Innovation Four Pathways to Evolution, *International Journal of Quality and Service Sciences*, Vol 2, No. 1, 2010, pp. 79 - 94.

[31] Andrew Davies, Moving Base into High - value Integrated Solutions: a Value Stream Approach, *Industrial and Corporate Change*, Vol 13, No. 5, 2004, pp. 727 - 756.

[32] Fredrik Nordin and Christian Kowalkowski, Solutions Offerings: a Critical Review and Reconceptualisation, *Journal of Service Management*, Vol 21, No. 4, 2010, pp. 441 - 459.

[33] Oliva, R. & Kallenberg, R., Managing the Transition from Products to Services, *International Journal of Service Industry Management*, 2003, 14 (2): 160 - 172.

[34] Davies, A., van Dierdonck, R. & Van Looy, B., Organizing for Solutions: Systems Sellers vs Systems Integration, *Industrial Marketing Management*, 2006, 36: 183 - 193.

[35] Richard Wise and Peter Baumgartner, Go Downstream - The New Profit Imperative in Manufacturing, *Harvard Business Review*, Vol 77, No. 5, 1999, pp. 133 - 141.

[36] Valerie Mathieu, Service Strategies within the Manufacturing Sector: Benefits, Costs and Partnership, *International Journal of Service Industry Management*, Vol 12, 2001, pp. 451 - 475.

[37] Heiko Gebauer, Bo Edvardsson, Anders Gustafsson and Lars Witell, Match or Mismatch: Strategy - Structure Configurations in the Service Business of Manufacturing Companies, *Journal of Service Research*, Vol 13, No. 2, 2010, pp. 198 - 215.

[38] Ida Gremyr, Nina Lofberg, Lars Witell, Service Innovations in Manufacturing Firms, *Managing Service Quality*, Vol 20, No. 2, 2010, pp. 161 - 175.

[39] Bryson, J. R. & Daniels, P. W. (Eds.), *Service Worlds: The "Services Duality" and the Rise of the "Manuservice" Economy*, New York: Springer, 2010.

[40] Bowen, D. E., Siehl, C. & Schneider, B., A Framework for Analyzing Customer Service Orientations in Manufacturing, *Academy of Management Review*, 1989, 14 (1):

75 - 95.

[41] Nina Löfberg, Lars Witell, Anders Gustafsson, Service Strategies in a Supply Chain, *Journal of Service Management*, Vol 21, No. 4, 2010, pp. 427 - 440.

[42] Lofberg, N. , Witell, L. & Gustafsson, A. , Service Strategies in a Supply Chain, *Journal of Service Management*, 21 (4): 427 - 440.

[43] Windahl, C. & Lakemond, N. , Developing Integrated Solutions: the Importance of Relationships within the Network, *Industrial Marketing Management*, 2006, 35 (7): 806 - 818.

[44] Homburg, C. , Hoyer, W. D. & Fassnacht, M. , Service Orientation of a Retailer's Business Strategy: Dimensions, Antecedents, and Performance Outcomes, *Journal of Marketing*, 2002, 66 (4): 86 - 101.

[45] Joost P. M. Wouters, Customer Service Strategy Options: a Multiple Case Study in a B2B Setting, *Industrial Marketing Management*, Vol 33, No. 7, 2004, pp. 583 - 92.

[46] Andrew Davies, Tim Brady, and Michael Hobday, Organizing for Solutions: Systems Sellers vs Systems Integration, *Industrial Marketing Management*, Vol 36, No. 2, 2006, pp. 183 - 193.

[47] Heiko Gebauer, Thomas Friedli, and Elgar Fleisch, Success Factors for Achieving High Service Revenues in Manufacturing Companies, *Benchmarking: An International Journal*, Vol 13, No. 3, 2006, pp. 374 - 386.

[48] Renu Agarwal, and Willem Selen, Dynamic Capability Building in Service Value Networks for Achieving Service Innovation, *Decision Sciences*, Vol 40, No. 2, 2009, pp. 431 - 475.

[49] Margareta Bjurklo, Bo Edvardsson, and Heiko Gebauer, The Role of Competence in Initiating the Transition from Products to Service, *Managing Service Quality*, Vol 19, No. 5, 2009, pp. 493 - 510.

[50] T. S. Baines, H. W. Lightfoot, O. Benedettini and J. M. Kay, The Servitization of Manufacturing: A Review of Literature and Reflection on Future Challenges, *Journal of Manufacturing Technology Management*, Vol 20, No. 5, 2009, pp. 547 - 567.

[51] Stephen L. Vargo, and Robert F. Lusch, Evolving to a New Dominant Logic for Marketing, *Journal of Marketing*, Vol 68, No. 1, 2004, pp. 1 - 17.

[52] Richard Normann and Rafael Ramírez, From Value Chain to Value Constellation: Designing Interactive Strategy, *Harvard Business Review*, Vol 71, No. 4, 1993, pp. 65 - 77.

[53] Ramirez, R. , Value co - production: Intellectual Origins and Implications for Practice and Research, *Strategic Management Journal*, 1999, 20 (1): 49 - 65.

[54] Valarie A. Zeithaml, A. Parasuraman and Leonard L. Berry, Problems and Strategies

in Service Marketing, *Journal of Marketing*, Vol. 49, No. 3, 1985, pp. 33 - 46.

[55] Lusch, R. F. , Vargo, S. L. & Tanniru, M. , Service, Value Networks and Learning, *Journal of the Academy of Marketing Science*, 38 (1): 19 - 31.

[56] Tsai Chi Kuo, Hsin - Yi Ma, Samuel H. Huang, Allen H. Hu and Ching Shu Huang, Barrier Analysis for Product Service System Using Interpretive Structural Model, *International Journal of Advanced Manufacturing Technology*, Vol. 49, No. 1 - 4, 2010, pp. 407 - 417.

[57] Sandra Vandermerwe, Juan Rada, Servitization of Business: Adding Value by Adding Services, *European Management Journal*, Vol. 6, No. 4, 1998, pp. 315 - 324.

[58] Chandru Krishnamurthy, Juliet E Johansson, and Henry E Schlissberg, Solutions Selling: Is the Pain Worth the Gain? *McKinsey Marketing Solutions*, Vol. 1, 2003, pp. 1 - 13.

[59] Gummesson, E. , Lusch, R. F. & Vargo, S. L. , Transitioning from Service Management to Service - dominant Logic: Observations and Recommendations, *International Journal of Quality and Service Sciences*, 2 (1): 8 - 22.

[60] Stephen L. Vargo, and Robert F. Lusch, Service - dominant Logic: Continuing the Evolution, *Journal of the Academy of Marketing Science*, Vol. 36, No. 1, 2008, pp. 1 - 10.

[61] Frédéric Bastiat, *Harmonies of Political Economy*, London: J. Murray, 1860.

[62] Margareta Bjurklo, Bo Edvardsson, and Heiko Gebauer, The Role of Competence in Initiating the Transition from Products to Service, *Managing Service Quality*, Vol. 19, No. 5, 2009, pp. 493 - 510.

[63] Roberta Sebastiani, Marco Paiola, Rethinking Service Innovation Four Pathways to Evolution, *International Journal of Quality and Service Sciences*, Vol. 2, No. 1, 2010, pp. 79 - 94.

[64] Cova, B. & Salle, R. , Marketing solutions in accordance with the S - D logic: Co - creating value with customer network actors, *Industrial Marketing Management*, 2008, 37 (3): 270 - 277.

中国转型期制造业服务化研究

霍景东[*]

内容摘要 随着全球化进程的加快和服务经济、知识经济时代的来临，产品的价值越来越取决于无形的要素。我国是制造业大国，但不是制造业强国，推进制造业服务化是推动经济转型的重要途径，本文从国际比较的视角分析了我国制造业服务化的现状和特点，并利用 1995~2009 年主要制造业国家的投入产出数据，对影响制造业服务化的宏观因素进行实证分析，分析发现服务业相对生产率、经济自由度、人力资本水平、创新能力、制造部门进口和出口比重等对制造业服务化产出具有明显的推动作用；而制造业附加值率、制造业投入服务化强度等因素对制造业服务化有一定的抑制作用。推动制造业服务化要大力实施自主创新战略，提升制造业竞争力；创造公平竞争环境，提高要素配置效率；推动服务部门创新，提升服务业生产率；完善教育培训体系，提升人力资本水平等。

关键词 转型期 制造业 服务化

一 相关文献综述

制造业所处的经济环境正发生着一场影响深远的变革，知识经

---

* 霍景东，中国社会科学院工业经济研究所博士后，研究领域为服务经济与服务管理。

济的发展对经济增长方式产生了深刻的影响，产品的价值越来越取决于无形要素。20 世纪 80 年代以来，全球服务业比重逐步上升，从 1980 年的 56.5% 上升到 2010 年的 70.7%（WDI Data），全球进入服务经济时代。随着信息技术的发展和企业对"顾客满意"重要性认识的加深，越来越多的制造企业不再仅仅关注实物产品的生产，而是更加关注产品价值的实现，提供"服务+产品"的解决方案。随着工业化进程的推进，我国已经成为全球最大的制造业基地，但是我国制造业附加值不高、竞争力不强，而且付出了巨大的资源、能源、环境代价，而 IBM、苹果、汉斯等企业通过服务化转型取得了极大的成功。可以说，制造业服务化是提升我国制造业竞争力、转变发展方式的重要途径。制造业服务化研究主要从以下几方面展开。

一是制造业服务化的概念、演化及动力。Vandermerwe（1988）最先提出制造业服务化的概念，指出制造业服务化是指企业以顾客为中心，提供更加完整的"包"（Bundles），包括物品、服务、支持、自我服务和知识等。White（1999）将服务化定义为制造商的角色由物品提供者向服务提供者转变，从业务视角来看，制造业服务化是联合顾客创造价值或改变市场规模、收入方式的服务创新，是制造企业为了满足顾客需求而提供产品相关服务或整体解决方案的商业模式创新（Visnjic，2009）；其演化过程包括"物品或服务→物品+附加服务→物品+服务+支持+知识+自我服务"三个阶段（Vandermerwe，1988）。White（1999）则提出四阶段论，即"物品→物品和附加服务→物品和服务包→基于物品的服务或功能"，而 Donatella（2010）的四阶段则包括产品定位服务阶段、市场定位服务阶段、利润定位服务阶段和价值定位服务阶段。推动制造业服务化的因素主要有：经济因素，即产品服务系统能够获得稳定、高边际收益的收入（Gebauer，2005）；竞争优势因素，即通过服务化获得差异化竞争优势（Gebauer，2007）或通过附加服务销售更多的产品（Mathieu，2001）并获得顾客忠诚度（Correa，2007）等；顾客因素，顾客的需求越来越复杂，需要企业做出应对（Atos Consulting，2011）。

二是制造业服务化的内容、案例和绩效。制造业服务化的内容主要包括产品创新、服务创新以及商务流程创新，其关键是将产品、配件、支持服务进行有效整合，提供整体解决方案或顾客价值（Charlotta，2007）。产品服务系统是服务化的主要载体，是产品和服务的系统结合，其目的是为顾客提供功能并减少环境影响，有利于平衡环境、经济、社会等因素并促进可持续发展（Baines，2007）。产品服务系统可以分为三类：定位产品的服务、定位使用的服务和定位效用（结果）的服务（Tukker，2004），但是Ostaeyen（2013）认为Tukker（2004）的分类并不能涵盖所有产品服务系统，他以收益获取机制为核心，提出连续的、模块化的PSS系统分层模型。案例研究是制造业服务化的重要研究方法，主要有：Alstom提供维修、升级、操作培训和信号系统服务，Ericsson提供设计、建造和运营移动电话网络（Davies，2004），Xerox International提供文档管理服务并按打印量收费（Mont，2001），Oce′提供打印设备的设计、交付和定价整体解决方案（Filippo，2012），以及对航空产业（Stewart，2009）、国防产业（Dharm，2010）、资本品制造业（Heiko，2010）、能源行业（Romeo，2012）、电信设备制造业（林树旺，2009）的研究。关于制造业服务化的绩效，服务化只需少量的资产就可以提供持续稳定、高边际利润的收入，并提升企业价值；而Neely（2008）研究发现在服务化初期，服务导入对利润产生了正向影响，但随着服务化的深入反而下降，陷入了服务"陷阱"。实际上，服务活动规模与利润水平之间呈现非线性正相关，服务商业模式创新是利润持续增长的关键（Ivanka，2012a），而且服务广度和服务深度对绩效影响不同，服务广度增加并不能增加利润，而服务深度扩展，则会增加市场价值和企业利润（Ivanka，2012b）。

三是制造业服务化的挑战及工具。制造业服务化并非易事，照搬一些流程或做法很可能会使企业陷入财务困境（Atos Consulting，2011）。制造业服务化面临市场挑战、生产挑战、交付挑战、产品设计挑战、沟通挑战和关系管理挑战等（Saarax，2005）；而Veronica

（2010）在分析英国制造业服务化转型过程中发现：产品服务文化的植入、整合服务的交付、内部流程和能力、战略联盟和供应链关系是制造业转型必须应对的挑战；Reetta（2011）则指出制造业服务化面临服务战略、服务文化、组织结构和冲突、市场营销、服务提供以及知识和信息管理等方面的挑战。关于制造业服务化的普适性的指南和工具比较少，如 Ida（2010）认为制造业服务化创新要兼顾标准化和个性化，使其实现有效结合；Oliva（2003）则建议设立独立的服务部门，企业提供产品服务系统要强化企业在整个产品生命周期内的责任，即聚焦于产品的使用而非产品本身，同时吸引顾客参与服务设计和创新。

四是制造业服务化的衡量与影响因素。从掌握的文献和数据来看，衡量制造业服务化水平的方法主要有四种：其一，利用全球上市公司数据库（OSIRIS Database）分析上市公司中提供服务业务的制造企业数量比例、占业务收入的比例以及服务的种类（Neely，2008）；其二，利用投入产出表中的供给表（Supply Table）分析制造业部门的服务产品产出份额（Gunter Lay，2010；Martin Falk，2011）；其三，通过制造业调查（Manufacturing Survey），通过问卷的方式调查制造业服务化经营情况（Sabine Biege，2012）；其四，通过单个企业服务收入占总收入的比重来衡量，如对 IBM、GE 的分析。关于影响制造业服务化的因素，制造业服务导入取决于企业的服务战略、产品类型、在供应链中所处的位置（Gunte，2010）以及企业管理技能、技术创新能力、客户的价值需求及财务状况（Saara，2011）等企业层面的因素，同时受到服务业整体发展水平的影响。Martin（2010）研究发现制造业服务产出密度和服务就业种类密切相关，服务业中的管理人员、专业服务人员、技术人员的比例与制造业服务密度显著正相关；而且服务化中的产品创新、服务创新和流程创新对技术、培训、市场、研发组织、竞争者以及行业特性等影响因素的依赖程度不同（Lluis，2012）。刘继国（2008）基于问卷调查数据对制造业产出服务化的影响因素进行实证分析，研究发现环境因素、组织因素、顾客因素等对服务化产出具有重要影响。周艳春（2010）利用中国上市公司数据对制造业服务化进行实证分析，发现环境动态性、员工素质、品牌因素、企业规模对制造业产出具有重要影响。

二 制造业服务化推动经济转型的机理

（一）我国转型期经济发展中存在的问题

1. 服务经济悖论

20 世纪 80 年代以后，全球进入服务经济时代。从 1980 年到 2010 年，全球服务业比重持续上升，由 1980 年的 56.5% 上升到 2010 年的 70.7%。2010 年，低收入国家第三产业增加值占 GDP 的比重为 49.7%，高收入国家达到 74.9%，中等收入国家为 54.8%。发达国家，如美国、英国第三产业增加值占 GDP 的比重分别达到 78.4% 和 77.5%，发展中国家如巴西、印度第三产业占 GDP 的比重分别达到 67.4% 和 54.7%。大部分经济体第三产业增加值占 GDP 的比重超过 50%，全球经济进入服务主导的阶段（WDI Data）。但是我国服务业发展滞后，出现了服务经济悖论，主要表现在两个方面。

（1）中国的服务业比重滞后于工业化进程。

根据《中国工业化进程报告（1995～2010）》测算，1995～2010 年，中国的工业化综合指数从 12 增长到 66，从工业化的前期进入工业后期的前半阶段。一般来讲，进入工业化后期后，服务业增加值的比重应该超过工业的比重。改革开放以后，中国服务业占 GDP 的比重逐步上升，从 1980 年的 21.6% 上升到 2002 年的 41.5%，但是随后服务业增加值占 GDP 的比重出现下降，到 2005 年下降到 40.5%，之后又开始回升，2012 年服务业增加值比重达到 44.6%，但是工业增加值占 GDP 的比重为 45.3%，仍高于服务业 0.7 个百分点。我国服务业滞后于工业化进程，2013 年服务业增加值占比才首次超过工业。

（2）中国的服务业比重滞后于钱纳里标准结构。

2012 年我国人均 GDP 为 6100 美元，第三产业占 GDP 的比重为 44.6%，第三产业就业比重为 35.7%（2011 年），远远低于钱纳里标准的 50.0% 和 43.2%，中国的服务业发展明显滞后（见表1）。

表 1　钱纳里标准结构与中国的对比

人均 GDP（美元）	产值占比（%）			就业占比（%）		
	一 产	二 产	三 产	一 产	二 产	三 产
300 以下	46.3	13.5	40.1	81.0	7.0	12.0
300	36.0	19.6	44.4	74.9	9.6	15.9
500	30.4	32.1	46.5	65.1	13.2	21.7
1000	26.7	25.5	47.8	51.7	19.2	29.1
2000	21.8	29.0	49.2	38.1	25.6	36.3
4000	18.6	31.4	50.0	24.2	32.6	43.2
中国（2012 年）（6000 以上）	10.1	45.3	44.6	34.8	29.5	35.7

资料来源：根据钱纳里（1989）、《中国统计年鉴 2012》和《2012 年国民经济和社会发展统计公报》数据整理。

2. 资源环境约束

2010 年，我国 GDP 占全世界 GDP 的 9.5%，但我国消费了世界约 11% 的石油、49% 的煤炭，排放了占世界 26% 的二氧化硫、28% 的氮氧化物、21% 的二氧化碳[①]。资源的大量消耗、环境破坏严重，使得我国可持续发展面临巨大的挑战，环境问题已经成为困扰我国经济社会发展的重要问题。特别是我国制造业的气体排放量偏高，严重破坏了生态环境。从纵向比较来看，我国制造业单位产出的排放量明显下降。1995 年我国制造业每亿美元产出排放二氧化碳 52.55 吨、排放有机物 0.992 吨、排放硫氮化合物 0.4777 吨，到 2009 年分别下降到 20.51 吨、0.542 吨、0.1233 吨。但是，从横向比较来看，我国制造业单位产出的排放量明显偏高。2009 年，美国

---

① 数据来源：《中国可持续发展战略报告 2013》。

每亿美元产出排放二氧化碳 4.76 吨、排放有机物 0.083 吨、排放硫氮化合物 0.0305 吨，比我国小了一个数量级；瑞典每亿美元产出排放二氧化碳 2.75 吨、排放有机物 0.015 吨、排放硫氮化合物 0.01吨，是所有国家中单位产出排放量最少的国家，分别为我国的 1/7、1/36、1/12（见表 2）。

表 2　主要国家制造业单位化学气体排放情况

单位：吨/亿美元（2000 年不变价）

国 家	1995 年			2002 年			2009 年		
	二氧化碳	有机物 *	硫氮化合物 **	二氧化碳	有机物	硫氮化合物	二氧化碳	有机物	硫氮化合物
澳大利亚	15.92	1.537	0.1749	13.03	1.993	0.2030	12.48	2.025	0.2104
巴　　西	7.69	1.601	0.1668	9.68	1.727	0.1660	9.21	1.635	0.0622
加 拿 大	12.15	0.184	0.0995	9.61	0.124	0.0812	10.35	0.129	0.0914
中　　国	52.55	0.992	0.4777	22.36	0.575	0.1707	20.51	0.542	0.1233
德　　国	5.95	0.067	0.0196	4.82	0.052	0.0114	4.46	0.051	0.0114
丹　　麦	4.17	0.029	0.0234	3.77	0.028	0.0145	2.89	0.022	0.0096
西 班 牙	11.32	0.104	0.1082	6.70	1.026	0.1045	7.39	1.200	0.1246
芬　　兰	9.55	0.052	0.0549	5.76	0.030	0.0267	4.48	0.019	0.0209
法　　国	7.95	0.160	0.0556	6.70	0.120	0.0305	5.67	0.081	0.0214
英　　国	4.98	0.075	0.0371	5.20	0.054	0.0242	4.80	0.044	0.0218
印　　尼	16.81	1.633	0.1577	17.27	1.053	0.1644	16.43	0.784	0.0829
印　　度	39.44	1.909	0.3679	35.82	1.888	0.3231	31.95	1.653	0.1378
意 大 利	7.71	0.067	0.0446	7.17	0.048	0.0264	7.12	0.043	0.0199
韩　　国	4.09	0.016	0.0112	4.13	0.013	0.0106	3.05	0.013	0.0097
日　　本	16.80	0.176	0.1191	10.73	0.193	0.0578	7.31	0.173	0.0231
墨 西 哥	12.31	1.048	0.1450	9.56	0.547	0.0838	9.58	0.595	0.0320
荷　　兰	10.61	0.076	0.0451	8.52	0.042	0.0226	6.57	0.033	0.0139
俄 罗 斯	126.98	2.411	0.2904	69.01	1.779	0.1428	30.39	1.034	0.0491
瑞　　典	5.51	0.031	0.0293	3.70	0.018	0.0134	2.75	0.015	0.0100
美　　国	7.67	0.159	0.0598	6.33	0.124	0.0409	4.76	0.083	0.0305

注：* 主要包括 CH_4、CO、NMVOC（非甲烷挥发性有机化合物）等气体，** 主要包括 N_2O、NOx、SOx、NH_3 等气体。

资料来源：根据各国投入产出表（1999～2009 年）计算。

3. 劳动生产率偏低

中国劳动生产率（增加值/从业人员）不断提升，但总体水平仍然偏低。1995 年我国制造业、服务业劳动生产率分别为 2316 美元/人、1360 美元/人，到 2000 年增加到 3679 美元/人、1820 美元/人，到 2009 年进一步增加到 6593 美元/人、3703 美元/人，增速较快。但是，从横向比较来看，我国制造业、服务业劳动生产率较低，2009 年美国制造业劳动生产率为 122355 美元/人，是我国的 18.6 倍；服务业劳动生产率为 67457 美元/人，是我国的 18.2 倍（见表 3）。

表 3　主要国家制造业、服务业劳动生产率

单位：美元/人（2000 年不变价）

国　家	制造业				服务业			
	1995 年	2000 年	2005 年	2009 年	1995 年	2000 年	2005 年	2009 年
澳大利亚	43266	47880	54342	51024	35811	39722	41106	38931
巴　西	12793	12974	11964	11334	10086	9720	9595	10127
加拿大	52336	62960	64476	61311	35547	38757	40413	41351
中　国	2316	3679	5070	6593	1360	1820	2630	3703
德　国	43420	50317	57934	50814	40274	42653	45343	46914
丹　麦	44742	51402	57005	60575	44522	46737	48385	46759
西班牙	34557	35486	35301	36834	34213	32225	31111	32951
芬　兰	46763	63803	82358	91000	39608	42328	43130	41513
法　国	48503	54753	64255	60220	46436	47980	49142	49835
英　国	60449	57841	78165	67393	40516	42774	58259	51689
印　尼	5749	5938	6934	8595	3789	3205	4280	4587
印　度	2484	2893	3508	4950	2575	3243	4115	5523
意大利	46413	49102	47076	41087	53941	55009	52676	50255
韩　国	77504	90089	105946	121883	73632	75335	80150	84304
日　本	22449	37754	51182	63009	25748	28061	28812	30228
墨西哥	15629	17111	18382	17122	21864	22350	21131	19034
荷　兰	46852	54089	63208	63143	39505	41397	43529	44128
俄罗斯	1803	3743	10699	14654	3491	3678	4435	5373
瑞　典	43090	61669	86439	81251	41609	46255	49313	49829
美　国	64857	79777	112045	122355	53914	58822	64887	67457

数据来源：根据各国投入产出表（1999~2009 年）和 WDI 计算。

4. 服务业竞争力偏低

本文选取贸易竞争力指数①来评价产业的国际竞争力，表 4 给出了主要制造业国家制造业和服务业的贸易竞争力指数。从表 4 可以看出，我国制造业贸易竞争力指数大于 0，而服务业竞争力指数小于 0，整体来看，我国制造业在国际竞争中比服务业更具优势。从纵向比较来看，1995 年中国制造业贸易竞争力指数为 0.0594，到 2009 年上升到 0.0886；而服务业则从 1995 年的 - 0.1441 上升到 2005 年的 - 0.06，2009 年又下降到 - 0.1029，经历了一个倒 U 形过程。从横向比较来看，美国、英国、西班牙等发达国家的服务业竞争力较强，贸易竞争力指数大于 0.1，英国达到 0.2187（2009 年）；而中国、巴西、墨西哥、印度尼西亚等发展中国家的服务业竞争力较弱，贸易竞争力指数小于 - 0.1，其中印度尼西亚为 - 0.2841，巴西为 - 0.2535，中国为 - 0.1029（2009 年），在 20 个主要制造业国家中排第 15 位。

表 4　主要制造业国家制造业、服务业贸易竞争力指数

国　家	制造业				服务业			
	1995 年	2000 年	2005 年	2009 年	1995 年	2000 年	2005 年	2009 年
澳大利亚	- 0.0714	- 0.0566	- 0.0829	- 0.0348	- 0.0273	0.0226	0.0078	- 0.0121
巴　　西	- 0.0758	- 0.0348	0.2085	0.0674	- 0.3734	- 0.2695	- 0.2027	- 0.2535
加 拿 大	0.0659	0.0611	0.0557	- 0.0214	- 0.1294	- 0.0522	- 0.0879	- 0.1195
中　　国	0.0594	0.0508	0.0717	0.0886	- 0.1441	- 0.0865	- 0.0600	- 0.1029
德　　国	0.0604	0.0521	0.1109	0.0947	- 0.2871	- 0.2637	- 0.1451	- 0.0536
丹　　麦	0.0513	0.0592	0.0594	0.0613	0.0421	0.0679	0.0833	0.0379
西 班 牙	- 0.0742	- 0.1507	- 0.1997	- 0.1266	0.2832	0.2276	0.1694	0.1635
芬　　兰	0.1575	0.1448	0.0542	0.0159	- 0.1244	- 0.0985	- 0.0210	0.0081
法　　国	0.0199	- 0.0170	- 0.0421	- 0.0728	0.1259	0.1455	0.0678	0.0713
英　　国	- 0.0580	- 0.0989	- 0.1411	- 0.1879	0.1073	0.1016	0.1259	0.2187
印度尼西亚	0.0556	0.2001	0.0693	0.1212	- 0.4247	- 0.5049	- 0.2693	- 0.2841

---

① 某一产业或产品的净出口与其进出口总额之比，称为贸易竞争力指数。贸易竞争力指数的取值范围为（- 1，1），当其接近 0 时，说明竞争优势接近平均水平；大于 0 时，说明竞争优势大，且越接近 1 越大，反之亦然。

续表

国　家	制造业				服务业			
	1995 年	2000 年	2005 年	2009 年	1995 年	2000 年	2005 年	2009 年
印　　度	− 0. 0624	− 0. 0974	− 0. 1784	− 0. 2186	− 0. 1961	− 0. 0821	0. 0543	0. 0733
意 大 利	0. 0632	0. 0037	− 0. 0154	− 0. 0100	0. 0567	0. 0134	− 0. 0008	− 0. 0567
韩　　国	0. 1377	0. 1161	0. 0712	0. 0254	− 0. 3104	− 0. 2503	− 0. 1024	− 0. 0774
日　　本	− 0. 0387	0. 0354	0. 0425	0. 0589	− 0. 0508	− 0. 0375	− 0. 0991	− 0. 0464
墨 西 哥	0. 0332	− 0. 0379	− 0. 0317	− 0. 0250	0. 0303	− 0. 1001	− 0. 1300	− 0. 1723
荷　　兰	0. 0462	0. 0329	0. 0552	0. 0582	0. 0116	− 0. 0038	0. 0376	0. 0175
俄 罗 斯	0. 1419	0. 4054	0. 3206	0. 2253	− 0. 3132	− 0. 2584	− 0. 2088	− 0. 1804
瑞　　典	0. 1059	0. 0891	0. 0794	0. 0435	− 0. 0547	− 0. 0551	0. 0952	0. 1213
美　　国	− 0. 1373	− 0. 2339	− 0. 3158	− 0. 2064	0. 2245	0. 1587	0. 1416	0. 1708

资料来源：根据 WTO 数据计算。

（二）制造业服务化推动经济转型的机理

1. 产出服务化与可持续发展

产品服务系统是一个可行的和有前途的业务策略，公司选择这一创新战略，可以分离传统的资源消耗与利润创造和生活标准改善之间的关联，在寻找新的利润中心、获取价值和社会质量的同时，减少（直接或间接）总资源消费（Manzini & Vezzoli，2002）。Tukker（2004）分析了产品服务系统促进可持续发展的机理：产品服务系统相对产品来讲，降低材料和能源的消耗；通过制造业的精益生产，降低产品存量；规模经济带来潜在的环境效益；扩展制造商对产品的责任，使其更适合消费者、制造商和环境；提供更耐用的产品，在给定时间减少满足特定需求的循环产品总量；通过租赁可以更密集地使用产品；在产品使用阶段，制造商提供更多的专业护理，从而保证了较高的质量和较少的产品存量；制造商将没有诱因出售多余的材料，而是通过优化产品功能，满足客户的价值。

2. 服务化与生产率提升

通过商业模式创新，制造业提供"产品 + 服务"的解决方案，能够获得稳定、高边际利润的收入（Gebauer，2005）；同时由于服务的无形性，难以被模仿，通过服务化获得差异化竞争优势（Gebauer，2007）或附加服务可以销售更多的产品（Mathieu，2001）并获得顾客忠诚度（Correa，2007）等，对企业绩效具有重要影响。

3. 服务化与服务业发展

一是制造业产出服务化衍生出许多新兴服务业态。由于不同企业生产的产品不同，制造业服务化的方向和路径也不同，产品服务系统涉及的服务差异化程度很高。如装备制造业采取租赁的方式出售产品，那么就需要融资租赁服务作为支撑；家具、衣饰等行业采取定制化服务，那么就需要 3D 虚拟仿真设计作为支撑；服务化对顾客信息、数据的需求巨大，那么信息技术整体解决方案、数据挖掘等业务的需求就会增加。制造业服务化衍生了新兴服务需求，催生了新型服务业态。

二是制造业通过价值网络带动服务业发展。服务化企业依靠单个企业很难取得效果，需要其他合作企业的支持，建立合作伙伴价值创造网络（Baines，2007），需要构建基于多个企业合作提供整体解决方案的价值网络，而且对于复杂的高技术产品服务系统，需要在全球范围内建立包括制造企业、服务企业在内的合作网络。制造企业与服务供给商相互感知价值、共享知识和资源，为客户提供整体解决方案。

三是制造企业转型为服务供给商。一些制造企业在服务转型过程中，逐步将制造环节剥离，而发展成为服务供给商。从这些企业的发展趋势可以看出，高技术制造业的跨国公司，逐渐将企业的制造部门转移到发展中国家，甚至剥离，而将研发、产品设计等产前策划放在母国。我们可以看到，产业发展似乎有这样一个规律，即"高技术制造业—高技术制造业服务化经营—生产性服务企业（将制造部门剥离出去）"。如 IBM 从一个硬件制造商逐步转型为服务供给商，全球服务（包括战略外包、业务咨询服务、集成技术服务和维修）由 1996 年 29.4% 的份额增长到 2002 年的 44.8%，超过硬件业务，成为 IBM 收入的主要来源，2012 年 IBM 已经成为全球最大的 IT 服务提供商、外包提供商、咨询提供商和产品支持服务公司，其服务收入占总收入的83%，利润占94.9%（见表5）。

表5　1996~2005年IBM营业收入构成情况

单位：%

年　份	1996	1998	2000	2002	2004	2006	2008	2010	2012	
									收入	税前利润
硬件	48.2	43.4	42.7	33.8	32.3	24.6	18.8	18.1	17.0	5.1
全球服务	29.4	35.4	37.5	44.8	48.0	52.8	57.3	56.9	56.6	41.4
软件	15.0	14.5	14.3	16.1	15.7	19.9	21.5	22.7	24.5	45.0
全球金融	4.0	3.5	3.9	4.0	2.7	2.6	2.4	2.3	1.9	8.5
企业投资及其他	3.4	3.2	1.6	1.3	1.3	0.1	—	—	—	—
合　计	100	100	100	100	100	100	100	100	100	100

资料来源：IBM各年年度报告。

三　影响制造业服务化的因素：基于国际投入产出数据的实证分析

（一）制造业服务化的动力机制

总体来讲，制造业服务化的动力主要包括外部驱动力和内部驱动力。外部驱动力包括环境驱动力和相关行为者驱动，外部环境主要是制度、技术、专业服务人员、管理和社会基础；行为者主要包括竞争对手、客户、公共部门以及供应商。内部驱动力包括企业战略、员工、盈利能力和综合能力等方面，具体来讲主要是以下几个方面。

第一，满足顾客需求。制造业服务化很大程度上受顾客需求驱动（Vandermerwe，1988）。随着服务经济的来临，消费者关注的重点不仅仅是物品本身，而是需要更多与物品相伴随的服务，需要企业提供整体解决方案，实现功能价值。

第二，创造竞争优势。Oliva（2003）指出，服务的可见度低、劳动依赖度高，很难被模仿，是竞争优势的持续来源。通过提供比竞争对手更好的服务可以增加企业的竞争优势，使企业提供的产品更具吸引力，有助于与竞争对手区分开来。

第三，全球价值链转移。随着制造环节利润的降低，利润向微笑曲线的两端转移，企业为了获得可持续利润，迫切需要向上游或下游的服务环节转移，一些企业甚至将制造环节剥离，转而发展服务业务，转变成以提供服务为主的企业。

第四，全球化和竞争。随着全球化进程的加快，发展中国家的低成本要素逐步进入全球制造生产体系，商品贸易的范围不断扩大，制造品的市场空间受到挤压，企业迫于竞争压力，导入服务业务。此外，制造业服务化不仅受到制造企业的挤压，而且在服务导入过程中还受到专业服务提供商的竞争，提供的服务必须具有差异性。

第五，外部支持条件。制造业服务化需要人才资源、技术知识资源以及专业服务供应商的支撑，商业生态系统的变化也是推动制造业服务化的重要因素。

第六，改善环境绩效。有些制造业企业实行产出服务化战略的重要推动力是改进企业产品的环境性能（White et al.，1999），由于产出服务化战略可以降低资源的消耗与环境的污染，因此一些企业，尤其是化工企业纷纷采取这一战略。

（二）理论模型

制造业服务化既是一种多元化战略，又是一种商业模式创新，本文基于企业多元化决策理论构建制造业服务化的理论模型。

1. 基础模型

假设 1：产业可以组织无限数量的单一资源 R，而且资源市场是完全竞争市场，也就是说，资源价格不受资源投入量的影响。资源价格为 C，$C>0$。

假设 2：产业只提供制造（m）和服务（s）两种产品，产出函数为 $Q_m = Y_m (R)$，$Q_s = Y_s (R)$，且产出技术 $Y (\cdot)$ 为凸函数，即 $Y' (\cdot) >0$，$Y'' (\cdot) <0$。

假设 3：产出处于完全竞争市场，产出的固定价格是 P_m，P_s。

产业决策可以描述为：

$$\text{Max}(Q_s, Q_m) = P_m Q_m + P_s Q_s - C(R_s + R_m) \tag{1}$$

由于 $Y(\cdot)$ 为凸函数，那么它有对应的逆函数 $Y^{-1}(\cdot)$，其中 $[Y^{-1}(\cdot)]' > 0$，$[Y^{-1}(\cdot)]'' < 0$。

那么式（1）可以进一步表述为：

$$\text{Max}(Q_s, Q_m) = P_m Q_m + P_s Q_s - C[Y_s^{-1}(Q_s) + Y_m^{-1}(Q_m)]$$

根据利润最大化的条件，有：

$$\begin{cases} P_s - C[Y_s^{-1}(Q_s)]' = 0 \\ P_m - C[Y_m^{-1}(Q_m)]' = 0 \end{cases} \Rightarrow \begin{cases} [Y_s^{-1}(Q_s)]' = P_s/C \\ [Y_m^{-1}(Q_m)]' = P_m/C \end{cases} \Rightarrow \begin{cases} Y_s'(Q_s) = C/P_s \\ Y_m'(Q_m) = C/P_m \end{cases}$$

由于 $Y(\cdot)$ 为凸函数，那么对于 Q_s、Q_m 均有一个最优量，而且对于产业来讲，两种产品的最优产量为边际利润相等时的产量。

制造业服务化产出强度可以表示为：

$$PSI = \frac{P_s Q_s}{P_m Q_m} = \frac{P_s Y_s'^{-1}(C/P_s)}{P_m Y_m'^{-1}(C/P_m)} = \frac{P_s X_s(C_s/P_s)}{P_m X_m(C_m/P_m)} \tag{2}$$

其中，$X_s(\cdot) = Y_s'^{-1}(\cdot)$，$X_m(\cdot) = Y_m'^{-1}(\cdot)$，且 $X_s'(\cdot) < 0$，$X_m'(\cdot) < 0$。

2. 复杂环境的影响

由于制造和服务之间存在差异，我们来讨论非完全竞争市场对制造业服务化产出强度的影响。

I：由于制造品的可贸易程度远远高于服务产品，那么随着全球化程度的推进，制造产品面临更加激烈的竞争，这会导致制造品的价格降低，对式（2）中的 P_m 求偏导：

$$\frac{\partial PSI}{\partial P_m} = [P_s X_s(C/P_s)]\left(\frac{X_m'(C/P_m)}{C P_m^3 X_m^2(C/P_m)} - \frac{1}{X_m(C/P_m)P_m^2}\right) < 0,$$

那么国外产品占本土市场的比例越高，产品价格越低，制造业服务化产出水平越高。

II：在现实经济中，制造和服务的投入有很大的差异，服务产品的提供更加依赖人力资本和知识资源，如果在经济中服务所需的人力资本和知识资源缺乏，那么提供服务产品的成本将会上升，对式（2）中的 C_s 求偏导：

$$\frac{\partial PSI}{\partial C_s} = \frac{X'_s\ (C_s/P_s)}{P_m X_m\ (C_m/P_m)} < 0,\ \text{即服务资源获得的成本越高，服务}$$

化水平越低，反之亦然。

Ⅲ：制造企业在提供服务中面临组织文化、技术能力等一系列挑战，制造企业竞争力越强，组织资源能力越强，企业的服务产出效率越高；同时，企业产出技术受到整个经济体的影响，一个经济体中服务部门的产出效率也会影响制造部门的服务产出效率。从式（2）可以看出，$X_s\ (\cdot)$ 和 PSI 成正比，即制造业竞争力和服务部门生产率与制造业服务化强度正相关。

Ⅳ：由于在经济发展演进过程中，制造业先于服务业发展，经济体系中的制度安排、基础设施等大部分是基于制造业的特点和需求建立的，在向提供服务转型的过程中，可能会增加服务的提供成本，降低服务的实际价格，对式（2）中的 P_s 求偏导：

$$\frac{\partial PSI}{\partial P_s} = \frac{-P_s^{-1}X'_s\ (C/P_s)\ + X_s\ (C/P_s)}{P_m X_m\ (C/P_m)} > 0,\ \text{即交易成本与制造}$$

业服务化水平成反比。

综上分析，在其他条件不变的情况下，制造业服务化产出强度与交易成本、服务生产率、制造业发展水平、资源可获得性、竞争程度等密切相关，交易成本越低，服务相对生产率越高，制造业竞争力越强，服务化强度越大。

（三）基本假定

根据上述分析，结合制造业服务化的特点和相关研究，找出影响制造业服务化的因素，归纳起来，主要是以下几个方面。

第一，制造业竞争力。Gunter Lay 等（2010）研究发现，企业在供应链中所处的位置对制造业服务导入具有重要影响。实际上，由于服务和制造的产品属性不同，制造企业在服务化过程中面临着一系列的挑战，如市场挑战、生产挑战、交付挑战、产品设计挑战、交流挑战和关系管理挑战等（Saara Brax，2005），这就意味着制造企业需要克服一系列困难和挑战，才有可能在服务导入过程中取得成功。制造业竞争力是衡量制造业发展水平的综合指标，制造业竞争力强，意味着制造业有更好的市场驾驭能力、资源组织能力、危机处理能力等，因此竞争力强的制造业更有能力推进服务化战略。

假设1：制造业竞争力对制造业服务化战略导入具有正向影响作用，即竞争力越强，制造业服务化系数越高，反之亦然。

第二，相对生产效率。推动制造业服务化的重要因素就是通过产品服务系统获得稳定、高边际利润的收入（Gebauer，2005），而根据企业利润最大化的基本原理，企业倾向于将资源分配到边际产出效率较高的行业。尽管通过服务化可以获得差异化竞争优势（Gebauer，2007）和顾客忠诚度（Correa，2007），但是如果服务部门的生产率远远低于制造部门，那么服务化系数就会降低，因为服务部门的低生产率会抵消差异化优势、顾客忠诚度提升带来的收益。Baumol（1967）指出，服务业存在"成本病"，并不是控制成本不力，也不是管理不善所致，而是由于服务业与制造业的流程和技术不同导致了服务业与制造业在劳动生产率上的差异，尽管后来有学者认为信息技术的应用终结了服务业"成本病"，但是服务业和制造业的劳动生产率确实存在较大的差异。

假设2：服务部门相对生产率对制造业服务化强度具有正向作用，即服务部门的生产率或者相对制造部门的生产率越高，制造业服务化系数越高。

第三，制造业盈利能力。制造业附加值或盈利能力客观上为制造业服务化创造了条件，但是从动力视角讲，如果制造业附加值率、盈利水平高，再加上服务化可能带来的"服务陷阱"（Service Paradox）（Neely，2008），就会抑制制造业服务化动力，进而降低服务化系数。也就是说，制造业附加值率高，制造业服务化系数并不一定高，因为高附加值率提供了制造业服务化的基础能力，但也抑制了制造业服务化的动力。

假设3：制造业附加值率对服务化强度的影响具有不确定性，这取决于能力促进和动力抑制这两个因素哪个因素起主导作用。

第四，资源获取机会。制造业服务化需要人才资源、知识资源、基础设施的支撑（孙林岩等，2011），而且制造业服务化需要制造系统、维修服务、零部件、物流服务等合作供应商网络的支撑（Slack，2004），服务化企业依靠单个企业很难满足顾客的需求，需要其他合作企业的支持，建立合作伙伴价值创造网络（Baines，2007）。

知识资源的可获得性是由一国的创新系统决定的，一国的创新能力越强，知识资源的种类越丰富，特定知识资源越容易获得，或者说企业获得特定知识资源的成本越低，对制造业服务化具有越重要的推动作用。

假设4：创新能力对制造业服务化强度具有正向影响作用，即国家创新能力越强，制造业服务化系数越高，反之亦然。

人才资源是制造业服务化转型的关键，能够低成本获得特定的制造服务系统人才，无疑会大大促进制造业服务化战略。但是人才获得也存在一个相对的概念，如果制造业人力资本更容易获得，那么企业就有可能继续在制造领域经营，而不会导入服务业务。

假设5：经济体系中的人力资本水平对制造业服务化战略具有正向影响作用，即人力资本水平越高，制造业服务化系数越高，反之亦然。

假设6：制造业人力资本对制造业服务化系数具有负向影响作用，即制造业人力资本水平越高，越容易获得，反之亦然。

专业化服务是制造业服务化转型的重要支撑，在一定程度上能够促进制造业服务化，但是随着服务专业化水平的提升，服务部门会提供更加定制化、更加有效率的服务，也会挤压制造业提供服务的市场空间。如印度在1995年制造业服务化产出系数较高，但是随着服务部门的整体发展，制造部门逐渐减少服务的提供，制造业服务化系数出现下降。另外，在制造业服务化过程中，如果市场上有符合企业特定需求的服务，那么企业更倾向于以整合运营商的角色来实施制造业服务化，即购买或外包服务，而不是企业自身生产服务。

假设7：服务可获得性对制造业服务化系数的影响具有不确定性，这取决于服务支撑和抢占市场这两个因素哪个因素起主导作用。

假设8：制造业服务化投入强度与制造业产出服务化系数成反比，即制造业服务化投入比例越高，制造业产出服务化系数越低，反之亦然。

第五，行业竞争程度。随着全球化进程的加快，制造产品的贸易程度不断提升，其他国家的产品越来越多地进入本国市场，这给本国制造业造成的冲击很大。来自不同国家产品的竞争势必会挤压本国企业的市场空间，进而降低企业经营绩效。在强大竞争压力的驱使下，企业更倾向于通过商业模式创新巩固市场，实现可持续发展，所以行业竞争程度的提高在一定程度上会刺激制造业采取服务化战略。

假设9：行业竞争程度与制造业服务化强度成正比，即行业竞争程度越强，制造业服务化系数越高，反之亦然。

第六，交易成本。在其他条件不变的情况下，交易成本是经济效率的净损失，交易成本升高很可能会抵消制造业服务化的收益。

假设10：交易成本与制造业服务化强度成反比，即经济体系交易成本越高，制造业服务化系数越低，反之亦然。

（四）数据系列构造

（1）制造业服务化。某制造部门 i 的服务化系数可表示为：

$$PSI_i = \frac{\sum S_i^j}{\sum Y_i}$$

其中，S_i^j 表示产业 i 提供的服务产品 j 的数量，j 为贸易维护和修理服务、零售服务、酒店及餐饮服务、交通运输及旅游代理服务、邮政和电信服务、金融中介服务、不动产服务、机械和设备租赁服务、计算机及相关服务、研究和开发服务、商务服务、教育服务、俱乐部服务以及文化娱乐和体育服务等服务产品。Y_i 表示 i 产业的全部产出，包括提供的所有涉及工业、农业、服务业的最终产出。根据全球投入产出数据库（World Input – Output Database，WIOD）提供的各国投入产出表的供给表可以计算出制造业服务化系数。

（2）制造业竞争力。制造业竞争力主要是从国际竞争方面衡量的，本文用制造业总产出中的出口比重来衡量制造业竞争力，根据各国投入产出数据的使用表计算获得[①]。

（3）相对生产率。相对生产率是服务业劳动生产率和制造业劳动生产率的比[②]，根据各国的投入产出数据计算获得[③]。

（4）制造业盈利能力。由于制造业的净利润水平不可得，因此利用制造业附加值率来衡量制造业盈利能力，使用各国投入产出表的使用表中现价增加值（Value Added at Basic Prices）和现价总产出（Output at Basic Prices）计算获得[④]。

（5）创新能力。衡量创新能力有产出法和投入法，本文使用研发支出占 GDP 的比重来衡量创新能力，数据来自 WDI Data（2011）。对于部分国家一些年度缺失的数据，本文根据历史增长规律利用线性增长法进行了估算[⑤]。

（6）人力资本水平。鉴于制造业服务化主要是提供知识密集型服务，需要高技能劳动力支持，所以实证分析中大多围绕高等教育来衡量人力资本水平，但是使用高等教育规模来衡量人力资本水平也有一些缺陷，那就是教育并不是人力资本形成的充分条件。因此，本文利用劳动力补偿中高技能补偿占比来衡量经济体系的整体人力资本水平，使用制造业劳动投入时间中的高技能劳动时间占比来衡量制造业人力资本获得程度，根据各国的投入产出表的产出就业表

---

① 数据来源：http：//www. wiod. org。
② 服务业劳动生产率通过服务业总产出除以服务业从业人员计算而得，制造业劳动生产率通过制造业总产出除以制造业从业人员计算而得。
③ 数据来源：http：//www. wiod. org。
④ 数据来源：http：//www. wiod. org。
⑤ 数据来源：http：//www. worldbank. org。

（Output and Employment） 计算获得①。

（7）服务的可获得性。服务的可获得性利用服务业从业人员占总从业人员的比重来衡量，根据各国投入产出表的产出就业表和供给表计算获得②。

（8）制造业服务化投入强度。制造部门 i 的服务投入系数可表示为：$SII_i = \dfrac{\sum X_i^j}{\sum Y_i}$，其中，$X_i^j$ 表示产业 i 购买的服务中间投入品 j 的数量，j 为交通运输及仓储业，邮政业、信息传输、计算机服务和软件业等服务部门；Y_i 表示 i 部门的全部投入，包括固定资本折旧和人力，根据各国投入产出表的使用表计算获得③。

（9）行业竞争程度。一般衡量行业竞争程度使用产业集中度，但是产业作为一个整体概念，产业集中度并不适用，本文使用进口产品占总使用的比重来衡量行业的竞争程度，使用各国投入产出表的供给表计算获得④。

（10）交易成本。交易成本是一个综合概念，本文使用经济自由度指数来衡量交易成本，经济自由度指数越高，代表交易成本越低。经济自由度指数（Index of Economic Freedom）来自《华尔街日报》和美国传统基金会发布的年度报告，其根据贸易政策、政府财政开支、政府对经济的干预、货币政策、资本流动和外国投资、银行业和金融业、工资和物价、产权、规制、非正规市场活动自由度综合而成⑤。

（11）时间和国家的选择。鉴于制造业服务化主要从 20 世纪 90 年代开始发展，我们选择 1995～2009 年作为时间跨度。美国、德国、日本、芬兰、意大利等发达国家是典型的制造业服务化国家；尽管发展中国家，如中国、泰国等国家的制造业规模较大，但主要

---

① 数据来源：http：//www. wiod. org。
② 数据来源：http：//www. wiod. org。
③ 数据来源：http：//www. wiod. org。
④ 数据来源：http：//www. wiod. org。
⑤ 数据来自，Index of Economic Freedom（1995～2009），http：//www. heritage. org。

是以代工为主，制造业服务化特征并不明显，因此我们没有选择这些国家，最终选择了14个具有代表性的样本国家进行回归分析[①]。

根据以上数据，建立回归模型：

$$psi_{i,t} = \alpha_0 + \alpha_1 exs_{i,t} + \alpha_2 pro_{i,t} + \alpha_3 vas_{i,t} + \alpha_4 rds_{i,t} + \alpha_5 thr_{i,t} + \alpha_6 mhr_{i,t} + \alpha_7 ses_{i,t}$$
$$+ \alpha_8 sii_{i,t} + \alpha_9 pis_{i,t} + \alpha_{10} ief_{i,t} + \varepsilon_{i,t} \tag{3}$$

其中，$psi_{i,t}$ 为制造业服务化系数，$exs_{i,t}$ 为制造业出口比重，$pro_{i,t}$ 为相对生产率，$vas_{i,t}$ 为制造业附加值率，$rds_{i,t}$ 为研发投入占 GDP 的比重，$thr_{i,t}$ 为高技能劳动力补偿比例，$mhr_{i,t}$ 为制造业高技能劳动时间投入比重，$ses_{i,t}$ 为服务业从业人员比重，$sii_{i,t}$ 为制造业服务投入强度，$pis_{i,t}$ 为制造进口产品比重，$ief_{i,t}$ 为经济自由度指数，$t \in$ ［1995，2009］，$i = 1，2，\cdots，14$，分别表示14个样本国家，α 为系数，ε 为误差项。

（五）回归结果

由于我们选取了主要的代表性国家，而时间选取了1995～2009年的数据，为了推断总体，在进行面板数据分析时，选取截面固定效应，而对时间采取随机效应来估计，同时也给出截面随机效应的结果，以便对比。式（3）的估计结果见表6。

表6　式（3）的面板数据估计结果

变　量	固定效应			随机效应		
	系　数	T 统计量	置信概率	系　数	T 统计量	置信概率
C（常数项）	- 0.00934	- 0.40840	0.68345	0.01242	- 2.72465	0.00701
exs（制造业出口比重）	0.00064	4.45943	0.00001	0.00039	- 4.38267	0.00002
pro（服务业相对制造业生产率）	0.06062	4.42237	0.00002	0.04591	4.76040	0.00000
vas（制造业附加值率）	- 0.16879	- 3.04566	0.00266	- 0.16631	- 3.14506	0.00192
rds（研发投入占 GDP 比重）	0.01580	8.38604	0.00000	0.01359	- 1.71505	0.08789

---

① 这些国家包括：澳大利亚、加拿大、德国、丹麦、芬兰、法国、意大利、日本、墨西哥、荷兰、西班牙、瑞典、英国、美国。

变　量	固定效应			随机效应		
	系　数	T统计量	置信概率	系　数	T统计量	置信概率
thr（高技能劳动力补偿比例）	0.15872	6.25530	0.00000	0.15093	2.45348	0.01501
mhr（制造业高技能劳动时间投入比重）	-0.18885	-5.06071	0.00000	-0.18734	8.67120	0.00000
ses（服务业从业人员比重）	-0.07984	-3.07962	0.00239	-0.10765	2.30589	0.02215
sii（制造业服务投入强度）	-0.02288	-2.44363	0.01547	-0.02395	5.34957	0.00000
pis（制造业进口产品比重）	0.01280	1.26224	0.20844	0.02986	0.42604	0.67054
ief（经济自由度指数）	0.00096	7.81268	0.00000	0.00106	6.71622	0.00000
R - squared	0.95410			0.51252		
F - statistic	168.07929			20.92250		

根据表 6 的回归结果，Adjusted $R^2 = 0.95410$，$F - \text{statistic} = 168.07929$，回归方程总体显著；其中 exs、pro、vas、rds、thr、mhr、ses、sii、ief 在 5% 的置信水平下显著，而 pis 在 20% 的置信区间下显著。

（1）制造业出口比重与制造业服务化系数成正比，无论是固定效应还是随机效应模型，exs 的系数都为正，分别为 0.00064、0.00039，而且都在 5% 的置信水平下显著，这一结论支持了假设 1。这一结论与 Gunter Lay（2010）的研究一致，企业在供应链的位置与制造业服务化战略密切相关，越处在供应链的高端，越倾向于采取服务化战略。

（2）相对生产率与制造业服务化系数成正比，无论是固定效应还是随机效应模型，pro 的系数都为正，分别为 0.06062、0.04591，而且都在 5% 的置信水平下显著，这一结论支持了假设 2。服务业生产率的提升、一大批服务公司的快速成长，具有重要的示范效应。随着我国近年来金融、地产行业利润的快速增长，一部分优势制造企业，如方正、联想、海尔等开始逐步进入金融、地产领域。

（3）制造业附加值率与制造业务服务化系数成反比，无论是固定效应还是随机效应模型，*vas* 的系数都为负，分别为 - 0.16879、- 0.16631，而且都在 5% 的置信水平下显著。这与常规的认识有所不同，一般认为制造业附加值率高的企业更易向服务商转型，但是实证结果显示并非如此，这说明制造业高附加值率的支撑推动作用小于动力抑制作用。现实中有很多这样的案例，如 IBM 一直定位于"硬件制造商"，但是随着传统硬件产品进入衰退期，IBM 陷入了财务困境，20 世纪 90 年代的前三年，IBM 亏损了 160 亿美元，这也是 IBM 向服务商转型的重要原因（刘继国，2009）。我国制造业依靠廉价劳动力、低成本资源环境取得了竞争优势，一些企业完成了原始积累，具备了一定的实力，但是随着要素成本的上升和竞争的加剧，仅依靠制造难以获得持续的利润，实施制造业服务化战略成为一条可靠的转型路径。

（4）研发投入占 GDP 的比重与制造业服务化系数成正比，无论是固定效应还是随机效应模型，*rds* 的系数都为正，分别为 0.01580、0.01359，而且都在 5% 的置信水平下显著，这一结论支持了假设 4。制造业服务化需要技术创新的支撑，如华为在推进服务化战略的过程中，研发人员比重超过 45%，并在此基础上建立了面向电信运营商的服务产品开发和创新模式，实现了服务产品开发的系统化、规范化、模块化。

（5）高技能劳动力补偿比例与制造业服务化系数成正比，无论是固定效应还是随机效应模型，*thr* 的系数都为正，分别为 0.15872、0.15093，而且都在 5% 的置信水平下显著，这一结论支持了假设 5。中国是人力资源大国，但不是人力资源强国，高等教育入学率只有约 20%，而且我国应试教育的培训模式也不利于培养制造业服务化人才，所以推动制造业服务化，需要完善教育培训体系，提升人力资本水平。

（6）制造业高技能劳动时间投入比重与制造业服务化系数成反比，无论是固定效应还是随机效应模型，*mhr* 的系数都为负，分别为 - 0.18885、- 0.18734，而且都在 5% 的置信水平下显著，这一结论支持了假设 6。根据要素禀赋理论，一个国家在制造要素上具有比较优势，那么就倾向于多生产制造产品，服务产出水平就相对较低。

（7）服务业从业人员占比与制造业服务化系数成反比，无论是固定效应还是随机效应模型，*ses* 的系数都为负，分别为 -0.07984、-0.10765，而且都在 5% 的置信水平下显著。这一结论与 Martin Falk（2011）服务业从业人员占比与制造业生产性服务产出呈显著正相关的研究结论不同，这说明服务业专业化程度的提高，对制造业服务化产出具有一定的抑制作用。

（8）制造业服务投入强度与制造业服务化系数成反比，无论是固定效应还是随机效应模型，*sii* 的系数都为负，分别为 -0.02288、-0.02395，而且都在 5% 的置信水平下显著，这一结论支持了假设 8。实际上，在制造业服务化转型的实施过程中，如果经济中有符合需求的专业服务，那么制造业企业倾向于通过整合供应商或外包的方式推进服务化，如 Alpha 就利用服务价值网络推进服务化；还有一些企业通过并购服务企业实现服务化转型，如 IBM 就是通过大量并购服务企业实现服务化转型的。

（9）制造进口产品比重与制造业服务化系数成正比，无论是固定效应还是随机效应模型，*pis* 的系数都为正，分别为 0.01280、0.02986，但是不显著。制造进口产品比重的提高，意味着市场竞争更加激烈，企业被迫转型。实际上，随着全球化进程的加快，跨国公司调整全球生产布局，将加工制造环节大量转移到发展中国家，而在母国大力发展研发、技术、商务等生产性服务，服务化产出水平自然提高。

（10）经济自由度系数与制造业服务化系数成正比，无论是固定效应还是随机效应模型，*ief* 的系数都为正，分别为 0.00096、0.00106，而且都在 5% 的置信水平下显著，这一结论支持了假设 10，即交易成本越高，制造业服务化程度越低。税收差异、金融制度等对制造业服务化战略具有一定的影响，霍景东（2012）研究发现，税收制度、金融制度对制造业服务外包具有抑制作用。

四　推动我国制造业服务化的对策建议

制造业服务化是推动转变发展方式的关键，有利于节能减排，带动服务业发展，提高劳动生产率等，推动制造业发展主要应做好以下几个方面的工作。

（一）树立现代制造业与现代服务业"双轮驱动"、融合发展的理念

政府作为市场经济条件下宏观调控的主体，必须发挥其在推进制造企业实施服务化转型方面的积极作用。我国是世界上最大的加工厂，也是重要的制造业基地之一，然而我国服务业的发展还存在不少差距，不能满足制造业转型升级的需要。在信息技术革命不断深化的背景下，制造业和服务业的边界逐渐模糊，而消费者也越来越需要将产品和服务捆绑在一起的解决方案，只依靠制造或服务很难满足需求。因此，要树立制造和服务融合发展的理念，并将制造业服务化作为产业优化升级的方向。

（二）推动服务业创新，提高服务业效率

1. 改革服务业体制，提升服务业效率

推进国有服务型企业改革。建立起激励约束相容的公司法人治理结构，降低经营成本，提高企业效率。同时，要减少政府对国有企业的直接干预，强化出资人对国有企业的监督，建立企业家的公平竞争机制。加快事业单位改革。事业单位吸引了大量的优秀人才，而且许多事业单位从事高端服务提供，但是由于机制体制的弊端，事业单位的优秀人才并没有发挥应有作用，要把事业单位产权制度改革与单位内部配套改革、管理有机结合起来，以产权制度改革为重点，深化人事制度和分配制度改革，形成竞争合作、精简高效的用人制度和按劳分配与按生产要素分配相结合的分配制度。加快垄断行业改革，放宽市场准入，建立多元化的投资主体，打破行业的

垄断。

2. 推动服务业创新，做实服务业

完善服务业收益获取模式，建立基于价值创造的收益获取模式，而建立基于价值创造的收益获取模式的核心是减少政府对于金融、房地产、通信、交通等的保护，建立公平、透明的市场体制。加大服务业研发创新力度，提升为实体经济服务的能力。和制造业研发相比，服务业研发的内容非常广泛，它涵盖了技术性的 R&D、人文社会科学的 R&D，甚至包括流程和组织构架的研发，而且往往是产品、过程、组织研发交互进行，这就加大了服务业创新的力度，也加大了政府识别服务业创新的难度。因此，要从更加宽泛的视角去认识服务业研发，同时要加大税收、财政、科技专项的支持力度。

3. 培育新兴服务业态

从制造业导入服务类型来看，主要是集中在工程总承包、系统集成、提供整体解决方案、供应链管理优化、融资租赁、再制造、增值服务等服务，同时，制造业服务化衍生出 IT 技术系统解决方案、3D 虚拟仿真设计、逆向信贷等新兴服务业态，政府要加大支持力度。

（三）选取潜力行业，进行重点突破

从制造业服务化的典型案例和发展趋势来看，重点是装备制造业、白色家电制造业、电子信息消费品制造业以及衣饰家具制造业等行业。装备制造业服务化转型的路径主要有三条：一是大力发展融资租赁服务，依托企业在国内外市场上的品牌优势、渠道优势、资金优势、人才优势、广泛的客户资源和营销网络，联合金融服务机构，共同为客户提供专业化的工程机械融资、租赁等服务。二是发展整体解决方案，除为客户提供自产主体设备外，还提供设备成套（包括系统设计、系统设备提供、系统安装调试）和工程承包（包括基础、厂房、外围设施建设）等，同时向客户提供专业化维修改造服务，由设备的制造厂商提供设备的维修、检修、升级、改造，并向客户提供专业化远程设备状态管理服务，对客户装置实施全过程、全方位、全天候的状态管理。三是发展供应链管理服务，为每一位客户提供一步到位、全方位的运输解决方案。对于白色家电制造业，重点是提供设计、制造、维修、回收等全生命周期服务；对于衣饰和家具行业，重点发展客户参与的大规模定制服务等；电子信息消费品行业服务化的方向是"线下产品＋线上服务"相结合，提供智慧生活服务。

表7　不同行业服务导入重点和需求

行　　业	发展需求
机床工具行业	设备再制造、整体解决方案、检测维修、远程监控；研发设计、试验、检测；人力资源开发培养体系
农业机械	供应链管理优化
工程机械行业	回收再制造；整体解决方案；物流平台；研发设计平台；试验等
重型矿山	工程总包、工程成套；备件服务；远程监控；产品生命周期结束后的回收、处理、再制造
石化通用	检测；共享平台建设；解决方案；供应链管理优化；接受客户委托进行产品的研发、设计服务
基础件	长期协议服务；备品备件服务
汽车	长期协议服务；汽车产品开发、技改工程
电工电器	产品研发；工程成套；制造外延；电线电站产品及原材料检测
仪器仪表	提供整体解决方案；检测；共享平台建设；供应链管理优化；系统优化

资料来源：中国机械工业联合会课题组：《发展现代制造服务业途径的研究》，转引自安筱鹏：《制造业服务化路线图：机理、模式与选择》，商务印书馆，2012年，pp. 292。

（四）完善产业政策，降低交易成本

1. 完善税收制度

对于间接税，要加快"营改增"步伐，在试点的基础上，尽快在全国推行，并在税率设计上，鼓励发展商务服务、金融服务等生产性服务行业，适当降低生产性服务业税率。对于所得税，要调整服务企业无形资产的折旧政策，放宽无形资产的折旧标准，同时允许服务企业抵扣研发费用，如果服务企业确实有研究开发活动，不论是自然科学领域，还是人文社会科学领域，均可享受研发费用抵扣政策。

2. 要完善土地制度

采取协议出让的方式，降低服务业用地成本。

3. 完善金融体系

解决服务企业融资难的问题，建立以中小金融机构为主体的产业组织体系，尽快培育一批中资中小银行，为具有比较优势的中小企业和民营经济提供金融服务；大力发展风险投资、担保等金融机构；加快推进多层次资本市场的建设力度，如创业板市场等，构建完善的融资服务体系。

（五）完善教育培训体系，提升人力资本水平

产品服务系统、整体解决方案主要是依托高新技术以及现代经营方式和组织形式而发展起来的，是知识密集、技术密集型产业。在制造企业导入服务的过程中，面向现代物流、电子商务、金融租赁、在线维护、研发设计、成套集成等高端服务，面向转型工程中新的商业模式（安筱鹏，2012），要求供应商既要对自己的产品设备的特点、工艺流程、生产布局以及项目管理等有深入的了解，又要精通现代服务理念、服务模式。同时由于服务具有无形性、同步性、异质性和不可储存性，需要从业人员有良好的团队协作能力和服务意识、良好的沟通应变能力和实践技能。但是，我国现有的教育体系还是面向制造业或服务业培养专业人才，还没有高等学校设立制造服务化方面的专业，人才培养模式和课程设计与制造业服务化的发展需求相脱节。因此，我国应调整高等教育、职业教育的发展重点和教育模式，大力发展实训基地，为制造业服务化提供合适的人才。同时，企业要制订符合自己特点的人才培养计划，并制定吸引人才、留住人才的制度、措施和机制，为服务化转型提供人才支撑。

（六）打造生产性服务业集聚区

制造企业服务化是大势所趋，在现代市场经济体系里，服务业发展更以集聚特别是在园区集聚发展为重要特征。因此，要以中心

城区为枢纽，建立专门为制造业服务的城市商务服务区，以强化城市的经济辐射和带动功能。要在已有的制造业产业集群内部或者附近，建立起各种为其服务的公共平台，以降低制造业集群的交易成本，优化投资环境；在各种高技术园区，或者知识密集型制造业的集群内部或者周边，建立为其服务的研发平台以及法律、工程、融资、信息、咨询、设计、租赁、物流和政策支撑体系。这样做，既鼓励了生产性服务业发展，又促进了制造企业的专业化与分工，使制造业企业要么专注于制造业发展，要么向服务企业转型。

参考文献

［1］ 刘继国、赵一婷：《制造业企业产出服务化战略的影响因素及其绩效：理论框架与实证研究》，《上海管理科学》2008 年第 6 期。

［2］ 周艳春：《制造企业服务化战略实施及其对绩效的影响研究》，西北大学博士学位论文，2010。

［3］ 孙林岩、杨才君、张颖：《中国制造企业服务转型攻略》，清华大学出版社，2011。

［4］ 刘继国：《制造业服务化发展趋势研究》，经济科学出版社，2009。

［5］ 安筱鹏：《制造业服务化路线图：机理、模式与选择》，商务印书馆，2012。

［6］ 霍景东、黄群慧：《影响工业服务外包的因素分析——基于 22 个工业行业的面板数据分析》，《中国工业经济》2012 年第 12 期。

［7］ Vandermerwe, S. and J. Rada, Servitization of Business: Adding Value by Adding Service, *European Management Journal*, 1998, 6 (4), pp. 314 - 324.

［8］ Visnjic, I. & Van Looy, B. , Revisiting Servitization - When Is Service Oriented Business Model Innovation Effective?, *Academy of Management Annual Meeting*. Chicago (USA), August, 2009, pp. 7 - 11.

［9］ Gebauer, H. and Friedli, T. , Behavioural Implications of the Transition Process from Products to Services, *Journal of Business & Industrial Marketing*, Vol. 20 No. 2, 2005, pp. 70 - 80.

［10］ Gebauer, H. and Fleisch, E. , An Investigation of the Relationship between Behavioural Processes, Motivation, Investments in the Service Business and Service Revenue, *Indus-*

trial Marketing Management, Vol. 36, 2007, pp. 337 - 48.

[11] Mathieu, V. , Service Strategies within the Manufacturing Sector: Benefits, Costs and Partnership, *International Journal of Service Industry Management*, Vol. 12, 2001, pp. 451 - 475.

[12] Corrêa, H. L. , Ellram, L. M. , Scavarda, A. and Cooper, M. , An Operations Management View of the Services and Goods Offering Mix, *Internacional Journal of Operations and Production Managemen*, Vol. 27. No. 5, 2007, pp. 444 - 463.

[13] Veronica Martinez, Challenges in Transforming Manufacturing Organizations into Product - service Providers, *Journal of Manufacturing Technology Management*, Volume 21, No. 4, 2010, pp. 449 - 469.

[14] Reetta Elina Kinnunen, *Servitization of Manufacturing Companies – Framework for Analyzing Servitization Capabilities*, Department of Information and Service Economy Aalto University School of Economics, 2011.

[15] Gunter lay, Giacomo Copani, Angela Ja¨ger, Sabine Biege, The Relevance of Service in European Manufacturing, *Industries Journal of Service Management*, Vol. 21 No. 5, 2010, pp. 715 - 726.

[16] Martin Falka, Fei Peng, The Increasing Service Intensity of European Manufacturing, *The Service Industries Journal*, (07) 2012, pp. 1 - 21.

[17] Llul's Santamarl'a, Service Innovation in Manufacturing Firms: Evidence from Spain, *Technovation* 32, 2012, pp. 144 - 155.

[18] Christian Homburg, Wayne D Hoyer, Martin Fassnacht, Service Orientation of a Retailer's Business Strategy: Dimensions, Antecedents, and Performance Outcomes, *Journal of Marketing*, Volume: 66, Issue: 4, 2002, pp. 86 - 101.

[19] Neely, A. D. , *Servitization of Manufacturing*：*An Analysis of Global Trends*, 14th EurOMA Conference, Ankara, 2007.

[20] Sabine Biege, Angela Jaeger, Daniela Buschak, New Service Development in Manufacturing Companies— Insights from the German Manufacturing Sector, *The Journal of Applied Management and Entrepreneurship*, Vol. 17, No. 3, 2012, pp. 4 - 19.

[21] Ivanka Visnjic, Neely Frank Wiengarten, Another Performance Paradox? A Refined View on the Performance Impact of Servitization, *Esade Working Paper No.* 231, 2012.

[22] Johan Hauknes, Services in Innovation - Innovation in Services, The SI4S project, 1999, http: //www. step. no/old/Projectarea/si4s/start. htm#topical.

[23] Oliva, R. and Kallenberg, R. , Managing the Transition from Products to Services, *Inter-*

national *Journal of Service Industry Management*, Vol. 14 No. 2, 2003, pp. 1 - 10.

[24] White, A. L. , Stoughton, M. & Feng, L. *Servicizing: The Quiet Transition to Extended Product Responsibility*, Boston: Tellus Institute, 1999.

[25] Saara Brax, A Manufacturer Becoming Service Provider - challenges and a Paradox, *Managing Service Quality*, Vol. 15 Iss: 2, 2005, pp. 142 - 155.

[26] Baumol W. J. , Macroeconomics of Unbalanced Growth: The Anatomy of Urban Crisis, *The American Economic Review*, 1967, 57 (3), pp. 415 - 426.

[27] Neely, A. , Exploring the Financial Consequences of the Servitization of Manufacturing, *Operation Management Research*, 2008 (1), pp. 103 - 118.

[28] Slack, N. , Lewis, M. and Bates, H. , The Two Worlds of Operations Management Research and Practice: Can They Meet, Should They Meet?, *International Journal of Operations & Production Management*, Vol. 24 No. 4, 2004, pp. 372 - 387.

[29] Baines, T. , Lightfoot, H. W. , Evans, S. and Neely, A. , State - of - the - art in Product Service - systems, *Proceedings of IMechE Part B: Journal of Engineering Manufacture*, Vol. 221 No. 10, 2007, pp. 1543 - 1551.

服务创新：理论进展与研究方向

王朝阳[*]

内容摘要 服务创新是服务经济理论中相对独立的一个领域，其在研究内容和方法上与管理学存在较多交叉。总体上，服务创新理论的演进与服务业的发展壮大相伴随但又相对滞后于实践。自 20 世纪 70 年代起步以来，服务创新理论大致经历了技术与互动性研究、批判和改进、知识与创新系统研究三个阶段。服务创新的研究方法大都基于案例分析和调查研究，且通常是基于某个具体行业或部门，借助于制造业常用的分析工具进行调查。未来一段时期，服务创新理论研究的重点包括服务的基础理论和方法论、创新系统中的知识与智力、服务创新产出和绩效的测度、制造业与服务业融合发展环境下的服务创新。

关键词 服务创新 四维度模型 理论进展

长期以来，服务业在理论上被看作是剩余部门，是各类"非生产性行业"的组合。服务企业和服务组织是否有创新、在多大程度上开展创新、如何进行创新，服务业创新与制造业创新有什么不同，

---

* 王朝阳，中国社会科学院财经战略研究院《财贸经济》编辑部副主任，副研究员，硕士生导师，研究领域为宏观经济与金融体制改革、服务经济理论与政策等。

对于这些问题，应该说，在相当长的时间里既不是理论研究的中心议题，也没能进入与创新政策相关的工作议程。但是，随着服务业在经济社会发展中地位和重要性的不断提升，特别是随着关于知识社会讨论的进一步展开，对服务业及其创新问题的关注正在增加。政策制定者和研究人员越来越认识到服务业的重要性，并对这其中的一些创新行为和创新后果展开讨论。可以说，服务经济的兴起正使创新过程发生着越来越广泛的变化，无论在理论层面还是在实践层面，经济服务化都离不开对服务创新的研究。

一 服务创新理论研究的起步阶段：技术与互动性

"创新"一词的经济解释源于熊彼特（1912）在《经济发展概论》中的论述，其内容包括产品创新、技术创新、市场创新、资源配置创新和组织创新。此后，创新被引入经济研究的各个领域，特别是在工业制造业领域，从不同角度研究创新的文献众多。但传统上，服务业是非生产性的，是国民经济中的第三、第四乃至第五部门。随着工业资本主义被确立为经济和政治的中心力量，制造业被看作是真实价值的源泉，服务因为不能贡献它们的价值而被忽视（苏联时期所使用的物质生产净值指标就是一种极端的体现）。对于一个连生产性都谈不上的部门来说，创新性更是无从谈起。因此，在 20 世纪 70 年代之前，关于服务创新的文献寥若晨星。

20 世纪 70 年代，许多西方国家服务业产出和就业份额超过制造业，服务开始表现出生产性，但仍不具有创新性。当然，这一时期开始出现一些新的服务，比如民航、电视、远程教育、计算机软件等，但它们大都依赖于新的物质产品，通常不被视作服务的创新。与此同时，那些低技能的服务（如服侍、清洁）和专业化的服务（法律、医疗）、小范围的服务（如商店零售）和大规模的服务（教育、卫生），也都不被认为具有创新性。但服务创新的早期线索开始显现，如 Levitt（1976）所强调的服务的"工业化"，即通过组织创新，使劳动分工系统化，使服务产品标准化。类似于制造企业中劳动分工和组织创新为技术创新铺平道路一样，服务业或许也能够形成一种更具持续性的创新模式。按照这一思路，整个20世纪80年代，欧洲共同体的科技预测与创新项目（FAST）资助了许多针对服务业的研究，其导向大都是技术问题，这些研究中有许多成果和创新有关。类似研究提议的还有美国国家工程院，相关成果被收录到Guile和Quinn（1988a，1988b）主编的论文集中，其主题同样是服务业中创新的管理和相关技术。

关于信息技术在服务业中的应用，在贝尔（Bell，1973）、卡恩（Kahn，1972）和其他研究中早已有所体现，但20世纪70年代发生的微电子革命促使越来越多的观察家去思考服务创新的选择问题。比如，Gershuny（1978）曾经思考过信息技术在服务业中的应用，但与贝尔和其他后工业研究者在很大程度上把服务业增长归因于消费需求数量的增长不同，Gershuny把服务业看作是非创新性的，其关注信息技术更多是为了降低服务成本和改善质量。因为就服务业而言，许多服务中的信息成分都可以成为新型信息技术的试验田，并且大都能够借助于信息技术实现在效率和质量上的提升。

这一时期，比较重要的是Barras（1986）的"逆向产品周期"（RPC）模型。该模型中提到的服务创新的具体特征与服务的信息强度（Information - intensity）有关。新型信息技术在服务领域的应用最初是为了提高后台部门的效率，此后信息技术把服务业有效地带入产业时代。在了解到信息技术的能力之后，人们开始将各项重要的工作围绕信息技术有组织地展开。组织化的学习意味着服务技工和管理者开始以创新的方式认识到新技术的应用范围。这促使服务业从效率提高向服务产品质量提高转变，并最终形成新的服务产品。模型把服务创新分为三个阶段——效率提高、质量改进和新服务——大致与20世纪70年代、80年代和90年代（当时还是预测）相对应。按照该模型，服务部门以它们自己的方式成为独立的创新者，但这一目标最初要靠从制造部门吸收创新来实现。当前，服务业中信息技术创新的重要性日益凸显，信息技术方面的社会研究和政策分析也越来越多，这些都意味着该模型极具影响力。

按照逆向产品周期模型的假设，新技术首先在技术供应商部门（制造业部门）中被开发出来，随后被引入服务业并引起相应变化，即逆向产品周期的出现是在服务业中引入新技术的结果。在此基础上，逆向产品周期理论把服务创新活动划分为三个相互接续的阶段，先是渐进性的过程创新阶段，紧跟着根本性的过程创新阶段，最后是产品创新阶段。各个阶段的目的分别是：改善服务效率、提高服务质量、形成新的服务；并且每个阶段都是由引入某种特定的技术系统引发的，它们分别是：大型计算机、小型和微型计算机、计算机网络。Gallouj（1998）从创新形式、创新结果、实现技术等方面对逆向产品周期各阶段的特征进行了描述，并给出了事件中一些具体的例子（见表1）。

表1　逆向产品周期各阶段的特征描述

阶　段	创新形式	创新结果	实现技术	例　子
阶段1	渐进过程创新	服务效率的改善（减少成本）	大型计算机	人员登记和工资记录的计算机化
阶段2	根本性过程创新	服务质量提高	小型和微型计算机	ATM、在线的保险政策行情表、公共管理的计算机化
阶段3	产品创新	产生新服务	计算机网络	家庭银行

资料来源：Gallouj F.（1998）。

在一个逆向产品周期完成之后，服务企业的创新活动通常会遵循正常的产品生命周期，即从产品创新转向根本性过程创新，直至出现效率改善的渐进性过程创新，同时整个产业逐步趋向成熟。而对于一个新的逆向周期出现需要具备什么条件，Barras（1986）认为是"技术波"（Technology Wave）推动了整个过程的发展，"新技术波在资本品部门中的出现引发了成熟服务业中新的逆向产品周期的开始，而这个成熟的服务业正是来自前面的逆向产品周期"。蔺雷和吴贵生（2007）按照各阶段的创新度与周期的演化发展特征，描绘了逆向产品周期模型的示意图（见图1）。

这一时期还有一些非英语的研究文献，如以法语进行的相关研

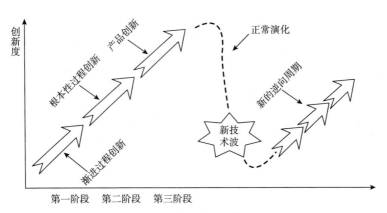

图1 逆向产品周期

资料来源：蔺雷、吴贵生（2007）。

究的重点是互动性。法国国家科学研究中心（IFRESI）把服务关系作为焦点，提出了"服务生产"（Servuction）的概念，并把其视作供应商客户关系维护中涉及的活动和程序。与其他部门相比，供应商和顾客之间的关系对服务企业而言通常更为重要。这一概念对物质生产活动和目标转化过程进行了明确的对比，因而被大多数创新研究人员所研究。Belleflamme等（1986）从服务企业角度对创新的样本分别进行了分类，其研究表明，创新可能涉及服务生产、产品或者二者的组合。该项研究认为，服务可以凭借自身的能力成为创新的源泉，因此并没有假设创新必然围绕信息技术展开。但或许是语言的原因，尽管服务关系的重要性一直被用法语研究的研究者所强调，但相关文献中只有少数服务创新研究遵循了这一特别的方法。

二 服务创新理论研究的第二阶段：批判及改进

20世纪90年代之后，研究者逐渐认识到，服务创新是一种重要的被忽视的现象，由此创新研究的第三产业化之路开始深化。前述RPC模型把服务创新与制造业创新联系起来，为理解许多服务创新的案例提供了一个概念性的框架，尤其是它确立了如下观点：服务潜在地通常在事实上是具有创新性的，特别是在引入新的信息技术之后。但人们逐渐发现，一方面，服务创新并不都是基于技术的，大量创新与信息技术无关但却现实地改变了服务业发展；另一方面，即便是基于信息技术的创新，也并不完全遵循着 RPC 模型描述的套路。

Uchupalanan（1998，2000）以泰国银行服务为对象，对 RPC 方法进行了持续和详细的批评。过去 10 余年来，泰国的所有银行业务都是基于信息技术的五个方面的创新：部门间在线服务、自动取款机、信用卡服务、远程银行、实时电子资金转账。但是，不同企业表现出多种样式的创新战略，而不是一般性的逆向产品周期路线。即便在同一组织内，针对不同创新的战略和相应的路线也有差异。同时，创新之间的关系也十分重要——银行受到其竞争对手战略的影响，关于某一种创新的战略，也会受到此前采取的（或即将采取的）其他创新的影响。

其他类似研究则表明，我们应该看到服务创新过程的多样性，逆向产品周期或许只是众多实证研究确立的形式中的一种。Den Hertog（2000）对技术创新进行了跟踪研究，认为服务创新应关注生产与交付的四个不同构面，并由此形成了服务创新的"四维度模型"（见图 2）。按照该模型，具体的创新以及创新过程的整体动力则是由协调这四个构面互动作用的组织能力塑造的。

第一，服务概念，即受竞争性服务和既有服务影响的创新。尽管并非所有服务创新在概念上都具有很强的新颖性，但与纯粹的制造企业相比，概念创新在服务企业（或者说服务功能）中更显而易见。这些创新通常都是高度无形的——意味着尽管在某些情况下，服务本身可能具有非常有形的要素，但新的服务特征与那些有形的人工制品并没有太大关系。

第二，客户界面，即受现有和潜在客户特征影响的创新。尽管创新研究关注的焦点是大规模的制造业，倾向于忽视发生在这些界面上的变化，但这些界面却是很多服务创新的焦点。作为服务业各领域中一种非常普遍的现象，产品的销售乃至生产越来越以一种按

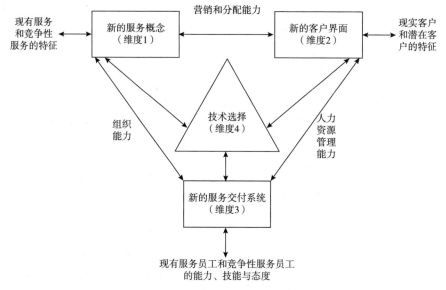

图 2　服务创新的四维度模型

资料来源：Den Hertog（2000）。

照客户具体要求的方式进行（甚至定价也按照客户要求）；并且，只要产品中含有信息的成分，其交付就采用电子方式。特别是在商务服务领域，客户通常也是服务产品生产的一部分。服务供应商与客户之间的互动方式本身就是创新的来源之一。

第三，服务交付系统，即受服务工作者能力、技巧和态度影响的创新。交付是通过客户界面的一种特殊形式的互动（其他的互动包括金融交易、企划、售后等）。但是，这里所说的交付更多的是指内部组织的安排。通过管理这种组织安排，能够让服务员工更好地履行他们的工作，开发和提供创新性的服务。与此密切相关的问题是，如何给员工授权以促使他们充分地履行自己的工作和交付服务产品。一方面，新的服务可能要求新的组织形式、（内部）员工能力和技巧；另一方面，组织是可以设计的，员工可以接受培训，从而给创新和实际问题的非传统解决方案留出空间。

第四，面临的技术选择。显而易见，即便没有技术创新，服务创新也可能发生，因此技术并不总能构成一个维度。尽管这样，现实中"技术"与"服务创新"之间存在非常广泛的联系。鉴于技术主要是充当促进因素、启动因素，还是接近于供给推动型创新、技术驱动型创新，这些联系会有所不同。此外，尽管信息与通信技术不是服务创新中唯一的相关技术，但它的应用性非常广泛。大量的信息处理任务都要用到信息与通信技术，因此，信息与通信技术通常被认为是服务创新的启动者。

Den Hertog（2000）还进一步分析了不同的创新类型，确立了各自鲜明的模式，包括：①供应商主导型创新。服务创新传统上都是被描述为这种模式。该模式下，创新（技术创新的表现形式是新的技术设备已成为一项规则）在很大程度上是基于硬件制造商提供的一些主要技术创新。这些来自外部供应商的创新在服务业的用户中得到运用和推广，服务企业又以此满足它们客户的需要。②服务业内部创新。这种模式下，实际的创新与执行是在服务企业内部发起和发生的。这类创新可能是技术性的，也可能是非技术性的，或者（在许多情况下）是二者的结合。这种模式的典型例子如新的产品、新的产品包装或者新的交付系统，通常是由服务企业自身（比如一个新的经营团队）构思出来的，其执行贯穿整个企业组织，可能伴随着来自外围的"创新支持"。③客户引导型创新。这种模式下，服务企业对其客户明确表现出来的需求做出响应。尽管在某种意义上，每一项成功的创新都是对已知的市场需求的响应，但在某些服务业中，与其他服务业相比较，这一点体现得尤为明显。④经由服务的创新。在这种相对复杂的模式下，服务企业影响了发生在客户公司内的创新过程。中间服务的提供者提供知识资源，并以各种方式支持创新进程。⑤范式创新。当复杂而又普遍渗透的创新深深地影响到价值链中的所有成员时，可以将这种创新称为范式创新。如果这些创新受到基础性新技术的推动，可以称之为技术革命或新技术体系；但范式创新还可能是由规制、资源限制以及其他剧烈变化所驱动的，这种剧烈变化要求价值链的许多要素都进行创新。这时候，需要全新的基础设施、新的知识类型以及中间用户和最终用户的调整。可以看出，从模式①到模式④，客户公司或最终消费者对创新过程施加的影响逐渐增加。相比之下，模式⑤则代表了一种不同的情形：

价值系统中的所有角色共同造就了一项创新或者被迫去适应这一创新。

与之类似，Gallouj（2000）也对传统的服务创新研究者提出了批评，认为他们虽然把注意力转向服务创新，但关注的焦点却在技术创新上。关键在于，技术创新并不是不重要，而是它并不是故事的全部；如果不对服务业中的创新动力进行广泛分析，就不能全面理解技术创新。基于此，Sundbo 和 Gallouj（2000）提出了几种截然不同的服务创新模式来进行例证：①经典的研发模式，主要存在于大型企业生产标准化的操作服务，比如大规模的数据处理；②服务专家模式，指服务部门利用其专业化的知识和相关技术能力为客户解决问题，主要体现在咨询服务等一些中等规模的专业服务上；③有组织的战略创新模式，一般适用于大型服务企业，这些企业里并不存在有组织的研发部门，但创新思想的生成是一项很分散的任务，其形成和发展往往由特定的项目组承担；④企业家模式，主要是小型服务企业围绕某项基本的创新进行创造，并把生产和营销作为它们的主要活动；⑤工匠模式，适用于许多进行可操作性服务的小企业，它们的创新主要由供应商驱动；⑥网络模式，比如行业研究协会，由一组服务企业建立，其目标是为其会员企业开发创新。对服务业来说，上述某些模式会比另一些模式显得更为常见，而其中一些模式在特定环境下则具有主导性。尽管这里某些形式的创新在制造业中并不十分常见，但它们绝不是不合理的。

三　服务创新研究的第三阶段：知识与创新系统

前两个阶段服务创新的理论研究主要停留在服务企业内部的创新，进入 21 世纪之后，服务创新研究已开始越来越关注创新网络和创新系统（Metcalfe & Miles，2000）。"系统"的观点使人们注意到，服务生产和提供过程中，机构之间存在广泛的联系和信息流动。这事实上意味着，许多创新本质上是在网络和系统中协同互动的结果，从建立合资企业、合作研发项目，到集体努力来确定标准，再到打造和动员具有社会基础的受众，需要它们把相互依赖的创新复合体在生产的同时带到市场上。

创新系统的研究者从一开始就认识到服务组织，比如高等教育、培训服务、专业化的研究和技术组织在这类系统中扮演着重要角色。由此带来的一个问题是，这类中介的角色是在增长还是在变化，是否有新的中介需要考虑——比如专业化的营销行业、从其他部门脱离出来的咨询行业。这类服务组织在网络中作为联结和导向机构，发挥着重要作用，从这个意义上说，创新系统或许可以被第三产业化。另一个需要考虑的因素是，服务创新在多大程度上是由相关创新系统的发展水平促成或塑造的（Ian Miles，2002）。

服务创新系统研究中最重要的一个概念是知识密集型商务服务（KIBS）。相关文献表明，是 Miles 等（1995）第一次提到了 KIBS 的概念，并界定了其三个特征。①私人企业或组织；②高度依赖于专业知识，也就是关于某一个具体（技术）学科或（技术）操作领域的知识或专业经验；③提供的中间产品和服务都是以知识为基础。此前，人们普遍认为，除了创新性的知识密集型商务服务业和非常大的公司外，服务业很难融入创新系统中；即便是KIBS，也不是全都能够很好地融入创新网络中。对英国 20 世纪 90年代中期第一轮（技术）前瞻计划（Foresight Programme）的分析（Miles，1999）发现，在"创新企业"的样本中，大约有一半制造企业参与或者了解了前瞻计划，而服务企业只占到 1/4。

一般来说，一项 KIBS 交易包括三个要素：知识投入的来源方（S）、知识产出的接受者（R）、知识投入的加工者（P）以及知识产出的（共同）生产者。如图 3 所示，Gallouj（2002）提供了一种极度简化的描述。这里，知识的接受者（R）可能是个人、组织中的一个小组或者是整个客户组织。服务提供者总是试图在其组织记忆中把每一次新交易中的知识都储存起来，以便在此后的交易中用作知识投入，就此而言，服务提供者本身也是接受者。知识的来源方（S）也覆盖了不同类型的主体，包括客户本身（在各种意义上都是接受者）、客户的外部环境、加工者等。尽管也有可能是只有一类主体进入 KIBS 的交易中，但更多的时候是它们都进入交易中。加工者（P）是服务的提供者，它们同样可能是个人、项目小组或者整个组织。客户本身也是知识加工者，特别是当服务被共同生产出来，而不是仅仅被分包出去的时候。KIBS 交易中的某些主体（S、R、P）可能会相互合并，这种情况下，它们表明了自反关系的存在。举例来说，某个人或小组可能同时是知识的来源方和接受者。但更常见的情况是，这些主体的高度异质性意味着它们会让不同的子部门相互联系。

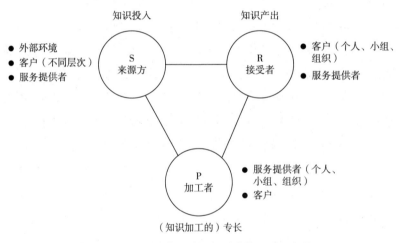

图 3　作为一种知识加工形式的 KIBS 交易

资料来源：Gallouj（2002）。

从知识加工模式的角度出发，对应于服务创新的四维度模型，KIBS 与客户公司之间的知识流动有下述四种形式（Den Hertog，2000）。与通常认为服务企业是创新追随者的传统观点相比，这里的研究考虑到了服务业的知识属性，并开始把其纳入创新系统中。

第一，离散/有形的知识与过程导向/无形的知识。无形或过程导向的知识资源流动与有形或离散的知识资源流动同样重要，这两者通常是被共同生产出来的。举例来说，为客户公司提供软件解决方案的 KIBS 提供者，并不仅仅生产以软件包形式表现出来的知识流动。软件开发商还需要了解软件应用企业的情况，与客户公司中的内部专家建立工作关系，还可能就其他主题提出建议，介绍客户结识使用同类软件的其他用户等。

第二，嵌入人力的知识与无人力（资本、书面信息）嵌入的知识。嵌入人力的知识流动要求服务提供者与客户公司之间进行面对面的互动；无人力嵌入的知识流动通常是已经写下来的内容（比如一份报告、行动计划、期刊中的文章、电子数据库等），或者包含在资本品或设备中。一般来说，嵌入人力的知识流动在服务业中相对更加重要；但书面的交流和技术同样发挥着重要作用，它们通常与嵌入人力的知识流动相结合。

第三，明示/编码化知识与默示/非编码化知识。在 KIBS 与客户公司界面上，强调较多的是默示知识转变为明示知识、被重新组合和再次内部化（在更宽泛的意义上）的转化过程。但是，关于经济交易的讨论通常只涉及明示知识。尽管很难给默示形式的知识交流（很难明确界定什么是默示的知识交流）标价，但它们在 KIBS 及其客户的互动中同样十分重要。

第四，契约型知识与非契约型知识。一般来说，契约型和非契约型知识交流同时发生，特别是当 KIBS 与客户公司之间或多或少有着稳定关系时更是如此；同时，各种非正式的知识流动是契约型知识流动的有益补充。这不仅是 KIBS 试图联系客户公司的结果，而且还关系到 KIBS 与客户公司中的专家建立关系并逐渐形成专家网络的问题。

事实上，由于 KIBS 与客户公司共同提供知识和进行创新，KIBS 已发展成为非正式的"第二知识基础设施"或知识库，部分地补充和承担了传统上由来自更加机构化、正式的"第一知识基础设施"的部门所扮演的角色。对于"第二知识基础设施"的提法，应该从一个更加动态的角度来看待，可以把它看作是发展过程中一个过渡性的、暂时性的阶段，发展的最终结果是，传统上将知识服务分为公共的与私人的分类方法将消失，或者二者的界限将变得更加模糊。随着边界的日益模糊，在提供知识密集型商务服务时，外部 KIBS 专家与内部 KIBS 专家的合作将更加灵活。最终，不仅企业和机构，还包括被纳入网络的服务专家，都将成为知识流动的推动者、转移者和源头。关于创新系统中 KIBS 角色的这一动态观点被概括为如下的三阶段模型（见表 2）。

表 2　三阶段模型中各个阶段的一些具体特征

阶段 1：KIBS 发展的"萌芽"期

　公共知识库与私人知识库的互动是有限的

　中介知识机构（主要是公共的）与企业的数量有限

　创新过程的重点是新知识的生成

　KIBS 的前任在运作时，主要依赖于那些有明确分类的专业人员（研发、会计、营销、法律事务等），并且很大程度上是在企业内部提供

　知识主要表现为正式的专门技术（研发）

　部门化的知识导向占主导

　创新政策主要集中在支持研发/扩充知识库

阶段 2：KIBS 作为"第二知识基础设施"

　公共知识库与私人知识库的互动越来越重要（科学技术中的范围经济）

　中介知识机构与企业的数量增多

　（互动）创新过程的重点是新知识的生成与扩散

　KIBS 渐渐地成为一类独立的知识发生器/散布者，虽然仍有公共的与私人的 KIBS 之分

　在涉及 KIBS 功能的提供时，有明确关于"制造或购买"的决策

　知识的定义更加宽泛，存在各种类型的正式的知识和默示知识（无形的）

　知识导向跨越了部门界限，网络与集群得以发展

　创新政策变得更加宽泛（涵盖面更广、参与者更多）

阶段 3：KIBS 服务专家的网络化

　公共知识库与私人知识库越来越难以分离，二者相互交替

　KIBS 成为公共部门与私人部门创新过程中十分重要的中介

　新产品中的创新服务功能与服务业日益融合

　服务功能中创新的规范化

　公共的与私人的组织和企业建立知识管理系统，并积极寻求 KIBS 的帮助

　内部和外部 KIBS 专家之间建立起融洽的使用者 – 生产者关联

　在服务专家网络中，KIBS 专家越来越综合多种角色（企业家、科学家、顾问、职员）和功能

　传统上由公共决策者履行的任务越来越多地被准公共（公平的）或私人的 KIBS 专家所执行

　资料来源：Den Hertog 和 Bilderbeek（1997b）；Den Hertog（2000，p. 522）。

创新与 KIBS 之间的联系可以从两个方面来分析，一是通过使用 KIBS 生产的创新，二是 KIBS 内部的创新。对前者来说，KIBS 可能用于给某一创新项目（无论其性质是技术创新、组织创新还是战略创新）提供必需的知识加工，也可能作为"未计划"的创新的一部分，即所谓的"即兴创新"。无论哪种情形，KIBS 支持的创新模型都可以分为图 4 所示的四个组成部分（Gallouj，2002）。①客户公司的功能（F），也即创新的对象。创新可能涉及公司的一项或多项功能，比如法律、信息技术、研究等。②服务提供商与客户之间围绕创新项目或新兴创新的互动程度（C）。在"未计划"的创新中，围绕创新的互动程度与提供服务时的互动程度有关。对这类创新项目来说，各种互动从一开始就完全围绕着创新展开。在提供服务时，客户或多或少都会参与其中。许多情况下，"未计划"的创新都是产生于密切的服务关系。③服务提供商进入时，创新过程所处的阶段（I）。一般而言，创新过程通常是按照信息与创意的收集、研究（基

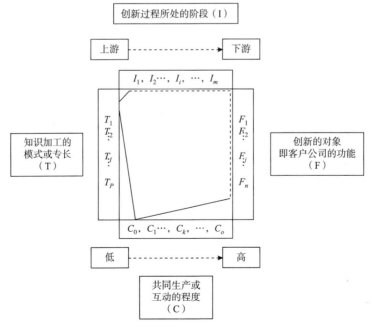

图 4 由 KIBS 支持的创新模型

资料来源：Gallouj（2002），转引自盖雷、加卢（2012）。

础研究或应用研究）、设计与开发（包括测试或实验）、提出解决方案、销售解决方案（或者在推广应用之前进行模拟销售）的顺序展开。④不同知识加工的能力（T）。比如知识的外部化、内部化、一般化、本地化、组合和分解能力。服务提供商可能动用其中一项、几项或者全部能力为正在进行革新的客户提供帮助。或者说，服务创新并不是由知识加工的模式或单独的能力来界定的，而是由在此之前的一个确定的创新项目，以及在此之后的一项创新及选择来界定。

既然 KIBS 提供商能够加工和提供知识，它们也能够以同样的条件来进行创新。对于 KIBS 内部的创新，可以定义为是为解决问题而进行的新知识的创造。这种新知识可能是有意识地创造出来的，比如"知识领域的创新"和"形式化创新"，也可能是在不同的活动中无意出现的，比如"即兴创新"。具体来说，①"即兴创新"能够在一定程度上给面临问题的公司带来启发，但该解决方案不一定能够全部转移至其他公司。"即兴创新"要求服务提供商详细了解客户公司面临的问题，因此它通常是由双方共同创造出来的，它既可以是 KIBS 内部的创新，也可以是借助于 KIBS 实现的创新。②借鉴熊彼特的分类，"知识领域的"创新包括新产品、新市场、新来源或原材料，它是指与新兴知识领域有关的知识投入的积累，其目的是在这些新领域内提供服务，其创新的程度要高于"即兴创新"。③"形式化创新"是用来形成相关服务的各类机制的混合体，它高度依赖于各种知识加工能力，它所形成的解决方案具有一定的"可见性"和"稳定性"，因此更加易于传播和扩散。

总之，对服务创新和创新系统的研究越来越表明，KIBS 企业作为知识的载体、生产者和传播者，在国家和地区的创新系统中扮演着关键角色（Hipp & Grupp，2005）。但是，KIBS 对知识加工的过程、性质和特点仍然不十分清晰，Muller 和 Doloreux（2007）强调，未来研究的一个主要挑战是如何更系统地梳理各个维度之间的关系，特别是 KIBS 在创造和扩散知识，以及作为创新系统在培育地区竞争力方面所扮演的角色和发挥的功能。Strambach（2008）聚焦于知识的不同维度，把 KIBS 看作一个生产、使用和转移知识的行业，基于知识演化和知识组织的研究方法，认为 KIBS 可以在多个层面上作为创新动力机制的驱动器。这些研究成果大都表明，对基于知识的服务来说，公立与私立的传统区分将逐渐消失。因此，我们可以预期，随着创新系统第三产业化的推进，创新性的跨边界的组织形式将会出现。

四　服务创新的研究方法和相关实证研究

在方法论上，服务创新的研究可以从技术路线和研究方法两个方面进行论述。在技术路线方面，蔺雷、吴贵生（2004）把服务创新的研究方法分为两条路线，即技术－服务－整合方法和服务－管理－整合方法。在前者中，技术方法也可称作"以技术为基础的方法"，重点关注技术在服务创新中扮演的角色，着重对技术设备和技术系统在服务业中引起的创新进行分析；服务导向方法着重对由服务和服务生产本身特性引起的创新进行分析；整合方法也被称作"综合方法"或"集成方法"，它以服务和产品的相互融合为基础，把服务和产品在功能上看作是无差别的"统一体"进行分析。在后者中，服务方法是"以服务为基础"的方法，它将服务业看作一个具有独特创新过程、性质和模式的产业，但它同时也把由技术导致的创新囊括进来，因此在范畴上较第一条路线中的"服务导向方法"更广泛；管理方法主要来自管理科学和商业研究，重点是针对企业的微观层面，从组织和管理上对服务产品及服务企业各种职能活动进行分析，并提出服务企业组织和管理的理论框架；整合方法将制造业和服务业中创新活动的功能看作企业包含的各种要素整合的结果，并在此基础上对创新活动进行一般性分析，因此又被称作功能方法。

服务业的复杂性和研究难点在于其构成庞杂、性质差异、目标多元（江小涓，2011），由此决定了服务创新的典型研究方法是案例法和调查法，并且往往是基于某一个地区的具体案例使用调查研究的方法。之所以出现这种局面，其根源仍在于服务业基础理论和统计的不完善。即便是在现行的国内生产总值（GDP）和国民账户统计体系下，服务统计体系也有很大欠缺。比如从就业和产出来看，尽管制造业的某些子行业要小得多，但其统计信息却非常详细，而服务业则远没有做到这一点。因此，尽管20世纪90年代中期以来出现了越来越多聚焦于服务业创新的研究文献，但其方法无外乎案例和调查研究。

案例研究经常用来说明某个特定部门的具体特征，其结果一般都是用来与高技术制造业进行对比。那些通常用来描述制造企业的程序和制度，比如研发部门以及专业化的研究管理人员和管理工具，在服务业中很少有明确的体现（Sundbo，1998）。近年来这方面的研究一般都基于国别数据，对某个具体部门或行业进行研究。比如，Michael 和 Petrusa（2006）以美国通信服务、金融服务、系统集成服务以及研发测试服务等行业为例，通过研究这些行业研发的不同性质，试图更好地理解服务部门的创新活动；Youngbae 等（2008）以韩国 ADSL 的覆盖情况为例，对服务创新的模式进行案例研究并揭示了其政策含义；Davide 等（2010）利用意大利1176个城市的相关数据，以电子政务为例，分析了公共服务领域技术使用与创新的情况；Tözer 和 Göktaylar（2011）采用案例研究方法评估了土耳其的互联网服务市场部门创新体系和监管情况，并讨论了对相关决策者的政策影响。

关于服务业调查研究中最常用到的那些工具，大多都是在制造业的环境中开发出来的。比如，对1997年英国社区创新调查（CIS－2）数据集的分析发现，与制造企业相比，从投入比例来看，英国服务业投入了更多精力在技术开发活动上而不是在研究开发上（Miles & Tomlinson，2000）。Evangelista 和 Savona（1998）从意大利服务业的情况入手，把他们关于服务业的调查结果和那些早期关于制造企业的调查结果进行了对比，得出结论认为：就基本的创新维度而言，在不同部门之间，相似性要多于差异性。利用调查工具，基于德国包括私人服务部门在内的产业创新调查结果，Hipp 等（2000）表述了服务业创新中截然不同的模式（虽然他们把组织创新和技术创新混在一起）。此外，Jason 和 Meville（2007）以数字通信和计算基础设施服务部门为例，采用演化经济学方法考察了信息和通信技术推动的生产力革命中，服务所扮演的角色和发挥的作用。David 和 Shearmur（2010）利用 769 家企业的调查数据，为 KIBS 的创新性质及其影响因素提供了实证证据，其所使用的案例来自加拿大的三个知识密集型服务业：计算机系统设计及相关服务、管理和科技咨询服务、建筑工程及相关服务。

上述研究者大都承认，深度调查能够揭示部门之间更多的差异，但他们的结果也确认了创新工具在解释服务创新方面的能力，而这些工具原本是被设计用来解释制造业创新的。同时，这些研究还表明，传统的工具能够给服务创新带来启迪，至少说明对某些类型的服务来说，客户关系十分重要。这些调查和数据表明了服务创新的某些特征，以及它们如何与制造部门的创新相联系，并从中受到启发。这意味着，在服务业中，创新组织的某些方面是可以验证的。

但是，就像所有大规模调查一样，它也不可避免地具有严重的局限性。举例来说，在传统的产品创新/过程创新分类中，就很少提及"交付创新"，或者更一般地说，很少关注在服务生产者 - 客户界面上的"服务生产"创新。新的信息技术尤其适用于供应商 - 客户界面上的信息交换，并且已经成为创新研究的主要关注点。遗憾的是，传统的工具或者忽视了这一领域，或者迫使被调查者把其看作是产品创新或过程创新。就此而言，在服务创新研究领域采用调查研究方法至少还存在如下问题。①服务创新的调查工具在起源上还是源于作为制造业创新的考察工具，因此很可能忽视了服务创新的显著特征，并低估了差异性的影响程度；②当前所使用的指标并不能真实地揭示相关差异点，比如互动程度、"交付创新"的角色、规制背景、服务产品的无形性、知识产权状况，等等。简而言之，创新调查的第三产业化更多的是扩展调查样本范围，而没有重新评估它们的内容。

五 关于服务创新研究的基础和未来方向

截至目前，服务创新的理论研究和实证分析取得了较多成果，在服务经济和知识经济的大背景下，服务创新已经引起了学术界和实践部门的关注，并开始为服务经济发展和产业结构转型升级提供微观基础。但毋庸置疑，关于服务创新，仍有许多亟待解决的问题。未来一段时期，相关研究的重点至少应覆盖如下四个方面。

第一，服务（业）的概念、分类和方法论问题。如何从服务产出及绩效评估的角度出发，使服务的多样性和异质性形成一定次序的概念、分类和方法论，是所有服务经济研究的基础。目前，对大多数经济学家来说，都把进行分类以及进行概念性和方法论研究的任务交给国民收入和生产的核算人员。同时，现有研究大部分都依赖于如下假设：服务业的产出和劳动生产率没有被严重地错误测度。与此相关的两个难题是"索洛悖论"和"服务业令人惊奇的活力"（Raa & Schettkat，2001），后者对服务业中所谓的"鲍默尔病"也提出了质疑。事实上，此前早就有研究指出，这些不确定性在性质上主要是概念性的（与产出的定义有关）。如 Griliches（1992）早就写道："概念问题产生的原因是，许多服务部门，难以准确地说清他们生产了什么，为顾客提供了什么有价值的服务。"但到目前，这一问题仍未得到有效的解决。未来，服务经济中的主要悖论可以尝试通过研究服务实际产出的定义及其测度等问题来寻求基本答案。可以说，只有这些基本的理论问题得到解决之后，才有可能在对不同性质、不同类型的服务行业进行归类的基础上，探索总结出服务创新的一般性规律。

第二，知识（智力）在服务生产、创新、消费及交易中所扮演的角色以及相应的社会组织，其内容覆盖了服务创新系统和知识密集型商务服务两个相关的领域。服务经济发展的实践表明，一方面，对 KIBS 来说，知识既是投入也是产出，其创新和绩效在很大程度上绕开了由产业经济学家们发展起来的传统工具；另一方面，KIBS 与客户公司一起，已经成为知识和创新的共同缔造者，已发展成为非正式（私人）的"第二知识基础设施"或知识库，部分地补充和承担了传统上由来自更加机构化、正式（公共）的"第一知识基础设施"的部门所扮演的角色。日益增长的知识强度成为某些特定服务生产和交易所具有的特征，但在把经济活动的认知属性整合到传统的理论和模型中时，研究者们面临着相当大的困难。无论是理论分析还是实证检验，只有通过进一步的研究，我们才能得知它们是否经得起事实的检验以及其他理论框架的冲击。就此而言，我们仍需要对服务创新系统的构成、基本特征、表现方式、与制造业创新系统的差异等问题进行深入分析。当然，对这些问题的研究仍需要评估方法以及一些可行的评估措施。

第三，服务业发展中信息与通信技术（ICTs）的角色，以及服务生产和创新过程的合理性。技术是服务创新研究的起点，并且长期以来得到了广泛关注，其重要性自然不言而喻，但是ICTs的重要性有那么高吗？对技术的重视源于两个原因（Gadrey & Gallouj, 2002），其一，在经济学中，技术创新（三次技术革命）是决定经济和社会进程的主要变量，由于这种情况，其他变量经常被忽视；其二，强大的利益集团持续致力于宣传如下信条：现代社会中生死攸关的问题是如何尽可能快地基于ICTs实现"新经济"。对于服务业来说，创新并不纯粹是技术性的，传统的柯布－道格拉斯（C－D）生产函数未必适用于服务业。C－D函数的前提假设是总产出可以按照不变价格进行正确的测度，该假设意味着，产出的组成部分没有经历显著的质量变化。但这对服务业来说显然是不正确的。ICTs的冲击当前主要体现在所提供的服务的质量上，在微观经济层面，生产函数的性质已经发生了变化，一是与产出数量相比，实际产出在质量和服务强度上的提升更为显著；二是规模迅速扩大的信息技术资产被用于支撑劳动力，劳动力本身也被其工作所处的信息技术环境迅速改变。特别需要说明的是，由于计算机的辅助，函数弹性很大，资本劳动替代率水平相对较低。所有这些都在很大程度上绕开了传统的生产函数和会计测度工具，也需要我们重新研究。

这其中，一项重要的任务是基于创新调查，构建创新研究的数据库。我们有必要针对服务业提出更合理的调查方法和调查内容体系，尽可能多地把各类服务行业包括进来。通过使调查常规化，将历次调查数据整合到服务创新研究的数据库中，以充分解释服务创新的发展规律和演变特征。

第四，制造业与服务业融合发展环境下的服务增强和服务创新问题。进入 21 世纪之后，制造业与服务业的融合发展趋势已经较为充分地表现出来，制造与服务的边界日益模糊。在此背景下，国内外制造业中出现了一种较为普遍的运用服务增强自身产品竞争力及向服务转型以获取新的价值来源的现象，即所谓的"服务增强"（Service Enhancement）。但就发展趋势而言，更为重要的是关于第三次工业革命的讨论以及基于这一命题的服务业创新发展问题。里夫金（2012）从能源机制的角度对工业革命的定义进行了拓展，认为第三次工业革命将颠覆第一、第二次工业革命形成的经济模式或商业模式。在过往和当前的环境下，"规模经济成了第一次工业革命初始阶段最明显的特征，巨型的商业机构也成为常态"，"第一次工业革命中出现的集中化、理性化的商业模式一直延续到第二次工业革命"。但在未来，由于可再生能源分散分布、大部分免费（但可以被收集，并智能地进行整合分配）的本质，第三次工业革命将带来一种全新的经济模式，其特点包括合作、扁平化、网络化、利益共享、可持续发展等。毫无疑问，这些转变都将深刻影响服务业与制造业的关系，服务文明在一定程度上固然依赖于工业文明，但在新的历史时期，工业文明更需要服务文明引导。研究服务创新，无论如何不能忽视这种大环境的变化。

参考文献

[1] 江小涓：《服务业增长：真实含义、多重影响和发展趋势》，《经济研究》2011 年第 4 期。

〔2〕〔美〕杰里米·里夫金：《第三次工业革命：新经济模式如何改变世界》，张体伟、孙豫宁译，中信出版社，2012。

〔3〕蔺雷、吴贵生：《服务创新》，清华大学出版社，2007。

〔4〕蔺雷、吴贵生：《服务创新研究方法综述》，《科研管理》2004年第3期。

〔5〕〔法〕让·盖雷、〔法〕法伊兹·加卢：《服务业的生产率、创新与知识》，李辉、王朝阳、姜爱华译，格致出版社、上海人民出版社，2012。

〔6〕 Barras R. , Towards a Theory of Innovation in Services, *Research Policy*, No. 4, 1986.

〔7〕 Belleflamme C. J. et al., Innovation and Research and Development Process Analysis in Services Activities, Brussels, EC, FAST, *Occasional Papers*, No. 116, 1986.

〔8〕 David D. , R. Shearmur, Exploring and Comparing Innovation Patterns Across Different Knowledge Intensive Business Services, *Economics of Innovation and New Technology*, No. 7, 2010.

〔9〕 Davide A. et al., Technology Adoption and Innovation in Public Services the Case of E - Government in Italy, *Information Economics and Policy*, No. 22, 2010.

〔10〕 Den Hertog, P. , Knowledge - Intensive Business Services as Co - Producers of Innovation, *International Journal of Innovation Management*, No. 4, 2000.

〔11〕 Evangelista, R. and M. Savona. , Patterns of Innovation in Services: The Results of the Italian Innovation Survey, *Paper Presented at the 7th Annual RESER Conference*, Berlin, 8 - 10 October, 1998.

〔12〕 Gadrey J. and F. Gallouj. , Towards Innovation and High Performance in Research on Services, In Gadrey J. and F. Gallouj (eds), *Productivity, Innovation and Knowledge in Services*, Edard Elgar, 2002.

〔13〕 Gallouj F. , Beyond Technological Innovation: Trajectories and Varieties of Services Innovation, In M. Boden and I. Miles (eds), *Services, Innovation and the Knowledge Economy*, London: Continuum, 2000.

〔14〕 Griliches Zvi, *Output Measurement in the Services Sector*, Chicago: NBER and University of Chicago Press, 1992.

〔15〕 Guile B. R. and J. B. Quinn, *Managing Innovation: Cases from the Services Industries*, Washington, DC: National Academy Press, 1988a.

〔16〕 Guile B. R. and J. B. Quinn, *Technology in Services*, Washington, DC: National Academy Press, 1988b.

〔17〕 Hipp C. and Grupp H. , Innovation in the Service Sector: the Demand for Service - Specific Innovation Measurement Concepts and Typologies, *Research Policy*, No. 34, 2005.

［18］ Hipp C. et al, The Incidence and Effects of Innovation in Services: Evidence from Germany, *International Journal of Innovation Management*, No. 4, 2000.

［19］ Ian Miles, Services Innovation: Towards a Tertiarization of Innovation Studies, In Gadrey J. and F. Gallouj (eds.), *Productivity*, *Innovation and Knowledge in Services*, Edard Elgar, 2002.

［20］ Jason P. and T. Mandeville, Toward an Evolutionary Theory of Innovation and Growth in the Service Economy, *Prometheus*, No. 2, 2007.

［21］ Levitt T. , The Industrialization of Services, *Harvard Business Review*, No. 55, 1976.

［22］ Metcalfe J. S. and I. Miles, *Innovation Systems in the Service Economy*, Dordrecht: Kluwer, 2000.

［23］ Michael G. and J. Petrusa, Innovation in the U. S. Service Sector, *The Journal of Technology Transfer*, No. 6, 2006.

［24］ Miles I. and M. Tomlinson, Intangible Assets and Services Sectors: The Challenges of Services Industry, In A. Jacquemin (eds), *Intangible Assets and the Competitiveness of the Europe Economy*, Aldershot: Edward Elgar, 2000.

［25］ Muller E. and Doloreux D. , The Key Dimensions of Knowledge - Intensive Business Services (KIBS) Analysis: A Decade of Evolution, *Discussion paper*, Fraunhofer Institute Systems and Innovation Research, 2007.

［26］ Raa T. and R. Schettkat, *The Growth of Service Industries*: *The Paradox of Exploding Costs and Persistent Demand*, Cheltenham, UK and Brookfield, US: Edward Elgar, 2001.

［27］ Strambach S. , Knowledge - Intensive Business Services (KIBS) as Drivers of Multilevel Knowledge Dynamics, *International Journal of Services Technology and Management*, No. 10, 2008.

［28］ Sundbo J. and F. Gallouj, Innovation as a Loosely Coupled System in Services, In S. Metcalfe and I. Miles (eds), *Innovation System in the Service Economy*, DORDRECHT: Kluwer, 2000.

［29］ Sundbo, J. , *The Organization of Innovation in Services*, Aldershot: Edward Elgar, 1998.

［30］ Tözer, Ayhan, Göktaylar, Yavuz, Assessment of Sectoral Innovation Systems Approach: The Case of Turkish Internet Service Market, Paper provided by International Telecommunications Society (ITS) in its Series 22nd European Regional ITS Conference, Budapest, 2011.

［31］ Uchupalanan K. , Competition and IT - Based Innovation in Banking Services, *Inter-*

national Journal of Innovation Management, No. 4, 2000.

[32] Uchupalanan K. , *Dynamics of Competitive Strategy and IT Based Product – Process Innovation in Financial Services: The Development of Electronic Banking Services in Thailand*, DPhil Thesis, University of Sussex, Falmer, Brighton, 1998.

[33] Youngbae Kim, Hoeel Jeon and Soonhoon Bae, Innovation Patterns and Policy Implications of ADSL Penetration in Korea: A Case Study, *Telecommunications Policy*, No. 5, 2008.

服务业电子化趋势及发展对策

李冠霖　周　健[*]

内容摘要　文章认为服务业电子化是由不同服务行业的服务内容、服务环节、服务模式的电子化引起的服务业电子化水平不断上升的过程，包括服务生产电子化、服务交换电子化和服务消费电子化。近年来，服务业电子化趋势日益加强，服务业电子化强大的资源整合能力、行业渗透能力、区域覆盖能力已经成为决定服务业发展的重要因素，未来服务业电子化程度还会进一步提高，促使服务供需更加均衡，并引致服务业在经济社会发展中的主导性和控制力的增强。鉴于目前我国服务业电子化程度仍有较大增长空间的情况，要积极发挥服务业电子化带来的正效应，在线上监管系统建设、服务业集聚区发展方向、服务业电子化创新方面引导服务业电子化的健康发展。

关键词　服务业电子化　服务生产　服务交换　服务消费

在全球经济服务化的大背景下，随着互联网技术的发展，现代电子信息技术向服务业渗透的程度日益提高，服务业电子化趋势日

---

[*] 李冠霖，华南理工大学现代服务业研究院服务经济研究所所长、研究员，研究领域为服务经济与服务管理；周健，华南理工大学经济与贸易学院产业经济学专业硕士研究生，研究领域为服务经济与服务管理。

益加强，成为影响服务业发展的重要因素，实体渠道已经不再是服务业发展的唯一载体，虚拟渠道、虚拟 + 实体渠道日益成为服务业发展的重要途径。本文就服务业电子化的内涵和外延、对服务业发展产生的影响、未来发展趋势做一分析，并提出促进我国服务业电子化健康发展的对策建议。

一 服务业电子化的基本认识

（一）服务业电子化的内涵

目前，国内外还没有明确提出服务业电子化的概念。服务业是由生产服务产品（简称服务）的单位和机构共同组成的集合体，因此，服务业电子化首先是服务的电子化或电子服务。国外研究方面，Surjadjaja（2003）认为所谓的电子服务是在以客户为中心的基础上，在互联网的支撑下，基于某种服务合约，进行售前、售中和售后传递某种产品或服务的过程；Rowley（2006）对电子服务（E – service）的已有文献进行总结，认为对于电子服务的界定主要包括两个方面，一是等同于信息服务，二是服务自助。我国较早提出电子服务的杨建林（2008）认为，电子服务是指服务实体利用各种电子化网络将工作、任务或交易过程部分或完全数字化的一种新的业务模式。它既包括传统服务的电子化，也包括计算服务、存储服务、数据服务、信息服务、知识服务、远程设备共享服务、软件服务等各种新的电子服务类型。倪浩（2009）认为，电子服务是以现代软件及互联网技术为基础，采用集约的服务模式，整合有形设备和场所，以及无形的技术和服务，为用户提供更为高效和专业的服务形式，是现代服务业发展的必然结果。李雷、赵先德、简兆权（2012）认为，电子服务是服务提供者和顾客通过整合和共享资源共同提出一整套数字化解决方案，并通过虚拟站点和渠道进行交互，从而不断增强服务生态系统适应性和持久性的价值共创过程。郭政、王勤志（2013）认为"E 服务"（电子服务）是服务提供的内容、手段、形式越来越依赖计算机网络、移动通信、信息处理平台等电子化技术，"E服务"成为服务业发展趋势的主流。还有部分学者，诸如姚国章（2006），张童（2010），田雪、王成林（2010），马新、周涛（2011）等分别对政务服务、金融业、物流业、保险业等服务业具体行业的电子化做过相关分析。

综合来看，这些学者的主要研究分为两类，一是从服务业的微观层面表述服务产品的内容、环节、模式的电子化过程；二是针对具体行业的电子化趋势做出相关探讨，总体而言还未上升到从服务业整体来把握服务业的电子化发展，即尚未提出服务业电子化概念。由于服务业是服务产品生产单位和机构的集合体，因此各个服务供应商提供服务电子化过程的总和也就构成了服务业的电子化。由此，我们认为，服务业电子化是指由不同服务行业的服务内容、服务环节、服务模式的电子化而引起服务业电子化水平不断上升的过程。

（二）服务业电子化的外延

1. 从与服务业信息化的区别看服务业电子化的外延

信息化是指国民经济管理、企业经营所涉及的数据的采集、加工、传输、存储、显示和检索等活动更多地运用现代信息技术进行处理的过程。因此，服务业信息化是指服务业宏观管理、服务企业微观经营所涉及的数据的采集、加工、传输、存储、显示和检索等活动更多地运用现代信息技术进行处理的过程。

与服务业电子化相比，服务业信息化强调的是信息技术的支撑和应用，从而节约了时间和空间，提高了服务再生产的效率，而服务业电子化是在服务业信息化的基础上，进一步推动服务生产方式、组织模式转变的过程，服务业信息化是服务业电子化的基础和前提，服务业电子化是服务业信息化的高级阶段和必然结果，信息化强调的是一种生产工具的运用，而服务业电子化强调的是服务产品再生产过程的改变，甚至是变革。例如，连锁书店利用信息系统管理不同网点的库存和销售属于书店经营的信息化，通过信息化提高了对连锁书店的管理效率；在此基础上，开设网上虚拟书店则属于书店经营的电子化，网上虚拟书店不仅提高了传统实体书店的生产效率，而且还改变了传统实体书店的生产方式和组织模式。

2. 从服务再生产过程看服务业电子化的外延

根据李江帆（1990）提出的服务产品理论，与实物产品的再生产过程一样，服务产品的再生产也包括生产、分配、交换和消费四个环节。由于分配环节涉及的工资等生产要素收益，以及税收、利润等内容均属于价值分配问题，不涉及服务产品本身，因此，服务业电子化可以不考虑分配环节。服务生产、服务交换和服务消费均与服务产品本身直接相关，是服务业电子化涉及的三大环节。服务业能否电子化取决于信息技术对服务生产、交换、消费的载体和过程能否虚拟化。其中，服务交换环节的载体和过程均可实现虚拟化，而服务生产和服务消费的载体、过程则只能部分实现虚拟化。

从生产环节看，随着信息技术的发展，服务业中有部分服务产品不一定需要依赖实体载体进行生产，这些服务产品的生产即可电子化。也就是说，服务生产电子化是指服务产品的生产过程既可以在现实载体中进行，也可以在网络中的虚拟载体上进行。例如，商贸流通、金融服务、研发设计、文化创意、广告设计、咨询服务、动漫制作、网游制作、新闻制作、影视制作、政务服务等服务生产过程均可在网上设立虚拟载体（虚拟店）进行生产。但是，服务业中有部分服务则一定需要依赖实体载体（实体店）才能进行生产，例如，运输服务、住宿服务、餐饮服务、科学实验服务、检验检测服务、居民服务、教育服务、健康服务、文体服务、娱乐服务等服务就不可以或不能完全进行电子化生产。

从交换环节看，随着信息技术的发展，服务交换环节的载体和过程均可实现虚拟化，服务交换主要涉及销售和购买两个层面。从服务销售商角度看，服务交换涉及服务展示、广告宣传、服务销售、资金结算、产品配送等环节；从服务购买者角度看，服务交换涉及信息检索、信息咨询、选择确定、下单支付、产品验收等环节。因此，服务交换的电子化是指服务产品的服务展示、广告宣传、服务销售、资金结算、产品配送，以及信息检索、信息咨询、选择确定、下单支付、产品验收等环节利用信息技术在互联网中进行的过程。所谓 O2O（Online to Offline）模式是指服务供应商在线上揽客，服务消费者在线上筛选服务，并通过在线结算完成的线上服务交换环节，然后在线下通过实体载体实现服务生产、服务消费的模式。由于服务生产与服务消费的同时性，服务生产与消费更多地依赖于实体店进行，而服务交换与服务生产、服务消费的可分割性，促使服务交换电子化可以通过 O2O 模式实现线上交换与线下生产、消费的融合互动，虚拟店成为实体店的前台，更加便利地与消费者进行交流和沟通。例如，大众点评网、万汇网、携程网可以在网上对不同区域和不同品牌的餐饮、酒店、旅游、休闲、娱乐、婚庆、亲子、家装等服务进行揽客、筛选和交易活动，从而实现了线上交换、线下消费。因此，所有服务行业的交换环节，以及与交换环节密切相关的会展业、广告业、商贸业、金融业、物流业、咨询业、检验检测业均可进行电子化发展。O2O 模式正是通过信息技术，依托互联网有效分离了服务交换与服务生产、服务消费环节，从而成为实现服务交换电子化的主要模式。

从消费环节看，服务消费涉及体验、使用、售后等环节。因此，服务消费电子化是指产品或服务的体验、使用和售后等消费环节通过互联网进行的过程。例如，网络电视、网络新闻、网络娱乐、网络博彩、研发设计、创意产品等服务的消费可以在互联网上进行。因此，电视新闻、娱乐、博彩、研发设计、创意产业等行业均可进行服务消费的电子化发展。由于服务生产与服务消费具有同时性，上述那些不可以或不完全进行电子化生产的服务业也不可以或者不完全可以进行电子化消费，因此，服务消费也可以分为在虚拟店消费和在实体店消费两种。

综上所述，服务业电子化包括服务生产、服务交换和服务消费的电子化，既有完全可以实现电子化生产、交换和消费的服务环节和领域，也有部分可以实现电子化生产、交换和消费的服务环节和领域。O2O 模式是实现服务交换电子化的主要模式，虚拟店成为服务生产、服务消费电子化的主要载体。其中，虚拟店和实体店的区别主要在于形态的不同，共同点在于二者均可以独立完成服务生产、交换和消费的功能，而实体店＋虚拟店将成为未来服务业电子化发展的主要形式。服务业各行业可电子化的环节详见表1。

表1　服务业各行业可电子化的环节

服务各行业	服务生产	服务交换	服务消费
交通运输及仓储业	否	是	否
邮政业	否	是	否
信息传输、计算机服务和软件业	部分是	是	部分是
批发和零售贸易业	部分是	是	部分是
住宿和餐饮业	否	是	否
金融保险业	部分是	是	部分是
房地产业	部分是	是	部分是
租赁和商务服务业	部分是	是	部分是
科学研究事业	部分是	是	部分是
综合技术服务业	部分是	是	部分是
水利、环境和公共设施管理业	部分是	是	部分是
居民服务和其他服务业	部分是	是	部分是
教育	部分是	是	部分是
卫生、社会保障和社会福利事业	部分是	是	部分是
文化、体育和娱乐业	部分是	是	部分是
公共管理和社会组织	部分是	是	部分是

注：是/否，分别代表该行业中是否可以电子化，部分是代表有部分内容可以电子化。

二　服务业电子化对服务业发展的影响

现代信息技术改变了服务业发展的时空观，伴随着服务业电子化的迅猛发展，其强大的资源整合能力、行业渗透能力、区域覆盖能力对服务业发展产生了巨大影响，并成为决定服务业发展的重要因素。

（一）服务业规模迅速扩张

服务业电子化使服务业的资源整合能力得到空前加强。传统服务具有生产和消费的同时性，因此，受时间和空间的限制，服务业规模一般难以扩大。现代电子信息技术对信息的传输突破了传统信息传递的自然条件限制，有效缩短了现实的时空距离，大大节约了服务业发展的时间成本和空间成本；同时，由于现代电子信息技术对不同行业的渗透性和不同区域的覆盖性，有效打破了行业分割和区域分割，服务业可以在更短的时间，以更低的成本进行区域资源和行业资源的整合，迅速扩大服务规模。特别是，以O2O模式为代表的服务交换电子化可以通过虚拟化平台整合不同地区、不同行业的实体资源，从而有效扩大服务供给能力。例如，大众点评网整合了不同区域和不同品牌的餐饮、酒店、旅游、休闲、娱乐、婚庆、亲子、家装等社会服务资源，增强了服务消费者的选择性；万汇网将不同地区同一品牌的万达城市综合体提供的各种服务资源整合成统一的虚拟化平台，增强了万达服务的品牌性；携程网整合以旅游为主体的上下游服务产业链，提供一站式整体解决方案，增强了服务供给的便利性。据艾媒咨询统计数据（见图1），2012年我国O2O市场规模为986.8亿元，尽管预测2014年、2015年增长速度有所下降，但仍呈高速增长态势，预

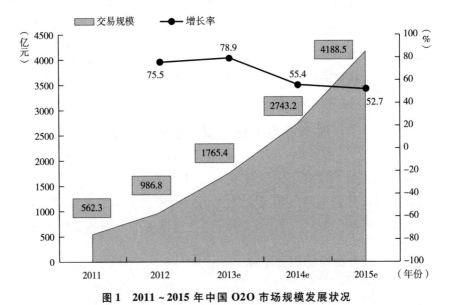

图1　2011～2015年中国O2O市场规模发展状况

资料来源：艾媒咨询（iiMedia Research）《2012年度中国O2O市场研究报告》。

计到 2015 年 O2O 市场规模将达到 4188.5 亿元，比 2012 年增长 3.24 倍，而且还有进一步增长的空间。

（二）服务业结构明显优化

服务业电子化平台的最大优势在于将服务实体店的前台搬到了互联网，而互联网强大的渗透力和便利的交互性使得服务供给者可以以最广泛和最便捷地与服务需求者进行交流，促进市场信息对称。如图 2 所示，对服务供给者来说，服务业电子化平台具有强大的信息发布能力，服务供给者通过海量推送、点对点推送，挖掘潜在消费完成服务需求者的被动消费过程；对服务需求者来说，通过互联网强大的信息检索能力，检索服务产品完成主动消费过程，从而有效解决服务供需信息不对称问题。同时，平台便利的交互性，有利于服务消费者表述更加个性化的服务需求，从而促进服务供应商提供更加多样化的服务，改变服务产品结构，促进服务业结构的优化。例如，猪八戒网便利的"需求发布"功能、58 同城网的"免费发布"功能，均有利于消费者便利地表述其个性化的服务需求，从而有效促进服务供应商多样化的服务供应，有利于改变服务产品的供需结构，促进服务业结构的优化。

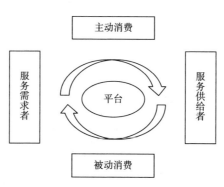

图 2　市场信息对称图

（三）服务质量明显提高

与实物产品质量主要取决于产品生产商不同的是，服务质量不仅取决于服务供应商，更取决于服务消费者。在过去的服务短缺时代，服务供给决定服务消费，服务质量更多地取决于服务供应商，忽视了服务消费者的感受和感想。如图 3 所示，服务电子化强大的交互功能、评价功能可以有效表述服务消费者的感知和感言并反馈给服务生产者，促进产品信息对称，使服务消费决定服务供给的能力得到显著提升，有利于改进服务供给，从而提高服务质量。例如，医评网中对医院和医生的点评功能增强了患者对医疗服务的满意度，有利于促进医疗服务质量的提高；评师网中的"大学评价"和对老师的"听课感受分享"功能增强了学生对教学服务满意度的决定性，有利于促进教学服务质量的提高，从而在整体上促进服务质量的提升。

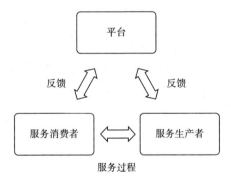

图 3　产品信息对称图

注：受制于服务生产电子化的可能性和服务外包的可能性，电子化平台或与服务生产者（服务供给者）合一，或外包独立。

（四）服务中心地加速调整

随着服务业电子化的发展，各行业、各地区的资源得到高效整合，互联网中的服务业企业规模呈几何级数扩张，构建起了一批集聚能力强、涉及面广的虚拟服务业中心，对实体服务业中心产生巨大冲击，并将影响和改变实体服务业中心的现有格局。例如，广州作为"千年商都"，是全国最大的商都乃至世界的一个重要商贸流通中心，但这都是实体商业时代的成就。商贸流通业的电子化发展给广州这个全国最大的实体商都带来巨大冲击，2012 年广州批发和零售业的销售总额为 5168.57 亿元，而阿里巴巴集团旗下淘宝和天猫的总交易额在 2012 年度就突破了 10000 亿元，是广州批发和零售业销售总额的两倍。目前，杭州已经成为全国最大的网络商都，而且这种网络商都的集聚能力仍然有进一步上升的空间。

（五）服务业对经济的决定性和控制性作用明显增强

传统理论认为，服务业是伴随着农业、工业而发展起来的产业，具有依附性、附属性和辅助性的特点，服务业的电子化发展改变了服务业的功能和作用，从而改变了产业之间的关联关系。一是服务业决定工业、农业发展的能力明显提升。例如，网络商城强大的订货发布能力，反向促进工业和农业的精准化生产，使得生产的合理性、有效性得到明显提高。二是服务环节加快向生产环节渗透，以前是服务环节寓于工业和农业的生产环节中，随着服务业电子化平台的建设，销售渠道、研发能力、品牌塑造、物流配送才是决定生产的重要环节，由此而形成的网络商城、研发机构、品牌企业、物流配送等服务企业成为决定生产的主要因素，许多生产环节已经被服务业企业作为其中的一个环节经营或外包，即生产外包，农业和工业的生产环节寓于服务业中成为一种普遍现象。例如，销售额从 2011 年的 5.5 亿元提升到 2013 年的 316 亿元的小米科技公司作为一个互联网企业就是典型的服务主导生产的企业，小米科技公司仅掌握研发设计和销售等环节，其产品的生产均由富士康等加工型企业代工完成，加工型企业沦为小米科技公司产业链中的一个环节即生产外包承接企业；又如，互联网企业美乐乐网整合众多家具、建材、家装家饰生产企业，提供设计、采购、装修等一站式服务，从而通过美乐乐网有效地控制了家具、建材、家装家饰等生产企业。

三 服务业电子化发展趋势

当今世界，以互联网为代表的电子信息通信技术的迅猛发展和广泛应用，使服务的生产、交换和消费方式发生了巨大的变革，促进了服务再生产过程的电子化发展。随着云计算技术的进一步应用，云服务平台的处理能力极度增强，将会加速推动服务业的电子化发展。

（一）服务生产电子化程度逐渐上升

云计算技术的广泛应用，带来了大数据服务行业的迅猛发展，许多基于大数据分析的决策咨询、市场调研、研发设计、文化创意等服务行业的生产越来越依赖于网络，这将会推动服务生产电子化程度的进一步提高。例如，百度问卷星作为一个专业的在线问卷调查、测评、投票平台，为用户提供功能强大、人性化和个性化的在线设计问卷、采集数据、自定义报表、调查结果分析等系列服务，使得决策咨询、市场调研、研发设计、文化创意等行业依托网络进行服务生产成为可能。云计算技术的深入发展，大数据的广泛应用，将会推动更多基于云计算技术和大数据分析的服务行业的电子化发展。还有一部分依托互联网即可进行服务生产的商贸流通、金融服务、动漫制作、网游制作、新闻制作、影视制作、广告设计、政务服务等行业，其服务生产的电子化程度将会进一步提高。

（二）服务交换电子化日益普及

服务交换电子化可以最大限度地整合服务供应商和服务消费者资源，不仅节约了服务交易的企业微观成本，还可以节约消费者搜寻所需服务的社会成本，从而使服务供应商和服务消费者均取得双赢，是典型的服务效率帕累托改进。服务交换涉及每一个服务行业，服务交换电子化的双赢结果将会促进服务交换电子化的日益普及。以服务业中的餐饮业和旅游业为例（见图4），我国服务业中的餐饮业和旅游业线上渗透率是逐年上升的，预计到2015年将分别达到3.4%和9.52%，由此可见服务交换电子化将日益普及。

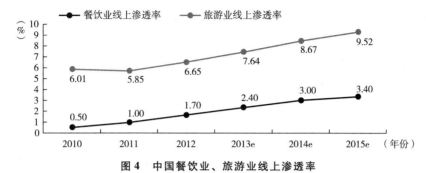

图4 中国餐饮业、旅游业线上渗透率

注：行业线上渗透率 = 线上消费市场规模/行业总收入。其中，餐饮业线上渗透率数据来自速途研究院《2013年中国O2O市场研究报告》，旅游业O2O市场规模数据来自速途研究院《2013年中国O2O市场研究报告》。其中，2010年、2011年、2012年旅游总收入来自国家旅游业统计年报，按照《旅游业"十二五"规划》所定的11%年均增速测算出2013~2015年旅游总收入，再计算出旅游业线上渗透率。

（三）服务消费电子化程度逐渐上升

生产和消费是同一产品的两个侧面，因此能够电子化的服务生产，也能够进行电子化消费。这样，服务生产电子化程度的提升也将带来服务消费电子化程度的提升。上述决策咨询、市场调研、研发设计、文化创意、商贸流通、金融服务、动漫制作、网游制作、新闻制作、影视制作、广告设计、政务服务等行业，其服务消费的电子化程度也将进一步提高。以阅读消费为例（见图5），阅读消费

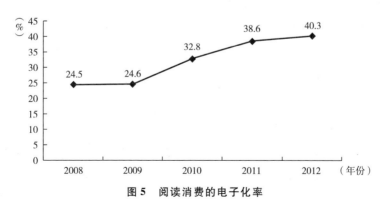

图5 阅读消费的电子化率

注：阅读消费电子化率 = 数字化阅读方式/总阅读方式，数字化阅读方式包括网络在线阅读、手机阅读、电子阅读器阅读、光盘阅读、PDA/MP4/MP5阅读等。本图的数据由第六次到第十次全国国民阅读调查报告汇总而得。

的电子化率由 2008 年的 24.5% 上升到 2012 年的 40.3%，年均增加近 4 个百分点，并且在未来还有进一步上升的趋势，凸显了阅读服务消费的电子化程度逐渐上升的过程。

（四）服务产品供需更加均衡

一是供需总量更加匹配。互联网技术在不同区域的通达性和对不同行业的渗透性，使得为不同区域和不同行业的服务消费者提供服务成为可能，从而在服务供需总量上获得最大程度的匹配。二是供需结构趋于合理。一方面，服务业电子化强化了服务需求的决定作用。在服务业电子化平台上服务需求信息发布功能与服务供给商的精准对接，促进了服务供应商的服务多样化发展，能更有效地满足服务消费者个性化的需求。另一方面，服务供应商可以通过电子服务平台进行服务产品的推送，激活潜在服务需求，形成有效的服务供给，从而推动服务供需结构趋于合理。

（五）服务业的主导性和控制力进一步提升

当今世界已经进入了一个"无网不渗和无网不胜"的时代，互联网加速向服务业的渗透，使得服务业已经不可能脱离互联网而独立存在。随着服务业电子化的提升，服务环节加快向工业生产、农业生产环节渗透，服务业决定工业、农业发展的能力将会得到加强，服务业对经济社会发展的主导性和控制力进一步提升。

四 引导服务业电子化发展的对策建议

目前，我国服务业电子化程度仍有很大的增长空间，顺应服务业电子化发展趋势，要积极发挥服务业电子化带来的正效应，顺势而为引导服务业电子化的健康发展。

（一）服务业电子化程度的中美比较

尽管我国应用型电子信息技术与发达国家的差异并不是很大，近年来我国电子服务规模也在不断增长，但与美国相比，我国电子服务的发展速度仍然有很大差距，服务业电子化程度大大落后于美国。通过计算分析服务业（除信息服务外）以及服务业各行业对信息服务的直接消耗系数可以把握服务业电子化的程度。

1. 从服务业对信息服务的直接消耗系数[①]看（见表2）

在 2002 年、2005 年、2007 年、2010 年四个时点，中国平均直接消耗系数为 0.0138，而美国为 0.0261，美国是中国的 1.89 倍。美国四年直接消耗系数的方差为 0.0138；同期，中国四年直接消耗系数呈现明显的下降态势，方差为 0.0403，明显高于美国的水平。这不但反映出中国服务业对信息服务的直接消耗量明显低于美国，而且说明中国的消耗量呈较大幅度波动的下降趋势。考虑到我国从 2002 年到 2010 年服务业规模不断扩大的趋势，这意味着我国服务业在总量扩张的过程中，服务业电子化程度并没有随之提高。

表2　其他服务业对信息服务的直接消耗系数和信息服务在服务业的中间投入比重

指　标	直接消耗系数		中间投入比重（%）	
	美　国	中　国	美　国	中　国
2002 年	0.0276	0.0178	7.55	3.78
2005 年	0.0250	0.0167	6.56	3.40
2007 年	0.0249	0.0112	6.46	2.39
2010 年	0.0270	0.0096	7.13	2.15
平　均	0.0261	0.0138	6.92	2.93
方　差	0.0138	0.0403	0.51	0.78

注：本表以投入产出表中的"信息传输、计算机服务和软件业"为"信息服务业"，计算其他服务业（除信息服务业外）对信息服务的消耗以及信息服务在服务业中的中间投入比重。

资料来源：根据中国和美国 2002 年、2005 年、2007 年、2010 年投入产出表经过合并计算而得，其中，中国数据来自中国投入产出协会（http://www.iochina.org.cn/Download/xgxz.html），美国数据来自 http://www.bea.gov/industry/xls/Annual_ IOUse_ After_ Redefinitions_ 1998 – 2010.xls。

---

① 投入产出表中的直接消耗系数（a_{ij}）是指第 j 产业生产 1 单位产品所直接消耗第 i 产业产品的数量。用公式表示为：$a_{ij} = \dfrac{x_{ij}}{X_j}$，其中：$x_{ij}$ 是指第 j 产业对第 i 产业产品的消耗量；X_j 是指第 j 产业的总投入。直接消耗系数可以反映产业与产业之间存在的相互直接提供产品的依赖关系。

2. 从服务业各行业对信息服务的直接消耗系数看（见表3）

中美两国服务业各行业对信息服务的直接消耗系数大小顺序基本一致，但不同行业有较大差异。美国除房地产业对信息服务业的直接消耗量低于中国外，其余各行业对信息服务业的直接消耗量均高于中国，其中美国服务业对信息服务的直接消耗量超过中国两倍以上的行业包括住宿和餐饮业（5.26）、租赁和商务服务业（6.03）、科学研究事业与综合技术服务业（2.22）、居民服务和其他服务业（3.85）、教育（2.41）、文化、体育和娱乐业（3.31）、公共管理和社会组织（2.64），此类行业在中国的电子化空间较大；略高于中国的行业包括交通运输及仓储业（1.26）、批发和零售贸易业（1.64）、金融保险业（1.04）、卫生、社会保障和社会福利事业（1.38），中国这些行业的电子化程度接近美国水平。总体而言，服务业不同行业电子化程度有较大差异，但仅从中美对比来看还找不出服务业电子化的行业特征。

表3　2010年中美两国服务业各行业对信息服务的直接消耗系数

国家 服务业各行业	中国		美国		美国/中国
	系数	排序	系数	排序	
交通运输及仓储业	0.0072	11	0.0091	12	1.26
邮政业	0.0206	3	—	—	—
信息传输、计算机服务和软件业	0.0434	1	0.1067	1	2.46
批发和零售贸易业	0.0077	9	0.0126	10	1.64
住宿和餐饮业	0.0031	15	0.0163	8	5.26
金融保险业	0.0285	2	0.0295	3	1.04
房地产业	0.0039	12	0.0032	13	0.82
租赁和商务服务业	0.0037	13	0.0223	6	6.03
科学研究事业与综合技术服务业	0.0107	5	0.0238	5	2.22
水利、环境和公共设施管理业	0.0092	6	—	—	—
居民服务和其他服务业	0.0034	14	0.0131	9	3.85
教育	0.0075	10	0.0181	7	2.41
卫生、社会保障和社会福利事业	0.0088	7	0.0121	11	1.38
文化、体育和娱乐业	0.0081	8	0.0268	4	3.31
公共管理和社会组织	0.0178	4	0.0470	2	2.64

3. 从信息服务在服务业的中间投入比重①看（见表2）

在 2002 年、2005 年、2007 年、2010 年四个时点，美国服务产品生产所需信息服务的中间投入比重平均达到 6.92%，明显高于同期中国的 2.93%，而且美国呈较为稳定的态势，中国则呈现较为明显的下降趋势，反映了中国在服务业投入电子化方面不仅远低于美国的水平，而且近年来还呈现明显的下降趋势，考虑到中国近年来服务生产不断扩张的趋势，中国服务业电子化下降的程度更为严重。

（二）服务业电子化的对策建议

1. 积极引导服务业电子化发展

鉴于目前我国服务业电子化水平远低于美国的情况，有必要加强对服务业电子化发展的引导，提高服务业电子化程度。一是大力普及以 O2O 模式为代表的服务交换电子化发展，积极引导实体店与虚拟店并存的服务生产与服务消费线上线下互动模式发展，积极拓展以虚拟店为主的服务生产和服务消费模式发展，有效扩大服务业电子化的覆盖面。二是积极培育网络服务中心，由于时空观的改变，服务业发展已经没有前沿地带，也没有绝对的先发优势，各地要把握服务生产、服务交换和服务消费电子化趋势，加快培育和构建网上服务生产中心、服务交换中心和服务消费中心。重点培育打造一批以研发设计、文化创意等为代表的网络服务生产中心，巩固提升一批以商贸流通、金融服务等为代表的网络服务交换中心，积极拓展一批以网络新闻、动漫游戏等为代表的网络服务消费中心。

2. 加快完善线上监管系统建设

服务产品的非实物性使得原本在实体店进行的服务生产、服务交换与服务消费难以进行服务质量的跟踪和检查。服务生产、服务交换、服务消费电子化后进一步增加了这种监管的难度。为保障我

---

① 中间投入比重（k_j）是指国民经济中第 j 产业的中间投入与中间投入总和之比。用公式表示为：$k_j = \dfrac{x_{ij}}{\sum\limits_{i=1}^{n} x_{ij}}$。

国服务业电子化的健康发展，要加快完善线上监管系统的建设。特别是随着服务业电子化发展，服务交换完全可以在网上进行，许多服务生产和服务消费也可以在网上实现，这样，在互联网中已经构建起一个相对完整的服务业产业链，而且与实体服务业一样，电子化的服务业也会产生假冒伪劣产品，形成了对工商注册、税收征管、质量监管等政务服务的需求，由此需要与实体管理体系一样，完善网络的工商、税收、质检等政府监管职能，形成线上线下互补、相互制约的政府管理体系。

3. 调整服务业集聚区发展方向

服务生产、消费与服务交换的可分割性，对服务生产、服务消费可电子化的实体店产生了巨大影响。特别是，随着决策咨询、市场调研、研发设计、文化创意、商贸流通、金融服务、动漫制作、网游制作、新闻制作、影视制作、广告设计、政务服务等行业的服务生产与服务消费电子化趋势的加强，这些行业实体性的发展载体需求会进一步下降，这给目前我国各地如火如荼进行的服务业集聚区建设带来全新的思考。以城市商圈、金融商务区、中央商务区、研发设计城、创意产业园等为代表的服务业集聚区，随着网络商城、网络银行、网络媒体、网络共性研发设计平台、网络创意平台等的电子化而促使其实体集聚区虚拟化。如不及时调整集聚区建设策略，未来若干年将出现一批实体商圈、中央商务区、中央金融区等的"鬼城化"。为此，未来实体服务业载体的建设要弱化服务交换功能，增强不可虚拟化的服务生产和服务消费功能。例如，对城市商圈来说，要弱化商品交换功能，强化城市休闲、社交、欣赏、娱乐等功能；对金融总部集聚区来说要强化后台数据处理能力，弱化前台总部楼宇建设等。

4. 鼓励服务业电子化创新发展

服务业电子化不仅是一个工具，更是一种理念和行为方式，它将对服务模式、服务流程、服务消费等产生巨大的影响，特别是在现代信息技术和现代管理模式的支撑下，服务泛化和服务深化发展趋势日益明显，服务业通过技术创新、管理创新将会产生许多新的业态和新的模式。要按照技术先进、产业关联度高，有利于提高经济社会运行效率的原则，在未来一个时期，重点鼓励移动电子商务、智慧物流服务、数字家庭服务、数据管理服务等由信息技术带动的新兴服务业的发展；按照涉及面广、整合能力强的原则，在未来一个时期重点鼓励以云计算技术为支撑的总集成服务模式的创新发展。

参考文献

［1］杨建林：《电子服务的概念与内涵》，《情报理论与实践》2008 年第 5 期。

［2］朱汉斌、栗弘儒：《电子服务：架构现代服务业全新模式》，《科学时报》2009 年 8 月 28 日第 3 版。

［3］李雷、赵先德、简兆权：《电子服务概念界定与特征识别——从商品主导逻辑到服务主导逻辑》，《外国经济与管理》2012 年第 4 期。

［4］郭政、王勤志：《"E 服务"的定义、特点及其对消费者行为影响的探索研究》，《上海质量》2013 年第 4 期。

［5］李江帆：《第三产业经济学》，广东人民出版社，1990。

［6］Surjadjaja, Heston, Sid Ghosh, and Jiju Antony, Determining and Assessing the Deter-minants of E - service Operations, *Managing Service Quality*, 2003, 13 (1): 39 - 53.

［7］Rowley, Jennifer, An Analysis of the E - service Literature: Towards a Research Agenda, *Internet Research*, 2006, 16 (3): 339 - 359.

创意阶层的崛起：述评、争论与启示

课题组[*]

内容摘要 本文在梳理了创意阶层理论主要观点的基础上，系统回顾了创意阶层理论的实证研究，并对现存的三类主要质疑进行了分析，最后对我国在后工业时代吸引和利用创意阶层的政策体系进行了探讨。本文认为，虽然目前有关创意阶层的理论研究还是初步的、有待深化的，但却开创了区域经济的全新研究领域，并且成功激起了决策者对人的创造力的关注。在我国城市化高速发展的今天，为提升城市化的质量和内涵，应在对内、对外改善创意阶层跨境流动制度环境的基础上，更加注重文化底蕴和艺术氛围等城市"软环境"的营造。

关键词 创意阶层 文献评述 实证研究

我们正在进入创意可以产生一个产业、改变整个世界的时代。早在十年前，美国经济学家理查德·弗罗里达便敏锐捕捉到工业化时代以企业为中心的"组织化"制度的式微，宣告了从事创新性工作的"创意阶层"的崛起以及"创意时代"的来临。随着英国、澳

---

[*] 本文为国家社科基金青年项目（11CJ070）的阶段成果。执笔人：刘奕、田侃。刘奕，中国社会科学院财经战略研究院助理研究员，研究领域为服务经济与空间经济学；田侃，中国社会科学院财经战略研究院副研究员，研究领域为信用服务业。

大利亚等国创意产业的兴起和成功案例的不断涌现，创意产业正逐渐成为更多国家的产业发展方向和软实力的载体。"创意经济"在中国的提出，并不是对国外概念的盲目跟风，而是直接反映了各行业对生产力发展、企业转型、全球化逼近的现实需求。从全球范围看，虽然创意阶层理论在实践层面得到了广泛的认同，越来越多的国家和城市正在加入吸引创意阶层的全球竞争；然而，理论界对于创意阶层的发展理念却质疑不断，更有甚者认为创意阶层模型很大程度上是为迎合政策制定者在知识经济时代城市建设需求的应景之作，将带来诸如拉大社会阶层差距等一系列负外部性（Peck，2005）。基于此，本文试图拨开创意经济纷繁复杂的表面，在归纳总结相关研究的基础上对创意阶层崛起之争进行检视，并据此对我国创意经济发展政策进行探讨。

一　创意阶层理论要点综述

近年来，有关城市发展影响因素的探讨，正从传统的"硬性"区位要素如集聚经济、租金水平、空间可及性、交通和技术基础设施、地方和国家税收制度安排等（如 Derudder et al.，2003；Storper & Manville，2006）逐渐转向对"软性"区位要素的关注，包括居住便利（Gottlieb，1995）、美学和文化设施（Clark et al.，2002）、对生活方式或种族多元性的容忍度（Florida，2002）、文化氛围、商务和休闲地点的营造等，其中最有吸引力也最具争议的概念来自佛罗里达的"创意阶层"理论。

在其代表作《创意阶层的崛起》和《创意经济》中，佛罗里达通过对劳动力中最具价值创造力和成长潜力的部分进行识别，定义了一个新的阶层——创意阶层，并用大量篇幅描述了其价值观、生活方式及其对经济增长的作用。他将创意阶层界定为工作中包含较多创造性成分的群体，主要由"超级创意核心"和"专业创意"这两类群体组成，其中科学家与工程师、大学教授、诗人与小说家、艺术家、演员、设计师与建筑师，连同非小说作家、编辑、文化人士、智囊机构成员、分析家等"现代社会的思想先锋"共同构成了"超级创意核心"群体；而"专业创意"群体则广泛分布于知识密集型行业，如高科技行业、金融服务业、法律与卫生保健业以及工商管理等领域。创意阶层通常具有较高的学历，他们创造性地解决问题，同时利用广博的知识来处理具体问题。佛罗里达指出，美国社会已分化成四个主要的职业群体：农业阶层、工业阶层、服务阶层和创意阶层（见表1）。按其估算，创意阶层在1999年时大致占30.1%左右，这个比例在1980年及1900年分别为18.7%和10.1%（Florida，2004）；服务阶层则主要从事指令性、缺乏自主性的工作，其发展很大程度上是应创意阶层之需，1999年服务阶层人数已达5500万，占全部就业人口的43.4%（Florida，2002），规模已超过劳工阶层在20世纪任何时期的水平。

表1 美国主要社会阶层所包含的职业类别

社会阶层	职业名称
超级创意核心	计算机和数学类职业；建筑和工程类职业；生命科学、自然科学和社会科学类职业；教育、培训和图书馆类职业；艺术、设计、娱乐、体育和媒体类职业。
专业创意人士	管理类职业；商业和财务运营类职业；法律类职业；医疗和技术类职业；高端销售和销售管理类职业。
劳工阶层	建筑和开采类职业；设备安装、维护和修理类职业；生产类职业；运输和物资输送类职业。
服务阶层	保健支持类职业；食物加工和食品服务类职业；建筑物和地面清洁及维护类职业；个人护理和服务类职业；低端销售类职业；办公室和行政类职业；社区和社会服务类职业；保安服务类职业。
农业阶层	农、林、渔等职业。

资料来源：佛罗里达（2010）。

在佛罗里达看来，创意阶层集聚而形成的"创意中心"将拥有更高的创新比例、更多的初创高科技企业、更强的岗位创造能力和更为持久的经济增长，这些地区的繁荣并非依托自然资源、交通基础设施及税收优惠这些传统的"商业氛围"，而是依赖吸引创意阶层的"人文环境"，因为企业特别是创新型和初创型企业会跟随创意阶层迁徙（Florida，2004）。创意阶层具有相似的想法、诉求、偏好、消费习惯和社会身份，其工作流动性很强，在区位选择的动因方面，佛罗里达通过对美国的实证研究发现，除了物质因素的吸引力之外，创意阶层对职业和居住空间的选择更注重城市的某些特质，如宽松、多样的都市环境以及坚实的技术基础等，并将其归结为人才、技术、宽容（Talent, Technology, Tolerance，即3T）三要素。这三个要素之间相互联系，每个要素都会对区域增长产生有限的正向影响；为了吸引创意阶层、激发创新和实现经济增长，必须同时具备这三个条件。也就是说，人文环境吸引创意阶层，创意阶层引致创新性企业迁移和资本流入，创意阶层的服务需求创造中低收入服务岗位、带动区域经济增长，这构成了创意阶层理论的基本逻辑（见图1）。

图1　创意阶层理论图解

资料来源：Hansen 等（2009）。

在人才、技术、宽容三要素中，对技术和人力资本的投入一直是政府关注的重点，包容性则是最易忽略的因素，但却对吸引创意阶层尤为重要（Florida，2004）。受 Jacobs（1969）的启发，佛罗里达认为城市的包容力不仅体现为音乐家、艺术家与工程师混居所代表的职业构成多元，更体现为国别多元、种族多元、性取向多元，在创意指数指标体系中，将以上要素分别表征为波西米亚指数、人口混杂指数、种族融合指数和同性恋指数（见表2）。也就是说，创意阶层更倾向于居住在联系松散、进入障碍较少的社区（Peck，2005），而非遵从传统价值观和道德规范的紧密联系社区（如 Putnam，2000），他们看重城市公共文化设施和小规模的文化服务，比如可步行街道、电影院、酒吧、博物馆、画廊、历史建筑，以及有特色的餐厅及个性时尚商店等。

表 2　创意指数指标体系构成

一级指标	二级指标	指　标
人才指数		创意阶层占全体劳动力的比例
创新指数		人均专利数量
高科技指数		城市高科技产出量占全国产出量的比例
区位商指数		城市高科技产出占城市全部经济产出比重与城市科技产出占全国经济总产出比重的比值
宽容度指数	同性恋指数	一地同性恋比例除以该地人口占全国人口的比例
	人口混杂指数	一地外国人口所占比例
	波西米亚指数	艺术家、音乐家和艺人占全部人口的比例
	种族融合指数	一地种族比例与该地种族结构的相近程度

资料来源：佛罗里达（2002）。

　　创意阶层理论不仅为创意时代的主流推动者正名，还掷地有声地宣告了创意阶层的崛起及其特征、生活方式和价值观，它强调区域增长的社会文化基础，创造性地提出创意人才的聚集将带来技术、投资和就业等增长要素。自此，文化产品具有了经济效用（Peck，2005），而打造具有包容力、多样性、开放性、自我存在感的"人文环境"，从而吸引更多的创意阶层则成为政策规划成功的关键所在。

二　创意阶层理论的实证研究回顾

　　创意阶层理论始于对美国城市竞争力的研究，是在对美国数据分析的基础上形成和发展起来的；而随着它在决策层面的广受欢迎和在实践中的广泛应用，创意阶层理论近年来正在接受各国学者基于特定区域环境的反复检验，其中能够完全复制佛罗里达实证结果的研究并不多见（Boschma & Fritsch，2007）。创意阶层理论的实证研究，主要可以分为以下三类（Reese & Sands，2008）：其一，检验各国创意阶层的规模和属性，探讨科学合理的衡量方法（Markusen et al.，2008；Reese et al.，2010）；其二，创意阶层理论有效性检

验，即验证创意阶层和经济增长、区域繁荣之间是否存在可证实的
联系（Donegan et al.，2008；Hoyman & Faricy，2009；Rausch & Ne-
grey，2006）；其三，讨论创意阶层理论的政策含义，即为实施创意
经济战略而制定的政策措施。

在对创意阶层的描述层面，由于一些国家的统计数据不支持按
照佛罗里达的口径计算创意阶层的规模，许多实证研究尝试了不同
的衡量方法，比如采用普查数据和使用其他一些经济、商业和生活
质量指标替代，进行案例或其他描述性研究，通过对商业领袖和专
家进行调查等[①]，证明了创意阶层理论的适用性和有效性。根据
Clifton（2008）的估算，英格兰和威尔士的广义创意阶层占比达到
整个就业的37%左右，且其地理分布远非匀质。Boschma 等（2009）
对于欧洲 7 个国家超过 500 个地区创意阶层的研究显示，创意阶层
在整个欧洲的分布也是非常不均衡的，斯堪的纳维亚地区相对较少，
而德国、荷兰和英国则较为集中。总体上看，城市等级体系对创意
阶层的分布有着显著的正向影响（Lorenzen et al.，2009），创意阶层
特别是艺术类职业更倾向于在规模较大、人口稠密、购买力较强的
城市区域集聚（Andersen et al.，2008；Markusen，2006），比如佛罗
里达通过计算创意指数认定会取得成功的澳大利亚区域，大部分都
位于州首府中心地区，部分原因是这些地方有对创意产品和服务直
接消费的基础（Currid & Williams，2010）。而且，越来越多的研究
显示，在创意经济时代，创意人才正由从前的均匀分布，转变为具
有强大的区域异质性，由此导致各地的增长潜力和创新性差距逐渐
拉大——从这个层面上讲，世界正在从平的变成尖的。

在创意阶层理论的有效性验证方面，Andersen 和 Lorenzen
（2005，2009）以及 Andersen 等（2008）和 Clifton（2008）等研究利
用欧盟国别数据证明了创意阶层、种族多元、文化服务与经济增长
存在显著关联；Boschma 和 Fitsch（2009）对英国的研究从整体上也

---

① 比如 Florida（2002）、Glaeser 和 Mare（2001）、Markusen 等（2008）、Peck（2005）、
Rausch 和 Negrey（2006）、Sands 和 Reese（2008）等人的研究。

证明了创意阶层理论在英国的适用性。Marlet 和 Van Woerkens（2004）运用荷兰 1996~2002 年的数据证明了创意阶层的相对规模与就业增长、城市宜居度之间的正向联系，与此同时，他们还证明了在人力资本理论中通常用到的受教育人群规模并不能解释城市就业增长，也就是说，受教育人口对于创意阶层规模来说并不是一个很好的指代变量。Rausch 和 Negrey（2006）的研究表明，创意阶层的规模与美国城市的经济增长并不存在显著联系，但后者与城市的宽容度以及移民的相对集中存在显著的正相关关系。还有一些学者指出，佛罗里达及其同事所进行的基于国别总体水平或者是单一案例的研究通常只能产生指示性的结果，故此近年来实证研究的重点转入了对区域大样本数据或城市比较案例的分析上[①]。比如 Boschma 等（2009）发现，创意阶层与区域层面就业增长和企业家精神呈正相关关系。此外，在创意阶层产生影响的路径上，一些研究指出，创意阶层并非直接作用于经济增长，文化艺术等创造性和专业性强的岗位将通过促进设计、研发、营销等生产性服务业的增长间接导致区域发展和增长质量的提高（Markusen & King，2003）；还有的文献试图从微观层面给予解释，认为通常情况下雇用具有与其所属行业相关且拥有新知识、新技能的工人，将显著提升企业的运作效率，所以创意阶层所表现出来的职业多样性可以加速知识外溢，从而对区域经济增长产生重要影响（Boschma，Eriksson & Lindgren，2009）。

在政策分析层面，Scott（2006）指出，创意阶层的存在并不必然保证城市经济的长久繁荣，需要鼓励、动员和引导生产性的学习和创新活动。Marlet 和 Van Woerkens（2004）研究了城市的包容度、美学特征、公共设施和工作机会对人口吸引力的影响，其中前两个因素是佛罗里达开创性引入的因素，后两个则是城市学家长期以来关注的因素。对于荷兰城市的实证研究表明，后面三个因素对于人口流动都有重要影响，其中美学特征这个在传统研究中一直被忽略

---

① 比如 Hansen 等（2009）对欧洲 445 个地区的实证研究，以及 Trip（2007）对阿姆斯特丹和鹿特丹两个城市进行的案例研究。

的因素起到了决定性作用，而包容度的影响并不显著。Gertler 等（2002）的研究显示，包容开放的环境更加有利于城市吸引知识型从业者，多样性、人才和技术活动引致的创造力提升驱动了加拿大城市和区域的发展。Boschma 等（2009）的研究结果表明，地区容忍度、开放度和工作机会对于创意阶层规模具有显著的正向影响。而Hansen（2007）对于欧洲的实证研究却表明，技术并不是区域增长的必要因素，他建议把 3Ts 改为 2Ts，即人才和宽容对于增长才是最重要的。此外，由于创意阶层包含的一系列职业对于经济发展、就业增加和创业增长会产生不同的效应，为了制定出符合本地实际的发展政策，管理者必须对本地特殊的创意阶层构成有足够的了解（Stolarick et al.，2011）。

三　对创意阶层理论的主要质疑

作为一种新的发展视角，创意阶层理论最早是以畅销书的形式存在和发展起来的，这也使得其产生伊始，就饱受学术界的批评和质疑（如 Malanga，2004；Glaeser，2004；Gibson & Kong，2005；Markusen，2006；Scott，2006；Boyle，2006；Peck，2005；Rausch & Negray，2006；Hansen，2007；Clifton，2008；Hansen & Niedomysl，2009 等）。目前，学术界争论的焦点已不再限于创意阶层的度量及分布规律、创意指数、创意阶层与经济增长的因果联系这些技术性问题，更多的注意力正在投向机制设计和政策选择层面，即如何有效地吸引人才和投资从而确保区域经济增长。总体上看，经济学家和地理学家对于创意阶层理论的质疑主要集中在以下三个方面：其一，创意阶层理论更多是对传统理论的继承，并不像其宣称的那样具有如此之高的创新性（如 Glaeser，2004；Sawicki，2003）；其二，应正确看待创意阶层作为一个特殊群体的角色，关注其造成的经济、社会和政治影响（Bontje et al.，2008）；其三，创意阶层理论在现实中的实现机制有待进一步考察（如 Bhagat，2004）。

首先，在创意阶层理论的创新性方面，以 Glaeser（2004）为代表的学者将创意阶层理论看作是对人力资本理论的重新包装。根据人力资本理论，教育是一种正外部性极强、能够提升经济效率和科技进步的公共产品（Schultz，1988），拥有较高教育程度和培训经历的劳动者将带来高水平且长期的经济增长（Becker，1964），人力资本与区域服务业和知识型经济增长之间有着较强的相关性（Barro，2001）——这与创意阶层理论的许多研究结论基本一致。Glaeser（2004）认为，人力资本传统上用教育背景衡量，创意阶层则通常指的是接受过良好教育的具有较高技能的劳动力，所以人力资本和创意阶层相关度极高，可以将二者等同；没有必要将创意阶层指标单独引入增长模型。创意阶层理论的研究体系在统计和分析上是随意甚至是苍白无力的（Glaeser，2004；Sawicki，2003；Malanga，2004），因为使用与佛罗里达相同的数据，当添加一个反映区域限定条件的指标（如教育）之后，超级创意核心、专利变量和同性恋指数的影响随即变为负面，而且在统计上也不再显著（Glaeser，2004）。与此类似，Hoyman 和 Farici（2009）对于美国 276 个统计意义上的大都市的研究也表明，人力资本比创意阶层能够更好地预测区域经济增长。在 Berry 和 Glaeser（2005）的研究中，区域创新能力是受教育人口规模的函数，他们将其解释为受到良好教育的企业主通常愿意雇用具有较好教育背景的员工，乡绅化的城市住房市场将会对教育程度较差的人群产生挤出效应。

其次，在创意阶层的效应方面，由于创意阶层涵盖的职业类别非常宽泛，包括 22 个职业大类中的 10 个，这种不加选择将各种职业人群进行合成的做法对于经济学家们而言是难以接受的；而其中有一些职位并不必然具有"创新性"（Markusen，2006），比如有实证研究指出，专业创意群体对于区域经济增长的影响其实非常有限（Kratke，2010）。高科技产业不见得会吸引到艺术人才，比如世界高科技之都的硅谷，其艺术家群聚就低于平均水平（Markusen & Johnson，2006）。所以，一些研究主张将创意阶层进一步划分为数量不同的子行业分别进行研究，比如分为合成创意、分析创意和象征创意行业（Hansen et al.，2009），或者是信息职位、艺术娱乐职位和专业科学技术服务职位三大类（Kolenda et al.，2012）。此外，学术界对于工作机会追随创意人群的观点争论也颇为激烈，根据Shearmur（2007）和 Boyle（2006）的研究，佛罗里达对于因果关系的判断存在逻辑错误。虽然一些城市努力通过吸引和留住高素质劳动力来发展经济，但整体上看，高增长的区域和城市一般都在吸收移民方面做得较差，可见强的劳动力流动性并不创造增长；对于加拿大城市的进一步研究显示，创意人才将随着区域经济增长特别是创意产业集聚而流入——这样的判断似乎更加符合实际情况（Kolenda et al.，2012）。在居住地的区位选择上，Hansen 和 Niedomysl（2009）也指出，创意阶层总是追随工作机会而不是更看重设施环境，这种观点在随后 Andersen 等人对丹麦、芬兰、挪威和瑞典的研究中也得到了支持。而进一步的实证研究则表明，创意阶层对于居住和工作环境的要求也并非是同质化的，而是因其年龄、家庭结构的不同而变化；并且，住房价格、通勤距离、交通基础设施这些对于普通人来说经典的区域影响因子，对于所有年龄段的创意群体也同样重要（Catangul & Leslie，2009；Pratt，2008）。

最后，对于创意阶层理论推演出的政策结论的稳健性，正如 Nathan（2005）指出的那样，佛罗里达发现的事实几乎都是正确的，但内在联系和政策含义并不似其理论框架所阐释的那样。虽然世界上的大城市几乎都是创造和创新的中心，但这些城市并不是可以凭空规划或者建造出来的。Goonewardena（2004）指出，城市本就是多样化和具有创造力的，这并不是 20 世纪 90 年代后新经济带来的结果，不可忽视稠密人口之间互动交流所形成的"染缸效应"对于城市创造力和多样性的贡献；而另一些研究则强调历史在城市经济生态形成中的重要作用（Storper & Scott，2009）。城市的开放度更多的是一种文化元素，正如文化难于被改变一样，诸如提升城市开放度和包容度这类吸引创意阶层的战略措施也只能是表面文章（Rausch et al.，2006）。创意产业政策必须考虑其可移植性，比如，基于美国的经验所提出的促进劳动力有效流动的建议，放在英国就未必适用，因为英国人本身在地理上的流动性就比美国人要小很多（Donovan et al.，2002）。在佛罗里达创意阶层指数排名中靠前的城市，许多都在工作创造方面表现不佳；由于创意阶层理论为城市规划开出的系列处方是基于大都市的发展实际做出的，代表了文化观念前卫的科技新贵们的需要，不顾及城市中下阶层的感受（Peck，2005）；采纳增加政府在艺术、文化和乡绅化住房项目上的投入等政策，反而有可能使规模较小的城市陷入僵局，导致其承受高企的房价、更大的阶层差距、更重的税负和更慢的经济增长（Malanga，2004）。因此，目前在世界范围内不考虑先决条件打造"创意城市"的规划热潮和政策努力是注定要失败的。

从实践层面看，上述种种质疑并无碍于创意阶层理论在世界范围内受到大肆追捧；与此同时，越来越多的学者也加入了从理论上为创意阶层正名的行列。比如，对于 Glaeser 为代表的一些学者"旧瓶装新酒"的说法，后续许多研究证实了创意阶层和人力资本的关系是互补而不是可以相互替代的，创意阶层更好地反映了个体在工作中表现出的技能和天资，虽然二者都可以较好地解释区域和城市增长，但影响创意阶层的要素比教育更加具有解释力[1]。人力资本变量与创意阶层在空间选择上的行为确实不尽相同，在居住地或工作地决策上，二者确实共同受到一些因素的影响，但另一些影响因素却是创意阶层所独有的（Hansen et al.，2009）。受教育程度仅仅告诉我们一些有关人力资本存量的人口统计信息，并未呈现出人们如何使用其接受的教育，即个人的生产率信息[2]；也就是说，拥有多少人力资本无关紧要，重要的是是否将其用到具有创造性和经济价值的途径上（Marlet & Van Woerkens，2004）。上述论断意味着，创意阶层理论的产生，使得用教育表示的人力资源潜力，转换为一种在经济上更加富有意义的要素。其实，有一点可以明确的是，佛罗里达关于创意阶层的分析的确建立在前人（特别是雅各布斯）的研究

---

[1] 如 Marlet 和 Van Woerkens（2004），McGranahan 和 Wojan（2007），Florida、Mellander 和 Stolarick（2008）等。

[2] 正如佛罗里达所表述的，教育表示的是你学到了什么，而创造性则是表征你在现实中如何做。

基础之上，但他并未试图建立某种因果关系，而只是基于一系列的相关性提出了相关的政策建议而已。而且，创意阶层的磁极效应在现实中已经得到了相当多的回应，像奥斯丁或者圣弗朗西斯科这样在艺术和文化设施方面投入巨大的城市，确实收获了繁荣的经济和较多的税源（Snyder，2011）。而由于创意产业具有较强的空间溢出效应，其在中心城市的集聚能为周边郊区带来更多的工作机会和更高的工资，从而形成双赢的结果（Kolenda et al.，2012）。

四 评价与启示

过去的几十年里，世界城市的经济发展正从以普通服务业为主向更注重专业和知识型的经济形态转变，创意产业的崛起创造了新的财富和就业，形成了知识产权和新的创造力，无论是发达国家还是发展中国家都迫切需要找出一种分析工具来衡量国家、城市或社区的创意状况，创意阶层理论正是在这样的背景下产生发展起来的。作为一种新颖的理论视角和全新的区域政策工具，创意阶层着眼于个体的创造力而非教育背景，它使人们的目光从相对狭窄的创意产业层面，转向更加宽泛而具体的创新性职位层面；而在此之前，几乎没有研究对创造性工作的概念、特性、形成和作用这些问题给予过确切描述。通过创造3Ts指标体系，创意阶层理论成功地将城市的某些特质与经济繁荣联系了起来，并成功激起了城市建设者对于人文环境而不是商业环境的重视。自此以后，城市文化资产和美学特征这些居民热切想要拥有但却被决策者弃如敝屣的东西，不仅真正拥有了经济价值，而且成为城市增长和复兴的潜在驱动力。

虽然许多学者运用欧美数据对创意阶层理论的有效性和政策含义进行过探讨，但从目前来看，现有研究仍然是静态的、初步的、有待深化的，其中的因果关系和传导机制仍然有待厘清。3Ts要素作用于区域创新和增长的证据尚不足以使人信服，创意阶层理论与人力资本理论之间是否存在平滑转换也不得而知，创意人群作为一个阶层是否需要再做梳理和细分还有很多争论[①]。我们可以确定的是，创意阶层对于区域和城市增长的效应及其影响机理，远比我们目前认识的要复杂得多。

囿于统计口径的原因，很难将创意阶层职业从现有的行业分类中剥离出来进行定量研究，这也部分造成了我国理论界和决策者对创意产业所倾注的热情远远多于创意阶层；但对人的发展缺乏有效关注，忽略人文美学因素的价值，归根结底还是源于认识问题。"十二五"期间，随着我国的城市化步入快车道，许多地方在实践中过分强调大型基础设施、产业园区、新城建设等"硬载体"，忽略了城市文化底蕴和艺术氛围等"软环境"的构建，从而降低了城市化建设的质量和内涵。造城运动导致的城市个性缺失、千城一面，不能不说是一种缺憾，长此以往，将对我国城市的经济活力、创造力以及可持续增长能力造成损害。创意阶层的理论和实践告诉我们，新经济时代，城市和区域的竞争已演变为在全球范围内争夺创意阶层的竞争——在这场没有硝烟的战争中，世界会从平的变成尖的，这也就注定了输家比赢家更多[②]。相关研究表明[③]，如果用非户籍人口衡量城市的开放程度，则我国还未能充分利用创意阶层，北京、上海等一些特大城市虽然占有了大量创意阶层，但这些人才的潜能并未得到应有发挥。我国应站在后工业社会国际人才流动竞争的高度，研究改革签证、绿卡、国籍制度，为全球创意阶层的流入提供方便。从国内来看，为了形成"人尽其才、人尽其用"的发展环境，政府应考虑改革户籍制度，同时进一步完善知识产权保护制度。在城市面貌日新月异的今天，各地政府更应以吸引和留住创新人才而不是

[①] 比如 Markusen（2006）指出，商业和金融工作既包括理赔员也包括采购员，计算机和数学工作既包括精算师也包括收税员，这些工作的创造性是不同的；与此同时，飞行员、技工、裁缝等有较高创造性职业却不包含在创意阶层所涵盖的内容之中。

[②] 正如《创意阶层的崛起》一书所提到的，美国真正的优势不在于培养人才，而在于可以从全球吸引这些人才，并能为其提供一个宽容开放的环境。硅谷由外国移民参与创办的公司占全部高科技公司的 52.4%；2005 年，全美各地由移民创办的公司已经创造了 520 亿美元的产值和 45 万个就业机会。

[③] 比如佛罗里达与钱海峰关于当代中国人才分布的研究。

短期经济利益为重点，着力聚焦人的发展，打造宽容、多元、开放的人文环境，努力形成鼓励创新的氛围。在传承本地历史文化的基础上，致力于打造新鲜、惬意、丰富的城市体验，比如重视开发自然和人文景观，以丰富城市的外在魅力；注重兴建咖啡馆和小型剧院等文化设施，方便创意阶层交流互动；修筑自行车道和小型球场，而非大型体育场馆等。由于创意阶层往往与初创、小规模企业联系在一起，在招商引资中片面强调大企业和大项目并不可取，打造有利于创业的政策环境将对城市的长期增长产生重要影响。

参考文献

［1］〔美〕理查德·佛罗里达：《创意阶层的崛起》，司徒爱勤译，中信出版社，2010。

［2］Anderson, G. , *Cityboy Beer and Loathing in the Square Mile*, Headline, London, 2008.

［3］Andersen, K. V. and Lorenzen, M. , *The Geography of the Danish Creative Class: A Mapping and Analysis.* Copenhagen: Copenhagen Business School, 2005.

［4］Andersen, K. V. , and Lorenzen, M. , *The Danish Creative Class: Who Is It, How Does It Look, and Where Is It Located?*, Aarhus, Denmark: Klim, 2009.

［5］Barro, R. J. , Human capital and growth, *The American Economic Review* , 2001, 91 (2): 12 - 17.

［6］Berry, C. R. and Glaeser, E. L. The Divergence of Human Capital Levels Across Cities, 2005 (Available at: http: //www. nber. org/papers/w11617. pdf, accessed 11December, 2008).

［7］Becker, G. , *Human capital*, New York City: Columbia Univ. Press for the National Bureau of Economic Research, 1964.

［8］Bhagat, R. S. , The Rise of the Creative Class, and How It's Transforming Work, Leisure, Community, and Everyday Life [book review]. *Administrative Science Quarterly*, 2004, 49 (2): 321 - 325.

［9］Bontje, M. , H. Pethe and P. Rühmann, *The Amsterdam Region – A Home for Creative Knowledgeworkers and Graduates? Understanding the Attractiveness of the Metro-*

politan Region for Creative Knowledge Workers, Amsterdam: AMIDSt, 2008.

[10] Boschma, R. A. and Fritsch, M. , *Creative Class and Regional Growth—Empirical Evidence from Eight European Countries*, Mimeo, Urban and Regional Research Institute Utrecht, Utrecht.

[11] Boschma, R. and Fritsch, M. , Creative Class and Regional Growth: Empirical Evidence from Seven European Countries, *Economic Geography*, 2009, 85 (4): 391 - 423.

[12] Boschma, R. , Eriksson, R. and Lindgren, U. , How does Labour Mobility Affect the Performance of Plants? The Importance of Relatedness and Geographical Proximity, *Journal of Economic Geography* , 2009, 9: 169 - 90.

[13] Boyle, M. , Culture in the Rise of Tiger Economies: Scottish Expatriates in Dublin and the "Creative Class" Thesis, *International Journal of Urban and Regional Research* , 2006, 30: 403 - 26.

[14] Catungal, J. P. , D. Leslie and Y. Hii, Geographies of Displacement in the Creative City: The Case of Liberty Village, Toronto, *Urban Studies*, 2009, 46 (5 - 6): 1095 - 1114.

[15] Clark et al , Clark, T. N. , Lloyd, R. , Wong, K. K. , Jain, P. , Amenities Drive Urban Growth, *Journal of Urban Affairs*, 2002, 24: 493 - 515.

[16] Clifton, N. , The "Creative Class" in the UK: An Initial Analysis. *Geogr. Ann. B*, 2008, 90 (1): 63 - 82.

[17] Currid, E. & Williams, S. , The Geography of Buzz: Art, Culture and the Social Milieu in Los Angeles and New York, *Journal of Economic Geography*, 2010, 10 (3), 423 - 451.

[18] Derudder, B, P. J. Taylor, F Witlox, and G Catalano, Hierarchical Tendencies and Regional Patterns in the World City Network, *Regional Studies*, 2003, 3 (9): 875 - 886.

[19] Donegan, M. , Drucker, J. , Goldstein, H. A. , Lowe, N. , and Malizia, E. , Which Indicators Explain Metropolitan Economic Performance Best? Traditional or Creative class, *Journal of the American Planning Association*, 2008, 74 (2), 180 - 195.

[20] Donovan, S. K. and Harper, D. A. T. , In Trechmann's Footsteps: the Geology of Southeast Barbados. In Anon (ed.), *Field Guides*, 16th *Caribbean Geological Conference*, Barbados, June16th - 21st, pp. 85 - 98.

[21] Florida, R. L. , The Economic Geography of Talent. *Annals of the Association of American Geographers*, 2002, 92: 743 - 55.

[22] Florida, R. L. , *The Rise of the Creative Class*, Revised paperback ed. NewYork: Basic Books, 2004.

[23] Florida, R. , Mellander, C. , and Stolarick, K. , Inside the Black Box of Regional Devel-

opment: Human Capital, the Creative Class and Tolerance, *Journal of EconomicGeography*, 2008, 8: 615 - 49.

[24] Glaeser, E. L. , Review of Richard Florida's the Rise of the Creative Class. *Regional Science and Urban Economics* 35: 593 - 96.

[25] Gottlieb, M. , Nurturing Student Learning Through Portfolios. *Tesol Journal* , 1995, 5 (1): 12 - 14.

[26] Gertler, M. S. , Florida, R. , Gates, G. and Vinodrai, T. , *Competing on Creativity*：*Placing OntariO's Cities in North American Context*, Toronto: Ontario Ministry of Enterprise, Opportunity and Innovation and the Institute for Competitiveness and Prosperity, 2002.

[27] Gibson, C. and Kong, L. , Cultural Economy: A Critical Review, *Progress in Human Geography*, 2005, 29 (5): 541 - 561.

[28] Goonewardena, K. , Creative Class Struggle. *Presentation at the INURA Conference on the Creative City*, Amsterdam, 2004, June 13 - 20.

[29] Hansen, H. K. and Niedomysl, T. , Migrations of the Creative Class: Evidence from Sweden, *Journal of Economic Geography*, 2009, 9 (2): 191 - 206.

[30] Hansen, H. K. , Technology, Talent and Tolerance: The Geography of the Creative Class in Sweden, Rapporteroch Notitser 169. Lund, Sweden: Lund Universitet, Department of Socialand Economic Geography, 2007.

[31] Hansen, H. K. and Niedomysl, T. , Migration of the Creative Class: Evidence from Sweden, *Journal of Economic Geography*, 2009, 9: 191 - 206.

[32] Hoyman, M. , and Faricy, C. , It Takes a Village: A Test of the Creative Class, Social Capital and Human Capital Theories, *Urban Affairs Review* 44: 311 - 333.

[33] Jacobs J. , *The economy of cities*. New York: Random House, 1969.

[34] Kratke, S. , "Creative Cities" and the Rise of the Dealer Class: a Critique of Richard Florida's Approach to Urban Theory, *International Journal of Urban and Regional Research*, 2010, 34 (4): 835 - 853.

[35] Kolenda, R. and Liu, C. Y, Are Central Cities More Creative? The Intra - metropolitan Geography of Creative Industries. *Journal of Urban Affairs*, 2012, 34 (5): 1 - 25.

[36] Lorentzen, A. , Cities in the Experience Economy, *European Planning Studies*, 2009, 17: 829 - 845.

[37] Malanga, S. , The Curse of the Creative Class, *City Journal*, 2004 available at http: // www. cityjournal. org/html/14_ 1_ the_ curse. html.

[38] Markusen, A. and King, D. , *The Artistic Dividend: The Hidden Contributions of the*

Arts to the Regional Economy. Minneapolis, MN: Project on Regional and Industrial Economics, University of Minnesota, 2003.

[39] Markusen, A. , Wassall, G. H. , DeNatale, D. & Cohen, R. , Defining the Creative Economy: Industry and Occupational Approaches, *Economic Development Quarterly*, 2008, 22 (1): 24 - 45.

[40] Markusen, A. , Urban Development and the Politics of a Creative Class: Evidence from the Study of Artists, *Environment and Planning A*, 2006, 38: 1921 - 40.

[41] Markusen, A. , Johnson, A. , Artists' Centers: Evolution and Impact on Careers, Neighborhoods and Economies. *Project on Regional and Industrial Economics*, University of Minnesota, 2006.

[42] Marlet, G. , and Van Woerkens, C. , Skills and Creativity in a Cross - section of Dutch cities, *Discussion Paper Series 04 – 29*, Koopmans Research Institute, Utrecht.

[43] Nathan, M. , The Wrong Stuff: Creative Class Theory, Diversity and City Performance. *Centre for CitiesDiscussion Paper No.* 1, obtained from www. ippr. org, 2005.

[44] Peck, J. , Struggling with the Creative Class, *International Journal of Urban and Regional Research*, 2005, 29: 740 - 70.

[45] Putnam, R. D. , *Bowling Alone*: *The Collapse and Revival of American Community*, NewYork: Simon & Schuster, 2000.

[46] Pratt, A. , Creative Cities: the Cultural Industries and the Creative Class. *Geografiska Annaler*: *Series B*, *Human Geography*, 2008, 90 (2): 107 - 117.

[47] Reese, L. A. & Sands, G. , Creative Class and Economic Prosperity: Old Nostrums, Better Packaging? *Economic Development Quarterly*, 2008, 22 (1): 3 - 7.

[48] Reese, L. A. , Faist, J. M. & Sands, G. 2010. Measuring the Creative Class: Do We Know It When We See It? *Journal of Urban Affairs*, 2010, 32 (3): 345 - 366.

[49] Rauch, Stephen, and Cynthia Negrey, 2006. Does the Creative Engine Run? A Consideration of the Effect of Creative Class on Economic Strength and Growth, *Journal of Urban Affairs*, 2006, 28 (5): 473 - 489.

[50] Sawicki, D. , Review of the Rise of the Creative Class by Richard Florida, *Journal of the American Planning Association*, 2003, 69: 90 - 91.

[51] Schultz, P. T. , Education Investments and Returns. In *Handbook of development economics*, edited by H. Chenery and T. N. Srinivasan, New York: Elsevier. 1988, 543 - 630.

[52] Shearmur, R. , The New Knowledge Aristocracy: the Creative Class, Mobility and Urban Growth, *Work Organisation*, *Labour and Globalisation*, 2006, 1 (1) 31 - 47.

282

[53] Scott, A. J. Creative cities: Conceptual issues and policy questions. *Journal of Urban Affairs*, 2006, 28: 1 - 17.

[54] Stolarick, K. , Lobo, J. and Strumsky, D. , Are Creative Metropolitan Areas Also Entrepreneurial? , *Regional Science Policy and Practice*, 2010, 3 (3): 272 - 286.

[55] Storper, M. and Scott A. J. , Rethinking Human Capital, Creativity and Urban Growth, *Journal of Economic Geography*, 2009, 9: 147 - 197.

[56] Storper, M. and Manville M. , Behavior, Preferences and Cities: Urban Theory and Urban Resurgence, *Urban Studies*, 2006, 43: 1247 - 1274.

[57] Trip, J. J. , Assessing Quality of Place: A Comparative Analysis of Amsterdam and Rotterdam, *Journal of Urban Affairs*, 2007, 29 (5): 501 - 517.

休闲与旅游

休闲研究的学术特征、前沿争辩与未来趋势

宋 瑞*

内容摘要 就学科意义上的休闲研究而言，不仅其核心概念源自西方，理论框架、研究范式、主要方法形成并演化于西方，而且目前依然由西方所主导，并呈现内卷化、美国化的特征。与此同时，由于社会、历史和文化等方面原因，西方休闲研究领域中的欧美分野趋势也有所加强。在过去二十多年里，休闲研究界围绕休闲研究自身的统一与分化、研究范式与研究方法的多元与统一、休闲研究与相关学科的疏离与融合以及休闲研究与休闲实践的互动关系等问题的争论推动了自身的演化。面对未来，休闲领域的跨国和跨文化研究将得到重视；休闲研究在理论框架、研究范式和具体方法上都将从非此即彼走向相互融合；全球休闲学界对中国问题的关注和期待更多；而中国的休闲研究，除了对西方休闲研究一般框架、方法和范式的借鉴之外，更应以与西方相同的反思的精神和自主的意识来努力构建适合中国国情和研究情境的学科体系。

关键词 休闲研究 西方主导 研究范式 学术争辩

---

* 宋瑞，中国社会科学院财经战略研究院旅游与休闲研究室副主任、副研究员，硕士生导师，研究领域为旅游与休闲经济。

一　休闲研究概述

（一）西方休闲研究发展概要

古希腊哲学家亚里士多德被公认为是第一位对休闲进行系统研究的学者，他提出的"休闲是一切事物围绕的中心""只有休闲的人才是幸福的"等观点深刻地影响了西方文明的演化与发展。不过，就世界范围而言，现代意义上的休闲及休闲研究的大发展则始于工业革命。19世纪末20世纪初近代工业的发展，一方面使人们的闲暇时间普遍增多，人们在拥有物质财富的同时，开始向往并且也有可能实现精神生活的满足；另一方面，现代社会也对人的全面丰富性造成了空前的压抑。为此，西方学者首先从哲学、社会学、伦理学入手，探索休闲与人的价值及与社会进步的关系。1899年凡勃伦出版的《有闲阶级论》，尽管仍然有着浓厚的社会学气息，但首次从经济学角度分析了休闲与消费的联系，开休闲经济学研究之先河。半个多世纪以后，贝克尔（Becker, 1965）和林德（Linder, 1970）以其有别于古典经济学的假设，探索了休闲与工作、休闲与消费的关系，推进了休闲的经济学研究。布赖特贝尔（Brightbill, 1960）从社会学视角出发，认为在社会结构和生活方式的转变过程中，人们的休闲生活面临众多挑战。而杜马兹德尔（Dumazedier, 1967）则乐观地认为，整个人类社会将进入一个新的休闲时代。瑞典学者皮普尔（Josef Pieper, 1963）的《休闲：文化的基础》一书尽管只有几万字，但却深刻而精辟地阐释了休闲作为文化基础的价值。

总体而言，作为人类社会演进的指示器，休闲标志着经济发展水平和社会文明程度的高低。基于先进的生产方式、雄厚的经济基础、完善的社会福利、特有的价值观念和悠久的休闲传统，西方发达国家休闲较为发达，休闲作为市民权利和消费者需求在其社会经济发展中占据重要地位。基于此，西方休闲研究起步较早，队伍庞大，涉猎广泛，探究较深。经历百余年的发展，西方已建立了包括休闲哲学、休闲社会学、休闲心理学、休闲行为学、休闲人类学、休闲经济学、休闲美学、休闲政治学等在内的庞大的休闲研究和教育体系。而就学科意义上的休闲研究而言，不仅学术概念源自西方，理论框架、研究范式、主要方法形成并演化于西方，且目前依然由西方所主导。

（二）中国休闲研究发展概要

尽管中国传统文化中休闲精神的存在以及有关"休""闲"二字的解读由来已久，但"休闲"作为一个研究对象，引起国内学界的关注，还是近十几年的事。在这短短的十几年里，休闲从一个知者甚少、支持者寥寥无几的研究话题，发展成为备受关注、拥趸者众多的研究热点，并努力朝着学科的方向发展。

20 世纪 80 年代，中国社会科学院原副院长、我国著名学者、自称"望家"与"发起家"的于光远先生便提出要重视对休闲的研究。在社会上对"闲""休闲"普遍存在传统偏见时，他最早指出，"闲，是一个很大很大的字眼"，是"同社会生产力这个大字眼密切相关的事务"，是社会发展的必然趋势，这种趋势"不以我们当前的意志为转移"。在于光远以及成思危、龚育之等学术大家和学者型领导的积极倡导下，马惠娣等学者自 20 世纪 90 年代开始潜心研究、倾力推动，之前以及之后从相关学科进行研究的学者们也逐渐会集到"休闲"研究的大旗之下，相互碰撞、彼此交融。通过十多年的努力，"休闲"这样一个在一些人看起来或许有些"另类"的主题被纳入学术研究的范畴，并逐渐在社会科学领域获得了自己的位置。

在我国休闲研究的发展中，除了社会经济发展提供了良好条件和历史机遇之外，就研究本身而言，有以下一些主要力量在推动。其一，是以于光远、成思危、龚育之、马惠娣等为代表的哲学、社会学人的努力。他们凭借对人类发展、社会进步和经济运行的深刻理解以及浓厚的人文精神，敏锐地认识到休闲发展的社会意义，认识到休闲研究的学术价值，从 20 世纪 90 年代起便身体力行地倡导休闲学研究，并集中于"关注国计民生中的休闲，关注休闲中的人文关怀"。在他们的努力和影响下，休闲不仅引起了学界的重视，更重要的是，唤起了社会对这一问题的广泛关注，并在国际上发出了中国学人的声音，建立了国际学术交流的网络。其二，是旅游等休闲分支领域内的研究者，以各自领域为起点，逐步延伸到休闲领域。例如，旅游研究者在对实践的追踪和前瞻性研究中，逐渐将视野扩展到旅游之外更加广阔，同时又与旅游相邻很近的领域——休闲。这一趋势，始于20世纪90年代中后期，特别是2000年之后对"黄金周"集中旅游的思考。人们在关注节假日异地休闲（即旅游）的同时，也开始关注平日本地休闲的发展。这其中不仅包括了诸多学院派研究者的努力，也包括了被誉为学者型官员或者官员学者的魏小安等人的呼吁。旅游研究者对休闲的介入，体现了"旅游"与"休闲"的密切联系，更重要的是，唤起了人们对旅游发展中人文关怀的重视，拓展了旅游业界的视野。此外，体育研究者也从健身运动发展的角度，对人们的健身活动、城乡的健身设施等进行了研究。农业、林业等专业的研究者也基于各自研究领域，对与人们休闲活动相关的供给部分给予了关注。这些研究者从关注相关产业的角度出发，更多地研究休闲的产业化发展和经济贡献，也推动了相关教育体系的调整（包括院校专业的设置、高校教材的出版等）。其三，是社会学、统计学等研究者从对人们生活时间分配的关注开始，逐步拓展到对在自由时间内的活动（即休闲活动）的研究。这其中尤以王琪延、王雅琳等人为代表。虽然他们最早的研究在名称上并没有直接冠以"休闲"二字，在理论和方法上主要是通过统计学来研究人们的生活时间分配，但为了解人的休闲生活提供了科学的依据，而这恰是休闲研究走向深入、休闲管理科学化的前提。其四，是人文地理、城市规划等领域的学者，从人的休闲活动的空间分布、游憩设施和休闲空间的规划与设计、城市发展等角度给予了关注。他们的研究试图解释并解决与人们日常休闲活动最为密切相关的部分——休闲空间和休闲设施，尤其是公共休闲空间和休闲设施，从而使休闲研究能够最终"落地"，并指导规划者提供更有利于人们休闲活动的设施和场所。当然，这些力量在共同推动中国休闲研究向前发展的过程中，从不同的出发点起步，而不断汇集，并越来越多地相互借鉴、相互交融。此外，除了上述四个方面的学术力量外，有关部门的重视、地方政府的实践、业界企业的推动，也为休闲研究提供了更多的支持，并扩大了相关研究的社会影响力。

经过近十年的努力，我国休闲研究已经起步，并获得了一定的发展，对一些基本问题进行了初步分析，但总的来说，不管是在研究方法、研究内容还是研究体系方面，都存在很多问题。在研究方法上，以定性研究为主，量化方法应用很少；没有成体系的方法论，不同研究者之间的研究成果缺乏连贯性、可比性、对接性。在研究内容上，比较粗浅，大部分停留在基本概念解释、国外理论介绍阶段，对休闲发展的本质、规律、机理的探讨甚为罕见；虽不乏精品力作，但述而不论、研而不究者甚多，其中不少研究仅就休闲的表面现象进行描述，尚未深入经济、社会、伦理分析的内核，简单粗浅的理论解释性文献多，深邃系统的理论研究成果少。在学科分布上，大部分研究者为哲学、社会学等理论学科背景，经济学、管理学、统计学、市场学等应用学科领域研究者的介入不够，数量经济和数理模式分析、实证性的探讨、实验性的经验研究等在文献数量和篇幅上都很有限，从而使得研究成果说理多于数据、概念多于操作。另外，目前的休闲研究在概念术语上尚未统一，缺乏系统的研究框架和方法论，学科层次结构及相互关系没有得到充分的论析，肤浅、交叉、雷同问题较为普遍，因此至多只是一个日渐熙攘的研究领域，距离一个成熟学科的基本要求还相差甚远。从总体上看，我国休闲研究尚处于科恩所说的前学科阶段（Pre-discipline）。

（三）全球休闲研究领域的西方主导化、内卷化、美国化

1. 休闲研究的西方主导化

国际社会科学理事会（ISSC）与教科文组织联合发布的《2010 年世界社会科学报告》显示，发达国家和发展中国家在社科

知识的创造和占有上存在严重不平衡。根据这份报告，现今全球社会科学文献的75%在北美和欧洲发表，其中85%的研究成果部分或全部用英文编辑出版；1/4的社科出版物在美国出版；世界2/3的社会科学刊物出自美国、英国、荷兰和德国四个国家。也就是说，西方的话语体系、思维模式、研究方法在社会科学研究中占据着主导地位。

作为人类社会演进的指示器，休闲标志着经济发展水平和社会文明程度。基于先进的生产方式、雄厚的经济基础、完善的社会福利、特有的价值观念和悠久的休闲传统，西方发达国家休闲较为发达，休闲作为市民权利和消费者需求在社会经济发展中占据重要地位。基于此，西方休闲研究起步较早，队伍庞大，涉猎广泛，探究较深。就学科意义上的休闲研究而言，不仅学术概念源自西方，理论框架、研究范式、主要方法形成并演化于西方，且目前依然由西方所主导。

瓦伦丁等人（Valentine et al.，1999）曾明确指出，大部分休闲研究的学者和学术机构都位于美国、西欧和英国，大部分研究期刊都是由英语语言的学者按照西方传统进行写作、编辑和出版的。尽管全球化浪潮席卷世界，而且休闲本身具有跨越文化、地理边界的特性，但颇令人惊讶的是，跨越国界进行休闲研究的还很少。加里（Garry，2000）也指出，在现有的休闲研究文献中，跨文化比较研究少得可怜。接受了西方教育的三位日本学者与其美国同事（Yoshi-taka et al.，2010）也认为应改变休闲研究中西方主导化的现状，认为休闲领域普遍存在着对西方化的、民族中心主义的术语不加批判地运用的现象。休闲研究中东西方的权力失衡体现为西方观念的主导和入侵，他们认为这对那些具有独特文化特色的群体（如东方人）而言可能是一种冒犯，提出在学术研究领域要敏感地使用"休闲"（Leisure）这样的词语。研究者必须意识到语言本身是有文化特色的，当研究者把这一术语应用到研究对象时，对象对休闲的理解往往和研究者的理解不同，因此休闲研究者应更多地关注世界不同地方和特定文化中的人的生活，用他们自己的语言来讲述故事，而不是不加质疑地使用西方的术语和假设。作者以日文为例，说明翻译"Leisure"一词存在的各种困难和直接在日语中使用该词出现的各种问题①。他们也指出，尽管一些西方休闲研究者倡导要重视非西方的休闲观念，但实际上东西方在休闲研究方面的失衡非常严重。如果不改变西方主导的格局，从真正全球化和国际化的视角对休闲进行概念化和深入研究是不可能的。

2. 西方休闲研究的内卷化

尽管全球化是一个普遍趋势，但在休闲研究中，真正跨国性的研究并不多。也就是说，以西方学者、西方研究范式为主导的休闲研究，还更多局限在对研究者所在国家问题的探究上，较少有跨国性的尝试。瓦伦丁等人（Valentine et al.，1999）使用文本分析（Content Analysis）方法对三本最具影响力的欧美休闲期刊②在20世纪20多年里所发表的1352篇文章进行分析后发现，只有很少一部分文章是跨国的。具体来说，按照广义标准（包括显性的和隐性的跨国研究），只有1.5%的文章是跨国性的（见表1）；按照狭义标准（仅限于显性的跨国研究，也就是说必须是比较两个或两个以上的国家），这一比例则只有0.7%。在有限的跨国研究中，研究者也主要来自西欧、北欧和北美（89%），所研究的对象也大部分是西方国家（72%）。

表1　全球三本重要休闲期刊20世纪后20年中所发表的跨国研究文献

	总文献数（篇）	跨国研究文献数量（篇）	跨国研究文献占比（%）
《休闲研究》（Leisure Studies，英国）	330	13	3.9
《休闲科学》（Leisure Sciences，美国）	382	2	0.5

---

① 作者指出，在日本，Leisure（音译为 Rejaa）被视作一个西方化的术语和现象，被认为是消费性的活动，例如度假、去主题公园等涉及在自由时间内花钱的活动，而不是一个更具有文化性的活动。在日语中还有另一个类似的日语词语——Yutori，但并不百分百地对应西方的 Leisure 概念。

② 分别是美国的《休闲研究期刊》（Journal of Leisure Research）、《休闲科学》（Leisure Sciences）和英国的《休闲研究》（Leisure Studies）。

续表

	总文献数（篇）	跨国研究文献数量（篇）	跨国研究文献占比（%）
《休闲研究期刊》（*Journal of Leisure Research*，美国）	640	5	0.8
共　计	1352	20	1.5

资料来源：Valentine Karin，Maria T. Allison，Ingrid Schneider，The One – Way Mirror of Leisure Research：A Need for Cross – National Social Scientific Perspectives，*Leisure Sciences*，1999，21（2）：241 – 246.

休闲领域跨国研究较少，至少有三个方面的原因：其一，休闲研究相对较为年轻，占主导地位的西方学者对其概念和研究体系还不满意，尚未有跨国性比较研究的准备；其二，跨国研究在概念、方法、逻辑和语言方面存在很大障碍，不易克服；其三，建立跨国研究耗时很长，而研究者普遍面临"发表或者消亡"（Publish or Perish）的压力，因此很难进行这类研究。

3. 西方休闲研究的美国化

瓦伦丁等人（Valentine et al.，1999）进一步研究发现，就西方内部而言，西欧和北欧的休闲研究者对美国的发展和研究比较熟悉，而美国的休闲研究者、职业人士则绝对是内部导向的。例如，尽管西方学术期刊总体上跨国研究文献都比较少，但相对而言，英国出版的《休闲研究》（*Leisure Studies*）较美国出版的另两本期刊稍好一些。瓦伦丁等人（Valentine et al.，1999）把这种现象称为"单面镜"（One – way Mirror），并将原因归于北美休闲研究者的民族中心主义倾向，认为这限制了学术研究和实践的发展。相对而言，英国出版的《休闲研究》较美国出版的两本期刊刊登的跨国研究文献更多一些，除了英国休闲研究中"单面镜"问题没有那么严重之外，也可能和这个期刊编委会成员地域来源更加广泛有关。

杰克逊（Jackson，2003）进一步比较了北美国家中加拿大和美国休闲学者的研究成果（包括学术期刊和学术会议上发表的论文）后发现：平均而言，加拿大和美国学者的成果相差不多；大部分研究者都倾向于在本国发表文章，其中美国研究者更甚。通过进一步分析，他指出，几个方面的因素导致了这一结果。第一是规模差异，美国在期刊数量、学术机构数量上都比加拿大多，而加拿大研究者写的文章更多，因此必须投向国外。第二与研究者对各自学术期刊的相对质量的看法有关。很多美国学者认为，加拿大的休闲学术期刊质量不如本国的，而一些加拿大学者也这么认为。第三是美国与加拿大的文化差异。很多美国人不仅认为而且明显地表现出"美国是宇宙中心"的心态，而加拿大人尽管私底下也认为自己的国家是世界上最好的，但相对表现得比较内敛。苏珊（Susan，2003）在对杰克逊（Jackson，2003）文章进行评述时明确指出，这种学术狭隘性会给休闲研究带来负面影响。

二 全球休闲研究领域中的欧美分野

社会、文化和历史因素不仅影响了人们的休闲活动，也影响了人们对休闲的理解。不同国家、不同文化背景的学者，其休闲研究也呈现出不同的特征。不少学者指出，北美和其他地方（主要是欧洲，尤其是英国）的休闲研究是分裂的，其学科起源、基础理论、知识传统、主导范式、研究目的、研究主题都不相同，也就是说，主导全球休闲研究的西方学界也呈现出越来越明显的欧美分野特征。

（一）欧美休闲研究的差异

1. 研究范式的总体差异

科尔特（Coalter，1997）指出，英国的休闲研究主要以社会学为主，用休闲的视角和方法来研究社会，研究更为广泛的社会文化结构如何反映在休闲之中，而相当大程度上忽视了个体层面的问题；北美的休闲研究则以心理学和社会心理学为主，强调实证主义方法，分析休闲时往往不太考虑社会发展背景。

根据科尔特（Coalter，1997）的引述，罗伯特（Roberts）在1987年的文章中就指出，英国休闲研究并没有一个主导范式，所谓的休闲学者大多只是一只脚踩在休闲领域，很少是以休闲为主或只研究休闲，而是从更广泛的领域（如文化研究、社会、经济、女性主义和政策分析等）进行研究。科尔特（Coalter，1997）将这称为"作为'非'休闲的休闲"（Leisure as "Not Leisure"）。英国研究者普遍认为，休闲是社会、经济、文化、政治因素等这些"非休闲"事物的产物，因此应把休闲作为一个点来研究更为广泛的社会命题，在这个点上，更为广泛的社会、政治和文化关系与冲突显现得更加突出。研究者往往从社会结构分层、权力分配、平等、市民性质的变化、工业化的影响、国家的角色、后现代主义等角度来研究休闲。克拉克和克里奇（Clarke & Critcher，1985）更是明确地指出，"我们的兴趣，实际上不在于休闲本身，而是休闲能就整个社会发展、结构和组织等告诉我们些什么"。泰勒和克尔特（Taylor & Coalter，1996）所作的一项有关英国休闲、游憩和体育的研究显示，51%的跨学科项目名称是社会学，33%的叫社会政策，相比较只有9%叫心理学。基于上述原因，在英国，休闲研究的重点不是关心个体、个体心理学、收益、满意，而是朝着更广泛的社会聚集、权力不平等、霸权、集体认同、机会的获取、社会市民等问题靠拢。阶层、性别、种族、国家等在文献中占据了重要地位，休闲政策分析也成为重点，其目的在于确定公共休闲供给与市民权利之间的关系以及国家作为这些权利保障者所发挥的作用；关注的不是分析个体或群体之间的差异（Difference），而是分析不平等（Inequality）问题；研究主要是从集体主义的福利视角而不是自由的个体主义视角进行的。

与英国的休闲研究不同，科尔特（Coalter，1997）指出，美国的休闲科学更偏重以休闲为中心，主要关心如何定义休闲（很大程度上是作为心理学术语），证明休闲动机、满意度和收益，发现和消除休闲制约。这种"微"视角下的休闲研究也遭到了一定的批判，认为过于集中于个体满意度和收益，向人们展示了一个"没有社会的休闲"（Leisure without Society）。而对心理学方法的过分强调（如休闲是一种心态、所感知到的自由、最大化的觉醒等）也会导致把社会学概念的休闲（Leisure）和心理学上的愉悦（Pleasure）相混淆。海明威（Hemingway，1995）曾指出，由于实证主义的认知论假设在美国休闲科学中占主导地位,休闲研究在逻辑上和心理学上都变得更加"可操作化"。

从研究方法上看,北美休闲研究中推崇实证主义和定量方法,而欧洲普遍采用解释主义和定性方法①。近十多年来,前者受到的质疑声越来越大。科尔特(Coalter,1997)明确指出,北美休闲研究由于对实证主义方法和定量分析的过分依赖而无法解释休闲的社会意义。一些学者认为,要对占主导地位的实证主义范式的认知论和本体论假设以及这些假设的局限性进行深刻反思。越来越多的学者建议采用后实证主义方法——既使用定性数据,又不放弃传统实证主义的原则。

欧美休闲研究范式和方法的这种差异也明显地反映在各自期刊的侧重点上(见表2)。美国的《休闲研究期刊》和《休闲科学》上的文章更强调方法的复杂性,更重视方法的有效性和统计数据的质量而不是社会政策结论;而英国的《休闲研究》上发表的很多文章,主要关注社会政策、社会公民、战略决策等,而不太重视统计方面的证据。

表 2　欧美休闲研究的差异

	北美(以美国为代表)	欧洲(以英国为代表)
定　　义	休闲概念本身	休闲作为"非休闲"
目　　的	旨在描述人的休闲活动	旨在解释并解决社会问题
学　　科	社会心理学	社会学
视　　角	没有社会的休闲	社会中的休闲
研究范式	实证主义(强调定量方法)	解释主义(突出定性方法)
研究结果	休闲满意度、休闲收益	休闲政策、休闲的意识形态问题

---

① 实证主义(Positivism)和解释主义(Interpretivism)的方法论之争在20世纪70~80年代达到顶峰。实证主义认为:①社会和自然界在本质上相似,社会学家可以用自然科学的方法来研究人类社会,提倡对社会事物进行精确测量和计算;②理论是客观的;③科学研究要求目标和价值中立。而解释主义认为:①社会现象和自然现象本质上是不同的,社会学家无法采用自然科学的方法进行研究,而只能通过对个人经验、社会制度、历史环境等因素进行实地研究,获得经验材料并归纳出具有理论特性的命题和阐释框架;②理论是有局限性的;③研究无法实现绝对的价值中立。经过20世纪70年代中期、整个80年代的"方法论大战",到90年代初,后实证主义(Post Positivism)开始被广泛接受,即认定定量研究是科学的方法,但反对视定量法为唯一的科学方法,认为科学地研究一个问题,应根据研究对象的需要,采用多元性的方法论。

	北美（以美国为代表）	欧洲（以英国为代表）
哲学理念	自由个体主义	集体福利主义
联　系	与休闲实践的关系更为密切	与母学科（社会学、地理学等）的关系更为密切

资料来源：根据 Karla A. Henderson, False Dichotomies and Leisure Research, *Leisure Studies*, 2006, 25（4）：391 – 395，概括、拓展。

2. 与相关学科及休闲实践关系的差异

除研究范式外，欧美休闲研究与相关学科及休闲实践的关系也有所不同。按照亨德森（Henderson, 2010）的说法，休闲研究领域实际上是"三代同堂"。社会学、地理学等学科是第一代；休闲研究是第二代；而近几十年来出现的一些专业领域，如旅游、治疗性游憩（Therapeutic Recreation）、商业游憩、体育管理等则是第三代。相对而言，以英国为代表的欧洲休闲研究与母学科的关系更加紧密一些；而以美国为代表的北美休闲研究受到来自旅游、体育管理等新的专业领域的影响更大。在美国，由于旅游、体育管理等新的专业领域对研究者而言更具市场潜力，对学生而言更利于就业，因此受到越来越多的关注。而这些儿女辈的专业领域并不把自己看成是休闲行为的"承载者"。正如休闲曾经将自己从母学科中分离出来一样，这些儿女辈的专业也正在建立自己的身份认同，而这种认同并不必然和休闲研究的知识根源有关。

相对以英国为代表的欧洲休闲研究而言，美国的休闲研究受到实践和业界的影响更大。加里（Garry, 1997）指出，追根溯源，美国的休闲研究首先是出于实践需要——吸引人们进入公园等"自然"空间、满足城市人群的游憩需要——而非学术目的，从一开始就不是一个纯粹的学术命题。时至今日，美国全国游憩与公园协会（NRPA）作为行业协会在休闲实践和休闲研究领域中都扮演着重要角色。美国设有公园、游憩和休闲研究专业的大学，相关项目大多都要获得 NRPA 的认证，参加了认证项目的本科毕业生更容易找到工作。认证涉及对课程设置、教学内容等的检查，并据此对老师做出评价。NRPA 要求在认证项目任课的老师至少拥有公园、游憩或休闲领域的一个学位，因此在某种程度上造成了近亲繁殖。美国休闲研究领域最重要的两份期刊之一——《休闲研究期刊》就是由 NRPA 出版的，当然主编是学者。和大部分学术会议所不同的是，美国休闲研究界最重要的会议之一——休闲研究论坛（Leisure Research Symposium）是 NRPA 年会的一个板块①。公园和游憩实践部门对美国休闲研究领域的影响为不少学者所诟病。拉伯尔（Rabel，1983）曾指出，应在高等教育中将休闲从公园和游憩中分离出来。他建议设立一个专门的机构，例如美国休闲研究学会②来推动休闲研究。当然也有学者反对他的观点，例如杰弗瑞（Geoffrey，1985）指出，休闲研究和公园、游憩领域如同异花授粉（Cross - pollination），一个不了解休闲在社会中的角色、休闲行为、休闲动机、休闲满意度的人是不可能成为一个成功的从业者的。

（二）欧美休闲研究差异的原因

欧美休闲研究的不同，其背后是理论导向的差异。按照克莱布（Craib，1984）的分析，社会科学理论结合了三个维度，分别受到不同研究者的不同重视。理论的认知学部分（Cognitive），关注的是建立和社会某些特定方面有关的知识，情感维度（Affective）则包括研究者的体验和感受，而规范维度（Normative）是就世界应该怎样发展做出假设。总体而言，认知性理论在美国休闲研究中占主导地位，而规范性理论在英国休闲研究中占主导，前者旨在关注"休闲是什么"，更强调发现规律性规则（Regulative Rules），而后者关注"休闲应该是什么"，重点在于确定构建性规则（Constitutive Rules）。这种差异，在很大程度上和英美意识形态的不同有密切关系。美国的社会政治形态更强调个人主义、差异、多元化、自由主义、成功

---

① 笔者参加了 2011 年 10 月在亚特兰大召开的 NRPA 年会，其规模之大、范围之广，令人印象深刻。会议期间，学术讨论、职业培训、教育交流等交织在一起，有关游憩器材、出版物等的展览规模庞大。

② 20 世纪 80 年代以来美国先后创立了几个休闲学术团体，如休闲科学研究院（Academy of Leisure Sciences）、美国休闲研究院（American Leisure Academy）等，但其学术活动依然难以摆脱 NRPA 的影响。

导向和开放，因此选择、自由、自我提升与实现、个体满意度等受到更多关注；而作为福利主义国家的英国，则更强调社会市民和社会层级，更具集体主义倾向。

而这种理论导向的差异是有其历史根源的。作为现代工业革命的发源地，欧洲国家最早关注到了工业化、城市化所带来的自由时间增多和城市休闲设施、空间不足等问题。为此，政府部门和研究者试图从政府干预、公共服务、社会政策等角度研究如何应对已经出现和可能爆发的社会问题。因此，以英国为代表的欧洲休闲研究者并不特别关注对休闲自身进行概念性界定（Definitive Definition），而更多的是利用休闲的概念（Concept of Leisure）来研究更为广泛的社会、文化、政治问题。二战前，在欧洲，休闲研究就已发展成为一个相对独立和系统的领域。二战后，欧洲经济获得了前所未有的增长，大众消费在各国迅速兴起，再工业化和商业化进程加快，尤其是 20 世纪 60 ~ 80 年代，大部分欧洲国家先后出台了大量的社会政策，旨在刺激各种形式的休闲（如体育、游憩、志愿活动、媒体、艺术、旅游等），这些使休闲研究的制度环境和知识氛围发生了变化。对时间、消费、体育参与、媒体参与、购物和旅游、文化、日常生活等社会现象的学术关注越来越多。美国的休闲研究起步相对较晚，其渊源、立足点、研究范式等和欧洲有很大不同。美国的休闲研究开始于 20 世纪 70 年代，主要是基于现实的考虑，关注如何吸引人们进入公园等"自然"空间、满足城市人群游憩需要。在其发展中，公园、游憩部门是休闲和休闲研究的肇始者、使命承载者和代言人。北美休闲研究与游憩专业人士和机构之间的紧密联系，是众所周知的事实。加里（Garry, 1997）曾明确指出，在美国，政治经济问题对休闲领域的影响远比哲学问题更大。

（三）欧美休闲研究：从二分法到连续统

科尔特（Coalter, 1997）有关欧美休闲研究二元论的观点引发了学界广泛讨论，既有支持者，也不乏质疑声。支持者（如 Samdahl, 1999）认为，北美休闲研究者大多从社会心理学角度来研究问题，而英国研究者更关注冲突理论、文化研究和社会政策，前者更侧重定量方法，后者更偏爱解释主义和定性研究。但身为美国《休闲科学》共同主编和英国《休闲研究》编委会成员的亨德森借英国《休闲研究》出版25周年之际对这种二分法进行了反驳。他认为，休闲研究者应该用"和"而不是"或"的思维和方式进行研究，英国的休闲研究和美国的休闲科学并非是不可比较的范式（Incommensurable Paradigms），而是一个连续统，二者各有优劣，应结合采用。亨德森（Henderson，2006）指出，实际上北美的休闲研究越来越多地应用于社会心理学，从而弥补过分侧重个体而带来的不足；一些美国的休闲研究者采用了和英国休闲研究相类似的方法，强调社会生态理论的应用；北美休闲科学越来越强调学科间（Interdisciplinary）和跨学科（Transdisciplinary）研究。而发生在世界范围内的变化使得休闲商业化趋势更加明显，市场经济也使得欧洲传统的集体主义的意识形态向个体主义发展。正是得益于欧美不同的研究视角，休闲研究才正发展成为一个知识体，令全球对休闲的社会、文化、经济乃至政治视角产生越来越浓厚的兴趣。

三 近20年来全球休闲研究领域的重要学理争辩

在休闲研究体系的演化过程中，各种学术思潮、理论假设、研究范式、模型方法相互交错、碰撞并不断融合。除了全球化的作用、社会科学的总体演进、休闲在社会中地位和作用的变化等外部因素的影响之外，来自西方休闲学界内部的争论和反思对休闲研究的完善起到了极大的推动作用。正如亨德森等人（Henderson et al.，2004）所言，正是一次次的自我审视推动了休闲研究的不断演化。因此剖析二十余年里西方休闲研究领域内的主要争论，能够为全面了解西方休闲研究的演进脉络提供学理线索。

人类社会的快速发展和学术研究的不断演进，给各个学科尤其是社会科学带来了诸多挑战，研究者由此产生了强烈的危机感。由于休闲研究显著的多范式、多维度特征，研究者产生了较一般学科而言更为深刻的危机感。

一个学科或研究领域的危机，大致可分为两个层面，即知识层面的危机和制度层面的危机。就休闲研究而言，前者涉及休闲研究自身的统一与分化、研究范式与研究方法的多元与统一、休闲研究与相关学科的疏离与融合等；后者则主要涉及休闲研究与休闲实践的互动关系。

（一）休闲研究自身：从统一到分化，再到整合

1. 欧洲的休闲研究分化说

莫马斯等人（Mommaas et al.，1996）在回顾西班牙、法国、比利时、英国、荷兰、波兰欧洲六国休闲研究时都提到了"瓦解""分化""多样化"等词语。时隔一年，他（Mommaas，1997）又在英国出版的《休闲研究》（*Leisure Studies*）上发表了一篇引发诸多讨论的文章。他回顾了18世纪以来尤其是二战后欧洲休闲研究的历史后指出，20世纪70年代之后，在欧洲，自由时间和休闲研究渐渐没有以前那么重要了。一方面，对时间、消费、体育参与、媒体参与、购物和旅游、文化、日常生活等社会现象的学术关注越来越多，文献数量不断增加，研究的复杂程度不断提高；另一方面，这些研究却和之前的自由时间和休闲研究没有多少联系，休闲的概念被边缘化甚至完全抛在脑后，休闲研究在制度、规范和认知三个层面都变得没有那么重要了，由此研究者群体中出现了明显的缺失感和危机感。

对于分化的原因，莫马斯（Mommaas，1997）认为有以下三点。其一，整个欧洲都采取了更加市场化导向的休闲发展方式，从以公共服务为主转向以商品化为主，因此研究者的关注重点也从之前的公共政策、社会不平等等问题转向市场营销、管理、消费和旅游等方面。与此同时，伴随各国中央政府和地方政府之间关系的转型以及文化产业的全球化发展，公共和私人休闲供给的结构也发生变化。所有这些都使休闲研究更加多元化，休闲研究必须关注国民参与、关注公共政策的状况已经改变。其二，20世纪80年代之后，强调地

方性、折衷主义、文化聚合等社会思潮的追随者们逐渐"发现"了休闲研究领域，纷纷从消费者文化的视角来研究休闲中的审美、愉悦、欲望、解构和认同等问题。如此一来，在老的研究命题（如工作和休闲的关系、休闲分层问题等）和新的环境（休闲和消费可能性的增多、休闲的商业化、全球经济和文化重构、福利国家的持续性危机、地方和日常生活的后现代化、劳动时间的灵活性等）的结合地带，出现了一些新的领域，从而导致分化。其三，二战后，欧洲国家由于意识形态、政治体制、经济发展道路的不同，给各国休闲研究烙上了各自的烙印，各国休闲研究走向了不同的方向：在波兰，急速转向的货币主义政策，导致休闲研究瓦解，研究者群体分散，相关咨询公司和促销公司增加；在西班牙，休闲研究在机构和理论体系方面面临分化，市场营销和管理占了上风；在法国，休闲作为独立的研究领域，受到威胁；在英国，后工业化和后福特主义环境下的休闲体验、生活方式、消费特征向传统的休闲研究提出了挑战；在荷兰，休闲研究领域出现了离心式的多元化。总之，在欧洲，与休闲有关的研究话题（如消费、文化、愉悦、旅游、体育、时空分析等）前所未有地增加，但休闲研究者却感觉到自身领域空前地分化甚至"消亡"着。

2. 美国的休闲研究分化说

美国的休闲研究起步相对较晚，其渊源、立足点、研究范式等和欧洲有很大不同，但无独有偶，美国学者科尔特（Coalter，1997）在美国出版的《休闲科学》（*Leisure Sciences*）上也发表了一篇有关"休闲研究危机论"的文章，指出欧洲和北美的休闲研究尽管在认识论、方法论和理论方面有所不同，但二者都走到了十字路口。在此之前，杰克逊和伯登（Jackson & Burton，1989）向美国休闲研究者进行的问卷调查研究显示，超过60%的研究者认为该领域在分化。按照他们的界定，分化就是"概念和方法的发展都各不相干甚至相互冲突，术语前后矛盾，主题各不相联，知识互不融合"。

对于美国休闲研究分化的原因，更多学者将其归结于休闲研究和休闲实践尤其是公园、游憩部门过于紧密的联系。在美国，公园、游憩部门是休闲和休闲研究的肇始者、使命承载者和代言人。科尔特（Coalter，1997）认为，以美国为代表的北美休闲研究和游憩专业人士和机构之间的紧密联系，"可能是理论和学术发展的一个障碍"。加里（Garry，1997）也明确指出，在美国，政治经济问题对休闲领域的影响远比哲学问题更大。达斯廷和古德尔（Dustin & Goodale，1999）描述了研究者如何失去了其使命，变得高度分化。罗斯和达斯廷（Rose & Dustin，2009）也哀叹，美国的休闲研究者和大学"全卖给了"新自由主义的研究命题。对此，亨德森（Henderson，2010）等人呼吁，需要重新建立休闲研究的集体认同。

3. 分化是通向新的统一的必由之路

莫马斯（Mommaas，1997）等人的"分化说"实际上由来已久，围绕这一话题也一直争论不休。杰克逊和伯登（Jackson & Burton，1989）早就提出，可从两个角度看待休闲领域的分化问题：一方面，分化意味着休闲研究在基础层面上还存在相互矛盾的概念；另一方面也说明，休闲不是用一个概念、理论或原则就能够解释得了的。他们更倾向于后一种看法。斯特宾斯（Stebbins，1997）在评论莫马斯（Mommaas，1997）的研究时指出，很多休闲研究者把休闲作为一个统一的现象，试图从某个单一的、包罗万象的定义出发或者用一个活动清单来研究休闲，解释其所有。尽管有人认为这能够制约分化，但他认为，效果恰恰相反。休闲研究的三个特点可以解释这种悖论：第一，当体育、文化、旅游、消费或其他领域的研究者分析休闲时，通常只能看到一般，会觉得休闲研究不能为其提供足够的知识给养，因此便只从自己的领域研究休闲的某些方面，而忽视休闲领域整体；第二，休闲是个模糊的概念，学术领域有各种不同的界定，这种模糊使休闲研究很难成为一个科学的聚集点；第三，休闲依然受到新教主义道德的折磨，即使在今天，依然经常被社会科学家和大众看作是工作制度的私生子。斯特宾斯（Stebbins，1997）指出，上述因素导致了休闲研究的分化，使得研究者选择了某种形式的休闲（如体育、文化、旅游等）而远离休闲一般。在他看来，这样其实更接近于人们的日常生活，更便于发现休闲的意义；而分化也会使休闲研究领域走向更加统一、更具可识别性，关键在于要总结不同休闲活动的意义来加以整合。

（二）与相关学科之间：隔离、封闭与"三代同堂"的相互疏离

1. 相互隔离与封闭的"自言自语"

美国佐治亚大学的萨姆达汗和凯利（Samdahl & Kelly，1999）利用JCR①分析了在美国出版的两本休闲期刊——《休闲研究期刊》（*Journal of Leisure Research*）和《休闲科学》（*Leisure Sciences*）上所发表的文献与其他非休闲类期刊中2200多篇文章的相互引用情况后指出：在社会科学领域，休闲和游憩研究文献数量增长显著，但休闲研究刊物上发表的只占很少一部分；休闲研究期刊和非休闲类期刊之间相互引用的很少，尤其是近十年更为明显；两个休闲期刊之间相互引用也不多。因此，整个休闲研究领域基本上处于相互隔离状态，只是在"自言自语"而已。《休闲研究期刊》副主编罗伯特（Robert，1999）在对上述研究进行评述时指出，休闲研究的跨学科特性是把双刃剑。一方面文献很丰富，另一方面也使得休闲逐渐成为附属性的，仅仅应用于其他学科概念和方法的背景。

2. "三代同堂"的相互疏离

就休闲研究与其他学科的关系，亨德森（Henderson，2010）做过一个形象的比喻，即休闲研究领域实际上是"三代同堂"。三代之间的相互疏离，导致休闲研究领域缺乏集体认同。社会学、地理学等学科是祖父母辈。当然在不同国家，这些学科和休闲研究的联系程度有所不同。相对英国而言，美国的休闲研究与其母学科的关系

---

① JCR，即 *Journal Citation Reports*（期刊引用报告）的简称，乃美国科学情报研究所（ISI）出版的网络版期刊引用报告，对来源于ISI的科学引文索引（SCI）和社会科学引文索引（SSCI）的数据进行分析。

没有那么紧密，而和公园、游憩实践的联系更紧密些。儿女辈的是近几十年来出现的一些专业领域，如旅游、治疗性游憩（Therapeutic Recreation）、商业游憩、体育管理等。居于中间的，则是休闲研究。对研究者而言，旅游、体育管理等新的专业领域更具市场潜力，更有针对性；对学生而言，则更利于就业。如此导致了休闲研究的分化。萨姆达汗（Samdahl，2000）早察觉到，休闲领域正越来越向商业管理靠近，更多关注专门领域（如体育、旅游、户外活动等），而偏离了基础理论。亨德森（Henderson，2010）认同这一观点，但也承认，尽管休闲研究的共同使命是探索如何通过休闲行为（不管是体育、艺术还是旅游或者户外）来提高人的生活质量，但通常情况下，这些儿女辈的专业领域并不把自己看成是休闲行为的"承载者"（Containers）。正如休闲曾经将自己从母学科中分离出来一样，这些儿女辈的专业也正在建立自己的身份认同，而这种认同并不必然和休闲研究的知识根源有关。

（三）与休闲实践的关系：行知隔离抑或实践牵着理论的鼻子走

作为应用学科，休闲研究如何处理与实践发展的关系，"行""知"之间如何形成良性的互动，也是研究者热议的话题之一。

对于休闲发展中的行知关系，美国研究者给予了更多关注。实际上，诸多学者们对《休闲研究期刊》和《休闲科学》等期刊上发表的文章进行了多次分析后指出，休闲研究本身是跨学科的，其受众包括学术界和实践者。拉伯尔（Rabel，1983）明确指出，"实践应用成果应被视作休闲研究的令人期待的最终成果"。然而，不能回避的是，休闲研究和休闲实践实际上仍是两个相互隔离甚至独立的领域，理论研究成果对实践影响甚微。海明威和帕尔（Hemingway & Parr，2000）明确指出，休闲研究和休闲实践根本就是两个独立的职业范式（Professional Paradigms），二者之间的任何关系都是需要构建的。在他们所列出的三种构建方式中，传统视角和个人视角下，总是一个专业范式隶属于另一个，从而加剧了二者之间的分离，只有批判性视角能够形成有活力的研究 – 实践关系，但在现实中，这种方式很少存在。威廉姆（William，2012）直言不讳地指出，使用传统科学方法研究休闲专业人士所面临的问题是徒劳的，因为传统的休闲研究在结构上都是自上而下的，从理论开始，然后推断到实践。用威廉姆的话说，就是用"上帝之眼"来看待事物，因此很难形成一个整体性的知识体来引导休闲实践者的工作。从理论出发所进行的那些研究，所得出的结论往往是"视情况而定"（It depends）。渴望获得有科学基础的管理洞见的实践者总是被例行公事地用一套模糊的研究结果打发了事。

（四）范式与方法：高低之辩与共生共荣

1. 描述性、解释性和预测性研究，孰高孰低

在休闲研究发展过程中，其范式和方法都经历了不断的演变。以美国为例，在过去 40 多年里，休闲研究（包括公园、游憩、治疗性游憩等）经历了不同研究范式的演化。早期的研究者通过包括推测和理性主义在内的社会哲学的方式解释休闲的意义；之后，社会实证主义者则侧重于描述和记录行为；20 世纪 70 年代末到 80 年代以来，研究者主要采用社会分析方法，试图解释因果关系和行为的底层结构；到了 20 世纪 90 年代和 21 世纪，则更集中于围绕后结构主义和后现代主义构建科学。

休闲研究既可能侧重于了解某一问题的状况，也可以是发掘背后的原因，抑或检验一个理论，乃至预测未来发展，因此应该是描述性研究（Descriptive Research）、解释性研究（Explanatory Research）和预测性研究（Predictive Research）同时存在。然而大多西方研究者，尤其是美国研究者普遍认为描述性研究和预测性研究是初级的，乃至非科学的。他们更看重解释性研究，尤其热衷于通过数理模型来确定变量之间的因果关系。当然，也有不少研究者承认，描述性研究为了解休闲这一复杂的社会现象提供了必要的前提，并为下一步的演绎研究提供了归纳性的理论基础，而预测性研究则在既有描述性研究的基础上，为把握休闲未来发展趋势提供了重要依据，三者之间并无高下之分。

2. 从实证主义、解释主义到后实证主义的转换

亨德森（Henderson，1991）指出，和当时的其他学科（如社会学和教育学）一样，休闲研究主要存在两种范式：实证主义（Positivism）和解释主义（Interpretivism）①。社会科学中这两种范式之间的转换是有目共睹的（Kuhn，1970）。因此，西方尤其是北美休闲研究中推崇实证主义和定量方法，但将其作为休闲研究唯一或最佳方法的观点受到普遍质疑。科尔特（Coalter，1997）明确指出，北美休闲研究由于对实证主义方法和定量分析的过分依赖而无法解释休闲的社会意义，成为"不考虑社会的休闲"（Leisure without Society）。一些学者认为，要对占主导地位的实证主义范式的认知论和本体论假设以及这些假设的局限性进行深刻反思。人们普遍认为，实证主义更强调定量方法，解释主义更偏重定性方法，萨姆达汗（Samdahl，1999）指出，后实证主义既使用定性数据，又不放弃传统实证主义的原则，未来将会占据更加重要的地位②。斯图尔特和弗洛迪（Stewart & Floyd，2004）也认同，后实证主义能更好地展示休闲中人的"活的体验"（Lived Experiences）。亨德森（Henderson，2010）基于20多年的研究、教学经验指出，休闲研究很少是纯粹解释主义或严格实证主义的。在他看来，很多休闲研究（不管其数据是定量还是定性或二者的混合）所采用的实际就是后实证主义范式。只是虽然很多休闲研究者放弃了纯粹的解释主义或严格的实证主义哲学，但大部分人并不知道在实证主义、后实证主义和解释主义这个连续统中，自己位于哪个点上，也不知道应该或者能够在哪个点上。

3. 从"决一死战"到"共生共荣"

苏珊（Susan，1997）指出，不同类型的研究提供了不同的视

---

① 实证主义也被称为理性主义（Rationalism）、实验主义（Empiricism）、逻辑实证主义（Logical Positivism）、客观主义（Objectivism）和现代主义（Modernism）等，而解释主义也被称为经验主义（Experientialism）、结构主义（Constructivism）、人文主义（Humanism）、现象学（Phenomenology）等。

② 经过20世纪70年代中期、整个80年代的"方法论大战"，到90年代初，后实证主义（Post Positivism）开始被广泛接受，即认定定量研究是科学的方法，但反对视定量法为唯一的科学方法，认为科学地研究一个问题，应根据研究对象的需要，采用多元性的方法论。

角，之间并不必然要通过"决一死战"来建立一个主导的"正确的"范式。研究者与其寻找一个共同的范式，不如接受休闲研究中的多样性，评估各种不同方法的效果并不断探索新的方法。亨德森（Henderson，2006）也认为，随着休闲学术刊物越来越多，方法和声音越来越多元，多学科方法的使用给休闲研究带来了机遇和挑战。

亨德森（Henderson，1994）曾分析了 20 世纪 80 年代美国四本重要休闲刊物①上所发表的文章后指出，28% 的文章使用演绎理论或模型检验，5% 使用归纳理论或模型构建，28% 是概念性框架，40% 是描述性或评估性研究。时隔十年之后，Henderson（2004）又对 1992 ~ 2002 年在这四本期刊上发表的 808 篇文章所使用的方法和理论的应用进行了分析。结果显示，在研究方法方面：①方法的广度和深度以及方法之间的联系和混合应用值得关注；②文献回顾、元分析（Mega - analysis）等文章数量增加，为下一步的研究提供了理论基础；③尽管数据搜集的方法在增多，但超过半数的文章还是采用问卷调查；根植理论（Grounded Theory）和其他新的定性方法的使用也使得人们能更好地理解休闲研究的背景。在理论应用方面：①与 20 世纪 80 年代相比，描述性/评估性研究（占 33%，80 年代是 40%）和理论/模型检验（占 15%，80 年代是 28%）有所减少；②理论/概念基础（占 41%，80 年代是 28%）和理论/模型构建（占 11%，而 80 年代是 5%）增多。亨德森（Henderson，2004）进一步指出，休闲随着环境的发展而变化，过去的理论只能部分地解释休闲行为，需要对某些"老"问题做出新回答，因此应倡导各种不同的方法和范式共存。

（五）休闲研究是自然科学、社会科学、人文科学的结合

美国犹他大学教授丹尼尔·达斯汀等人（Daniel Dustin et al.，

---

① 分别是《休闲研究期刊》（*Journal of Leisure Research*，*JLR*）、《休闲科学》（*Leisure Sciences*，*LS*）、《公园和游憩管理期刊》（*Journal of Park and Recreation Administration*，*JPRA*）和《治疗性游憩》（*Therapeutic Recreation Journal*，*TRJ*）。

2012）分析了自然科学、社会科学、人文科学的理论假设后指出，社会科学尤其是其中的休闲科学应该按照和自然科学、人文科学所不同的假设体系来进行。作者引用了亚里士多德的实践智慧（Phronesis）的概念①，提议应该用价值理性而非工具理性来指导社会科学研究；社会科学尤其是其中的休闲科学应该被视作沟通自然科学和人文科学的一个桥梁。

传统上，人们将学术研究分为自然科学、社会科学和人文科学三大类别，其中自然科学被认为是排在最高层的，而后两者则争夺第二把交椅。人们普遍认为，自然科学研究者有共同的认知论和方法论基础，而社会科学尽管借鉴了自然科学的一些方法，其某些分支（例如经济学和心理学）也证明了一定的预测能力，但总的来说，社会科学无法像自然科学那样形成确定的因果关系，也因此招致诸多批评。弗莱博格（Flyvbjerg，2002）总结了这种批评后指出，社会科学必须按照一套不同的假设，引入不同的分析方法来解决那些不适合自然科学的科学问题，只要社会科学坚持模仿自然科学的假设和方法，就注定是二等公民。他认为，社会科学应致力于回答那些基于价值理性而非工具理性的问题，这意味着"社会科学的目的不是建立理论，而是为社会解释我们在哪里、我们想去哪里、根据不同的利益而言什么是期望的等实用理性"。丹尼尔·达斯汀等（Daniel Dustin et al.，2012）认为，实际上这就是亚里士多德所说的"实践智慧"。他们认为，休闲研究更应该被理解为"科学"（Episteme）、"实践智慧"（Phronesis）和"技艺"（Techne）的共同存在，而非过去所认为的"科学"这一种类型。例如，休闲对物质世界、人类身体的影响属于"科学"，能够指导休闲实践（如管理、营销）的属于"技艺"，而探索"实践智慧"的社会科学家试图寻

---

① 在《尼各马可伦理学》卷六 1139b 中，亚里士多德明确地提出："让我们假定灵魂通过肯定和否定来把握真理的方式有五种：Techne（英译 Art，汉译'技艺'）、Episteme（英译 Scientific Knowledge，汉译'科学'或'科学知识'）、Phronesis（英译 Practical Wisdom，汉译'实践智慧'）、Sophia（英译 Philosophical Wisdom，汉译'哲学智慧'或'智慧'）和 Nous（英译 Intuitive Reason，汉译'努斯'或'直观智慧'）。"

找人们赋予其休闲体验的意义和价值。而且，哲学家、诗人、小说家、音乐家、电影工作者和其他人文科学工作者也都按照自己的方式为理解休闲在人类生活中的意义做出贡献。要把这三类研究联合起来，休闲研究才具有生命力。

（六）西方休闲研究学理争辩的根源与作用

1. 四种力量推动休闲研究的学理争辩和学科演化

杰克逊和伯顿（Jackson & Burton，1999）指出，至少有三个方面的因素影响休闲研究：社会趋势；社会科学的发展；休闲研究自身的概念、范式和方法论。实际上，在世界各国尤其是北美国家，休闲研究还受到大学管理体制的影响。因此，上述四种力量共同作用于休闲研究领域，形成了错综复杂的关系和矛盾，共同推动了休闲研究的演化。

西方休闲研究中，各方面关系和矛盾的争论是不均衡的、相互交织的。就不均衡而言，休闲研究自身分化和集体认同感缺失所带来的危机问题以及研究范式问题受到的关注最多；其次是休闲实践与理论研究之间的矛盾、休闲研究与其他学科（尤其是母学科和子学科）之间的关系。就其交错性而言，休闲研究和其他学科的关系问题与研究范式的争论、休闲研究自身分化问题都密不可分，休闲研究集体认同感与"知行矛盾"存在关联。

2. 休闲研究的特殊属性是引发各种争论的重要原因

休闲研究中所出现的各种争论，背景固然复杂，但最为重要的因素是休闲研究的特殊属性。亨德森（Henderson，2010）认为，休闲研究可以同时被看作是学科际（Interdisciplinary）、多学科（Multidisciplinary）和跨学科（Transdisciplinary）的。称之为学科际，是因为有些研究只是结合了不同学科的知识来从不同角度理解休闲；而有的研究，则能围绕休闲这个复杂的应用性的社会问题或现象组织多学科方法进行；跨学科则是要跨越学科边界，创造一个整体性的方法去研究休闲这个对象。

"孔德很久以前就看到，每门科学都必须有它自己独特的研究内容，但是在研究战线上，各个学科却愈来愈发现其边疆总是有人来争夺，这是因为原来的学科已不再能够反映今天的科学家们所进行的工作之复杂、分支和多样化，各种专业在科学研究的过程中不断生长，使得正式的学科出现裂纹，学科的边界线已显得人为而专断。"从集中到分化再到贯通是社会科学的共同趋势，而休闲研究的多维度特征既使其面临较一般社会科学而言更为严峻的危机，也能使研究者联合各方面力量共同推动这一领域的发展。

3. 反思与争论是推动西方休闲研究不断演化的重要力量

按照库恩（1970）的理论，由于现有的学科范式不能适应新的社会发展需求，因此出现了危机，而科学领域的危机是范式演化的前兆，每个学科都是在发现危机时出现转型。对于休闲研究而言，由于"主要问题和主角都变了，视角变了，关注焦点也变了，我们所称的'社会'在轮番变化，因此休闲研究也在改变"（D'Amours，1990），对这种改变的警觉与思考便会产生危机感。

正是认识到理论不是直线前进的，而是正切式的、反思式的（Henderson，2004），西方休闲研究者越来越多地以开放的心态来面对各种问题；也正是这种持续不断的自我审视、反思和争论，推动了休闲研究的演化。正如杰克逊和伯顿（Jackson & Burton，1989）所警告的，如果仅以游憩和休闲实践的变化和休闲研究者的自发性变化来引导休闲研究，那么它迟早会被社会所遗弃和边缘化。

四 全球化背景下的休闲研究：未来趋势

按照亨德森等人（Henderson et al. , 2010）的观点，世界各国的休闲研究者，不管学术背景、文化背景、方法论和研究范式如何不同，都应该以"通过休闲提升人的生活质量，促进人类社会发展"为共同的学术使命，构建知识共同体。在全球化进程日趋加快的今天，休闲研究领域内的如下趋势值得关注。

（一） 跨国和跨文化研究将得到重视

休闲是人类社会的共同需求，在不同文化和政治背景下的人们，对休闲如何理解、如何实践，是休闲研究者必须回答的一个问题。相对于自然科学而言，休闲这样的社会科学须在不同背景下研究其对象，必须和社会体系、文化安排相联系来检验其有关人类行为的命题是否正确。休闲比较研究（尤其是跨国研究和跨文化休闲研究）为检验现有的休闲理论、假设和方法的普适性提供了重要机会。就数据来源而言，耶鲁大学"人类关系区域档案"（Human Relations Area Files，简称 HRAF）① 等人类学数据库的开发也为跨国和跨文化的休闲研究提供了条件。各种跨国研究、跨文化研究的方法也在不断完善。因此，未来这将是休闲研究的热点之一。

（二） 从非此即彼走向相互融合是休闲研究的必然之路

西方休闲研究近二十余年来反思的核心结论，便是消除休闲领域中各种简单化的二分式思维和方法（例如理论与实践的二分法、研究范式的二分法等），促进理论与实践之间的融合、与相关学科之间的互动等，从而使休闲研究更广泛、更深入地和社会发展现实以及其他学科融合。

纳斯比特（Naisbitt，1982）所描述的未来社会大趋势中最重要的一条就是"从非此即彼到多元选择"（Either/Or to Multiple Option）。不仅是休闲研究，包括社会学、人类学、经济学等在内的所有社会科学，实际上都在走向多元化。研究不再是"要么这个，要么那个"（Either/Or），而是"都"（Both/And）。消除了二分法的观念，就能更加理性地看待休闲研究中定量与定性之争、研究者与实践者的知行鸿沟、休闲研究中的一般化与专业化、研究中客观性和主观性、工具性和价值性的平衡等问题。由于复杂的历史和现实原因，世界各国休闲研究采取了不同的范式和方法，正如苏珊（Su-

---

① 该数据库拥有过去和现在 360 种文化的资料，涉及各个社会过去和现在的休闲活动信息。

san，1997）所言，不同类型的研究提供了不同的视角，之间并不必然要通过"决一死战"来建立一个主导性的"正确的"范式。研究者与其寻找一个共同的范式，不如接受休闲研究中的多样性，评估各种不同方法的效果并不断探索新的方法。亨德森（Henderson，2006）也认为，随着休闲学术刊物越来越多，方法和声音越来越多元，多学科方法的使用给休闲研究带来了机遇。

（三）对中国休闲研究的关注和期待更多

伴随着全球化进程的加快，中国越来越多地融入国际社会，并成为关注的焦点。在世界休闲研究领域内，对中国话题、中国声音、中国研究的关注越来越多。举一个简单的例证，我国青年学者刘慧梅等（Huimei Liu et al.，2008）发表在美国《休闲科学》（*Leisure Sciences*）上的一篇有关《说文解字》等书中"休闲"含义的介绍文章，在很长时间里高居该期刊文章关注度之首，由此可见休闲研究领域对中国话题的关注之切。

（四）中国的休闲研究任重道远

相比西方而言，我国休闲研究不过十余年历史，虽已成为一个备受关注的研究领域，但尚处在前学科阶段（Pre‐discipline），研究粗浅而分散，呈现明显的碎片化，尚未形成一个统一的知识体。当前中国的休闲研究既不能为解释中国的休闲发展现实提供完善的理论支撑，也无法对世界休闲研究理论和方法体系形成系统输出。

未来，除了对西方休闲研究一般框架、方法和范式的借鉴之外，更重要的是，应以与西方相同的反思的精神和自主的意识来努力构建适合中国国情和研究情境的学科体系。尤其是关注如下几个问题：如何在中国社会发展和学术研究背景下，诠释来自西方文化和西方语境的"休闲"概念，揭示休闲在当代中国的现实含义；休闲研究者如何在满足社会需求和遵循学术规范之间保持平衡；研究者如何在发挥原有学科优势的基础上，尊重、学习、借鉴其他学科的知识体系，逐步构建起学科之间的交融机制，避免故步自封或所谓的"大胆创新"。

参考文献

［1］ 高乐咏：《西方思维模式主导社科领域，知识鸿沟持续扩大》，《南开大学报》2010 年 11 月 26 日。

［2］ 中国社会科学杂志社编《社会科学与公共政策》，社会科学文献出版社，2000。

［3］ Brightbill C. , *The Challenge of Leisure*, Englewood Cliffs, NJ: Prentice - Hal, 1960.

［4］ Coalter Fred, Leisure Sciences and Leisure Studies: Different Concept, Same Crisis?, *Leisure Sciences*, 1997, 19 (4): 255 - 268.

［5］ Daniel Dustin, Keri Schwab & Jeff Rose, Toward a More Phronetic Leisure Science, *Leisure Sciences*, 2012, 34 (2): 191 - 197.

［6］ Dumazedier J. , *Toward a Society of Leisure*, New York: Macmillan, 1967.

［7］ Dustin Daniel L. Goodale, Thomas L. , Reflections on Recreation, Park, and Leisure Studies, in Jackson, Edgar Lionel; Burton, Thomas L. . (ed) *Leisure Studies*：*Prospects for the Twenty - first Century*, State College, PA: Venture, 1999.

［8］ Garry Chick. Crossroads and crises, or much ado about nothing? A comment on Mommaas and Coalter? *Leisure Sciences*, 1997, 19 (4): 285 - 289.

［9］ Garry Chick, Editorial: Opportunities for Cross - Cultural Comparative Research on Leisure, *Leisure Sciences*, 2000, 22 (2): 79 - 91.

［10］ Gary S. Becker. , A Theory of the Allocation of Time, *The Economic Journal*, 1963, 299 (75): 493 - 517.

［11］ Geoffrey Godbey, The Coming Cross - pollination of Leisure Studies and Recreation and Park Education: A Response, *Journal of Leisure Research*, 1985, 17 (2): 142 - 148.

［12］ Hemingway, J. , Leisure Studies and Interpretive Social Inquiry, *Leisure Studies*, 1995, 14 (3): 32 - 47.

［13］ Hemingway J. L. , Parr Mary Green Wood, Leisure Research and Leisure Practice: Three Perspectives on Constructing the Research and Practice Relation, *Leisure Sciences*, 2000, 22 (3): 139 - 162.

[14] Henderson Karla A., False Dichotomies, Intellectual Diversity, and the "Either/Or" World: Leisure Research in Transition, *Journal of Leisure Research*, 2000, 32 (1): 49 - 53.

[15] Henderson Karla A., False Dichotomies and Leisure Research, *Leisure Studies*, 2006, 25 (4): 391 - 395.

[16] Henderson Karla A., Jacquelyn Presley, M. Deborah Bialeschki, Theory in Recreation and Leisure Research: Reflections from the Editors, *Leisure Sciences*, 2004, 26 (4): 411 - 425.

[17] Henderson Karla A., Leisure Studies in the 21st Century: The Sky Is Falling?, *Leisure Sciences*, 2010, 32 (4): 391 - 400.

[18] Henderson, K. A., *Dimensions of Choice: Qualitative Approaches to Research in Parks, Recreation, Tourism, Sport, and Leisure*, State College, PA: Venture Publishing, 2006.

[19] Henderson, K. A., Theory Application and Development in Recreation, Parks, and Leisure research, *Journal of Park and Recreation Administration*, 1994, 12 (1): 51 - 64.

[20] Huimei Liu, Chih - Kuei Yeh, Garry E. Chick & Harry C. Zinn, An Exploration of Meanings of Leisure: A Chinese Perspective, *Leisure Sciences*, 2008, 30 (5): 482 - 488.

[21] Jackson E. L. & Burton T. (Eds.), *Understanding leisure and recreation: Mapping the past, charting the future*, State College, PA: Venture, 1989.

[22] Jackson, E. L. & Burton, T. L., *Leisure Studies: Prospects for the Twenty – first Century*, State College, PA: Venture, 1999.

[23] Jeff Rosea & Dan Dustina, The Neoliberal Assault on the Public University: The Case of Recreation, Park, and Leisure research, *Leisure Sciences*, 2009, 31 (4): 397 - 402.

[24] Kuhn, T. *The structure of scientific revolutions*, Chicago: University of Chicago Press, 1970.

[25] Linder S. B., *"The Acceleration of Consumption," The Harried Leisure Class*, New York: Columbia University Press, 1970.

[26] Jackson Edgar L., Leisure Research by Canadians and Americans: One Community or Two Solitudes?, *Journal of Leisure Research*, 2003, 35 (3): 299 - 315.

[27] Josef Pieper, *Leisure: the Basis of Culture*, Random House, Inc, 1963.

[28] Mommaas Hans. European Leisure Studies at the Crossroads? A History of Leisure Research in Europe, *Leisure Sciences*, 1997, 19 (4): 241 - 254.

[29] Mommaas Hans, Van der Poel, Bramham & Henry. *Leisure Research in Europe: Meth-*

ods and Traditions Oxon, United Kingdom: CAB International, 1996.

[30] Robert Madrigal, Comments on the Impact of Leisure Research, *Journal of Leisure Research*, 1999, 31 (2): 195 - 198.

[31] Rabel J. Burdge, Making Leisure and Recreation Research a Scholarly Topic: Views of a Journal Editor, 1972 - 1982, *Leisure Sciences*, 1983, 6 (1): 99 - 126.

[32] Samdahl, D. M. , Reflections on the Future of Leisure Studies, *Journal of Leisure Research*, 2000, 32 (4): 125 - 128.

[33] Samdahl Diane M. & Kelly Judith J. , Speaking Only to Ourselves? Citation Analysis of Journal of Leisure Research and Leisure Sciences, *Journal of Leisure Research*, 1999, 31 (2): 171 - 180.

[34] Stebbins Robert A. , Meaning, Fragmentation, and Exploration: Bete Noire of Leisure Science, *Leisure Sciences*, 1997, 19 (4): 281 - 284.

[35] Susan M. Shaw, Solitudes in leisure research: Just the Tip of the Iceberg?, *Journal of Leisure Research*, 2003, 35 (3): 316 - 320.

[36] Susan M. Shaw, Cultural Determination, Diversity, and Coalition in Leisure Research: A Commentary on Coalter and Mommaas, *Leisure Sciences*, 1997, 19 (4): 277 - 279.

[37] Stewart, W. P. & Floyd, M. F. , Visualizing Leisure, *Journal of Leisure Research*, 2004, 36 (4): 445 - 460.

[38] Taylor, J. & Coalter, F. , *Research Digest*: *Leisure*, *Recreation and Sport*, Edinburgh: Center for Leisure Research, 1996.

[39] Thorstein B Veblen, *The Theory of the Leisure Class – An Economic Study of Institutions*, Oxford: Oxford University Press, Reissue edition, 2009.

[40] Yoshitaka Iwasaki, Hitoshi Nishino, Tetsuya Onda & Christopher Bowling, Research Reflections Leisure Research in a Global World: Time to Reverse the Western Domination in Leisure Research?, *Leisure Sciences*, 2007, 29 (1): 113 - 117.

[41] Valentine Karin, Maria T. Allison, Ingrid Schneider, The One - Way Mirror of Leisure Research: A Need for Cross - National Social Scientific Perspectives, *Leisure Sciences*, 1999, 21 (2): 241 - 246.

旅游产业效率：研究概述与方向展望

孙盼盼*

内容摘要　旅游产业效率本质上是生产或资源配置过程中投入产出的技术性比率及变化。旅游产业效率的测度方法与效率测度方法一脉相承。效率测度方法主要是参数法和非参数法，前者又分为确定性和非确定性参数法。其中，确定性参数法存在一定的缺陷，即没有对误差项做出明确假设。所以，非确定性参数法在效率测度分析中越来越得到关注和运用，以概率前沿面构造法、随机前沿面构造法和基于遗传算法构造的前沿生产函数法的使用居多。影响旅游产业效率的因素是多元的，以酒店为例，地理位置、星级、规模、经营环境、组织结构、管理体制及水平、服务质量、信息及通信技术、创新等因素与酒店效率密切相关。从空间上讲，中国旅游产业效率存在着东部地区高于其他地区的普遍规律，这在一定程度上也说明了区位条件、地区经济发展水平和交通、通信基础设施等因素与旅游产业效率之间存在一定的关系。

关键词　旅游产业效率　测度方法　测度指标

一　旅游产业效率：概念辨析

经济学意义上的"效率"就是在一定前提下产出对投入的比率，

---

*　孙盼盼，中国社会科学院研究生院博士研究生，研究领域为旅游管理与现代服务业。

比率大则意味着效率高，反之亦然。任何领域的经济活动都可以借鉴这一核心含义对自身效率的概念进行特别诠释并做出测度分析。例如，对某一具体企业、行业或者产业，效率则指企业、行业或产业在一定资源投入下的产出收益或者在一定产出下的投入成本；对某一地区的宏观经济运行状况进行研究时，效率则指"一个地区在一定社会形态下，在经济等各系统之间的相互作用下"，经济运行的过程中投入与产出的比较。

生产率（Productivity）是与效率常用在一起的一个概念，但有区别。生产率是代表产出与投入比率的一个术语，是对资本、劳动、技术等资源在社会经济活动中的利用程度的考核，有单要素生产率和全要素生产率（Total Factors Productivity，TFP）之分。目前的研究中，一般是将生产率视为全要素生产率。全要素生产率是指生产活动在某一时期或者是某一时点的效率，是总产量与全部要素投入量之间的比值。全要素生产率的增长率通常被视为科技进步的指标，可以用来衡量生产组织（企业、政府）、各种产业、部门或整个经济体。然而，无论是在测量方法上，还是定义上，二者均存在差别（Barros，2005a）。生产率是相对测量，需要参考一个外部基点来进行解释；效率则通过参考生产前沿相对进行测量，与生产的可能性边界密切相关，通过描述给定投入水平下的最大可能产出定义投入和产出之间的关系，反映了当前产业中的技术水平，不需要参考外部基点。

根据效率和生产率的概念和适用范围，旅游产业效率和生产率的研究也成为必然。而且，在各种研究中，一般将效率视为静态效率，将生产率视为动态效率（即效率的变化）。由于旅游产业边界模糊，所涉及的范围广，旅游产业效率并没有统一的概念，而是根据不同的研究对象而不同。旅游产业一般指的是旅游业，涉及的主要行业是酒店（或饭店）、旅行社、交通、景区等。如果将每一个行业都单独视为一种旅游产业，旅游产业的概念必然存在差别。而且，如果将区域视作一个投入产出系统，那么又衍生出区域旅游产业效率的概念。

旅游产业效率的定义在国内研究中有所体现。马晓龙（2012）将旅游产业效率定义为"为实现旅游产业发展过程中单位要素投入在特定时间范围内能够实现产出最大化、使所有利益相关者得到总剩余最大化的性质"。黄丽英（2008）对国内外有关饭店效率的文献进行综述后，将饭店效率的定义归纳为"饭店在经营管理活动的总投入和产出之间的对比关系"。马晓龙（2008）认为城市旅游效率可以通俗地理解为将城市作为旅游经济的生产单元，使旅游产业发展过程中单位要素投入在特定时间范围内能够实现产出最大化、使所有利益相关者得到总剩余最大化的性质；城市旅游全要素生产率则主要用于表征在多时期动态条件下城市旅游生产的全部生产要素（资本、劳动等）资源配置效率水平的变化程度。胡丽丽（2013）将区域旅游产业效率通俗地界定为：在旅游产业发展过程中，将地区作为旅游产业生产单元，各种旅游资源要素的投入实现产出最大化的程度。

可以看出，各种旅游产业效率概念的差别仅仅存在于形式上，其本质上的界定依然是经济层面的，即从生产或资源配置过程中投入产出的技术性比率及变化，或者资源在各种产品及企业之间配置并导致产出的技术性比率及变化上来界定。

二　旅游产业效率的测度

（一）测度方法

旅游产业效率的测度方法与效率测度方法一脉相承。效率测度方法主要是参数法和非参数法，前者又分为确定性和非确定性参数法。其中，确定性参数法存在一定的缺陷，即没有对误差项做出明确假设。所以，非确定性参数法在效率测度分析中越来越得到关注和运用，以概率前沿面构造法、随机前沿面构造法和基于遗传算法构造的前沿生产函数法的使用居多。其中，随机前沿分析法（Stochastic Frontier Analysis，简称SFA）的使用频率最高。非参数法源于

Farrell 基于经济效率相对测度的生产前沿面研究方法，它没有限定效率前沿的形状，不要求对基本的生产函数做出明确的定义，而是通过所观测的大量实际数据基于一定的生产有效性标准找出位于生产前沿面上的相对有效点。目前大量的研究使用的非参数法主要是数据包络分析法（Data Envelopment Analysis，简称 DEA）。DEA 可以看作是一种统计分析的新方法，它根据一组关于输入 – 输出的观察值来估计有效生产前沿面，在处理多输入，特别是多输出的问题方面具有绝对优势。因此，作为多投入、多产出的典型系统，DEA 和改进的 DEA 在旅游产业效率测度中的运用最多。

1. DEA 及其改进方法

DEA 在旅游产业效率测度中的初期运用，多以其基本模型 CCR 和 BCC（或 C^2R 和 BC^2）为主，用以描述旅游产业分别满足规模报酬不变、规模报酬可变情况下的生产效率，即所谓的旅游产业静态效率。例如，①酒店方面：Morey 和 Dittmam（1995）对美国的 54 家私有连锁酒店的管理效率进行了 DEA 分析；董卫、唐德善（2006）使用 DEA 的 C^2R 模型，对某一酒店投入产出比进行定量计算，以有效辨别出酒店不同月份运营的 DEA 有效及非 DEA 状态；黄丽英和刘静艳（2008）采用 DEA 的 C^2R、BCC、NIRS 基本模型，以我国八大地区的四、五星级酒店为例，计算其技术效率、纯技术效率、规模效率并分析了规模报酬的变化；刘家宏（2010）以 2007 年我国 25 个省份和地区的三星级酒店运营数据为基础，利用投入导向型 DEA 模型对这些地区的三星级酒店的总效率（TE）、纯技术效率（PTE）、规模效率（SE）进行测算。②区域旅游产业方面：朱顺林（2005）采用 DEA 的 BCC 模型，对 2003 年中国旅游产业效率进行测度分析；张根水（2005a）利用 DEA 的 C^2R 模型和 C^2GS^2 模型对江西、陕西、广东旅游业现状进行了分析；之后，张根水、熊伯坚和程理民（2006b）选用相同指标和测度方法对中国各地区的旅游业进行了效率与规模收益分析；陶卓民、薛献伟和管晶晶（2010）运用 DEA 模型测算了中国 1999～2006 年旅游业发展的技术效率、规模效率和全要素生产率；岳宏志等（2010）采用 DEA 的 C^2GS^2 模型测算了我国 31 个省区市 2001～2007 年区域旅游产业的技术效率；陆相林（2007）运用 DEA 的 C^2R 模型，对山东省 17 个地市旅游产业效率和规模收益进行了研究；马晓龙和保继刚（2009，2010）利用 DEA 对城市旅游产业效率评价、空间格局和影响因素做了一系列研究；王恩旭、武春友（2010）运用 DEA 模型对中国 15 个副省级城市的旅游效率进行评价；梁明珠、易婷婷（2012）应用 DEA 的 C^2R 模型和 BCC 模型，以广东省 21 个市为研究对象，对旅游效率进行评价。③其他方面，Wöber（2007）运用投入导向、产出导向两种不同的 DEA 模型度量澳大利亚一家旅游机构 80 个分支机构 2003 年的效率；卢明强、徐舒和王秀梅等人（2010）应用 DEA 的 C^2R 模型，以 2008 年《中国旅游统计年鉴》提供的数据为基础，对我国内地 31 个省区市旅行社的行业效率进行了定量分析；徐舒（2011）利用 DEA 的 C^2R 模型对黑龙江省旅行社经营效率进行研究；吴海民（2007）采用 DEA 的 C^2R 模型，对我国 15 家旅游业上市公司 2005 年的运营效率、纯技术效率以及规模效率进行了评价和分析；陈章喜、区楚东（2009）采用 DEA 方法，围绕赌权开放前后澳门经济的发展变化，对澳门 1997～2006 年的经济效率进行动态比较；曹芳东、黄震方和吴江等人（2012）综合运用 DEA 与 CES 生产函数模型，测算了 1994 年、2000 年、2009 年国家级风景名胜区旅游效率。传统的 DEA 的基本模型对测度旅游产业效率具有一定的适用性，但其仅能将全体决策单元区分为有效和无效两种类型，不能对相对效率已经有效的决策单元再做进一步排序和区分，这使得研究受到限制，结论有待进一步深化。

伴随研究的深入，克服了传统 DEA 方法的缺陷的改进 DEA 模型被愈加频繁地运用。例如，①酒店方面：Sigala、Jones 等（2005）构建了一个既能评价效率又能对所使用变量进行比较选择的模型——逐步 DEA 方法，即先利用相关性分析筛选出对效率具有显著影响的因素，然后利用 DEA 对英国三星级酒店的客房业务进行效率测度，最终得到有效、较有效和非有效对应三个决策单元；Sun 等（2005）则采用松弛测量（Slack - based Measure）DEA、Malmquist

指数和回归分析等技术手段，从管理、住宿和餐饮三个方面对台湾 55 家涉外饭店绩效进行分析；Wang、Huang 等（2006）利用包括四阶段 DEA 方法、回归分析方法在内的五种方式对台湾 54 家国际性旅游酒店的管理效率进行分析；刘中艳（2013）运用超效率 DEA 模型对我国 2006～2011 年 31 个省区市的酒店业经营效率进行了测度；Ling – Feng Hsieh 和 Li – Hung Lin（2010）利用关系网络 DEA，构建了一个模型来分析台湾国际观光旅馆的效率和效益。对酒店内的不同生产工艺以及效率、有效性和总体绩效之间的关系进行了评估。这个研究是第一个试图为酒店业建构一个同时包含效率、各职能部门的有效性的绩效评估模型，这个模型也同时考虑了各职能部门对酒店总体绩效的相对贡献。②区域旅游产业方面，王恩旭（2012）建立区域旅游产业效率评价模型——超效率 DEA 模型，以中国 31 个省区市为例，全面测度、比较和收敛检验了 1995～2008 年中国的旅游产业效率；张金华（2013）利用 Bootstrap – DEA 方法对我国地区旅游业的效率进行测算。③其他方面，郭岚、张勇和李志娟（2008）借鉴近年来学术界提出的"组合评价"研究思路，提出了基于因子分析的 DEA 组合评价方法，以 DEA 为中心，以因子分析为辅助，通过因子分析法对投入产出指标进行处理，把繁多的投入产出指标归并成若干个具有明确经济意义的公共因子，从而利用 DEA 模型计算出各个决策单元的相对效率值，实现各决策单元的排序，并运用于对我国旅游上市公司 2000～2005 年效率的评价。

2. Malmquist 指数方法

DEA 计量的均是相对效率，衡量各决策单元在整个评价体系中的相对表现，对两个处于不同时间范畴的不同评价体系，其效率值不能直接进行比较。因此，当研究不同时期决策单元的效率演化时，就应采用生产率指数的理论与方法。生产率指数有多种形式，其中目前被广泛使用的是 Malmquist 指数，它是在距离函数基础上定义的，与法雷尔（Farrell）效率理论有着密切联系。因此，既有的旅游产业效率研究均将 DEA 模型与 Malmquist 指数相结合以测度旅游产业的动态效率。

Barros 和 Dieke（2007）采用 Malmquist 指数测度 2000～2004 年葡萄牙一组旅行社大样本的动态生产效率；赵立禄和段文军（2012）运用非参数 Malmquist 指数法测算了我国 2000～2009 年旅行社业生产率的变动趋势，并从技术进步和技术效率两个方面对全要素生产率变化特征进行分析；周云波、武鹏和刘玉海（2010）考虑到单纯的 DEA 分析方法无法处理面板数据，结合 DEA 的 BCC 模型和 Malmquist 指数，分析了中国旅游业 2001～2007 年的静态效率与动态效率；闫峰真（2013）在国内外资源枯竭型城市旅游业研究的基础上，以 2001～2010 年的面板式数据为基础，采用 Malmquist 指数方法对 23 个地级市的旅游效率做了动态分析；阮程（2011）将 DEA 与 Malmquist 生产率指数相结合，测算了 2000～2009 年沿海三大经济区高星级酒店业的技术效率、纯技术效率、规模效率以及这些指标的变化情况；刘存斌（2012）采用基于 DEA 模型的 Malmquist 指数模型和基于 PLS 的 STIRPAT 模型，对小陇山林区生态旅游发展现状、产业发展效率以及生态旅游发展的影响因素进行了定量分析。

3. SFA 方法

随机前沿函数（SFA）被认为是效率测算较好的方法之一，在旅游产业效率研究中也有所运用。旅游产业属于第三产业，"福特式"生产的专门化程度低，其发展不仅受上下游产业发展的影响，而且受其他产业部门的影响和制约，因为所处地理环境不同，其表现出的复杂程度也存在较大差异，难以精确表达。因此，在对旅游产业效率进行测度时，难以合理假定各影响因素之间生产关系的函数形式，SFA 对随机误差的考虑以及对无效率遵循非对称分布的假定也很难满足。因此，SFA 在旅游产业效率研究中的运用较少。Barros 和 Matias（2006）采用 SFA 分析法，研究了葡萄牙 25 家最重要的旅行社 2000～2004 年的相对效率；朱承亮、岳宏志和严汉平等（2009）采用 SFA 方法，对我国 2000～2006 年区域旅游产业效率进行了实证研究；徐林峰（2007）认为 SFA 方法具有结果更加精确、可以解释噪声且可以进行传统的假设检验等优点，可以对中国旅游上市公司成本效率进行测定。

从上述研究来看，旅游产业效率的测度方法不同，其结果和结论是有差异的。Anderson、Lewis 和 Parker（1999b）曾采用随机前沿法与 DEA 模型测度和分析 31 家国有旅游部门的效率，验证了这两种方法在效率评估结果上的差异。Sellers - Rubioa 和 Nicolau - Gonzálbeza（2009）以 2004 年西班牙营业的 567 家旅行社为研究样本，同时运用传统的生产率测算方法和参数、非参数技术来评估其经济绩效，也证实了不同方法所导致的结果不同的事实。但是，每一种方法都有各自的应用优势和劣势，没有一个方法是比其余方法更好的。因此，在评估旅游业效率时必须根据实际研究状况全面考虑不同的方法的评估性能，从而选择出适合的方法。

（二）测度指标

经济学意义上最基本的生产要素包括土地、劳动和资本（Say，1963）。在旅游产业效率研究中，受研究目的和数据可得性约束，研究者往往根据具体研究目的采用不同指标对相应的投入产出关系进行表征，即允许存在变量和指标的多元化选择。例如，Morey 等（1995）利用员工工资、经营成本和其他成本作为投入指标，住宿收入、顾客满意度、市场份额和增长率作为产出指标对美国酒店效率进行研究；Anderson 等（1999）将服务成本、工资、时间、纳税额、技术成本和建筑物租金等作为投入指标，旅行人数为产出指标对旅行社效率进行测算；Coelli 等（1999）将投入指标和产出指标分别确定为员工人数、资本和营运里程对航空公司效率进行测算。

即使相同的学者，面对相同的研究对象，也可能选择不同的指标，如 Barros 对葡萄牙酒店旅游效率的研究。截至目前，尚没有关于变量和指标有效性评价的文献，也没有相关研究证明哪种变量和指标是最有效、最合理的。变量和指标选取的多元化也充分反映了旅游产业的综合性特征，不同学者对旅游生产过程的理解存在差异。但总体上看，这些研究的投入指标都包括 DMU 从事生产的劳动成本和货币资本，而其他投入指标则根据研究对象的不同而表现出一定的差异性，产出指标则一般选取经济收益指标，如营业收入、经营收入、过夜人数等。

三　旅游产业效率的影响因素研究

（一）酒店产业

旅游产业的效率研究，最先起源于酒/饭店产业效率分析。特别是伴随着 DEA 应用的推广，学者们开始关注这一方法在酒店产业效率方面的运用，自 Bell 和 Morey 分别于 1994 年和 1995 年将 ADEA 模型引进旅游产业效率分析之后，陆续有学者将 DEA 及其改进方法应用于不同地区和不同性质的酒店产业的效率测度，且成为学术研究的热点之一，并达成一些共识，即资源配置、地理位置、星级、规模、经营环境、组织结构、管理体制及水平、服务质量、信息及通信技术、创新等因素与酒店效率存在一定关系。

资源配置对于酒店产业效率具有重要影响，资源配置合理，酒店产业效率也相应较高。Anderson 和 Fork 等（2000）利用 DEA 方法，选取了美国 48 家私有和国有酒店进行效率评估，结果表明 42% 的美国酒店的整体平均经营效率太低。文章的重要发现是资源配置对酒店效率的影响：较高效率的酒店通常把大部分资源配置在食品饮料经营上，而较低效率的酒店则把大量资源配置在客房部和其他地方。Tsaur（2001）也发现餐饮部门的绩效好于住宿部门的绩效，建议酒店经营者应该将更多的资源分配到餐饮部门。HoKey Min 等（2009）对韩国的 6 家高星级酒店的 3 年经营数据进行 DEA 分析，结果证实酒店的经销效率低下主要是由于酒店不能充分利用其食品饮料的销售。Chen（2002）、Yan（1997）、Yang 等（2006）同样认为酒店效率低或无效率是因为没有充分利用投入的资源，比如多余的客房、餐饮楼层或者雇用了太多的员工在住宿和餐饮部门。Vctor 等（2007）利用三阶段 DEA，衡量西班牙一家拥有 54 家分店的快餐店重新分配资源后的效率，结果表明通过重置资源，整个饭店产业链可以提高产品产出。

　　组织结构改进和管理水平提升有助于酒店产业效率的提高。Barros（2005）对2001年葡萄牙国有连锁酒店 Enatur 进行 DEA 分析，结果显示 Enatur 在很多地方的连锁酒店的经营效率不是很好，仍然有很大的提升空间，研究提出组织结构治理、激励、透明性等方面的改进有助于提高经营效率。Onyango 等（2009）对肯尼亚酒店业的人力资源系统、竞争策略和酒店经营绩效的关系进行分析，发现采用弹性人力资源管理制度和差异化经营策略相结合的酒店业拥有较高的组织绩效，而采用弹性人力资源管理制度和缩减成本策略相结合的酒店业拥有较低的组织绩效。Barros、Dieke 和 Santos（2010）利用非洲国家安哥拉首都罗安达12家酒店2000～2006年的数据，分析其技术效率的经济驱动力，结果也表明酒店应该通过组建良好的管理层和制定明确的战略目标来促进效率的提升。Manasakis、Apostolakis 和 Datseris（2013）对克里特岛50家豪华酒店的效率进行了测度，并分为同一品牌经营和独立品牌经营两类进行比较分析时，也建议酒店所有者和管理者通过提高战略和经营管理水平来提高酒店效率。

　　地理位置、规模和星级是影响酒店产业效率的关键因素。Barros（2005）结合 DEA 的 C^2R 模型和 Malmquist 指数，对1999～2001年葡萄牙国有连锁饭店 Enatur 的43家分店的整体效率进行了测量，研究证实饭店的规模与地理位置是决定饭店整体效率的关键因素。Sharma 和 Sneed（2008）利用 DEA 方法对坦桑尼亚三个城市的38家酒店进行效率评价，最终也发现酒店的经营效率受到酒店位置、酒店规模、劳动力投入等因素影响。Hokey Min 等人（2009）采用韩国的31家奢华型和经济型酒店作为样本，利用 DEA 模型对其进行分析，证实酒店经营效率与其规模、地理位置有关：一般而言，规模较大的酒店能利用规模经济提高其经营效率，人口较为密集、经济较为发达地区的酒店经营效率较高。Chen（2003）和 He（2003）根据经营地点测度了台北酒店的效率，发现位置处于景区的酒店的效率更高。Wang、Huang 等人（2006）利用包括四阶段 DEA 方法、回归分析方法在内的五种方式对台湾54家国际性旅游酒店的管理效率进行分析，结论显示位于市中心的酒店经营环境不太理想，部分原因是因为周末节假日客房不够用，而工作日则形成鲜明对比。彭建军和陈浩（2004）使用 DEA 的 C^2R 模型计算分析北京、上海、广东星级酒店效率，结果显示上海市星级酒店的相对效率比北京和广东要高。谢春山、王恩旭和朱易兰（2012）运用超效率 DEA 的 BCC 模型，分区域对中国五星级酒店效率进行测度，结果显示 2002～2009 年中国五星级酒店的综合效率均值的高低排序依次为东部、中部、西部、东北。刘中艳（2013）沿用超效率 DEA 模型对我国2006～2011 年 31 个省区市的酒店业经营效率进行了测度，研究表明各地酒店业的经营效率存在明显的梯度差异，从高至低依次为东部、中部、西部及东北。规模对于酒店效率的影响，最新证据来自 Assaf、Barros 和 Josiassen（2012）对台湾 78 家酒店效率的分析。较以往研究，他们为了保证不同酒店效率的比较是建立在同样的技术基础上，建立共同边界（Metafrontier）模型，结果证实规模大小对酒店效率具有显著的影响；同时还发现所有权、酒店类别（连锁与否）与酒店效率也有密切的关系。关于酒店星级与其效率的关系，李正欢（2009）运用 DEA 的 CRS、VRS、NIRS 模型，计算出中国饭店业整体效率以及不同类型饭店的整体效率，发现中国星级饭店的经营效率呈现出"哑铃型"，即高星级（四、五星级）、低星级饭店（一、二星级）的效率较高，中端三星级饭店的效率最低。阮程（2011）将 DEA 与 Malmquist 生产率指数相结合，测算了 2000～2009年沿海三大经济区高星级酒店业的技术效率、纯技术效率、规模效率以及这些指标的变化情况，结果表明：2000～2009 年我国沿海地区四星级酒店经营效果好于五星级酒店，同时提出高星级酒店业效率水平受竞争程度、企业规模、产权比率的影响。

产权结构或者归属是酒店产业效率不可忽视的因素之一。简玉峰和刘长生（2009）提出产权结构是影响旅游酒店管理效率的主要因素之一。一般认为，私有制有助于酒店效率的提高。私有制对于公司或者企业效率的影响，在转型和发达国家得到越来越多的关注，即使研究结果多数来自发展中国家的研究结果存在争议。一些理论论据支持私有化与更高的劳动生产率和较高的可利用资本存量之间存在关联的事实。Cuervo 和 Villalonga（2000）曾强调公有制降低了监督经理人行为的激励，而私有化促使公司采取更加分散的管理结构和一个更大的顾客导向。因此相对于公有制，私有制更有助于酒店效率的提高。李正欢（2009）运用 DEA 的 CRS、VRS、NIRS 模型，计算出中国饭店业整体效率以及不同类型饭店的整体效率，得出结论：中国国有饭店在纯技术效率与规模效率上均表现为无效，问题或在于国有饭店主导的产权结构致使市场无法发挥配置资源的作用。Assafa 和 Knežević Ljubica Cvelbar（2011）结合贝叶斯和 SFA 测量了了运行在高度动态环境中的斯洛文尼亚旅游酒店的效率，并检验了其与私有制、市场竞争、管理任期和国际吸引力之间的关系假说，结果显示，旅游酒店的效率与私有制、国际竞争力正相关，与管理任期负相关，与市场竞争之间没有显著的关系。但是这些结论是否存在普遍性，仍然值得进一步研究。黄丽英和刘静艳（2008）则在总结国内外研究时认为市场竞争与产权归属、管理水平是决定酒店效率高低的三大主要因素。

连锁酒店一般拥有较高的产业效率。Chang（2003），Chen（2000，2002），Chen 和 Huang（2001），He（2003），Hwang 和 Chang（2000），Pien（2001），Wang（2002），Chiang、Tsai 和 Wang（2004）均发现连锁酒店比独立经营的酒店更有效率，他们建议想加入连锁酒店的独立经营者采用委托管理/管理合同。Chen（2007）分析了台湾国际观光酒店部门的成本效率并发现经营种类对酒店效率有显著的影响，且连锁酒店比独立经营的酒店的效率更高。Botti 等（2009）将 DEA 应用于法国连锁酒店，证实了复数网络（Plural Networks）一般比严格特许经营以及全资链更有效率。Enrique Claver-Cortés 等（2009）根据酒店的规模、是否连锁以及星级对西班牙三星级、四星级和五星级酒店进行分类分析，结果表明规模较大、连锁品牌和高星级的酒店一般会获得比较高的经营绩效。John W. O'Neill（2011）对美国共 51991 家酒店进行分析，发现在所有情况下连锁品牌酒店比独立个体经营酒店的业绩和经营效率要高，尤其是在经济不景气的情况下，这种差距会更加明显，主要原因在于连锁品牌酒店有较大的市场号召力，全球分布又集中管理，利用新技术如网上预订使得容易获得客户。对于这种解释，Wang、Huang 等（2006）曾提出相似的观点，即连锁型酒店比单个独立酒店的经营效率要高，原因在于连锁型酒店一般都会引进先进的管理系统。

近期研究表明，信息和通信技术（ICT）的有效性对酒店效率有积极影响。Sigala M.（2003）总结以往文献发现，过去许多研究还没有令人信服地发现 ICT 可以促进生产力的提高，原因在于测量错误、重新分配的影响和 ICT 管理不善等，而研究认为具有非参数性质的 DEA 可以克服这些缺点，并将其运用于 ICT 生产力与英国三星级酒店效率关系的研究，结果显示，生产力并不是来自 ICT 投资本身，而是来自完整开发网络和信息化的能力。因此，对 ICT 进行合理配置和有效管理将对酒店效率具有积极的影响。Scholochow、Fuchs 和 Höpken（2008）利用三阶段 DEA 方法对澳大利亚 3600 家酒店的信息及通信技术（ICT）的有效性及效率进行分析，结果发现 ICT 有效性与总的经营效率之间存在正相关，而且发现通常四星级、五星级酒店比三星级酒店的 ICT 更为完善，同样其经营效率也比三星级酒店要高。ICT 可以促进酒店的效率，原因在于其可以使得酒店降低成本、增强经营灵活性和创新、为客户提供更好的服务，但不是所有的 ICT 投入都可以对酒店效率产生积极影响，它们的持续时间可能较短，或者由于投入与收益之间存在时间滞后性而表现不显著，因此如何合理配置 ICT 资源并对其实现有效管理对酒店效率的提升很关键。

除了以上因素，也有研究对营销、电子商务、业务外包、创新等因素对旅游产业效率的影响做出了分析。Keh 等（2006）提出一个三阶段 DEA 模型，用以评价位于亚太地区的一家连锁酒店的效率、效益和生产率，发现营销预算的配置对酒店的运营效率具有影响。Jui - Kou Shang 等（2008）利用三阶段 DEA 方法对台湾 60 家国际性旅游酒店进行分析，发现采用电子商务对酒店经营效率的影响并不显著。他们的另一篇文章则发现采用业务外包对台湾酒店业经营效率并没有影响。Chun - Yao Tseng 等 （2008） 用二步聚类分析法对台湾酒店业进行分析，结果显示酒店的创新对于酒店经营效率的提高有着明显的促进作用。

（二） 旅行社产业

旅行社效率的影响因素复杂多样。旅行社规模、地理位置、经营业务类型、获取资源的方式、产权类型以及要素投入等多种因素均可能对旅行社效率有所影响，但相互关系如何和程度高低，则由于研究对象、测度方法和指标选择不同而不同。

Wang、Weng 和 Chang （2001） 运用 DEA 模型评估 1989 年台湾旅行社的技术效率，并应用 Tobit 审查回归技术对技术效率和公司特有的特征之间的关系进行检验。实证结果表明，旅行社的规模对其技术效率有负面影响；位于台北的旅行社的技术效率比位于台湾其他地区的旅行社的效率低；有分公司或者分支机构的旅行社的效率低于没有任何分支机构的旅行社的效率；提供专业海外业务、探亲服务和主修短途出境旅游服务的旅行社的效率高于其他类型的旅行社的效率；行业进入管制条例建立前后，旅行社的效率没有显著差别。

Barros 和 Matias （2006） 则采用随机成本前沿分析法，研究了葡萄牙 25 家最重要的旅行社 2000 ~ 2004 年的相对效率，认为获取资源的活动、公司兼并和要素投入是影响效率的主要因素，同时也认同 Anderson 等人曾在文章中提出的量纲 （Dimension，1999a） 和位置 （1999b） 是影响效率的重要因素的观点。

Koksaland 和 Aksu （2007） 将土耳其安塔利亚进行国际化经营的 24 家旅行社分类为 "独立经营" 和 "一个连锁品牌下经营"，采用投入导向的 DEA 模型测度其效率，发现集团旅行社之间没有运营效率方面的差别，明确了旅行社的所有制类型对其效率无影响。与此相反，Barros （2004，2005a） 曾提出公有制似乎是旅行社的一个显著劣势，影响其效率。但是，只要它是为了促进技术前沿的向上移位而专注于资本积累和创新的活动 （比如技术变动），那么它试图提高总的生产率的行径是值得欢迎的。Ramon Fuentes （2011）采用 DEA 模型研究西班牙阿利坎特 22 家旅行社的相对效率时，也验证了产权类型、区位、从业年限对旅行社效率的影响。

Barros 和 Dieke （2007）采用 Malmquist 指数测度 2000～2004 年葡萄牙一组旅行社大样本的动态生产效率，然后选择外资公司、运营成本与销售的比例、机构的市场份额（无论该机构是否属于可以给其提供规模经济的商业链）作为解释变量，利用自展 Tobit 模型来分析计算出来的生产效率，结果发现资本水平、市场份额、要素成本控制和是否归属于一个连锁机构是影响效率变化的主要因素。

在国内，旅行社效率研究起步晚，多数研究处在利用 DEA 的基本模型对旅行社效率进行简单的测度和分析的阶段，对于影响因素的关注较少。武瑞杰（2013）通过固定效应模型对影响旅行社运营效率的因素予以识别，发现技术退步是省际旅行社行业全要素生产率呈现整体下滑趋势的主要原因，国内旅游市场的成长有利于我国旅行社全要素生产率的提高，人才资源则是影响全要素生产率提高最重要的因素。赵海涛和高力（2013）也运用 Malmquist 指数法对 2001～2009 年中国旅行社业经营效率的动态变化进行了测度，结果显示：2001～2009 年中国旅行社业的经营效率增长趋势明显，其主要来自于技术进步，也因一些重大事件的影响而有所波动，资源配置效率的不同导致了旅行社经营效率增长幅度的不同。

综上可以看出，既有文献对于旅行社效率影响因素的考察较为全面，但具体到每一篇文献，它们却只对有限的 1～4 种因素做出分析，尚未形成一个统一的且将各种因素整合在一起分析的完善思路，这在未来的研究中有待深入。

（三）旅游景区产业

景区是旅游产业的重要分支，也是衡量地区旅游业发展水平的标志之一。对景区产业效率进行评价和分析可以明晰景区的投入产出情况，从而有助于景区的发展。不过，目前此领域的研究数量较少，且集中在国内。2009 年以来，基于 DEA 的基本模型对中国旅游景区效率的研究逐渐增多。

资源禀赋对景区效率有一定的影响。马晓龙和保继刚（2009）采用传统 DEA 基本模型，对 136 个中国国家级风景名胜区 2005 年的使用效率进行了计算和空间特征刻画，结果显示国家级风景名胜区沿云南—贵州—湖南—安徽—浙江（江苏）等省份形成了一条东西向的高效率分布带，该分布带的形成与这些省份旅游资源丰度较大、风景名胜区与各类型旅游资源之间不断产生互补和替代作用密切相关。在另一篇文献中，马晓龙和保继刚将 136 个国家级风景名胜区明确为国家公园，在分析其与其他地方（比如欧洲）公园差异的基础上，同样利用 DEA 测度了其效率，确定影响国家公园资源使用的外部规模经济的作用，提出广泛的旅游地点的投资组合是一种提高资源使用效率的手段。陆琳、张传军（2008）运用 DEA 的 C^2R 模型，对全国国家森林公园较为集中的 17 个省份进行了效率测度，测度结果表明，黑龙江、四川、内蒙古和吉林等森林资源丰富的省份以及森林资源种类多样的云南和湖南，森林公园效率较高。他们还发现山东和浙江等一些省份森林公园面积小，但数量多，加之经济发达和从业人员素质高，客源有保证，因此效率也较高。这说明地区经济发展程度和景区管理、技术水平也有助于景区效率提高。徐波和荣毅（2011）以及徐波和刘丽华（2012）运用 DEA 的 C^2R 和 C^2GS^2 模型，对我国 29 个省区旅游景区运营效率进行实证分析，结果证实旅游景区的管理水平与技术水平、资源配置对旅游景区效率起着重要作用。

区位可达性对旅游景区效率具有促进作用。曹芳东、黄震方和吴江等（2012）综合运用 DEA 与 CES 生产函数模型，测算了 1994年、2000 年、2009 年国家级风景名胜区旅游效率，结合 GIS 空间分析功能，发现区位可达性与生产要素之间满足某一阈值时，区位可达性对旅游效率总体上起到促进作用，但局部范围内依然存在比例失调，成为制约旅游效率提升的因素，旅游效率变化与总产出变化特征不尽相同，形成了负值区域集聚但偏向异同的空间格局。较之以往研究，这篇研究的创新之处在于运用了空间经济学理论和数理分析方法来演绎和构建风景名胜区旅游效率与区位可达性关联模型，定量模拟了区位可达性在旅游效率中的作用，揭示出交通网络发展对旅游效率的影响机理。

（四）旅游交通产业

"旅"即行，"游"即边走边看，"旅游"就是在走的过程中看，所以旅游交通也就成为旅游活动不可或缺的重要组成部分（赵中华、贾志宏、张蕾，2005）。但由于旅游交通产业边界的模糊和交叉多样化，从国内外有关旅游交通的研究文献来看，直接将旅游交通部门划分出来进行效率测度和分析的研究尚属空白。不过，有些学者认为航空公司和机场在区域经济和旅游产业发展中具有重要的桥梁作用，故将此领域的效率研究看作旅游交通效率研究。这种做法虽然使旅游交通效率研究的外延有所扩大，但可以为以后这个方向的研究提供借鉴。

管制对旅游交通产业效率的影响在既有研究中得到较多关注。Good 和 Roeller（1995）运用参数统计估计和非参数线性规划两种方法对 1976～1986 年欧洲和美国各 8 家最大的航空公司的生产率进行了评价，发现 10 年间如果欧洲航空运营商放松管制，将与美国同行一样具有高效率。Distexhe 和 Perelman（1994）使用非参数随机前沿方法和 Malmquist 生产指数方法对 1977～1988 年 33 家航空公司的技术效率和生产力进行评价，确定三个增长来源：技术进步、效率变化和航线网络的特点，表明解除市场管制将促使几家航空公司合并。余思勤、蒋迪娜和卢剑超（2004）以及胡瑞娟、匡林和王晓东（2006）结合 DEA 与 Malmquist 指数，测度中国民航运输业的生产率，并对其影响因素进行分析，结果发现管制制度变迁对中国民航运输业市场业绩有影响。

（五）区域旅游产业

近年来，将省、区、市看作一个系统，研究其旅游产业效率的文献越来越多，且集中在国内。原因在于中国区域发展不平衡，各个地区在旅游资源的投入产出上存在较大的差别，有必要对各个地区的旅游效率进行测度、比较和分析，为中国旅游业和各个地区的均衡发展提供政策支持。既有研究在区域旅游产业效率的影响因素分析上，给出了以下有意义的发现。

政府规制、管理水平与区域旅游产业效率。一般意义上，良好的政府规制和政府管理水平有助于旅游产业效率的提升。Alipour H. 和 Kilic H.（2005）基于塞浦路斯旅游部门和政府制度对旅游产业发展产生影响的事实，认为提升政府管理能力可以有效促进旅游产业效率提高。Denicolai S. 等（2010）认为以当地旅游资源为依托制定政府政策会极大促进旅游产业效率。但现实中，特别是在中国充斥着政府不当规制的现象，因此对于旅游产业效率必然存在负面影响。其他领域的研究已经给了我们有意义的推断证据。郑毓盛和李崇高（2003）提出，地方保护主义带来了产业结构扭曲和要素配置低效。余东华（2008）发现地区性行政垄断对省级区域的产业竞争力产生负面影响，同时对要素使用效率以及国际竞争力产生了显著的负面效应，以致生产效率损失。因此，政府规制与旅游产业效率之间的关系仍需要进一步明确。

服务业（或第三产业）发展规模与水平是影响区域旅游产业效率的关键因素（Julie Jackson J.，2006）。杨荣海、曾伟（2008）利用 DEA 模型对云南省自 1995 年以来的旅游业效率进行测度，并用计量经济模型分析了云南省旅游产业效率和第三产业产值的关系，发现第三产业的经营效率不高会给旅游产业效率带来连带负影响。胡丽丽（2013）采用 DEA 最基本的 C^2R 模型，对 2000~2011 年 12 年间我国 31 个省区市旅游产业效率进行测算和差异评价，然后利用我国 31 个省区市 2000~2011 年区域旅游产业效率影响因素指标数据，进行面板数据模型回归分析，发现高的服务业发展水平有利于旅游产业效率的改进，服务业发展规模则对旅游产业效率产生逆向影响，但是程度不大。

固定资产投资力度大、基础设施条件的改善有利于区域旅游产业效率的提升。杨荣海、曾伟（2008）经过定量分析，发现固定资产投资力度大，交通、通信、电力等关键基础设施完善有利于旅游产业效率的提高。顾江等（2008）采用 DEA 的 BCC 模型对我国 31 个地区 1997 年、2001 年和 2005 年的旅游生产率分别进行了测算，运用 Tobit 回归模型也发现固定资产额对旅游生产率有正向影响。胡丽丽（2013）也证实了这个结论，即固定资产投资有助于旅游产业效率的改进。林源源（2010）通过定性和计量分析，发现对旅游产业自身经济绩效和社会经济绩效均存在正向促进作用的因素主要有宏观经济市场规模的扩大、市场化制度建设的完善、基础设施条件的改善、社会经济服务化水平的提高。

一般意义上，区位条件对区域旅游产业效率具有积极作用。胡丽丽（2013）利用面板数据回归模型发现，区位条件是旅游产业效率改进的主要因素之一。林源源（2010）研究发现区位条件对旅游业经济绩效总体效应是最明显的，它甚至超过旅游资源和服务设施对旅游经济绩效的影响，这反映出区域旅游产业竞争中，区位条件是不可忽视的因素。然而，顾江等（2008）则研究认为区位条件对于旅游产业效率没有影响。从现实来看，区位条件对于旅游产业效率具有一定的影响，许多研究已经证实中国东部地区的旅游产业效率要高于中西部地区的旅游产业效率。但是，伴随交通条件的逐渐改善，区位条件对于旅游产业效率的影响作用将有所下降。

地区经济发展水平与区域旅游产业效率正相关。杨荣海、曾伟（2008）用计量经济模型分析了旅游产业效率和人均国内生产总值的关系，发现人均 GDP 提高和人们旅游消费力增强，给旅游产业效率提高提供了有利契机。胡丽丽（2013）通过多层次灰色感知评价模型确立了区域经济发展水平是旅游产业效率的主要影响因素之一，并利用面板数据模型回归分析，发现地区经济发展水平有利于旅游产业效率的改进。

关于旅游资源禀赋与区域旅游产业效率，林源源（2010）运用 Malmquist 指数对我国区域旅游产业效率进行测度，并采用分位回归及 FGLS 回归分析方法，对旅游资源禀赋和区域旅游产业绩效的关系做了深入探讨。发现对旅游产业经济绩效影响作用在总量和质量层面上均存在着不同程度的下降，其中劳动力禀赋和固定资产投资的影响作用则处于显著上升时期，旅游产业人力资本状况的影响作用则有升有降，因此推论出现阶段我国旅游产业发展大致处于波特产业竞争理论所描绘的由第一阶段向第二、第三阶段过渡时期，富于技术和知识的高级旅游资源禀赋将表现出越来越重要的作用。然而，杨勇、冯学钢（2008）的研究结论与其不一致。研究中，他们采用中国省际的 1999～2005 年共计 217 个旅游企业样本，运用 SFA 分析了我国旅游企业技术效率的区域差异及影响因素，结果发现旅游业产业地位和劳动力素质会给我国旅游企业的技术效率带来显著的正效应，而省际旅游资源禀赋的差异并没有对旅游企业的技术效率产生显著性影响。

四 旅游产业效率的空间分析研究

旅游产业效率的空间分析研究主要包括旅游产业效率的空间分布格局、空间集聚及其互动关联等部分。而且，这部分研究主要体现在国内研究领域。

（一）旅游产业效率的空间格局分析

国内对于旅游产业效率的空间格局分析源自对中国东、中、西部三大区域（或者东、中、西和东北四大区域）旅游产业效率的高低比较研究。将每个区域都看作一个投入产出系统，利用同一测度方法和指标对其范围内的酒店、旅行社和景区等旅游产业或者整体旅游产业的效率进行测度分析，是这类研究的共同之处。

谢春山、王恩旭和朱易兰（2012）运用超效率 DEA 的 BCC 模型对中国五星级酒店效率进行测度，结果显示 2002～2009 年中国五星级酒店的效率均值的高低排序依次为东部地区、中部地区、西部地区、东北部地区，其中东部与中部地区酒店综合效率值高于全国均值，西部与东北部地区酒店综合效率值低于全国均值；刘中艳

（2013）沿用超效率 DEA 模型对我国 2006～2011 年 31 个省区市的酒店业经营效率进行了测度，研究表明，酒店业的经营效率从高至低依次为东部、中部、西部及东北部地区。

武瑞杰（2013）运用产出导向的 DEA 的 C^2R 模型和 BCC 模型以及 Malmquist 生产率指数对我国旅行社行业 2001～2010 年的省际技术效率及全要素生产率变化情况进行测算、评价，结果显示，我国旅行社行业省际技术效率的区域分布呈现东部最高、西部次之、中部最低的特征。

马晓龙和保继刚（2009）采用传统 DEA 基本模型对 136 个中国国家级风景名胜区 2005 年的使用效率进行了计算和空间特征刻画，结果表明，国家级风景名胜区沿云南—贵州—湖南—安徽—浙江（江苏）等省份形成了一条东西向的高效率分布带；曹芳东、黄震方和吴江等（2012）综合运用 DEA 与 CES 生产函数模型，测算了 1994 年、2000 年、2009 年国家级风景名胜区旅游效率，发现中国国家级风景名胜区旅游效率水平呈现东部高、中西部低的空间格局，且旅游效率高值区总体上呈现以江浙地区为点，以西南和东北方向为轴线，以中国人口地理分界线为弧线的"扇形"格局。

岳宏志等（2010）采用 DEA 的 C^2GS^2 模型测算了我国 31 个省市区 2001～2007 年区域旅游产业的技术效率，结果显示东部地区旅游产业技术效率高于全国水平，而中、西部地区落后于全国水平；顾江等（2008）采用 DEA 的 BCC 模型对我国 31 个地区 1997 年、2001 年和 2005 年的旅游生产率分别进行了测算，发现我国平均旅游生产效率呈现东部、西部高而中部低的格局；胡丽丽（2013）采用 DEA 最基本的 C^2R 模型，对 2000～2011 年 12 年间我国 31 个省区市旅游产业效率进行测算和差异评价，发现东、中、西部地区旅游产业效率依次递减，差异在逐渐缩小，只有东部地区高于全国旅游产业效率平均值；王恩旭（2012）建立超效率 DEA 模型的区域旅游产业效率评价模型，全面测度、比较和收敛检验了 1995～2008 年中国 31 个地区旅游产业效率。结果显示，1995～2008 年中国的旅游产业效率存在明显的区域差异，效率均值的高低排序依次为中部地区、东部地区、西部地区、东北部地区，东部地区、中部地区旅游产业效率均值高于全国均值，西部地区、东北部地区旅游产业效率均值低于全国均值；张金华（2013）利用 Bootstrap - DEA 方法对我国地区旅游业的效率进行测算，测算结果显示我国各地区旅游业增长的纯技术效率差异在不断扩大，中、西部地区的旅游业纯技术效率无显著差异，但二者与东部地区却都存在显著差异；中国旅游业增长的规模效率的地区间差异也是在不断扩大的。

从上述研究可以看出，中国旅游产业效率存在着东部地区高于其他地区的普遍规律，这在一定程度上也说明了区位条件、地区经济发展水平、交通、通信基础设施等因素与旅游产业效率之间存在一定关系。

（二）旅游产业效率的空间集聚和互动关联分析

受多种因素的影响，旅游产业效率的空间格局并不是一成不变的。空间经济学的理论表明不同地理单元之间存在着空间依赖性（或称空间自相关性），地理单元之间的空间互动和关联会导致各种经济现象的空间集聚或分散。对于中国的旅游产业效率而言，各个区域之间也存在着相互作用模式，进而产生新的旅游产业效率空间格局。空间数据探索和 ArcGis 等技术手段的出现，使得这方面研究有所实现，但文献数量较少。

方叶林、黄震方和王坤等（2013）基于改进的 DEA 模型，选取我国 31 个省市区 2000～2009 年的面板数据，对省际星级酒店的相对效率进行测算，并对相对效率的空间集聚态势及影响机理进行分析。研究结果表明，中国省际星级酒店的相对效率在总体上呈微弱的集聚态势，且效率集聚大致与 GDP 呈负相关。曹芳东、黄震方和吴江等（2012）以泛长三角城市为研究样本，借助 DEA 模型和 Arc-Gis 空间分析模块，系统地分析了 1998～2008 年泛长三角城市旅游发展效率的时空格局演化特征，依据 Malmquist 指数对 TFP 变化的总体趋势、结构及空间格局的演化过程进行了综合探讨。结果表明：泛长三角城市旅游发展效率总体上呈现提高态势，市域间差异表现出较为明显的波动性特征，旅游发展效率的空间格局的形成与演化存在空间关联，综合效率、纯技术效率、规模效率在空间上均表现出较为显著的空间自相关，且综合效率和规模效率形成了较为相似的变化格局，而全要素生产率变化呈现弱集聚，相邻地域单元关联性较差。针对旅游发展效率时空格局演化的驱动机制进行剖析表明，经济政策导向驱动、旅游生产单元价值驱动及旅游消费需求刺激驱动共同驱使导致了旅游发展效率在空间范畴上的格局置换。

从旅游产业效率的空间集聚和互动关联的相关文献来看，这部分的研究具有一定的实际意义，有助于对旅游产业效率的未来格局做出准确判断。但实证研究数量较少，研究领域有待进一步拓展。

五　研究展望

综观国内外旅游产业效率研究领域的各种文献，本文将现有研究的特点及未来研究应该进行的改进或者拓展概括为以下几个方面。

（一）旅游产业效率的测度分析仍需进一步加强

从现有的研究来看，旅游产业效率的测度方法已经比较成熟，且多以 DEA 的基本模型及其改进模型为主，少量研究采用 Malmquist 指数或 SFA 分析方法。但是，对于同一研究对象，不同测度方法的测度结果的比较研究仍然较少，从而不利于得出较为可靠、准确和全面的研究结论。未来需加强对不同测度方法的比较研究。

测度指标方面，由于旅游产业的高度综合性和关联性，学术界对旅游产业边界的认识模糊，加之研究对象、研究方法、研究者及数据获取等主客观因素影响，既有文献中的指标选择较为多样且不统一，尚未形成科学合理的指标体系，且多数研究未考虑固定资产等指标的时滞性，这使得效率测度结果不同，也导致研究结果与实际不符，进而影响研究结论。因此，未来研究有必要加强对不同测度指标的比较、甄选、应用。特别是相对于国外研究，国内研究在测度方法选择上较为单一，在测度指标的选取上也比较循规蹈矩、创新不足，或鉴于主观指标的衡量标准不同，或由于其属于主观因素而难以量化，没有出现将服务质量等难以量化的指标纳入模型的尝试，这是未来国内研究中最有待关注的环节之一。

此外，生态旅游、休闲旅游、乡村旅游等领域及其他新兴旅游产业的效率测度和分析需要更加深入的研究，方法和指标有待进一步斟酌和细化，结论也需要进一步对比和考究。

另外，中国旅游产业效率研究缺乏与国外旅游产业效率的横向对比研究，如何选择适合中外的统一方法和指标，对中国与国外不同发展水平国家的旅游产业效率做出测度和比较，对中国旅游产业的实际发展更具有借鉴意义。

（二）旅游产业效率的影响因素分析有待细化

总体上看，除了国外学者对于酒店产业效率影响因素的探讨较为充分之外，既有研究对于旅游产业效率影响因素的分析仍然薄弱。例如，景区效率的影响因素较为复杂，除了资源禀赋、区位条件，还与区域的社会经济综合水平、旅游产业发展水平、景区的发展阶段、交通条件等因素相关，而现有的研究仅仅针对其中一种或有限的几种因素做分析。同样的问题存在于旅行社产业影响因素的分析中。未来研究有必要加强对影响旅游产业效率的各种因素的辨识和分析，形成较为完善而统一的思路和框架。

在各种相关研究中，虽然区域旅游产业影响因素的研究更进一步，但也存在一些局限。例如，对于造成区域旅游产业效率差异和演进阶段不同的原因探讨，既有研究所考虑的因素较为有限，集中在资源禀赋、区位条件、区域经济发展水平、基础设施等方面，未考虑国家发展阶段的转变、经济周期以及政策等因素，这是未来研究的关注点；涉及影响因素的分析方法，多数研究以定性分析为主，少数定量研究也只是将选取的有限因素纳入一个回归方程，做出简单的计量分析，在未来研究中，识别主要影响因素，特别是找出影响中国旅游产业效率低下的因素，一一建立其与区域旅游产业效率的关系模型，深入探讨和剖析它们对旅游产业效率的影响机制更是关键。

（三）旅游产业效率的空间分析仍需深入

旅游产业效率的空间格局分析应顺应实际情况。第一，既有研究在选择研究对象上，已经涵盖了中国东、中、西部三大区域、31个省市区、某些省份或者典型地区（例如沿海地区）的主要旅游城市以及资源枯竭型城市，涉及范围较为全面，但是由于中国现行的区域划分是东、中、西部和东北部四大区域，对这些区域的旅游产业效率的研究较少；第二，旅游产业"十二五"规划在全国范围内划分出"六大无障碍旅游合作区"以及"十二大旅游功能示范区"，对它们的效率研究尚未出现，未来应予以关注；第三，伴随县域数据的逐渐完备，加强对这些微观尺度的区域旅游产业效率测度和对比将更具实际意义。

旅游产业效率的空间互动关联研究需要加强。旅游产业效率的空间分析虽已考虑空间互动和关联的模式，但研究数量较少，加之研究时段较短，未将改革开放以来直至20世纪90年代中期的时期纳入进来，这使得对旅游产业效率的空间格局演变、演进规律及转化路径的分析不足，那么对于其未来格局变化的推演也失去了一定科学性。因此，未来的研究重点应借鉴空间经济学和空间统计学的理论和方法，开发出一个适合旅游产业效率空间分析的思路、框架。在此基础上，要有意识对空间计量的相关分析方法进行有益的、可行的深入研究和探索，建立和拟合不同空间自相关情形下的空间回归模型，对影响旅游产业效率空间差异的主要因素进行分析，以获得对旅游产业效率空间关联模式的本质理解。另外，除了考虑各区域单元旅游产业效率的空间相互作用之外，有必要在标准的回归分析中考虑各区域单元之间的空间结构，以及如何分析和评价潜在的空间不均匀性，这是研究中的关键一环。

参考文献

［1］马晓龙：《国内外旅游效率研究进展与趋势综述》，《人文地理》2012年第

3 期。

[2] 黄丽英、刘静艳：《饭店效率研究的理论基础——基于文献综述的视角》，《桂林旅游高等专科学校学报》2008 年第 3 期。

[3] 马晓龙：《中国主要城市旅游效率及其全要素生产率评价：1995～2005》，中山大学博士学位论文，2008。

[4] 董卫、唐德善：《基于 DEA 模型的酒店经营效率分析》，《商业研究》2006 年第 24 期。

[5] 黄丽英、刘静艳：《基于 DEA 方法的我国高星级酒店效率研究》，《北京第二外国语学院学报》2008 年第 1 期。

[6] 刘家宏：《基于 DEA 法的中低星级酒店经济效率评价——以我国 25 个省市三星级酒店为例》，《湖南财经高等专科学校学报》2010 年第 3 期。

[7] 朱顺林：《区域旅游产业的技术效率比较分析》，《经济体制改革》2005 年第 2 期。

[8] 张根水：《江西省旅游业经营效率评价：比较中的启示》，《统计与决策》2005 年第 3 期。

[9] 张根水、熊伯坚、程理民：《基于 DEA 理论的地区旅游业效率评价》，《商业研究》2006 年第 1 期。

[10] 陆相林：《DEA 方法在区域旅游发展评价中的应用——以山东省 17 地市为例》，《湖北大学学报》（自然科学版）2007 年第 3 期。

[11] 马晓龙、保继刚：《中国主要城市旅游效率影响因素的演化》，《经济地理》2009 年第 7 期。

[12] 马晓龙、保继刚：《基于数据包络分析的中国主要城市旅游效率评价》，《资源科学》2010 年第 1 期。

[13] 马晓龙、保继刚：《中国主要城市旅游效率的区域差异与空间格局》，《人文地理》2010 年第 1 期。

[14] 王恩旭、武春友：《基于 DEA 模型的城市旅游经营效率评价研究——以中国 15 个副省级城市为例》，《旅游论坛》2010 年第 2 期。

[15] 梁明珠、易婷婷：《广东省城市旅游效率评价与区域差异研究》，《经济地理》2012 年第 10 期。

[16] 卢明强、徐舒、王秀梅、栾贞：《基于数据包络分析（DEA）的我国旅行社行业经营效率研究》，《旅游论坛》2010 年第 6 期。

[17] 徐舒：《基于 DEA 的黑龙江省旅行社业经营效率分析》，《赤峰学院学报》（自然科学版）2011 年第 5 期。

[18] 吴海民：《我国旅游业上市公司运营效率评价研究——基于 2005 年截面数据

的 OEA 包络分析》，《五邑大学学报》（自然科学版）2007 年第 1 期。

[19] 陈章喜、区楚东：《赌权开放对澳门博彩旅游业经济效率影响的动态分析》，《旅游学刊》2009 年第 10 期。

[20] 曹芳东、黄震方、吴江、徐敏、周玮：《国家级风景名胜区旅游效率测度与区位可达性分析》，《地理学报》2012 年第 12 期。

[21] 刘中艳：《基于超效率 DEA 模型的我国酒店业经营效率的测度与评价研究》，《湖南科技大学学报》（社会科学版）2013 年第 4 期。

[22] 王恩旭：《区域旅游产业效率评价研究——以中国 31 个地区为例》，2012 中国旅游科学年会论文集，第 229 ~ 237 页。

[23] 张金华：《我国地区旅游业效率和生产率的动态演化研究》，吉林大学博士学位论文，2013。

[24] 郭岚、张勇、李志娟：《基于因子分析与 DEA 方法的旅游上市公司效率评价》，《管理学报》2008 年第 2 期。

[25] 赵立禄、段文军：《我国旅行社业全要素生产率的测算与分析》，《干旱区资源与环境》2012 年第 8 期。

[26] 周云波、武鹏、刘玉海：《中国旅游业效率评价与投入改进分析》，《山西财经大学学报》2010 年第 5 期。

[27] 闫峰真：《资源枯竭型城市旅游效率研究》，大连理工大学硕士学位论文，2013。

[28] 阮程：《基于 DEA 方法的我国沿海三大经济区高星级酒店业效率评价研究》，浙江工业大学硕士学位论文，2011。

[29] 刘存斌：《生态旅游发展的产业效率与区域效应分析》，兰州大学博士学位论文，2012。

[30] 朱承亮、岳宏志、严汉平、李婷：《基于随机前沿生产函数的我国区域旅游产业效率研究》，《旅游学刊》2009 年第 10 期。

[31] 徐林峰：《旅游类上市公司的成本效率研究》，浙江大学硕士学位论文，2007。

[32] 彭建军、陈浩：《基于 DEA 的星级酒店效率研究——以北京、上海、广东相对效率分析为例》，《旅游学刊》2004 年第 2 期。

[33] 谢春山、王恩旭、朱易兰：《基于超效率 DEA 模型的中国五星级酒店效率评价研究》，《旅游科学》2012 年第 1 期。

[34] 熊伯坚、钟晓芸、李良杰：《基于数据包络分析模型的江西省旅行社经营效率评价》，《企业经济》2009 年第 4 期。

[35] 杜源源、王慧：《基于 DEA 分析法的辽宁省旅行社经营效率评价》，《中国

林业经济》2013 年第 2 期。

[36] 郭峦、杨志红：《基于 DEA 方法的西部地区旅行社经营效率研究》，《企业经济》2013 年第 6 期。

[37] 武瑞杰：《我国省际旅行社全要素生产率波动的测算》，《统计与决策》2013 年第 11 期。

[38] 赵海涛、高力：《中国旅行社业经营效率的动态变化——基于 Malmquist 指数法的分析》，《企业经济》2013 年第 2 期。

[39] 马晓龙、保继刚：《基于 DEA 的中国国家级风景名胜区使用效率评价》，《地理研究》2009 年第 3 期。

[40] 陆琳、张传军：《基于 DEA 的森林旅游运营效率研究》，《安徽农业科学》2008 年第 27 期。

[41] 徐波、荣毅：《地区旅游景区效率分析》，《中国林业经济》2011 年第 3 期。

[42] 徐波、刘丽华：《基于 DEA 分析中国省域地区旅游景区效率》，《国土与自然资源研究》2012 年第 5 期。

[43] 赵中华、贾志宏、张蕾：《国内旅游交通研究十年综述》，《桂林旅游高等专科学校学报》2005 年第 2 期。

[44] 余思勤、蒋迪娜、卢剑超：《我国交通运输业全要素生产率变动分析》，《同济大学学报》（自然科学版）2004 年第 6 期。

[45] 胡瑞娟、匡林、王晓东：《中国民航运输业市场结构与市场绩效实证分析》，《旅游学刊》2006 年第 10 期。

[46] 郑毓盛、李崇高：《中国地方分割的效率损失》，《中国社会科学》2003 年第 1 期。

[47] 余东华：《地方保护能够提高区域产业竞争力吗》，《产业经济研究》2008 年第 3 期。

[48] 杨荣海、曾伟：《基于 DEA 方法的云南旅游业效率研究》，《云南财经大学学报》2008 年第 1 期。

[49] 胡丽丽：《区域旅游产业效率影响因素研究》，大连理工大学硕士学位论文，2013。

[50] 顾江、胡静：《中国分省区旅游生产效率模型创建与评价》，《同济大学学报》（社会科学版）2008 年第 4 期。

[51] 林源源：《我国区域旅游产业经济绩效及其影响因素研究》，南京航空航天大学博士学位论文，2010。

[52] 杨勇、冯学钢：《中国旅游企业技术效率省际差异的实证分析》，《商业经济与管理》2008 年第 8 期。

［53］方叶林、黄震方、王坤、涂玮：《中国星级酒店相对效率集聚的空间分析及提升策略》，《人文地理》2013 年第 1 期。

［54］曹芳东、黄震方、吴江等：《城市旅游发展效率的时空格局演化特征及其驱动机制：以泛长江三角洲地区为例》，《地理研究》2012 年第 8 期。

［55］Barros, C. P. , Measuring Efficiency in the Hotel Sector, *Annals of Tourism Research*, 2005a, 32 (2): 456 - 477.

［56］Banker R D, Morey R. , The Use of Categorical Variables in Data Envelopment Analysis, *Management Science*, 1986, 32 (12): 1613 - 1626.

［57］Cook W D, Kress M, Seiford L. , On the Use of Ordinal Data Envelopment Analysis, *Journal Of the Operational Research Society*, 1993, 44 (2): 133 - 140.

［58］Morey R C, Dittman D A. , Evaluating a Hotel GM's Performance: A Case in Benchmarking, *The Cornell Hotel and Restaurant Administration Quarterly*, 1995, 36 (5): 30 - 35.

［59］Wöber K W. , Data Envelopment Analysis, *Journal of Travel & Tourism Marketing*, 2007, 21 (4): 91 - 108.

［60］Marianna Sigala, Peter Jones, Andrew Lockwood and David Airey, Productivity in Hotels: A Stepwise Data Envelopment Analysis of Hotels' Room Division Process, *The Service Industries Journal*, 2005, 25 (1): 61 - 68.

［61］Sun S, LuW M. , Evaluating the Performance of the Taiwanese Hotel Industry Using a Weight Slacks - based Measure, *Asia – Pacific Journal of Operational Research*, 2005, 22 (4): 487 - 512.

［62］Ling - Feng Hsieh, Li - Hung Lin, A Performance Evaluation Model for International Tourist Hotels in Taiwan—An Application of the Relational Network DEA, *International Journal of Hospitality Management*, 2010, 29: 14 - 24.

［63］Barros, C. P. & Dieke, P. U. C. Analyzing the Total Productivity Change in Travel Agencies, *Tourism Analysis*, 2007, 12: 27 - 37.

［64］Barros, C. P. & Matias, A. , Assessing the Efficiency of Travel Agencies with a Stochastic Cost Frontier: A Portuguese Case Study, *International Journal of Tourism Research*, 2006, 8: 367 – 379.

［65］Anderson, R. I. , Lewis, D, & Parker, M E. , Another Look at the Efficiency of Corporate Travel Management Departments, *Journal of Travel Research*, 1999, 37: 267 - 272.

［66］Ricardo Sellers - Rubioa & Juan L. Nicolau - Gonzálbeza* Assessing Performance in Services: The Travel Agency Industry, *The Service Industries Journal*, 2009, 29 (5):

653 - 667.

[67] Say, J., *Conspectus of political economics* (1803) . Beijing: Commercial Press, 1963.

[68] Coelli T, Perelman S, Romano E. , Accounting for Environmental Influences in Stochastic Frontier Models: With Application to International Airlines, *Journal of Productivity Analysis*, 1999, 11 (3): 251 - 273.

[69] Bell, R. A. , & Morey, R. C. , The Search for Appropriate Benchmarking Partners: A Macro Approach and Application to Corporate Travel Management, *Omega*, *International Journal of Management Science*, 1994, 22 (5): 477 - 490.

[70] Bell, R. A. & Morey, R. C. , Increasing the Efficiency of Corporate Travel Management through Macro - bench Marking, *Journal of Travel Research*, 1995, 33 (3): 11 - 20.

[71] Randy I. Anderson, Robert Fok and John Scott, Hotel Industry Efficiency: An Advanced Linear Programming Examination, *American Business Review*, 2000, 18 (1): 40 - 48.

[72] Tsaur, S. H. , The Operating Efficiency of International Tourist Hotels in Taiwan, *Asia Pacific Journal of Tourism Research*, 2001, 6 (1): 73 - 81.

[73] Hokey Min, Hyesung Min, Seong Jong Joo and Joungman Kim, Evaluating the Financial Performance of Korean Luxury Hotels Using Data Envelopment Analysis. , *The Service Industries Journal*, 2009, 29 (6): 835 - 845.

[74] Chen, H. Y. , *The study on operational efficiency of resort hotel in Taiwan.* Master dissertation, Chaoyang University of Technology, Taichung, Taiwan, 2000.

[75] Yan, C. H. , *The performance evaluation for the operational efficiency of international tourist hotel industry in Taiwan.* Master dissertation, Chinese Culture University, Taipei, Taiwan, 1997.

[76] Yang, C. , Lu, W. M. , *Performance Benchmarking for Taiwan's International Tourist Hotels.* INFOR, 2006, 44 (3): 229 - 245.

[77] Vlctor, M. G. , Jose, L. M. , Frank, P. B. , Improving Resource Utilization in Multiunit Networked Organizations: The Case of a Spanish Restaurant Chain, *Tourism Management*, 2007, 28 (1): 262 - 270.

[78] Barros C P. , Measuring Efficiency in the Hotel Sector, *Annals of Tourism Research*, 2005, 32 (2): 456 - 477.

[79] Fwaya Erick Onyango, Ayieko Monica and Odhuno Edwin, The Role of Human Resource Systems and Competitive Strategies in Hospitality Organization Performance in Kenya, *International Journal of Hospitality & Tourism Administration*, 2009, 10: 174 - 194.

347

［80］ Barros C P, Dieke P U C, Santos C M. , Heterogeneous Technical Efficiency of Hotels in Luanda, Angola, *Tourism Economics*, 2010, 16 (1): 137 - 151.

［81］ Manasakis C, Apostolakis A, Datseris G. , Using Data Envelopment Analysis to Measure Hotel Efficiency in Crete, *International Journal of Contemporary Hospitality Management*, 2013, 25 (4): 510 - 535.

［82］ Barros C P. , Evaluating the Efficiency of a Small Hotel Chain with a Malmquist Productivity Index, *International Journal of Tourism Research*, 2005, 7 (3): 173 - 184.

［83］ Amit Sharm, Jeannie Sneed, Performance Analysis of Small Hotels in Tanzania. *Journal of ervices Research*, 2008, Special Issue: 83 - 100.

［84］ Hokey Min, Hyesung Min and Seong Jong Joo, A Data Envelopment Analysis on Assessing the Competitiveness of Korean hotels, *The Service Industries Journal*, 2009, Vol. 29, No. 3:

［85］ Chen, K. H. , *A Study on the Relationships between Regional Factors and Operational Efficiency of the International Tourist Hotel in Taiwan.* Master dissertation, Chaoyang University of Technology, Taichung, Taiwan, 2003.

［86］ He, T. S. , *The Technological Efficiency of the International Tourist Hotels in Taiwan.* Master dissertation, National Chengchi University, Taipei, Taiwan, 2003.

［87］ Fei - Ching Wang, We - Ting Huang and Jui - Kou Shang, Measuring Pure Managerial Efficiency of International Tourist Hotels in Taiwan, *The Service Industrial Journal*, 2006, 26 (1): 59 - 71.

［88］ Assaf A, Barros C P, Josiassen A. , Hotel Efficiency: A Bootstrapped Metafrontier Approach, *International Journal of Hospitality Management*, 2012, 31 (2): 621 - 629.

［89］ Chang, T. Y. , *Effects of Resource and Capability on Managerial Performance in the International Tourist Hotel Industry of Taiwan.* Doctoral dissertation, Ming Chuan University. Taipei, Taiwan, 2003.

［90］ Chen, P. C. , *A Study on Evaluating Operation Efficiencies among Chain International Tourist Hotels in Taiwan*, Master dissertation, Nanhua University, Chiayi, Taiwan, 2002.

［91］ Chen, C. F. , Huang, C. M. , Measuring Efficiencies of International Tourist Hotels in Taipei area, *Tourism Management Research*, 2001, 1 (1), 27 - 45.

［92］ He, T. S. , *The Technological Efficiency of the International Tourist Hotels in Taiwan*, Master dissertation, National Chengchi University, Taipei, Taiwan, 2003.

［93］ Hwang, S. N. , Chang, T. Y. , *The Evaluation of the Efficiency Change of the International Tourist Hotel Industry in Taiwan*, International Academic Seminar of Prospective New Century, Ming Chuan University, Taipei, Taiwan, 2000.

[94] Pien, Y. H. , *The Study on Operational Style and Efficiency of International Tourist Hotels in Taiwan*, Master dissertation, Chaoyang University of Technology, Taichung, Taiwan, 2002.

[95] Wang, T. Y. , *Measuring the Efficiency and the Change in Productivity of International Tourist Hotels Sector*, Master dissertation, Nanhua University, Chiayi, Taiwan, 2002.

[96] Chiang, W. E. , Tsai, M. H. , Wang, L. S. M. , A DEA Evaluation of Taipei Hotels. *Annals of Tourism Research*, 2004, 31 (3): 712 - 715.

[97] Chen, C. F. , Applying the Stochastic Frontier Approach to Measure Hotel Managerial Efficiency in Taiwan, *Tourism Management*, 2007, 28 (3): 696 - 702.

[98] Botti, L. , Briec, W. , Cliquet, G. , Plural Forms versus Franchise and Companyowned Systems: A DEA Approach of Hotel Chain Performance. *Omega*, 2009, 37 (3): 566 - 578.

[99] Enrique Claver - Cortés, Jorge Pereira - Moliner and José F. Molina - Azorín, Strategic Group and Performance in the Spanish Sector, *The Service Industries Journal*, 2009, 29 (7): 943 - 961.

[100] John W. O'Neill, Branding Works. *Lodging Hospitality*, 2011, 2: 18 - 20.

[101] Fei - Ching Wang, We - Ting Huang and Jui - Kou Shang, Measuring Pure Managerial Efficiency of International Tourist Hotels in Taiwan, *The Service Industrial Journal*, 2006, 26 (1): 59 - 71.

[102] Sigala M. , The Information and Communication Technologies Productivity Impact on the UK Hotel Sector, *International Journal of Operations & Production Management*, 2003, 23 (10): 1224 - 1245.

[103] Christina Scholochow, Matthias Fuchs and Wolfram Höpken, ICT Efficiency and Effectiveness in the Hotel Sector - A Three - Stage DEA Approach. *Information and Communication Technologies in Tourism 2010*, 2010, 1: 13 - 24.

[104] Keh, H. T. , Chu, S. , Xu, J. , Efficiency, Effectiveness and Productivity of Marketing in Services, *European Journal of Operational Research*, 2006, 170 (1): 265 - 276.

[105] Jui - Kou Shang, Wei - Ting Huang and Fei - Ching Wang, Service Outsourcing and Hotel Performance: Three - stage DEA Analysis, *Applied Economics Letters*, 2008, 15: 1053 - 1057.

[106] Chun - Yao Tseng, Hui - Yueh Kuo and Shou - Shiung Chou. , Configuration of Innovation and Performance in the Service Industry: Evidence from the Taiwanese Hotel Industry, *The Service Industries Journal*, 2008, 28 (7): 1015 - 1028.

349

［107］ Kuo - Liang Wang, Chih - Chiang Weng, Mei - Lin Chang, A Study of Technical Efficiency of Travel Agencies in Tiwan, *Asia Pacific Management Review*, 2001, 6 (1): 73 - 90.

［108］ Koksal, C. D. & Aksu, A. A. , Efficiency Evaluation of A Group Travel Agencies with Data Envelopment Analysis (DEA): A Case Study in the Antalya Region, Turkey, *Tourism Management*, 2007, 28: 830 – 834.

［109］ Ramón Fuentes, Efficiency of Travel Agencies: A Case Study of Alicante, Spain, *Tourism Management*, 2011, 32 (1): 75 - 87.

［110］ Barros, C. P. & Dieke, P. U. C. Analyzing the Total Productivity Change in Travel Agencies, *Tourism Analysis*, 2007, 12: 27 - 37.

［111］ Xiao - Long Ma, Chris Ryan, Ji - Gang Bao, Chinese National Parks: Differences, Resource Use and Tourism Product Portfolios, *Tourism Management*, 2009, 30: 21 - 30.

［112］ Good D. Nadiri, Roeller and Sickles R. C. Airline Efficiency Differences between Europe and the US: Implications for the Pace of EC Integration and Domestic Regulation, *European Journal of Operational Research*, 1995, 80: 508 - 518.

［113］ Distexhe V, Perelman S. , Technical Efficiency and Productivity Growth in an Era of Deregulation: The Case of Airlines, *Swiss Journal of Economics and Statistics* (*SJES*), 1994, 130 (4): 669 - 689.

［114］ Alipour H. , Kilic H. , An Institutional Appraisal of Tourism Development and Planning: The Case of the Turkish Republic of North Cyprus (TRNC), *Tourism Management*, 2005, 26 (1): 79 - 94.

［115］ Denicolai S, Cioccarelli G. , Zucchella A. , Resource - based Local Development and Networked Core - competencies for Tourism Excellence, *Tourism Management*, 2010, 31 (2): 260 - 266.

［116］ Jackson J. , Developing Regional Tourism in China: The Potential for Activating Business Clusters in a Socialist Market Economy, *Tourism Management*, 2006, 27 (4): 695 - 706.

中国旅游服务贸易竞争力研究

瞿　华　贺少军[*]

内容摘要　旅游服务贸易是国际服务贸易的重要组成部分。在我国服务贸易中，旅游服务贸易一直是其中的支柱产业。它对缩小我国服务贸易逆差、平衡服务贸易国际收支起着重要的作用。然而，近年来我国旅游服务贸易的竞争力出现下降趋势。要提高我国旅游服务贸易竞争力，必须从以下几个方面着手：完善相关法律法规和政策措施，提升入境旅游发展的战略地位；加快发展旅游教育，不断提高旅游教育质量，建设高素质旅游人才队伍；加强科技、文化等行业与旅游产业的融合，促进科技兴旅和文化兴旅；加大我国国际旅游营销力度，扩大入境旅游市场；完善旅游设施和旅游安全监管，营造良好的旅游环境；加强旅游产品研发，建设充满活力的旅游产品体系；加强旅游资源开发与环境保护相结合，促进旅游业的可持续发展；充分发挥旅游行业协会的作用，助推旅游服务贸易持续、平稳、健康发展；打造我国若干旅游企业品牌，增强旅游企业的国际影响力与竞争力。

关键词　旅游服务贸易　竞争力　提升策略

---

[*]　瞿华，华南师范大学旅游管理系副教授，研究领域为服务经济与旅游管理；贺少军，中国社会科学院研究生院博士研究生，研究领域为旅游经济与服务贸易。

旅游服务贸易是国际服务贸易的重要组成部分。它是指一个国家或地区旅游从业人员凭借已有的或将被开发利用的旅游资源向其他国家或地区的旅游服务消费者提供旅游服务，从中获得报酬的活动。旅游服务贸易既包括外国（境外）旅游者的入境游，即国际收入游，也包括本国（地区）旅游者的出境游，即国际支出游。根据世贸组织统计和信息系统局（SISD）1995 年 7 月 17 日提供，并经 WTO 服务贸易理事会认可的《国际服务贸易分类表》，与旅游有关的服务属于第九类。其中包括四项：（103）宾馆与饭店（包括供应饭菜）；（104）旅行社及旅游经纪人服务社；（105）导游服务；（106）其他。旅游服务业已成为当今世界发展最快、最具有潜力的产业之一，它的重要作用与经济地位逐渐被认识和提升。旅游服务贸易发展已成为拉动一个国家或地区经济增长，使其经济竞争力不断得以增强的重要方面。

一 中国入境旅游发展现状与问题

（一）新中国成立以来，入境旅游在国家相关政策推动之下得以发展

新中国成立以来，入境旅游逐步得到发展，特别是改革开放后，入境旅游发展更快。20 世纪 50 ~ 60 年代，国家旅游局设立在外交部下，当时完全是出于外交的需要，旅游接待活动的对象主要是友好国家的团体和友好人士，为其提供民间交往的便利方式。1964 年 3 月，中共中央批转中央外事小组发布《关于开展我国旅游事业的请示报告》，1978 年，中共中央成立旅游工作领导小组。1978 年，中国国际旅游接待人数（180 万人）仅为世界的 0.7%，居世界第 41 位，中国国际旅游创汇（2.63 亿美元）仅占全球的 0.038%，居世界第 47 位，不仅入境旅游处于急需大力发展的形势之下，而且整个旅游业都近于空白状态。在此背景下，邓小平同志从资源综合利用和经济产业高度提出要积极发展中国旅游业。他指出："旅游事业大

有文章可做，要突出地搞，加快地搞。"20 世纪 70 年代末，中国旅游业（入境旅游）实现从外交外事性质向外汇创收性质的转变。1984 年，中国旅行游览事业管理局改为直属国务院的管理总局，形成国家、地方、部门、集体、个人相结合的局面。随着国内旅游的发展，中国旅游业发展战略调整为"大力发展国内旅游，积极发展入境旅游，有序发展出境旅游"，2009 年，国务院关于加快发展旅游业的意见进一步表述为"以国内旅游为重点，积极发展入境旅游，有序发展出境旅游"。

（二）中国入境旅游发展概况与存在的问题

1978 年以来，我国入境旅游总体上得到了前所未有的大发展。如表 1 所示，改革开放以来，我国入境旅游人（次）数总体上保持不断增长的态势，从 1978 年的 180.9 万人次增加到 2012 年的 13240.53 万人次，增长了 72 倍多。其中，外国人入境旅游人数从 1978 年的 23 万人次增加到 2012 年的 2719.16 万人次，增长了 117 倍多；港澳台同胞入境旅游人数增长了 66 倍以上；入境旅游人数中过夜旅游者增长了 79 倍以上；国际旅游（外汇）收入增长了 189 倍以上；我国国际旅游（外汇）收入由 1980 年的第 34 位升至 2012 年的第 4 位。

表 1　我国入境旅游发展指标的变化

年　份	入境旅游人数（万人次）				国际旅游（外汇）收入（亿美元）	世界排名（位次）	
	总　量	外国人	港澳台同胞	过夜旅游者		过夜旅游者人数	国际旅游（外汇）收入
1978	180.9	23.0	156.2	71.6	2.63	—	—
1979	420.4	36.2	382.1	152.9	4.49	—	—
1980	570.3	52.9	513.9	350.0	6.17	18	34
1981	776.7	67.5	705.3	376.7	7.85	17	34
1982	792.4	76.4	711.7	392.4	8.43	16	29
1983	947.7	87.3	856.4	379.1	9.41	16	26
1984	1285.2	113.4	1167.0	514.1	11.31	14	21

续表

年 份	入境旅游人数（万人次）				国际旅游（外汇）收入（亿美元）	世界排名（位次）	
	总 量	外国人	港澳台同胞	过夜旅游者		过夜旅游者人数	国际旅游（外汇）收入
1985	1783.3	137.0	1637.8	713.3	12.50	13	21
1986	2281.9	148.2	2126.9	900.1	15.31	12	22
1987	2690.2	172.8	2508.7	1076.0	18.62	12	26
1988	3169.5	184.2	2977.3	1236.1	22.47	10	26
1989	2450.1	146.1	2297.2	936.1	18.60	12	27
1990	2746.2	174.7	2562.3	1048.4	22.18	11	25
1991	3335.0	271.0	3050.6	1246.4	28.45	12	21
1992	3811.5	400.6	3394.3	1651.2	39.47	9	17
1993	4152.7	465.6	3670.5	1898.2	46.83	7	15
1994	4368.5	518.2	3838.7	2107.0	73.23	6	10
1995	4638.7	588.7	4038.4	2003.4	87.33	8	10
1996	5112.8	674.4	4422.9	2276.5	102.00	6	9
1997	5758.8	742.8	5006.1	2377.0	120.74	6	8
1998	6347.8	710.8	5625.0	2507.3	126.02	6	7
1999	7279.6	843.2	6425.5	2704.7	140.99	5	7
2000	8344.4	1016.0	7320.8	3122.9	162.24	5	7
2001	8901.3	1122.6	7778.7	3316.7	177.92	5	5
2002	9790.8	1344.0	8446.9	3680.3	203.85	5	5
2003	9166.2	1140.3	8025.9	3297.1	174.06	5	7
2004	10903.8	1693.3	9210.6	4176.1	257.39	4	7
2005	12029.2	2025.5	10003.7	4680.9	292.96	4	6
2006	12494.8	2221.0	10273.2	4991.3	339.49	4	5
2007	13187.3	2611.0	10576.4	5472.0	419.19	4	5
2008	13002.7	2432.5	10570.2	5304.9	408.43	4	5
2009	12647.59	2193.75	10453.84	5087.52	396.75		4
2010	13376.22	2612.69	10763.54	5566.45	458.14		4
2011	13542.35	2711.2	10831.15	5758.07	484.64		4
2012	13240.53	2719.16	10521.37	5772.49	500.28		4

资料来源：2009～2012 年数据来自《中国统计年鉴》（2010～2013），其余数据来自《新中国六十年统计资料汇编》。

我国入境旅游在发展过程中也存在一些问题，主要有以下几个方面。一是受外界有关因素影响，出现波动或"拐点"现象。1989年的政治风波、2003年的"非典"、2007年以来的国际金融危机等都对我国入境旅游带来负面影响，在入境旅游人数、国际旅游（外汇）收入等方面均导致不同程度的下降。二是近几年（2010～2012年）来，入境旅游收入增长率呈递减态势。2010年入境旅游收入比上年增长15.47%，2011年比上年增长5.78%，2012年比上年增长3.23%。这在一定程度上表明，入境旅游创汇能力减弱。三是入境旅游者旅游消费构成上，非基本旅游消费支出所占比重有待提高。国外旅游发达国家非基本旅游消费支出的占比在60%以上，而我国则低于50%。四是入境旅游商品销售在旅游消费支出中的占比较低，旅游商品缺乏特色，雷同性大。五是在入境旅游人数中，外国人所占比重偏低。2012年外国人占入境旅游人数的比重仅为20.54%。在一如既往地欢迎港澳台同胞入境旅游的同时，我国也要加大营销力度吸引更多外国游客入境旅游。六是区域发展不平衡，表现为东、中、西部地区发展不平衡和城市发展不平衡。此外，在旅游服务设施（包括基础设施和配套设施）、旅游服务质量、旅游资源开发深度等方面也需不断改善和提升。

二 中国出境旅游发展现状与问题

（一）中国出境旅游发展历程

根据《中国旅游统计年鉴》的界定，出境旅游是指中国（大陆）居民因公或因私出境前往其他国家、中国香港特别行政区、中国澳门特别行政区和台湾省进行的观光、度假、探亲访友、就医疗病、购物、参加会议或从事经济、文化、体育、宗教等活动。1949年新中国成立以来，出境只是政府部门的公务；直到1983年，国家才正式批准普通公民可以自费出国，但仅限于有海外亲属的人；1984年国务院正式批准赴港澳地区探亲旅游；1988年，除中国香港和澳门地区外，泰国成为中国出境旅游的第一个目的地国家。因处于发展初期，其规模较小，国家对出境旅游有较多政策性限制，因此有关出境旅游的统计资料出现较晚，直到 1993 年，国家统计局才开始统计国内居民出境人数。由于经济不断发展、人均可支配收入水平不断提高，出境旅游需求不断上涨，国家政策环境逐步宽松，中国出境旅游也得到了快速发展。1993 年以来，中国出境旅游人数逐年增加。1993 年我国公民出境旅游人数为 374.00 万，到 2012 年，这一数字达到了 8318.17 万，比 1993 年增长 21 倍多。国内居民在境外的消费支出也越来越高，据 2013 年 4 月 4 日联合国世界旅游组织在西班牙马德里发布的消息，2012 年中国已超越德国、美国等国，成为世界第一大国际旅游消费（境外旅游消费）国。

（二）中国出境旅游发展的特点分析

纵观我国出境旅游发展过程，它具有以下几个方面的特点。

第一，起步较晚。这里所说的起步较晚，是相对于新中国成立而言的。基于当时的国际、国内形势，我国在新中国成立 30 多年后，也就是 20 世纪 80 年代才批准公民自费出国或出境旅游。

第二，具有较明显的阶段性。中国公民出境旅游的发展，从活动的形式来看，大体上经历了"港澳游"、"边境游"和"出国旅游"这样三个发展阶段。"港澳游"始于 1983 年 11 月 15 日，广东省旅游公司开始在广东省内试行组织"赴港澳探亲旅游团"。1984 年，国务院批准在境外亲友支付所有旅游费用的前提下内地居民赴港澳地区的探亲旅游活动，赴港澳地区旅行团的组织工作统一由中国旅行社总社委托各地的中国旅行社承办。"边境游"始于 1987 年 11 月，国家旅游局和对外经济贸易部批准了辽宁省丹东市对朝鲜新义州市的"一日游"，此后逐步批准与同我国接壤国家开展边境旅游，还出台了《边境旅游暂行管理办法》等法规。"出国旅游"始于 1988 年国务院批准普通公民在海外亲友付费和提供担保的前提下前往泰国探亲旅游，起初的出游（探亲旅游）目的地国家是泰国、新加坡、马来西亚、菲律宾等国。1997 年《中国公民自费出国管理暂行办法》正式实施后，出境旅游得以高速发展，成为与国内旅游、入境旅游并驾齐驱的中国三大旅游市场之一。

第三，在国内居民出境人数中，因私出境人数所占比重较大，且呈增大趋势。从2000年起，我国因私出境人数超过因公出境人数，成为出境旅游的主体。2008～2012年，因私出境人数占出境总人数的比重分别为87.54%、88.57%、89.76%、91.27%、92.63%。

第四，出境旅游人数日益增多，增速较快。1993～2012年，中国出境旅游人数不断增加，中国已成为亚洲乃至世界出境旅游人数最多的国家。出境旅游人数增长速度也远远超过入境旅游人数的增长速度。2009～2012年，出境旅游人数的增速（比上年）分别为3.95%、20.42%、22.42%、18.41%，同期，对入境旅游人数而言，2010年比2009年增长5.76%，2011年比2010年增长1.24%，而2009年比2008年、2012年比2011年均为负增长。

第五，出境旅游者境外消费水平走高，成为境外旅游购物数量最多的国家。调查显示，中国游客境外旅游的人均购物花费高达987美元，堪称全球之最，去欧洲旅游的中国游客购物花费更多，平均达1781美元[1]。据新华网报道，我国出境游客人均境外消费支出已超过美、欧、日[2]。环球网环球购物者市场方面的数据显示，中国环球购物者的数量位居世界第一，其次是俄罗斯和日本，而中国在2011年超过俄罗斯成为境外购物数量最多的国家[3]。

第六，出境旅游人数中，去港澳台地区的人数所占比重较大。2011年9月"去哪儿网"发布的内地游客最爱的出境游目的地排名情况显示，香港、台湾分别位居第一和第二，澳门排名第七。据统计，有八成到香港观光的大陆游客以购物为主要目的[4]。

---

[1] 向晓阳、陈晓刚：《境外购物消费全球最高中国游客为何出手阔绰》，http://finance.sina.com.cn，2005年6月13日。

[2] 《中国出境游客人均境外消费支出已超过美欧日》，新华网，2011年2月14日。

[3] 《中国游客境外消费量激增 游客购物体验尚有待提升》，http://go.huanqiu.com/news/2013-03/3755494_2.html，2013年3月21日。

[4] 杨慈郁：《台湾成除香港之外大陆游客最爱的出境游目的地》，http://hzdaily.hangzhou.com.cn/mrsb/html/2011-09/11/content_1134269.htm，2011年9月11日。

（三） 中国出境旅游发展存在的主要问题

中国出境旅游迅速发展过程中也存在一些突出的问题。

第一，在出境旅游消费中，存在非理性的消费心理。去境外旅游的我国公民中不乏富裕阶层人士。他们大多狂购高档商品，花钱如流水；或者是较少有机会出境的游客，借机也"豁出去了"。这样的消费行为不少是整个旅游团共同的行为。这种境外旅游消费行为带有炫耀自己的富有、身份和地位的成分，已经具有了炫耀消费的特质。相对于全国来说，具有这样消费能力者所占比例很小，他们的消费水平并不完全反映中国公民的实际收入水平，出境旅游者消费水平虚高。

第二，出境旅游消费支出中，旅游购物占据很大比重，而休闲体验的成分过少。境外旅游消费者的消费行为已经发展到消费主义的极端形式，旅游购物已成为他们的主要旅游活动内容。"白天看庙，晚上睡觉，专排时间，疯狂购物"成为他们旅游活动的生动写照。他们在品味异域风情、尽享闲暇别致时却来去匆匆。

第三，境外旅游消费者不文明行为较突出。近年来，境外旅游消费者不文明行为屡见报端。如 2013 年 8 月 6 日《京华时报》报道称，国人在国外旅游时乱涂"到此一游"，还有人在卢浮宫水池中泡脚等。此外，我国出境游消费者在境外随地乱扔垃圾、随地吐痰、谩骂脏话、屡爆粗口等现象也时常可见。

第四，乘出境旅游之机滞留不归的现象较严重。因不同国家在生活条件、医疗教育水平等方面存在差异，一些出境旅游者企图通过出境旅游的合法途径出国，滞留不归，这不仅影响了中国与一些目的地国家或地区的关系，还影响了中国出境旅游目的地的进一步扩展。

（四） 对中国出境旅游高速发展的认识与评价

正如上文所述，2009 ~ 2012 年，我国出境旅游人数的增长速度（比上年）都分别高于相应年份的入境旅游人数的增长速度。相关数据计算结果显示，2009～2012年我国国内公民出境旅游消费支出的增长速度（比上年）分别达到20.72%、25.63%、32.24%、40.50%，入境旅游（外汇）收入的增长速度（比上年）则分别为-2.86%、15.47%、5.78%、3.23%。可见，这一时期，我国出境旅游消费支出的增长速度（比上年）都分别高于相应年份的入境旅游（外汇）收入的增长速度。总之，从出境旅游规模、出境旅游人数和出境旅游消费支出的增长速度、出境旅游消费水平来看，中国出境旅游高速发展，已与国内旅游、入境旅游呈三足鼎立之势。

总体上说，20世纪90年代中期以来，中国出境旅游得以高速发展，主要取决于以下几个方面的因素：国家经济发展水平和居民可支配收入不断提升，居民闲暇时间相对增多，居民消费观念逐渐变化，企业实施奖励旅游等制度，人民币升值，国家提供了宽松的政策环境等。

对于我国国内公民出境旅游的发展，特别是发展速度之快、消费支出水平之高，学界有不同的看法。一种观点是赞成大力发展出境旅游，无须担心逆差，也不主张采取措施去限制。郭鲁芳（1994）论述了出境旅游的积极作用和发展出境旅游亟须解决的一些问题。她提出"对公费出国游山玩水，必须严加禁止；对自费旅游过分加以控制并非上策，而应该积极引导"。持这一类似主张或观点的还有张广瑞、马波、雷平等学者。张广瑞（2005）提出，出境旅游宜"疏"不宜"堵"。马波（2006）认为，出境旅游的快速发展是当前我国旅游业国际化最主要的表现，出境旅游的发展对我国宏观经济的影响不一定是消极的，不赞成采用直接规制措施包括开征出境旅游税，应该调整我国国际旅游发展的基本目标，由创汇为主转为以实现国际旅游平衡发展为主。荆艳峰（2006）认为，出境旅游造成一定程度的"漏出效应"，但部分外汇流出是正常的，对私人外汇的流向，只能引导而不能过多地限制。雷平（2008）认为，出境旅游是经济发展的必然产物，使用政策手段对其进行限制是不合理的，对出境旅游会带来较大的外汇耗损与服务贸易逆差的担心是不必要的。袁志强（2011）分析了发展出境旅游的利与弊，认为目前不宜采用直接规制措施，包括开征出境旅游税。另一种观点或主张认为应采取措施对出境旅游进行管控。戴学锋（2004）认为，2000 年以来中国公民出境旅游支出被严重低估了，中国国际旅游业已经由创汇产业沦为花汇产业，建议对出境旅游开征出国旅游消费税加以调控。此外，还有一些学者认为发展出境旅游有利有弊（孙玉琴，2003；等等）。孙玉琴认为，出境旅游的发展既能增进国与国之间的文化交流和经济往来，提高中国的国际形象，也会带来外汇流失，对中国整体经济的健康发展产生不利影响，但她并没有提出明确主张。总体来说，中国发展出境旅游既有利也有弊，比如可以展示中国大国形象、强国形象和对世界发展负责任的形象，在国际金融危机下为世界经济复苏做出应有贡献，也可能导致外汇流失、内需"漏损"等问题而对经济发展产生负面影响。总之，必须充分认识到发展出境旅游的利与弊，根据国家经济发展的需要，寻求二者的平衡点，政府管得过死或放手不管都不可取，应探索和采取一定的机制和措施，以助于保持旅游服务贸易基本平衡。

三　中国旅游服务贸易失衡与国际竞争力分析

（一）中国旅游服务贸易逆差及其原因探讨

1. 中国旅游服务贸易逆差概况

历年《中国统计年鉴》等统计数据显示，2008 年及此前年份，我国国际旅游（外汇）收入均高于国内公民出境旅游消费支出，即我国旅游服务贸易是顺差的。2009 ~ 2013 年，我国国际旅游（外汇）收入分别为 396.75 亿、458.14 亿、484.64 亿、500.28 亿、517 亿美元；国内公民出境旅游消费支出分别为 437 亿、549 亿、726 亿、1020 亿、1200 亿美元。这也就表明，从 2009 年开始到 2013 年，我国旅游服务贸易存在逆差，而且逆差有扩大趋势（见表 2）。

表2　出境旅游与入境旅游发展比较

单位: 亿美元

指　标	2009 年	2010 年	2011 年	2012 年	2013 年
国际旅游（外汇）收入	396.75	458.14	484.64	500.28	517
出境旅游消费支出	437	549	726	1020	1200
差额	-40.25	-90.86	-241.36	-519.72	-683

资料来源: 根据历年《中国统计年鉴》《中国旅游统计年鉴》和国家外汇管理局网站等网站提供数据整理和计算得到。

2. 中国旅游服务贸易逆差的原因探讨

（1）国内外经济形势的变化对我国出境旅游发展有利。

第一，经济发展水平稳中有升。国内经济不断发展，为居民出境旅游奠定了必要的物质基础。2009 年以来，我国虽然处在世界金融危机大背景下，但经济总量仍然不断增长（见图1）。

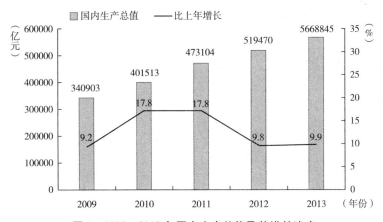

图1　2009～2013 年国内生产总值及其增长速度

资料来源:《2013 年国民经济和社会发展统计公报》。

第二，城乡居民收入继续增加。国家统计局的相关统计数据显示，2009 年全年农村居民人均纯收入5153 元，剔除价格因素，比上年实际增长8.5%；城镇居民人均可支配收入17175 元，实际增长9.8%。2010 年全年农村居民人均纯收入5919 元，剔除价格因素，比上年实际增长10.9%；城镇居民人均可支配收入19109 元，实际增长7.8%。2011 年全年农村居民人均纯收入6977 元，比上年增长

17.9%，扣除价格因素，实际增长 11.4%；城镇居民人均可支配收入 21810 元，比上年增长 14.1%，扣除价格因素，实际增长 8.4%。2012 年全年农村居民人均纯收入 7917 元，比上年增长 13.5%，扣除价格因素，实际增长 10.7%；城镇居民人均可支配收入 24565 元，比上年增长 12.6%，扣除价格因素，实际增长 9.6%。2013 年全年农村居民人均纯收入 8896 元，比上年增长 12.4%，扣除价格因素，实际增长 9.3%；城镇居民人均可支配收入 26955 元，比上年增长 9.7%，扣除价格因素，实际增长 7.0%。可见，居民收入水平不断提高。

第三，居民闲暇时间制度安排不断完善。我国居民闲暇时间不断增加并趋于相对稳定。1949 年 12 月，国家政务院发布了《全国年节及纪念日放假办法》，首次以立法的形式确定了居民的闲暇时间。为了拉动内需，1994 年国家颁布了《关于职工工作时间的规定》，将职工每周的工作时间从 48 小时改为 44 小时；1995 年 5 月又改为 40 小时；1999 年 9 月 18 日又对其进行修订，以春节、"五一"及"十一"为主的黄金周正式开始。2007 年 11 月 9 日，国家对法定节日休息时间再次进行调整，减少"五一"休假天数，增设清明、端午、中秋为国家法定节假日。目前，我国的全年休假时间共计 115 天。劳动者另有 5～15 天带薪休假，接近中等发达国家闲暇水平。闲暇时间的增加和相对稳定为居民出境旅游提供了时间支持。

第四，多国向我国放宽旅游签证政策。如前所述，我国出境旅游是在阶段性发展中稳步推进的。鉴于国内居民出境自费旅游需求的高涨和境外旅游机构对国内居民的大力营销，我国从 1997 年开始实施 ADS（Approved Destination Status）政策。这是一项针对出境旅游目的地审批的制度安排，以双边旅游协定为基础，准许中国自费游客以团队的形式，凭借特殊签证赴对方国家或地区旅游。目前，经国务院批准正式实施的 ADS 国家有 115 个左右，约占与我国建交的 172 个国家的 66.86%。很多国家和地区看到中国有购买力的人口规模庞大，为了吸引更多中国人出境旅游，它们争相降低签证门槛，使签证办理更趋便利。估计向我国公民正式实施开放的旅游目的地还会增多。

第五，人民币升值和国内物价水平波动是促使国内居民境外旅游消费的重要原因之一。国内物价上涨，但人民币升值，这样，人民币在国外相对更能经得起花销。总体上说，从 20 世纪 90 年代后期开始，我国物价都以一定的幅度上涨，与此同时，人民币不断升值。人民币升值对我国进口有利，这意味着国民手持的人民币在国外的购买力相对增强，故增大了更多国内公民出境旅游的可能性。

（2）入境旅游发展趋缓。

从表 3 可以看出，2000～2013 年，我国入境旅游收入增长速度和入境旅游人数增长速度都存在不同程度的波动。其中，2009～2013 年入境旅游收入增长率在出现负增长后上升，之后再不断下降，即由 2010 年的 15.50% 降到 2013 年的 3.30%；同期，入境旅游人数增长率的变化不仅与入境旅游收入增长率的变化类似，2012 年和 2013 年入境旅游人数还出现负增长。

表 3　2000～2013 年中国入境旅游收入和人数的增长速度

单位：%

年　份	入境旅游收入增长率	入境旅游人数增长率
2000	15.10	14.63
2001	9.70	6.67
2002	14.60	10.00
2003	-14.60	-6.40
2004	47.90	18.20
2005	13.80	10.32
2006	15.90	3.90
2007	23.50	5.50
2008	-2.60	-1.40
2009	-2.90	-2.70
2010	15.50	5.80
2011	5.80	1.24

年　份	入境旅游收入增长率	入境旅游人数增长率
2012	3.20	－2.23
2013	3.30	－2.50

资料来源：国家统计局网站和历年《中国统计年鉴》《国民经济和社会发展统计公报》。

　　近年来，中国入境旅游发展趋缓的原因主要有以下几个方面。

　　一是受国际金融危机的影响。2007年前后爆发的美国次贷危机不仅引发了全球金融动荡，而且开始对实体经济产生影响。金融危机及其所带来的经济衰退对我国入境旅游收入、旅游企业运营与投资产生了不同程度的负面影响。在这场危机中，排名靠前的我国入境旅游客源地如中国香港、中国澳门、中国台湾、韩国、日本、俄罗斯等周边地区和国家以及远程入境旅游市场主体——"西方七国集团"中的美国、英国、德国、加拿大和法国等国股市低迷，企业投资缺乏信心，失业率增高，居民可支配收入下降，私人消费普遍缩减，这些地区或国家的居民到中国旅游的计划难免搁浅或计划支出大打折扣。这种状况直接影响了中国的酒店入住率，不少旅行社难以为继，包括民航在内的旅游交通缩水严重，旅游投资规模随之缩小。

　　二是人民币汇率的变化。如表4所示，1994～2012年，除了人民币对日元的汇率变化不大之外，人民币对美元、港元、欧元的汇率的变化较明显。1994年开始，人民币对美元、港元的汇率基本上处于下跌之势。2004年开始，人民币对欧元的汇率也基本上处于下跌之势，尤其是从2007年开始明显不断下跌。人民币对美元、港元、欧元的汇率下跌，意味着人民币升值。这对我国出境旅游有利，但对我国入境旅游是不利的。

表4　人民币汇率（年平均价）的变化

单位：人民币元

年　份	100美元	100日元	100港元	100欧元
1994	861.87	8.4370	111.53	—
1995	835.10	8.9225	107.96	—

年　份	100 美元	100 日元	100 港元	100 欧元
1996	831.42	7.6352	107.51	—
1997	828.98	6.8600	107.09	—
1998	827.91	6.3488	106.88	—
1999	827.83	7.2932	106.66	—
2000	827.84	7.6864	106.18	—
2001	827.70	6.8075	106.08	—
2002	827.70	6.6237	106.07	800.58
2003	827.70	7.1466	106.24	936.13
2004	827.68	7.6552	106.23	1029.00
2005	819.17	7.4484	105.30	1019.53
2006	797.18	6.8570	102.62	1001.90
2007	760.40	6.4632	97.46	1041.75
2008	694.51	6.7427	89.19	1022.27
2009	683.10	7.2986	88.12	952.70
2010	676.95	7.7279	87.13	897.25
2011	645.88	8.1050	82.97	900.11
2012	631.25	7.9037	81.38	810.67

资料来源：历年《中国统计年鉴》。

三是投资宣传力度不够。世界很多旅游大国，甚至是我国周边国家，每年都投入几千万美元用以宣传促销（平均每个过夜海外旅游者的宣传促销投入达到 5 美元），在有限的国际市场上争夺各国游客。像奥地利这样的小国，其旅游宣传局在国外开设许多代表处，除了德国、瑞士等传统客户外，还努力开拓意大利、法国和西班牙客源，争取吸引更多其他国家的游客。我国每年投入大概在 400 万美元，平均每个过夜海外旅游者的宣传促销仅为 2~3 元人民币。可见，我国对入境旅游的投资宣传力度仍需加强。

四是服务质量不高。服务质量是一个国家或地区企业和行业在竞争中制胜的法宝。中国旅游研究院（2013）曾对国内 60 个样本城市的游客满意度水平做过一项调查，调查报告显示近年我国入境游客满意度连续较大幅度下降，投诉比例上升。对入境游客的旅游服务质量不高乃至出现投诉和投诉增加，这无形中增添了一道阴影和一条障碍线，对我国国际（入境）旅游发展带来极大的负面影响。

（二）中国旅游服务贸易国际竞争力

在我国服务贸易中，旅游服务贸易一直是支柱产业。它对缩小我国服务贸易逆差，平衡服务贸易国际收支起着重要的作用。然而，近年来我国旅游服务贸易的竞争力出现下降趋势。

目前，国内对于中国旅游服务贸易国际竞争力的研究已有一定的基础（魏长仙，2011；吴倩，2013；等等）。这里选取衡量国际竞争力的最新指标、美国经济学家巴拉萨首创的国际竞争力测度工具——显示性比较优势指数（Revealed Comparative Advantage Index，RCA）进行计算以量化一个国家或地区的旅游服务贸易国际竞争力。

显示性比较优势指数主要是指一个国家或地区某类产业或产品的出口量占世界该类产业或产品出口量的比重；旅游服务贸易的显示性比较优势是指一个国家或地区旅游服务贸易的出口额占该国或地区全部产品（货物和服务贸易）出口额的比重与世界旅游服务贸易出口额占世界全部产品出口额的比重之比。其计算公式为：

$$RCA = (X_{ij}/Y_i) / (X_{wj}/Y_w)$$

其中，X_{ij} 表示 i 国 j 类产品出口额；Y_i 表示 i 国全部产品出口额，即包括商品出口额与服务贸易出口额；X_{wj} 表示世界 j 类产品出口额；Y_w 表示全世界产品出口额。

如果 RCA > 2.5，表明该国该行业具有极强的竞争力；如果 1.25 < RCA < 2.5，表明该国该行业具有较强的国际竞争力；如果 0.8 < RCA < 1.25，表明该国该行业具有中度国际竞争力；如果 RCA < 0.8，表明该国该行业的国际竞争力较弱。

以上公式计算结果显示，2001 年以来，我国 RCA 指数由 0.98 不断下降（魏长仙，2011），降至 2012 年 0.4 左右的水平。这说明，近年来我国旅游服务贸易的竞争力变得更弱了。中国、西班牙、美

国、英国、印度、德国、俄罗斯这几个国家的计算结果显示，
2006~2012年，中国与西班牙、美国、英国、印度、德国、俄罗斯
相比，中国、德国和俄罗斯这三个国家在国际旅游市场上的竞争力
较弱；印度是具有中度国际竞争力的国家；美国和英国是具有较强
国际竞争力的国家；西班牙是具有极强国际竞争力的国家（梁春媚，
2013）。根据以上公式，中国、泰国、印度、马来西亚这几个国家的
计算结果显示，这四国的RCA指数由大到小依次是泰国、马来西
亚、印度、中国（张百珍，2012）。总之，较多研究表明，中国旅游
服务贸易国际竞争力较弱，也就是说，虽然我国旅游资源丰富，入
境旅游人数和收入数值较大，但与世界上旅游业发达的国家相比，
我国目前还只是旅游大国，绝非旅游强国，离旅游强国还有较长一
段路要走。

四　提升中国旅游服务贸易竞争力的对策建议

（一）完善相关法律法规和政策措施，提升入境旅游发展的战略地位

历经多年研究和探讨的《中华人民共和国旅游法》（以下简称
《旅游法》），在2013年4月25日十二届全国人大常委会第二次会议
通过，2013年4月25日中华人民共和国主席令第3号公布，2013年
10月1日起施行。该部法律对中国旅游业更大发展提供了强大的支
持。基于入境旅游创汇考虑，为进一步激发我国入境旅游创汇潜能，
凸显入境旅游的战略地位，应将入境旅游与国内旅游都作为大力发
展的对象和重点发展的对象，并依据《旅游法》出台一系列相关的
法律规章与实施细则，为入境旅游发展奠定坚实的法律基础和政策
支持。

（二）加快发展旅游教育，不断提高旅游教育质量，建设高素质旅游人才队伍

百年大计，教育为本。我国旅游业的长远发展，离不开高质量

的旅游教育。一是要完善旅游教育与人才培养体系。目前，我国旅游教育分为中职、高职、本科、硕士研究生和博士研究生等层级，但是每一个层级的人才培养目标和培养模式仍欠明确。由于旅游学科地位和学术地位一直较低，不少高校在人才培养时有降低"身份"和"要求"的倾向，形成旅游人才培养千篇一律的现象。应在"金字塔形"旅游教育办学模式下，突出不同层次旅游教育和旅游人才培养应有的特色。二是通过"引进来"与"走出去"相结合、理论与实践相结合，提高旅游教育质量和办学质量。以灵活的机制和适当渠道，将境外优质的旅游教育资源引进来，同时，对相关人员以出境或出国研修的形式进行专业和职业培训，加强产（企）、学、研合作，鼓励教师深入行业增强实操能力。三是加强旅游学科理论建设，提高旅游学科地位和学术地位。国家应在办学经费、基金申报等方面向旅游学科领域适当倾斜，重视奖励旅游学科理论建设和创新。四是将旅游教育看成是对全民的旅游教育而不只是旅游专业学生的旅游教育。这就应该提倡"大旅游教育"，利用各种媒介和渠道，提高全民的与旅游相关的素质。五是建立科学合理的薪酬制度，创造良好的发展环境，防止旅游业人才过度流失。

（三）加强科技、文化等行业与旅游产业的融合，促进科技兴旅和文化兴旅

旅游业与其他相关产业的产业融合已成为我国产业发展的一大趋势。科技、文化等行业与旅游产业进行融合，可以提高旅游业和旅游产品的科技含量和文化内涵，有利于增强我国旅游业的吸引力和国际竞争力。因此，将高科技运用到旅游业，将文化元素添加到旅游产品中将为旅游业注入新的活力。这就需要培养相关的人才，即既懂得一定科技知识，又懂得一定旅游和文化知识的复合型人才，还需要建立相关的产业发展平台。目前，我国已经出现一些文化科技创意园区，如南京的创意中央科技文化园、上海的新天地、北京长安街文化演艺集聚区等。这些园区本身就可以构成旅游资源，当然在与旅游产业融合以实现多赢上还有无限的空间。国家在这方面应有一个总体的发展规划，整合各种有利资源，统筹各方优势力量，既要防止盲目无序发展，也要防止低水平重复建设。

（四）加大我国国际旅游营销力度，扩大入境旅游市场

在目前国际金融危机和人民币升值的新形势下，为了更好地吸引境外游客，必须进一步加强旅游营销。第一，确立"政府主导、企业主体、市场运作、全员参与"的总体原则，明确各方的职责和分工，形成团结协作、全民营销的氛围。第二，加大国际旅游市场营销投入。与国外相比，我国对国际旅游市场营销的投入较低。第三，树立正确的营销理念。改变原有的单一营销、实物营销、对抗营销为整合营销、服务营销、合作营销，树立绿色营销、文化营销、关系营销、网络营销等理念，并自觉地用这些理念来指导营销实践。第四，各级政府旅游行政管理部门整合营销宣传，在"引进来"与"走出去"相结合原则指引下，加强与境（国）外旅游相关部门的联系和合作，利用大型会展或有关媒体将本地区旅游产品推介到海外市场。政府在这方面应给予旅游及相关企业更多的引导和支持。比如，增加国家旅游广告或省市政府的旅游广告，举办更多省市级和区域性的旅游博览会等。第五，充分利用各种营销组合。在目前形势下，针对入境的外地（外国）潜在旅游者可以采取调整价格、赠送礼物、提供超值服务等措施刺激入境旅游消费。

（五）完善旅游设施和旅游安全监管，营造良好的旅游环境

旅游设施包括旅游基础设施和旅游配套设施，前者指当地居民生活所必须的设施，如供水、供电、排污、道路、通信、银行、商店、医院等，后者指直接为旅游者服务的旅游饭店、旅游商店、游乐场所等。一个良好的旅游目的地或景区必然是旅游设施齐全、完好的。同时，它的安全性，包括使用安全、活动安全、人身和财产安全等也应该是有保障的。要严防危及旅游者人身安全和财产安全

的各种违法犯罪活动以及预防一些不可抗因素对旅游者的伤害。对此，旅游目的地的旅游行政管理部门应与当地的质监部门、政法部门特别是公安机关紧密联系、紧密配合；同时，加强与地质、气象、水利、防汛防旱等部门的联系，加强自然灾害预警、预报工作，加强自然灾害信息平台建设，多为游客超前提供相关提醒、防范和应对措施的信息。

（六）加强旅游产品研发，建设充满活力的旅游产品体系

以突出特色、品牌建设、创新发展为基本要求，推动旅游产品升级换代。即推动以观光式旅游和以热点城市为主的第一代旅游产品向以具有一定文化内涵、主题独特、主题集中的线路为主的第二代旅游产品和以面为主、以对资源的全面利用为主、以参与式为主的第三代旅游产品演进。第三代旅游产品特别注重特种旅游与专题旅游所占比重的增加，以符合国际旅游需求的大潮流。在旅游产品差异化、品牌化、国际化要求下，构建有活力、有竞争力的旅游产品体系，打造若干个享誉国际的旅游目的地品牌、旅游产品品牌，增强我国国际旅游的吸引力和市场竞争力。

（七）加强旅游资源开发与环境保护相结合，促进旅游业的可持续发展

近年来，我国在旅游资源开发方面不断取得进展，但也存在趋同性、单一性、缺乏文化内涵、破坏生态环境、重开发轻保护等问题。对于这些问题，必须加强政府的调控和监管。首先要严格审批制度。只有通过充分的可行性分析和研究的旅游资源开发项目才能开工，其中对环保的要求必须放在第一位，也应杜绝虽无碍于环保但属低水平重复建设的旅游开发项目。同时，政府必须加快雾霾治理。大公网 2013 年 7 月 13 日报道，综合对国外游客的调查报告，雾霾天气对世界游客放弃到中国旅游有一定程度影响。《京华时报》2013 年 8 月 4 日的报道称，雾霾天气开始影响旅游市场，北京入境游人数 5 年来首降。

（八）充分发挥旅游行业协会的作用，助推旅游服务贸易持续、平稳、健康发展

我国的旅游行业协会是伴随着市场经济的发展以及经济管理体制由部门管理向行业管理的推进而逐步发展起来的。目前，中国已成立了中国旅游协会、中国旅游饭店业协会、中国旅游景区协会、中国旅行社协会、中国旅游车船协会等行业协会。它们遵照国家的宪法、法律、法规和有关政策，代表和维护全行业的共同利益和会员的合法权益，开展活动，为会员服务，为行业服务，为政府服务，在政府和会员之间发挥桥梁纽带作用，对旅游业的发展起到了重要作用。但也存在着体系设置不够合理、协会之间关系不顺、各项职能发挥不到位等问题，因此必须转变政府职能、优化行业组织体系、完善法律法规、统筹规划协会发展、理顺协会之间关系，加强行业协会自身建设，以将各个旅游行业协会的作用发挥到极致。

（九）打造我国若干旅游企业品牌，增强旅游企业的国际影响力与竞争力

旅游企业是能够以旅游资源为依托，以有形的空间设备、资源和无形的服务效用为手段，在旅游消费服务领域中进行独立经营核算的经济单位。按照从事旅游产品经营的产业链划分，旅游企业包括旅行社、饭店、餐馆、旅游商店、交通公司、旅游景点、娱乐场所等。按照它们的规模和实力大小分，又可分为微型企业、小型企业、中型企业、大型企业等。不论何种类型的旅游企业都想在市场条件下得到充分发展，但适者生存、优胜劣汰规律的作用，使部分企业越来越强，而部分企业则退出市场。为发挥实力强的企业的引领作用，在发挥市场机制和政策引导相结合的基础上，政府相关部门应统筹规划，给予必要的扶持，培育若干有条件、有能力的企业走规模化、品牌化、国际化发展之路，力争在世界500强企业中也有中国旅游企业的一席之位，这是非常必要的。

（十）对出境旅游采取适当、必要的管控措施，避免旅游服务贸易过度失衡

旅游服务贸易失衡是指旅游服务贸易中进出口不平衡即存在顺差或逆差现象。一般来说，进出口不可能完全相抵，存在差额是正常的。人们更愿意接受顺差而不希望存在逆差。逆差表明一国的外汇储备减少。长期存在大量逆差将致使国内资源外流，这种状况会影响国民经济正常运行。2009 年以来，我国旅游服务贸易一直处于逆差状态，且逆差还有扩大的趋势。对我国旅游服务贸易逆差是否应该引起重视并采取相应的措施，当前学界乃至全国没有统一的认识。目前，服务业和服务贸易依然是中国发展的"短板"，中国已然是全球最大服务贸易逆差国，故从国家长远的经济利益考虑，特别是从我国旅游服务贸易作为服务贸易的重要组成部分，理应为缩小逆差做出应有的贡献的角度来看，应该采取一定的措施，如开征出国旅游消费税等以缩小逆差的做法是值得探索的。

参考文献

[1] 赵银德：《我国入境旅游贸易存在的问题与对策》，《对外经贸实务》2009 年第 6 期。

[2] 刘文波：《我国出境旅游市场的现状及趋势》，《商业经济与管理》1999 年第 3 期。

[3] 张广瑞：《中国出境旅游热的冷静思考——关于中国出境旅游发展政策的辨析》，《财贸经济》2005 年第 7 期。

[4] 张补宏：《中国出境旅游发展历程综述》，《国际经贸探索》2009 年第 6 期。

[5] 戴斌：《中国出境旅游发展的阶段特征与政策选择》，《旅游学刊》2013 年第 1 期。

[6] 马波、寇敏：《中国出境旅游发展及其影响的初步研究》，《旅游学刊》2006 年第 7 期。

[7] 雷平、施祖麟：《我国出境旅游发展水平的国际比较研究》，《旅游科学》2008 年第 2 期。

［8］ 郭鲁芳：《浅谈发展出境旅游》，《旅游研究与实践》1994 年第 2 期。

［9］ 孙玉琴、董四化：《中国出境旅游发展问题分析》，《江西财经大学学报》2003 年第 8 期。

［10］ 袁志强、石慧春：《我国出境旅游发展现状及政策分析》，《甘肃农业》2011 年第 10 期。

［11］ 荆艳峰：《我国出境旅游发展趋势预测及建议》，《商业时代》2006 年第 32 期。

［12］ 戴学锋：《开征出境旅游消费税的设想》，《中国财政》2004 年第 8 期。

［13］ 戴学锋、巫宁：《中国出境旅游高速增长的负面影响探析》，《旅游学刊》2006 年第 2 期。

［14］ 李仲广：《我国旅游服务贸易失衡的现状、原因与对策》，《商业时代》2012 年第 4 期。

［15］ 梁春媚：《中国旅游服务贸易的竞争力研究》，《求索》2013 年第 4 期。

［16］ 张百珍：《中国旅游服务贸易国际竞争力比较》，《经济研究导刊》2012 年第 3 期。

［17］ 吴倩：《中国旅游服务贸易逆差的现状、原因与对策思考》，《价格月刊》2013 年第 12 期。

［18］ 夏杰长：《推动旅游产业与现代服务业融合发展》，2013 年 1 月 9 日，www.toptour.cn。

［19］ 瞿华、夏杰长：《基于面板数据的入境旅游对服务业影响研究》，《西南民族大学学报》（人文社会科学版）2013 年第 12 期。

图书在版编目（CIP）数据

中国服务经济理论前沿 . 1 / 夏杰长，王朝阳，刘奕主编.
—北京：社会科学文献出版社，2014.12
（中国经济科学前沿丛书）
ISBN 978 - 7 - 5097 - 6116 - 8

Ⅰ.①中…　Ⅱ.①夏… ②王… ③刘…　Ⅲ.①服务经济 -
经济理论 - 研究 - 中国　Ⅳ.①F719

中国版本图书馆 CIP 数据核字（2014）第 123862 号

·中国经济科学前沿丛书·

中国服务经济理论前沿（1）

主　　编 / 夏杰长　王朝阳　刘　奕

出 版 人 / 谢寿光
项目统筹 / 林　尧
责任编辑 / 林　尧　杨丽霞

出　　版 / 社会科学文献出版社·经济与管理出版中心 （010）59367226
　　　　　　地址：北京市北三环中路甲 29 号院华龙大厦　邮编：100029
　　　　　　网址：www. ssap. com. cn
发　　行 / 市场营销中心 （010）59367081　59367090
　　　　　　读者服务中心 （010）59367028
印　　装 / 北京季蜂印刷有限公司

规　　格 / 开 本：787mm × 1092mm　1/16
　　　　　　印 张：23.75　字 数：344 千字
版　　次 / 2014 年 12 月第 1 版　2014 年 12 月第 1 次印刷
书　　号 / ISBN 978 - 7 - 5097 - 6116 - 8
定　　价 / 85.00 元